U0452463

湖南出了个左宗棠

陈明福 ◇ 著

湖南人民出版社

本作品中文简体版权由湖南人民出版社所有。
未经许可,不得翻印。

图书在版编目(CIP)数据

湖南出了个左宗棠. / 陈明福著. —长沙:湖南人民出版社,2015.6(2023.10)
ISBN 978-7-5561-2377-3

Ⅰ.①湖…　Ⅱ.①陈…　Ⅲ.①左宗棠(1812—1885)—传记　Ⅳ.①K827=52

中国国家版本馆CIP数据核字(2014)第303636号

HUNAN CHU LE GE ZUO ZONGTANG

湖南出了个左宗棠

著　编　陈明福
责任编辑　周　熠
装帧设计　黎　珊

出版发行　湖南人民出版社 [http://www.hnppp.com]
地　　址　长沙市营盘东路3号
邮　　编　410005

印　　刷　湖南贝特尔印刷有限公司
版　　次　2015年6月第1版
印　　次　2023年10月第2次印刷
开　　本　710 mm × 1000 mm　1/16
印　　张　22
字　　数　380千字
书　　号　ISBN 978-7-5561-0704-9
定　　价　68.00元

营销电话:0731-82683348　　(如发现印装质量问题请与出版社调换)

左宗棠与林则徐湘江夜话

左宗棠故居——柳庄

鐵石軒

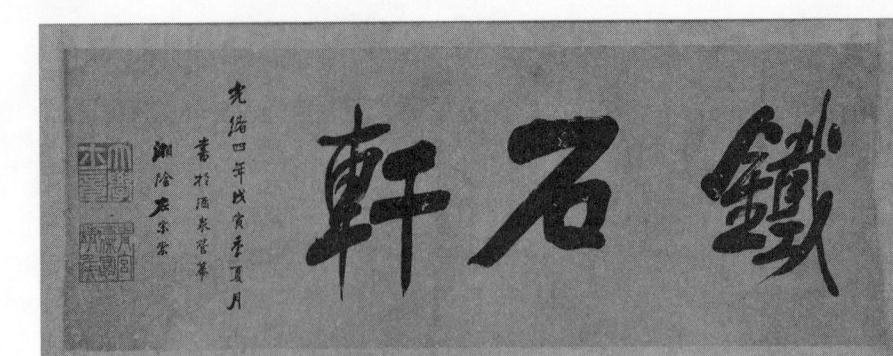

光緒四年戊寅季夏月
書於酒泉管幕
湘陰左宗棠

欲當大任者人多取
士其實不如取德故
須是操行醇篤立心
信實之人
左宗棠

發上等願 結中等緣 享下等福
擇高處立 就平處坐 向寬處行
左宗棠

序　言

杨东梁

陈明福先生的新著《湖南出了个左宗棠》即将由湖南人民出版社出版，作者诚恳邀我为他的这部新著写篇序言，盛情难却，只好勉力为之。

左宗棠（1812—1885），字季高，一字朴存，湖南湘阴人。他是我国近代杰出的政治家、军事家、思想家，同时也是一位在半封建、半殖民地时代没有奴颜媚骨，敢于坚决抵御外侮的杰出爱国者。鲁迅先生把我国历史上那些埋头苦干、拼命硬干、为民请命、舍身求法的人称之为"中国的脊梁"[①]，将左宗棠列入"中国脊梁"式的人物之一，应不为过。

左宗棠一生做了三件大事，即镇压太平军、捻军及陕甘回军；在"师夷长技以制夷"的思想指导下创办了近代军事和民用企业；坚决抵抗外侮，捍卫国家领土完整，出兵收复新疆，并在东南抗法。纵观其一生，我们应该如何认识、评价这位历史人物呢？

历史人物是复杂、多样的，也充满着个性，并且是处在动态的发展变化中。因此，研究、评价、描述历史人物，就不能简单化、静止化、模式化。回顾从左氏去世后，百余年来对左宗棠的评价，因时代不同，观点各异，往往是褒贬杂陈，起伏不定，高低有别。

对左宗棠进行研究，可追溯到19世纪末。左氏去世后的第三年（清光绪十四年，1888年），他的子孙即开始编辑左公全集，历时三年，纂成118卷，随后又由罗正钧撰成《左文襄公年谱》10卷。这些都还称不上真正的

[①] 《中国人失掉自信力了吗?》。

研究，只能说为后人研究准备了较为完备的材料。辛亥革命前夜，民主革命的宣传家力倡推翻帝制，创立共和。他们以犀利的笔锋，淋漓尽致地批判封建专制主义，斥光绪皇帝为"戴湉小丑，未辨菽麦"，使人耳目一新，但评论到左宗棠时，却不一笔骂倒。如章太炎既指责左宗棠"为虏将兵，以敌洪氏"，又肯定他治军严整，"士卒有创伤平民者，必诛无贷"，且视左宗棠为从古以来有大学问、成大事业的人物，赞叹"他那出奇制胜的方略，毕竟令人佩服"①。到了20世纪三四十年代，时值日寇入侵，山河破碎，国土沦丧，民族危机空前严重！闻鼙鼓而思良将，民间和学术界对左宗棠颇为推崇，意在"表彰民族之功臣，而不愿使之遗恨九泉也"！②

新中国成立后，史学界强调用阶段分析方法评价历史人物，左宗棠因参加镇压太平天国、捻军农民起义及陕甘回民起义，被戴上"极端反动的屠夫"、"万恶的民贼"的帽子；又因在办洋务过程中，雇用了法国人日意格、德克碑等，被称为"法国的代理人"。20世纪50年代末，随着对阿古柏入侵政权性质的讨论，左宗棠收复新疆的历史功绩才得到正面肯定。"文革"结束后，学术界在拨乱反正的大气候下，冲破"左"的思想牢笼，对左宗棠的研究、评价终能比较实事求是，一些学者撰文称赞左宗棠是一位"杰出的爱国者"，"是一个具有战略眼光的封建政治家"。20世纪80年代初，身为国家领导人之一的王震将军公开评价左宗棠，指出：

"他在后期也捍卫过中国的主权和领土，维护了国家的统一，抵抗了英国和俄国的扩张，对我们的民族、国家是有功绩的。"

笔者也正于此前后开始涉足左宗棠研究领域。明福先生于2014年11月20日邀我写序的大札中强调："我建议您将早期研究左宗棠的过程和识见，特别是与王震将军的交往写进去，因为读者都不了解"，还嘱咐"多写写研究左公的曲折经历"。为不负明福先生的雅意，只得多缀数语，以示对他的尊重。

我研究左宗棠是从1979年开始的，当时正在中国人民大学清史研究所读研究生，我的学位论文题目是《左宗棠研究》。论文完成后，曾特意向中国社会科学院近代史所著名历史学家余绳武先生求教。余先生关心晚辈，奖掖后进，在认真读完后，即于1981年7月25日致函作者："大作不乏理

---

① 章太炎：《演说录》，《民报》第6期。
② 姚欣安：《清末新疆政策底史的发展》。

论勇气，甚佩！史实也许稍嫌简略，将来似可在此基础上加以充实，扩大成一本学术性的《左宗棠传》。"余先生又建议说："据我所知，王震同志对左宗棠问题颇感兴趣。我意您可考虑将此稿寄呈王震同志审阅，争取得到他老人家的指导。如果您有不便，我可以托人转呈。"

事后我才领悟到，余先生的建议是别有深意的。20世纪七八十年代之交，时值改革开放之始，学术界、理论界虽然在改革春风吹拂下，一片生机勃勃，但也还存在某些有形无形的"禁区"，一些传统观念还在束缚人们头脑，"解放思想"毕竟是个逐步的过程。我的"麻烦"果然来了。研究所领导委托三位老师专门找我谈话，认为论文对左宗棠评价太高，对某些传统观点有颠覆之嫌，并示意如不修改，将很难在答辩会上获得通过。我知道，领导和老师们的建议是出于好意，不希望我的论文答辩节外生枝。但我仍想坚持个人的学术观点，强调文责自负，即使论文不能通过答辩，也在所不惜。

恰在此时，作者收到了王震老对《左宗棠研究》一文（此文经时供职外交部的鲁桂成先生转呈王老）的回复意见。他在送呈论文上密密麻麻地写了很多批注，可见阅读之细。1981年9月10日王老还在论文扉页上写道，"我深觉杨东梁同志写得好，读了甚获教益"，又建议作者继续深造，以取得更大成绩，并望鲁桂成同志转达他的意见。王老的意见无疑给了我极大的鼓舞，但经过认真考虑，自认为不应该"拉大旗作虎皮"，更不应辜负老师们的良苦用心，所以最后采取了一种折中的办法，即把论文中有可能引起争议的内容暂时撤下来，算是保留意见。后来出版《左宗棠评传》一书（1985年由湖南人民出版社出版）时，如愿补充进去了。

拙著出版后，曾寄送王震老一册，请求指正。王老读完后，又热情致函作者称：

"您送我的《左宗棠评传》一书已收到，谢谢！我先读的序言、后记，而后把正文粗略读了一遍，感到您治学态度严谨，搜集史料丰富，很好！""我特推荐中央党校图书馆、各教研室、新疆维吾尔自治区、新疆生产建设兵团各校、企业单位购买一些，供学习。"

王老的评价、鼓励更督促我辈精益求精，不敢在治学上有丝毫懈怠。

我之所以把这段三十多年前的研究经历披露出来，是为了还原当时正在转型中的学术环境，让今天的研究者，特别是青年学者们更深刻地体会到学术研究的艰苦，从而更加珍惜今天宽松的研究氛围。

从20世纪80年代以后，左宗棠研究取得了很大进展，不但发表了几百篇论文，而且出版了多部学术专著。岳麓书社还重新整理并出版了《左宗棠全集》，共15巨册，总计约770万字。新版《全集》不仅比清末编辑的《左文襄公全集》增加了各类佚文80余万字，而且订正了原刻本中诸多错讹、颠倒、衍文、脱文等，并酌加校注，这无疑是左宗棠研究领域中一项重大学术成就。

作为一位历史名人，左宗棠不仅在中国近代史上具有独特的地位，而且在世界范围内也有相当影响。20世纪三四十年代，美国人贝尔斯（Bales. W. L.）、日本人西田保都曾为他作传。1944年，时任美国副总统的华莱士（Wallace. H. A.）访华路过兰州时，曾说："左宗棠是近百年史上世界伟大人物之一，他将中国人的视线扩展到俄罗斯，到整个世界，""我对左宗棠抱有崇高的敬意。"[①] 2000年，适逢公历纪年中第二个一千年的开启之年，美国《新闻周刊》第一期开辟了"千禧年一句话"栏目，这个栏目共刊载了最近一千年中全世界40位"智慧名人"，其中中国有三位，即毛泽东、成吉思汗、左宗棠，可见左宗棠不仅是一位中国伟人，同时也是一位世界伟人。

综观左宗棠的一生，认真审视他的历史贡献，大致可以归纳为三个方面：第一，他是近代中国国家统一、主权完整的坚定捍卫者。在两次鸦片战争中，尽管当时他在政治舞台上尚未崭露头角，但却抱着"国家兴亡，匹夫有责"的信念，提出积极的御敌主张；19世纪70年代，左宗棠身为清廷重臣，终于可以一展抱负，力排众议，克服种种困难，率师西征，一举收复了占我国领土六分之一的新疆地区，为子孙后代保住了一片大好河山。又豪情万丈，"舆榇出关"，以武力为后盾，为收复被沙俄霸占的伊犁地区做出了贡献。在80年代的中法战争中，面对蛮狠、狡诈的法国侵略者，左宗棠加强战备，"决计议战"，最终病逝于福州前线，并留下了"迄未大伸达伐，张我国威，怀恨生平，不能瞑目"的悲壮遗言。

在强敌频频入侵，人民饱受欺凌的近代中国，左宗棠不畏强暴，始终坚持"锋颖凛凛向敌"[②]，这是何等难能可贵！怪不得有人在一首挽诗中赞

---

① 转引自华中师大图书馆编：海外资料《左宗棠专辑》。
② 《清史稿·左宗棠传》。

叹道:"绝口不言和议事,千秋独有左文襄!"①

第二,他是中国近代化的先驱者之一。19世纪中叶,近代化的潮流席卷着世界,也席卷着中国,这个近代化的标志就是发展科学技术,以机器代替手工劳动。而早期的中国近代化是从军事层面开始的,当时的有识之士如魏源等提出了"师夷之长技以制夷"的主张。左宗棠不仅充分肯定了"师长"的命题,而且决心付诸实践。他坚信"泰西巧而中国不必安于拙也;泰西有而中国不能傲以无也"②,从而创办了马尾船政局,使之成为我国第一个真正意义上的近代化造船厂。

为改变我国西北地区的落后面貌,左宗棠又在兰州创设"甘肃织呢总局",建成了我国历史上第一家机器毛纺厂,成为我国近代开发大西北的先声。

第三,他是中国优秀文化传统的继承者、发展者和践行者。左宗棠不仅是我国近代一位著名的政治家、军事家,同时也是一位杰出的思想家。他的爱国思想、经济思想,从政理念、军事思想、教育思想都有独到之处。他继承并发扬、光大了中国传统文化中的优秀思想和精神。

中国自古即提倡"富贵不能淫,威武不能屈"的斗争精神和"成仁""取义"的献身精神。左宗棠不仅秉承先贤遗训,而且付诸实践,在中国近代反侵略斗争中,始终高扬爱国的旗帜,坚决抗击外侮,反对妥协、投降。在鸦片战争中,他振臂高呼:"和戎自昔非长算,为尔豺狼不可驯。"③当新疆地区大片土地沦丧,边疆危机空前严重时,左宗棠愤然言道:"何敢自惜残生,置身事外。"④为收复被沙俄强占的伊犁,他又"舆榇出关"并表示:"至马革桐棺,则固非所计矣!"⑤中法战争中,身任两江总督的左宗棠积极备战,宣称如遇"寇警","防所既是死所,当即捐躯以殉"⑥,其铮铮铁骨、无畏气概大长中国人民志气;其为国效命、无私献身无愧中华民族英雄!

自强、自立是中华民族的传统美德,左宗棠从救国、救民的目的出发,

---

① 《左宗棠全集》附册,第783页。
② 《左宗棠全集》奏稿三,第60—61页。
③ 《左宗棠全集》"诗文·家书",第459页。
④ 《左宗棠全集》奏稿第5册,第403页。
⑤ 《左宗棠全集》书信三,第583页。
⑥ 《左宗棠全集》奏稿八,第263页。

坚持对自强精神的追求。他说：

"我能自强，则英、俄如我何！不能自强，则受英之欺侮，亦受俄之欺侮，何以为国？"①

此言是多么深刻且有远见！可以作为当今直至未来全体炎黄子孙发愤自强、实现中国梦的格言！

左宗棠还承继了中国传统的"民本"思想（即所谓"民为邦本，本固邦宁"），强调"为政先求利民，民既利矣，国必与焉！"、"欲知民事，必先亲民"、"一片心肠都在百姓身上"②，并进而提倡"兴利除弊"，为民造福。此亦颇有现实意义。

当然，如同一切历史人物一样，左宗棠不是"完人"，他必然要受到历史时代、阶级地位和个人思想认识的种种局限。作为一个封建时代的政治家、军事家、思想家，他不可能跳出封建旧垒，他的思想和行为必然会打上时代和阶级的烙印，这是毋庸讳言的，但不应脱离实际苛求于前人。

对左宗棠这位垂名青史的人物加深研究，广为宣传，于我们当前实现富强国家的"中国梦"，无疑是有现实意义的。陈明福先生作为一位勤奋、多产的军旅作家，为此做出了孜孜不倦的努力，他那种老骥伏枥，壮心不已的精神确实令人感动！我写这篇序言，既是想阐述一点自己对左宗棠研究的心得，也是想表达个人对明福先生的由衷敬意。

2013 年 12 月 2 日于北京

---

① 《左宗棠全集》书信二，第 570 页。
② 《左宗棠全集》札件第 427 页、第 270 页、第 139 页。

目 录

一、生于积善之家的聪慧无私少年 ········· 1
1. 湖湘灵秀所钟，左家塅代有闻人 ········· 1
2. 左氏家族崇尚广惠，乐善好施 ········· 5
3. 自幼聪慧无私见异质 ········· 9
4. 张半仙算命巧合"始大奇" ········· 12

二、才华横溢，与其交往皆是当世高人 ········· 15
1. 十年从学贺氏兄弟 ········· 15
2. 巧遇陶澍终结亲家 ········· 24
3. 与郭嵩焘"凶终隙末" ········· 35
4. 一生知己首推林翼 ········· 47

三、博古通今，满腹经纶却屡试不第 ········· 53
1. 科举路起步虽顺后坎坷 ········· 53
2. 三次进京会试皆铩羽而归 ········· 58
3. 经世致用之材乃国之栋梁 ········· 64

四、因家境贫困入赘周府常怀愧惭 ········· 67
1. 周家挑进一担"倒插门" ········· 67
2. 庑下栖迟赘客惭 ········· 71

    3. 知书达礼伉俪情深 ………………………………………… 75
    4. 红颜知己品格非凡 ………………………………………… 80

五、"身无半亩,心忧天下"的湘上农人 …………………… 85
    1. 辰山迁家湘阴东 …………………………………………… 85
    2. 种茶栽竹留葱茏 …………………………………………… 88
    3. 务农忧乐在其中 …………………………………………… 92
    4. 交情长存老长工 …………………………………………… 95

六、个性刚强才高性傲与流俗不合 …………………………… 98
    1. 才高性傲的个性形成探因 ………………………………… 98
    2. 恃才傲物的典型言论剖析 ………………………………… 102
    3. 刚直矫激的个性是柄双刃剑 ……………………………… 108
    4. 大话大志大任大业 ………………………………………… 110

七、林则徐与左宗棠湘江夜晤嘱托重任 ……………………… 114
    1. 年差27岁的书生"实有以知公之深" …………………… 114
    2. 久仰后有幸得观"天人"之光耀 ………………………… 117
    3. 维舟岳麓山下彻夜抗谈古今和国事 ……………………… 121
    4. 两位大战略家对新疆重要性所见略同 …………………… 125

八、因累却聘任施诡计赚宗棠再次出山 ……………………… 129
    1. 巡抚骆秉章扮"游学先生"进山请贤 …………………… 129
    2. 江忠源献计策赚左宗棠再次入幕 ………………………… 133
    3. 宗棠严厉责备曾帅靖港溃败投水自尽 …………………… 136
    4. 秉章当甩手掌柜军政大事全权托书生 …………………… 141

九、国家不可一日无湖南,而湖南不可一日无左宗棠 ……… 146
    1. 破口大骂总兵"王八蛋,滚出去!" …………………… 146
    2. 左某如有不法情事,即行就地正法 ……………………… 151
    3. 众人千方百计营救惹祸者 ………………………………… 155

4. 受侮辱激樊家出一对学问家 ································ 163

十、创建福州船政成"中国近代海军之父" ············ 165
1. "天朝"视西方科技为"奇伎淫巧" ··················· 165
2. 慈禧说"左老三打的比喻倒蛮好" ··················· 168
3. 为聘继任船政大臣三顾沈门 ·························· 171
4. 船政为中国近代海军奠定根基 ······················· 175

十一、西北危急之时移督陕甘 ······························ 177
1. 西方列强觊觎我新疆宝地 ····························· 177
2. 民族分裂主义者引狼入室 ····························· 179
3. 太平军余部会合捻军入陕甘 ·························· 181
4. 羽书皇命急如星火催西行 ····························· 184

十二、在平捻平回问题上宜客观公允分析 ············· 187
1. "先捻后回,先秦后陇"的策略 ······················ 187
2. "欲靖西陲,必先清腹地"的方针 ··················· 188
3. 强忍接连丧亲哀痛显大义 ····························· 190
4. 在"平回"处事上的功过是非 ······················· 194

十三、征西兵饷粮运输其艰难万状超出想象 ········· 200
1. 由宗棠自行精选能将,组建劲旅 ···················· 200
2. 西征军落得"饷源涸竭,局势难支" ··············· 202
3. 为不夺民食以饷军,远方筹粮何其难 ·············· 207
4. 左帅如何解决万里运粮不可思议的困难 ·········· 210

十四、进规北疆底定南疆军威雄壮 ······················ 214
1. 战略方针"先北后南,缓进急战" ················· 214
2. 西征大军士气高昂出关祭旗 ·························· 215
3. 威猛雄师"一炮破三城" ······························ 218
4. 衔枚疾走"达、吐、托"一周连克 ················ 220

5. 彻底摧毁阿古柏侵略政权 …… 221
6. 粉碎英俄联合干涉阴谋 …… 223

十五、舆榇出关收复新疆索回伊犁建奇勋 …… 226
1. 天下之事作吾事，福泽榜样长留世 …… 226
2. 崇厚软弱无能，签订丧权辱国条约 …… 228
3. 极力主张"先之口舌，继之兵威" …… 231
4. 整军经武三路进兵锋指伊犁 …… 232
5. 左公舆榇出关振军心慑敌胆 …… 234
6. 亲征前夕与"天下第一棋手"对弈 …… 240
7. 缺水源、离陷阱，途中多惊险 …… 243
8. 沙俄畏左帅动武才吐出口中之肉 …… 245

十六、五上奏折促成新疆台湾建省功盖世 …… 250
1. 极力主张新疆建省功在千秋 …… 250
2. 以战略眼光关注台湾并促成建省 …… 252

十七、清正廉洁以身作则堪称世上楷模 …… 254
1. 一贯"化私为公""以公济公" …… 254
2. 助人为乐公益慷慨却"不顾家" …… 257
3. 与士卒同甘共苦"卖字"充军饷 …… 260
4. 对索贿者分文不予跺脚痛骂 …… 262

十八、关注经济文化教育事业利国惠民 …… 269
1. 具有超出同时代人的先进经济思想 …… 269
2. 创办机器制造，尝试淘金开矿 …… 272
3. 兴教劝学，经正民兴 …… 277
4. 中不如西，西可学也 …… 283

十九、在陕甘宁新制定并执行民族政策 …… 288
1. 主张实行"不论汉回，只辨良匪"的民族政策 …… 288

  2. 处理汉回民族纠纷"左宗棠的章程，一劈两半" ……… 290
  3. 八城回民如去虎口而投慈母之怀，箪食壶浆迎王师 ……… 293
  4. 实施招抚回军和安抚回民各项政策成效显著 ……… 295
  5. 对未宽赦投降的马化隆与肃州杀降失误负有责任 ……… 297

二十、锋颖凛凛向敌竟使外夷皆恭顺 ……… 300
  1. 涉外之事原则坚定态度强硬 ……… 300
  2. 四次出巡海防威风八面 ……… 301
  3. 衰病之躯率军抗法威慑敌胆 ……… 305
  4. 遽尔溘逝龙心震悼举国同悲 ……… 317

二十一、历史文献和中外名人评价左宗棠 ……… 324
  1. 历史文献评价左宗棠 ……… 324
  2. 中外名人评价左宗棠 ……… 329

后 记 ……… 334

一、生于积善之家的聪慧无私少年

1. 湖湘灵秀所钟，左家塅代有闻人

中国成语"人杰地灵"，原指地因人而著名，也指杰出人物生于灵秀之地。我倒赞成应称"地灵人杰"。当然"地灵"与"人杰"两者有辩证关系：地灵出人杰，人杰地更灵。

俗话说：一方水土养一方人。就地理位置而言，位于长江中游南部的湖南，是一个多山多水，多姿多彩的好地方。"湖广熟，天下足"，便是对"两湖"富饶的赞誉。"楚虽三户能亡秦"，反映了湖南的民风、民心和人文素质。湖湘灵秀所钟，天下称南楚多材。

以其人文地理而言，湖南的地图好像面目向西的人头；地下富藏锑、铅、锌、钨等稀有金属；地面盛产稻米、莲荷、菱角、茭白等食用物种；地形状况则是由四山、四水和洞庭湖平原构成。北部是八百里洞庭湖，南面有南岳衡山。周围有四条连绵不断的山脉，它们是：南有南岭山脉，东有罗霄山脉，西南有雪峰山脉，西北有武陵山脉。还有覆盖全省的四条主要河流，分别是：湘江，沅江，资水和澧水。以湘、资、沅、澧四水为主干，联系着大小水道4700多条，纵横交织，向北汇集于洞庭湖，构成一个完整的水系。这四山、四水、一洞庭的地形，由南向北恰似一把座椅，两边的扶手上有炎帝陵在罗霄山脉（今炎陵县）和舜帝陵在九嶷山脉（今宁远县），靠背上有义帝陵在南岭山脉（今郴州市）。

"高山生大志，长水孕柔情。"五岳之一的南岳衡山嵯峨雄秀，耸立在衡阳盆地北缘。

《长沙记》谓"衡山七十二峰，最大者五，芙蓉、紫盖、石廪、天柱、祝融为最高"。

杜甫《望岳》："祝融五峰尊，峰峰次低昂。紫盖独不朝，争长嶱

相望。"

洞庭湖洪水期面积三千九百多平方公里，是我国第二大淡水湖。它承受四水汇注，并接纳长江三口（松滋、太平、藕池）的分泄水量，由城陵矶流入长江。

真可谓：万顷平湖似镜，千峰列嶂如环。

范仲淹在名篇《岳阳楼记》中所描述的："予观夫巴陵胜状，在洞庭一湖。衔远山，吞长江，浩浩汤汤，横无际涯……北通巫峡，南极潇湘，迁客骚人，多会于此。……至若春和景明，波澜不惊。上下天光，一碧万顷。沙鸥翔集，锦鳞游泳。岸芷汀兰，郁郁青青。而或长烟一空，皓月千里。浮光耀金，静影沉璧，渔歌互答，此乐何极！"

千古洞庭湖，百川争注，雪浪银涛，彩云飞雾，真是朝晖夕阴，气象万千。

"八月湖水平，涵虚混太清。气蒸云梦泽，波撼岳阳城。"孟浩然的诗从大处着眼描写了洞庭的浩瀚气势。"洞庭西望楚江分，水尽南天不见云。""淡扫明湖开玉镜，丹青画出是君山。"李白的诗通过细微观察刻画了洞庭的绰约多姿。"湖光秋月两相和，潭面无风镜未磨。遥望洞庭山水翠，白银盘里一青螺。"刘禹锡的诗用新奇的比兴画出了洞庭的秀丽俊俏。而明朝杨基"洞庭无烟晚风定，春水平铺如练净"和清朝查慎行"风收云散波忽平，倒转青天作湖底"的诗句，以朴实之笔传神地写出了洞庭的宁静娴雅。

南北贯通湖南中部的湘江，"北去"注入洞庭湖，是湖南省最重要的河流。它江面宽阔，水深质好，故毛泽东在《沁园春·长沙》中，有"漫江碧透，百舸争流"的佳句。

省会长沙近郊的湘潭、湘阴，更是江山形胜，人才济济，历史伟人辈出不穷。

湘阴位于湖南东北部，南洞庭湖南岸，南邻省会长沙，北接浩渺洞庭，当湘、资二水尾闾，西境港汊纵横，东境丘陵起伏，山川俊秀，形势险要，物产丰盈，交通便捷，历来为湖南经济、文化较为发达的地区，号称鱼米之乡，文献之邦。

湘阴县的县城之南有个左家塅，"塅"，指面积较大的平坦的地区（多用于地名）。左家塅所在地一般人也称作东乡，系指在湘江之东而言。考湘阴地图，实属南境。郭嵩焘所撰《湘阴县图志》，谓左家塅为"县南文家局"所辖。

左家塅（今属湘阴县界头铺镇新光村）是湘阴左氏族人世代居住的村庄，祖上是在公元12世纪南宋时期从江西逃难迁来的，到了19世纪初，已是第23代，在这里居住了700多年。历史上湖南是个移民社会，江西地区由于战争动乱与天灾，常有"老表西迁"湖南、四川等省的现象。据说湘乡的曾国藩，湘潭的毛泽东、彭德怀，四川的邓小平，祖上也都是从江西迁移而至。有人说：湖南人个性比较开朗、思维比较活跃与移民社会有关，人的杂交基因和多种文化元素也就带来生气和多样性。一般有湘中人练达、湘北人灵活、湘西人朴实、湘南人激情、湘东人执着之称。

1812年11月10日（清嘉庆十七年十月初七），凌晨寅时（三四点钟），夜色浓黑，万籁俱寂，高远的苍穹之上，繁星密布，但大多黯淡无光，只有人们传说中常常提起的那颗牵牛星不时地明明灭灭，显得格外引人注目。左家塅的各家各户都门窗紧闭，在熟睡之中。只有左人锦与比他大三岁的夫人杨萍，以及他的儿子左观澜却长夜不眠。左人锦不是在房中踱步，便是坐立不安，像是在焦急地等待什么。原来左人锦的儿媳、左观澜的妻子余氏快要生产了。为了平静一下心绪，杨老夫人轻轻地开了门，走到庭院中，抬头仰望，仿佛明亮的牵牛星向她眨眼微笑，左家即将有喜事降临。

突然，接生的秀嫂从儿媳的房间里跑出来，惊喜地说道："老爷，老夫人，先生的娘子生了！""生个什么？""是个白白胖胖的男孩子！"

左人锦和杨氏又惊又喜，急连问道："怎么毫无动静就生了？"

"我也不知道呀！"秀嫂脸色惨白，一口气不停地说，"前夜里先生、娘子精神好，拉着我聊了足有半个时辰，等左先生去了，相互问了安好，总算上床歇了。左先生刚回书房去睡，我见先生娘子没有什么不妥，便也合了眼。谁料刚刚猛然听见婴儿啼哭，竟然就生了！连先生娘子自己也不知，竟是睡梦中生的儿子！"

杨老夫人立即走进儿媳余氏的房间，抱起刚刚出生的婴儿，细细端详：这孩子哭声震耳，浓眉高挑，天庭饱满，头发漆黑，看来是个福相。说来也怪，哭个不停的婴儿，经老夫人一抱，就止住了哭声，只是眼皮还闭着。祖母用手轻轻抚开他的双眼，见两颗眼珠又黑又圆，炯炯有神，刚一睁开，就骨碌碌直转，仿佛要努力看清身边的一切。

左人锦听说儿媳生产时"梦有神人自空中止于庭"而受惊，就说："'庄公寤生，惊姜氏'，但到底成了个有作为的君王；今日此子生得奇异，有将相之才状貌，日后或许能够封官拜爵、飞黄腾达。"

余氏听了公公、婆婆这些安抚的话，心情逐渐平静。随即从婆婆手中接过新生儿，柔声轻哄。左观澜这时向父亲询问："爹爹，日前拟定，如若再生一子，即跟从两位哥哥唤作宗棠；却尚欠一表字，还请父亲定夺。"

左家是书香门第，左人锦是当地有名的教书先生，他默念了一阵，说："《诗》中有载：'昔周时召伯巡行南国，以布父王之政，或舍甘棠之下，后人思其德，爱其树而不忍伤。'此子既名宗棠，今日又生得奇异，正与召公之事暗合。希望他将来能够位比召公，行惠政，利黎民，对得起我左氏列祖列宗！就叫他季高吧！"

关于左宗棠出世这一传说，各种文献、书籍中多有不同记载，且有许多渲染。

有的说，左宗棠的祖母在遗书中记下了三年前的一个秘密：左宗棠出生的夜里，她如何感觉到天气变化，儿媳反常。她出门看过天象，回房后又梦见一神人，称"牵牛星降世"，断定宗棠这孩子非同寻常，将来必定成就大业，光宗耀祖。而罗正钧成书于1897年的《左文襄公年谱》，虽作为《左文襄公全集》附录，但史料价值较高，其中有一段引证了左宗棠的四子左孝同《先考事略》云：时曾祖考松野公、妣杨太夫人年近八旬，均健在。世父瑟卿公，年十三岁。仲父景乔公，年九岁。姑母三人，长年十六岁，馀均数岁。先祖年三十五，祖妣年三十八，始生府君。将生之夕，祖妣梦有神人自空中止于庭，谓"牵牛星下降"。惊寤而府君生。室中忽有光如白昼，灯烛皆掩，移时天始曙。

这里说的祖妣是指左宗棠的母亲余氏。

俗话说：日有所思，夜有其梦。一般说来，梦境必有所思所见的模糊的影子。我们也不必怀疑左宗棠的母亲余氏（或是杨老夫人）那晚没有做梦，以及梦中所见是信口胡编，但也不必信以为真，对此津津乐道。大凡帝王、名臣的出生常伴有一些奇异之事，或带神话色彩的传说，以显其生来便非同常人。但科学早已证明，这些都是虚妄之说。牵牛星为天鹰座中最亮的一颗星，是一等星，隔银河与织女星相对，通称牛郎星。牵牛星并没有降世于左家塅，但左家塅的左氏家族确是当地大姓之一，代有闻人。

在这段"族谱序"中，表明左氏家族自宋代便有进士，左宗棠的九世祖心南公颇有业绩，从祖弟任庵公"抗节不屈遇害"，族中人忠孝节义代代相传。《湘阴县图志》载："左氏宋进士至采访使司一人，明副榜一人，知县一人，知州一人，道员一人，卫官二人，岁贡一人。国朝（指清王朝）举人七人，拔贡一人，岁贡二人，侯一人，伯一人，轻车都尉一人，大学士一人，总督一人，巡抚一人，太常寺卿一人，主事二人，内阁中书一人，道员一人，知府一人，同知一人，州同一人，知县二人，校官二人，县丞一人，主簿一人，盐大使一人，提督二人，总兵三人，都司一人。"① 其中以左宗棠最为出类拔萃，所称侯、伯、轻车都尉、大学士、总督、巡抚、太常寺卿，实际都是指左宗棠一人。

据左宗棠五世孙左焕奎先生所著《左宗棠略传》载，湘阴左氏家族的辈名次序是：至、大、贡、云、仲；福、成、德、盛、通；万、有、百、事、天、知、应；以、定、逢、人、启[1]；宗、昭、新[2]、景、焕；垂、典、裕、方、来。

后面还有10代续谱：家、肇、南、湘、庆；长、培、树、俊、才。

这42个字就构成了湘阴左氏家谱的主线，左宗棠是"宗"字辈，排在第23代。左公的四代孙左景郁先生整理的家谱也与上述一致，并说这是"我父兄熟背的"。

左焕奎先生在注释中有[1][2]两条说明：[1]文襄公以上的辈名系听父兄所记，有些可能是谐音；[2]公之子、孙两辈实际未用"昭""新"，而是"孝""念"。

2. 左氏家族崇尚广惠，乐善好施

古往今来，比较普遍的是：人们富贵之后好炫耀和享受。当然，也有怀着善良和同情之心广做好事，舍施财物帮助穷苦人解决困难的。如果是贫穷好慈善，位尊不享受，那真是太难得了。"左家原来家境较为丰裕，后因饥荒施赈，才渐形中落。"② 这种作为，闪耀着中华民族舍己利人的传统美德的光辉！

左宗棠的祖辈以及留下的代代相传的家风就是如此！

---

① 《湘阴县图志》卷十八，《氏族表》下，第24页。转引自沈传经、刘泱泱著《左宗棠传论》第16页。

② 沈传经、刘泱泱著《左宗棠传论》，第17页。

1817年，即嘉庆二十二年，北方遭受百年不遇的大旱灾，黄河断流，田地干裂，整个长江北岸，在整个夏季，数月内天天烈日当空，不见一丝云彩，真可谓"祝融南来鞭火龙，火旗焰焰烧天红"。于是，便出现了大批大批的北方灾民渡江南移的局面。

江南与江北相比，固然是水肥草美，物产丰富，但苦于人多地少，又猛然增加了一倍的人口，即使善心人能有余力供人一两顿饭，却也招架不住一月两月、一群两群灾民的乞讨，渐渐地，也都关门闭户。大街小巷中，到处挤满了面黄肌瘦、衣衫褴褛的饥民，只靠着难得一见的少得可怜的官府救济，和偶尔由几个大户人家挑头施些菜粥勉强度日，饿死街头的人不计其数。

湘阴虽然是个小地方，情形也同样如此。一天，左人锦从外面回来，双眉紧锁，不停地长吁短叹。杨老夫人多年前便卧病在床，但思维还十分清晰，一见丈夫不快，忙询问："人锦，发生什么事啦？"

左人锦踱到床前坐下，看着与自己多年相依为命的老妻，难过地说："萍姐，你也知道，近日来北方干旱，北人大量南移，虽然日有饿死之骨，来人却不见少。我看在眼里，心中实在是……"

夫人知道丈夫素来为人良善，古道热肠，最见不得人受苦受难，一旦见了这种情形，恨不得自己身受其苦。静静地等着他把话说完："今日众乡里聚齐，想商讨个法子，即便是我辈无财无势，也要为北来的兄弟尽一些菲薄之力。众人商定，后日在袁家铺施粥救济饥民，大家有钱的出钱、有物的出物，但求能多救得几条性命。这等济世救人的好事，我自然鼎力支持，可惜我一个穷书生，终其一生，碌碌无为，能做得了什么呢？"

"不是有义仓么？"杨老夫人问。这"义仓"是左人锦仿照古代社仓法提出的，建议乡人共同建立的一座谷仓，将每年的收成匀出一点，积蓄起来，遇到荒年开仓给赈。

"前年发大水，义仓已经所剩无多了。"杨老夫人想了一会儿说："不要紧，家里那几分薄地，还种有几畦青菜，你先将它拿了去吧。""我原本也是这么想，只是……"左人锦欲言又止。"只是什么？"左人锦吞吞吐吐了半天，终于开口说："后来左人贵愿借我10两银子，代我买些谷米，做了这个善事。我却不知日后该如何还他。"

左人锦嘴唇动了动，似乎话没有说完，但最终还是咽了回去。他站起身来："我去书房看看，你好生歇着吧。"

施粥的日子到了。袁家铺的三岔路口被挤了个水泄不通，成百上千的饥民蜂拥而至，排成六条长长的队伍；负责施粥的、运粥的，其他帮忙的，人来人往，川流不息。左人锦和他的三个孙儿也在其中。

搀扶着祖父的是长孙左宗棫。他已年满18，仍在家中跟从祖父、父亲读书。这孩儿高挑儿身材，面色黝黑，清瘦的脸庞上一双眼睛深陷下去，显得有几分憔悴。13岁的左宗植依旧未脱小儿形迹，带着稚气的小弟左宗棠在人群中钻来钻去，半是帮忙半是看热闹。

看着热粥一桶桶搬上来，饥民们一个个顾不得烫嘴，狼吞虎咽，露出一副满足的神情，左人锦却并无预想中的那样快意。他的目光总是紧紧跟随着活蹦乱跳的小孙子左宗棠。左宗棫觉得有些奇怪，想祖父可能是怕小弟有个闪失，便自作主张将宗棠叫了过来。

"季高，"左人锦顾不得理会宗棫，一把搂住了笑眯眯跑过来的左宗棠，想了想，问道，"你为什么要来这里？""我来帮忙救济饥民！"小宗棠胸脯一挺，骄傲地答道。

"这些饥民把你的粥吃掉了，你晚上没有饭吃，怕不怕？"左宗棠回头看了一眼一个个面黄肌瘦的难民，转过身来，毅然答道："祖父曾教季高念过杜少陵（甫）的诗：'穷年忧黎元，叹息肠内热。'我天天都有饭吃，饿一顿不算什么。"

一听这话，左人锦不禁老泪纵横。身旁几个孙儿都不知老祖父为何大展悲颜，吓得谁也不敢说话。原来，左人锦那天告诉杨老夫人的话其实只说了一半：左人贵在岳阳照看杂货铺的儿子也是三代单传的一根独苗，且至今尚无子息，他怕家业无人继承，有心要从亲友中过继一个小儿，看来看去，只挑中了年纪尚幼且聪明灵慧的左宗棠。但因左人锦一家向来不与自家有接触，所以一直没有提起过。谁料这次天赐良机，一贯乐善好施的左人锦因无力资助饥民而心中不安，左人贵乘虚而入，主动提出借给他10两银子，自己再添100两救济灾民，条件就是施粥以后，即将左宗棠过继到自己名下为孙，那10两银子都可以不还；如果违约，就要用左人锦家的东厢房作抵押。

原本左人锦不肯答应——小宗棠是全家上下的宝贝，不仅生时有异相，而且几年下来灵气早现，才四五岁光景，就将《三字经》《千字文》背得滚瓜烂熟，是个可造之才；况且骨肉情深，他也不忍一家分离……但经不住左人贵再三相劝，他又活动了心思：左宗棠生后，家中人口又多，本来就不宽裕的家庭生活更为困难；左宗棠从小营养不良，身体瘦弱，如果过继到左人贵家，便衣食无愁；左人贵还答应全力承担他们两老的身后事，并允许左宗棠为他们披麻戴孝。更重要的是，自己的10两银子不借不打紧，左人贵应下的100两银子却不知能救济多少生灵，如若不准此事，岂不是为一己之私断送了众多饥民的性命？思前想后，他居然答应下来。

前日在杨老夫人面前，他本想将此事和盘托出，但明知老妻平日最疼的就是这个孙子，无论如何也开不了口。今天又听小宗棠对答如流，至仁至性，更觉自己办了一件错事，不由得心如刀绞，悲从中来。

左宗棫、宗植、宗棠三兄弟慌了手脚，好在此处离家不远，赶忙扶着祖父往家走。身后还响起一片赞叹声："这老爷子真是一副菩萨心肠……"

看到丈夫泪如雨下地被三个孙儿簇拥着回家，杨老夫人大惊失色，忙问那三个孩子，却谁也说不出个所以然来。好不容易等左人锦收住了泪，他无力地摆了摆手，慢悠悠地说："伯敏、仲基、季高，你们先出去吧。"

"嗯！"三个孙儿齐声答道，满肚疑虑地走出了门。屋里只剩下老夫妇二人。

两人谁也没有说话，屋子里静得能清清楚楚地听到他们的呼吸声。终于，杨老夫人忍不住了，她柔声地问道："人锦，你今天心里不好受么？"

过了许久，左人锦慢慢地抬起了头，一双泪光闪烁的老眼充满惭疚地望着妻子，沉默了一阵子，才说出一句话来："萍姐，我对不起你！"

杨老夫人忍着悲伤听完丈夫的诉说后，镇定地说："天无绝人之路，那借的10两银子并非无法偿还，我长期以来，暗地里节约下来还有26两银子，本来想在我身后传给儿媳余氏，以备不时之需，现在就先顶还债之用吧！"

杨老夫人心里清楚，孙子宗棠出生时儿媳见"牵牛星下凡"，这个孩子无论如何是不能过继他家的，哪怕是倾家荡产，也要将左家的希望根苗抚养好。她明白古人说过的话："积善之家必有余庆"，左家乐善好施崇尚广惠，出了个冒尖拔萃的后代，就是最好的回报。

左人锦心里很清楚，名为过继，实是买孙，左人贵正是算定了左人锦无力偿还，又不会忍心割让祖屋，才肆无忌惮地如此要求，不如远远地避开他，让他另作打算。为今之计，应当破釜沉舟，索性将东厢房让给他，只留下西厢房让儿媳余氏带着两个女孩居住看家。左观澜则带着宗棫、宗植、宗棠三人离家远走，另谋出路。后来，左观澜在府城长沙落了脚，在贡院东街找了间大屋，开馆授徒，挣钱养家。

罗正钧《左宗棠年谱》第1页写道：左宗棠的曾祖名逢圣，字孔时，一字仁乡，县学生员，"以孝义著闻"。《湘阴县图志》本传云："左逢圣，字孔时，邑庠生，性恭悫。大父染疾数年，虽异居，与其父庠生定师朝夕侍奉；尝亲持秽服，临江浣濯，涕泗交流，见者叹其诚孝。居贫好施，尝于高华岭设茶数年，以济行人。乾隆十七年（1752），岁歉，典衣服，与富人之乐善者，施粥于袁家铺。生平举止端严，所读经史皆手录。"

在这段传记里，值得人们体味和深思的是"居贫好施""岁歉，典衣服，与富人之乐善者，施粥于袁家铺"这些话，是如此难能可贵，感人至深！

左逢圣如此，其子左人锦继承父辈的崇高品德，并效仿其"广惠"的做法。

《湘阴县图志》本传云："左人锦，字斐中，一字松野……人锦承家教，多所修建，尝仿社仓法，倡捐谷，为族仓以备凶荒。岁歉而左氏无饥人。著有《族仓条约》。"

这段话里，尤其值得钦佩和赞赏的是"世德相济，积累深厚"。相济与人，实属不易，世代积德，达到"深厚"，这种家风对左宗棠的一生产生了深远的影响。

关于左宗棠一生为官清廉，克己助人，乐善好施的事迹，举不胜举。秦翰才先生在《左文襄公在西北》一书中道："……他得意后，依然乐于帮助亲族，帮助师友，帮助属僚，帮助地方义举。这样，就常挥霍去了他廉俸所入的百分之九十五。他有一句意义深长、千古不朽的名言教训子孙，便是'惟崇俭乃能广惠'。"

3. 自幼聪慧无私见异质

左宗棠的祖父左人锦是一位老秀才（国子监生），以授徒为生。左宗棠出生时，他的祖父左人锦已是74岁的高龄了，晚年抱晚孙，心中十分高兴，视幼小的左宗棠如掌上明珠。左宗棠三岁时，左人锦就教他读书、写字，施以严格而又循循善诱的教育。

左家有两间屋子，屋前有几棵高高的梧桐树，还有一口池塘，取名

湖南出了个左宗棠

"梧塘书屋"。夏天来临时，梧桐树上长满了八角形的叶子，浓荫覆地，宗棠在屋内咿咿呀呀地念书，聆听屋前树上无休止的吱吱蝉鸣声。屋后有一座小山，山上长满了灌木和野花，他常爬上山去玩耍。有一次，松野公带宗棠上山，采了一大把毛栗子。祖父叫宗棠带回家，分赠给姊妹。宗棠将栗子分成五份，送给三位姐姐和两位哥哥，却没有给自己留一份。

大姐寿清说："小三子，你自己呢？""我在山上吃了。"

爷爷松野公知道后非常欢喜，夸赞说："这孩子从小就知道公平地分东西，又不自私，知道谦让，左家的门庭将来一定会发扬光大的。"

此事记载在《左宗棠年谱》第3页：嘉庆二十年乙亥，公四岁。公幼有异表。特爱异之，常曰："是子足昌吾门。"左孝同《先考事略》云："松野公尝携公步上宅后山掇小栗，盈掬，命归贻兄姊。公持归均给，不自取食。松野公喜曰：'此子幼时分物能均，又知让而忘其私，异日必能昌大吾门。'"

小宗棠四岁生日过得很愉快。二姐寿贞，字月卿，三姐寿玉，字季芳，都给小弟弟写诗祝贺。二姐写道："余家季高弟，天遣牛郎星。分栗众兄姊，深得古人心。"三姐写道："余心爱季弟，梧塘重亲情。四龄解诗意，其许振家声。"哥哥景乔有诗云："青毡长物付诸儿，燕颔封侯望予季。"

这两句诗的典故，"青毡长物"出自《晋书》，是指家中没有什么好东西，形容读书人家境贫寒；"燕颔"指脸下巴的肉很丰满，像燕子的下巴一样，一般"燕颔虎颈"连用，形容人的相貌威武，多指武将，语出《后汉书·班超传》："生燕颔虎颈，飞而食肉，此万里侯相也。"左宗植的诗中自注："先太夫人语意也。"先太夫人，即祖母。其实，左宗棠的祖父、父亲和母亲，都认为此子不凡，定有出息。

一个四岁的小孩能公平而忘私地分栗，平时还能对大人念过的诗句听后不忘，确实反映出左宗棠从小就有奇异而非凡的品行与才智。长辈们认为他将来能得功名、昌门庭，这种期望决非凭空想象和过奢希冀。

嘉庆二十一年（1816），左宗棠五岁，他的父亲左观澜将全家迁往长沙左氏祠，开馆授徒，三个儿子均随同学习。

左宗棠思维敏捷，才华横溢，尤其在对联方面有着很高的造诣和建树。他从小跟着当塾师的祖父、父亲习对句，常露不凡之气。四岁那年，祖父左松野出联曰：林中小鸟；宗棠对道：天上朝霞。口气之大，志向之高，令祖父不胜惊喜。

在父亲的严格管教下，他从五岁开始，就诵读儒家经典《论语》《孟子》，兼读朱熹《四书集注》。宗棠的父亲春航公，在宗棠六岁时，也给他出过联：锦绣山河，纵横九万里；左宗棠应对道：炎黄世胄，上下五千年。

上联赞颂中华民族山河壮阔，下联吟咏祖国历史悠久，堪称珠联璧合。

左宗棠的家乡是"藏龙卧虎"之地，各种人才都隐藏在民间。有一年临近年关，有位书生落魄的屠夫解年猪，宗棠看得着迷，不愿离去。屠夫笑着出一上联：

小猪连头一百；

宗棠从容对道：

大鹏展翅三千。

出句平常，对句豪迈，令屠夫和围观的众人惊奇不已。于是屠夫又出上句，以试其才：

杀生命养生命，以命养命；

说屠夫杀猪都是出于无奈，以命养命。宗棠对下句时，看到大街上一家纸扎店，正在为亡人打制阴间冥府用的纸钱，便对道：

将纸钱买纸钱，拿钱买钱。

此联不仅令屠夫折服，宗棠从此也被乡邻呼为"神童"。

宗棠八岁读书时，随塾师站在门外看风景，塾师见江边杨柳千条，黄鹂在绿荫里忽隐忽现，啼啭悦耳，飞行时疾若流星，一派迷人的江南春色，便吟出上句：

柳鹂穿梭，织就江南三月景；

小宗棠思考对句时，联想到深秋时节，白云下雁群南飞，即兴对出下句：

云笺雁字，传来塞北九歌书。

十岁时，祖父病逝，宗棠悲痛不已，挽联曰：

此生忧民，愤世嫉俗，不忘先祖遗德；

来日报国，力挽乾坤，方尽我辈孝心。

小小年纪竟能写出如此对仗工整、忠孝兼具的挽联，确非等闲之辈，前程不可限量！后来证明左宗棠不仅是这样说的，更是这样做的。

4. 张半仙算命巧合"始大奇"

笔者不信算命，命运主要掌握在自己手里，又有许多外部不确定因素，一辈子的遭遇怎么都能事前算出来？但认为"相面"不能一概否定，"相"是观看，察看，表与里有某些一致之处，虽看到的是外貌，但透过表象可以推测和发现某些本质。

左宗棠的容貌、长相、个性、气度，从小就有特点，但因先天不足，营养不良，幼年时体弱多病。据当时民间传说，有一年夏天，左观澜带着儿子们来到湘江中的水陆洲（即今橘子洲）游泳。长沙夏天炎热，下水一泡，既可消暑又能舒展情怀，顺则可随波漂荡，休憩身心，逆则可振臂而上，迎风击浪。置身于此，放眼广阔的湘江水，迷人的岳麓山，可从壮丽山川中汲取营养，培育豪气，促进孩子们胸襟开阔，奋发有为。

父子从牛头洲向北，顺湘江游到了水陆洲上岸，正要往渡口去乘渡船回长沙贡院东街，此时，从远处走来一位生得骨骼不凡，丰神迥异的道人，身穿长衫，留着山羊胡子，背着一个布袋，袋子上有"张半仙"三个字。见到左氏父子，急忙对左观澜说："先生请留步，这位小兄弟相貌不凡，如此一副奇相，长大必有造就，是难得一人才呀！"

左观澜平素不爱理睬江湖上三教九流之人，又不大相信相面算命这一套，连忙拉着宗植、宗棠的手要走。他看了一眼算命先生，拱手说："在下素来不信测字相面，何况囊中仅够船资。"并对宗植说："哪有钱算命呀！"

张道人这时却不依不饶地说："先生没钱算命这不要紧，在下可分文不取，但说是'不信'，此言差矣！相面大有学问。古有吕公、管辂，观星相，测吉凶，先生不会不知道吧！"

左观澜感到此道人恐非等闲之辈，听他说来也无妨，于是，他们一同上了渡船。

张道人拉着左宗棠的手，又看了看手掌，对左氏父子说："不瞒先生，老道是云麓宫内一修道之人。今日能与小兄弟同舟，亦天赐良遇，三生有幸！小公子额如川字，三庭平分，五岳朝拱，六府高强，是难得的上等骨相；兼双目黑如点漆，灼然有光，主有富贵；手掌宽厚，主有官位；两耳长大，主有长寿。只可惜……"

左观澜迫不及待地问："只可惜什么？还请仙人赐教。"张道人接着说："小公子虽然玉树芝兰，骨格清奇，非同俗类，然而面相有点欠缺。两颊下垂，眼角微闭，虽无性命之忧，却恐命途多舛，大难不死，才得后福。掌纹原主黄金万两，却又横生支路，只怕破了财运，今生没有大富之时。"左观澜问："钱财倒不要紧。请问先生，这可有补救之法子？"

道人回答说："常言道：'面随心转'。骨相是人生来所定，更改不得；面相却是后天所成，或许能有改变也未可知。两颊下垂，暗指根基虚浮，中年以前恐怕难有造化，切忌自暴自弃，白白错过了时机；眼间微闭，自以为是之相，日后如若有为官发达之日，千万注意礼贤下士，广罗人才，切忌心胸狭窄，独断专行。"

这边张半仙信口道来，那边左观澜骇然听记，默念了一回，自语："难道人的际遇真是生来就定了的？""先生之言又差矣！"张半仙正容喝道，"骨相虽早有其指，但人心深奥，机巧奇玄，相由天生，亦由人主，各人造化如何，就看人能否顺天行道了。"

左观澜觉得这番话具有哲理，渗透了先天与后天求统一的道理，连忙称赞道："先生远见卓识，洞幽烛微，所思高深玄妙，为何不赴考场、走仕途，做一辅世之才，却反而浪迹江湖？"

"哈哈哈哈！"算命先生仰天长笑，率然作答，"考场失意自然也曾有过。只是在下久有闲云野鹤之心，功名利禄，倒并不以为念，只是吏治腐败，朝政黑暗，不如退避三舍。"

"这回可是先生不对了！"一直在旁边听两位大人说话的左宗棠突然开口说，"男子汉大丈夫，当以济世匡国、造福苍生为己任，以'忠孝节义'四字当头，为国为民，鞠躬尽瘁，死而后已。若遇有贪官污吏鱼肉乡民，更应挺身而出，救民于水深火热之中，岂有退避之理？"

"好，说得好！"算命先生与左观澜同时击掌叫道。

张道人还补充道："后生可畏！少年卓识，可钦可佩，今天这个相是看对了。小公子日后必能纾君主之忧，廉正为官，清心救世，为民造福。吾心慰矣！"

接着，张道人还具体地"预算"了左宗棠某年升某官，某年至某处，某年卒于战阵。像是手握"年谱"一样，竟说得很肯定。

左观澜本想赏给他一些银子，但口袋空空如也，惭疚地道："在下今日出门简行，不曾带得钱物，唠扰先生如许，真是罪过。"

最后，张半仙笑道："不要紧，少公子如此奇相之人，我这辈子也未必遇得几个，今日得见，便如读书之人见到好书一般，决无再收银钱之理。

望先生日后好生抚养小公子，使其所谋有成，建功立业。在下告辞了。"说完，便飘然而去。

由于后来左宗棠的经历与张半仙说的基本相符，左宗棠与家人都大奇。正因为如此，在他67岁出关西征前给周夫人的信中道："料定此生不能生还矣。"这是他对小时算命似信非信的一种心理。但他"舆榇出征"、不准备生还的主要原因，是"不破楼兰终不还"的决心。但事实并非"不能生还"。他不仅活着凯旋，而且又继续干了许多大事。所以"算命"算准了，那是偶然性；不准，才体现主观推断不能与客观实际完全相符的唯物主义原理。

二、才华横溢，与其交往皆是当世高人

1. 十年从学贺氏兄弟

岳麓山的层林，被秋霜染上了黄褐色；湘江澄清的水，在沙岸上留下了涨落的痕迹。

一位身材修长、穿着玄色长袍，面容清瘦带点哀伤，而眼神与姿质仍透出勃勃英气的青年，从长沙贫民杂居的棚户区走出来，踯躅在街头巷尾。他见到一个书摊，是一位老汉将各种古书摊在破旧的席子上，但过往的行者无人问津。青年加快脚步走到跟前，专心致志驻足翻看。

突然，他的眼睛一亮，因为他发现有一套线装古书，是清初历史地理学家顾祖禹的《读史方舆纪要》130卷，他立即爱不释手，遂与书摊老汉讨价还价。

"大伯，你这套书要卖多少钱？"

"十个铜板，二十个铜钱，一个子儿也不能少。"

"啊呀，太贵了，你能不能再便宜一点卖给我？"

"后生，你算识货。实话告诉你，我家本是书香门第，因家道中落，无奈之下遂将祖传之书出卖，羞愧难言呀！"

老汉见年轻人确实囊中羞涩，又如此珍爱此书，便松了点口气，说道："我看你是个研究学问之有为青年，就算是半送半买吧，你给我八个铜板算了。"

青年急于买下这套书，便赶紧从身上口袋里搜罗带的钱，掏遍口袋，只有五个铜板，四枚铜钱，犯难了。

老汉见他确实没有钱，自己也因生计之故急于出卖，便成交了。他还告诉这位青年："我家还有顾亭林的《天下郡国利病书》和齐召南的《水道提纲》诸书，你要吗？"

青年一听喜出望外，连声说："我一直在苦找这两部书而不可得，大伯，你这两部书给我留着，我借到钱后定向你买。"

……

这个青年便是左宗棠，当时是道光九年（1829），他刚满18岁。

左宗棠弱冠之时，虽也得过志，但很短暂。他在15岁那年，即道光七年（1827），在湘阴县参加了县试（又叫童子试），名列第一，成为一名"秀才"。第二年，又到长沙参加府试，成绩仍居首位，但为了照顾另一名年老的考生，发榜时将他改列第二名。但是，接下去便"时运"不佳了，可谓"屋漏逢夜雨"，灾祸不单行。这年十月他的母亲余氏病故，参加院试之事只得推迟。道光十年（1830）父亲观澜卒，同母亲一样也享寿53岁。在双亲接连去世后，他在丁忧期间，"益致力于学"①。他居家攻读，但无钱买书，需四处借阅。

左宗棠为了买到他孜孜以求的《天下郡国利病书》和《水道提纲》，便向他的读书朋友借钱。钱没借到几个子儿，却惹来士人们背后的讥讽与窃笑。

"季高不去苦读四书五经，却借钱去买《天下郡国利病书》，真是不可思议！读了此书即便能使'天下郡国利病'，与我们有何相干？"

"去读这种无用之书，我看他'神经有病'，你们说，能'利'他的'病'吗？只能加重他的'病'！"

此话引起大家一阵哄笑。

"科举是我辈正业，八股文章才是学问，真是个呆子！"

"他母亲去世后，已耽误了一次考试，若再去读这种杂书，恐怕将永远名落孙山。"

"惜哉！"

"人各有志嘛！"

左宗棠曾对他的儿子回忆这段往事："于是承平日久，士人但知有举业，见吾好此等书，莫不窃笑，以为无所用之。"②

不管别人怎么看怎么议论，左宗棠都不为所动，勤奋攻读不懈，这可以说是左宗棠实际致力于经世致用之学的开始。顾祖禹的《读史方舆纪

---

① 罗正钧：《左宗棠年谱》，第7页。
② 罗正钧：《左宗棠年谱》，第7页。

要》，书中所描述的山川形势、地形地貌，引起了他浓厚的兴趣。"潜心玩索，喜其所载山川险要，战守机宜，了如指掌。"对著名思想家顾炎武的《天下郡国利病书》和乾隆朝名臣齐召南的《水道提纲》，更是认真研读，"于可见之施行者，另编存录之"。① 有所证发，辄手条证。

就在左宗棠处于购书无资、求师无门之时，传来了好消息：赫赫有名的贺长龄来长沙了！

贺长龄（1775—1850），字耦耕，与林则徐同年生死，被林尊称为"大人君子"，曾主持编纂《皇朝经世文编》（他邀魏源一起参与）。道光十年（1830）冬，在他担任江宁布政使时，因母丧回到长沙丁忧（清朝规矩，给假一年）。贺长龄是湖南长沙府善化县（今长沙）人。清时的长沙，府、县治同城，故他家居长沙城。贺长龄曾与江苏巡抚陶澍以及林则徐共过事，学问、为人、藏书都让刻苦好学的左宗棠极为钦佩和仰慕。左宗棠便立即去拜访和请教他。

1830年冬的一天，寒风凛冽，道有积雪。左宗棠为见贺长龄急不可待，便负箧曳屣，步行十余里到定王台附近贺公寓所去拜谒。虽然足肤皲裂，四肢僵劲，见到贺公后便行深深三鞠躬拜见大礼。一向奖掖、扶植后起之秀的贺公立即扶他上座，问寒嘘暖，关爱备至。

贺长龄十分赞赏左宗棠的志趣和才华，很喜欢这位青年，一见推之为"国士"。当他得知左宗棠为买书节衣缩食、四处借贷之后，嘱他今后可不必自行购买，愿意将家中楼上丰富藏书借与他阅读。好学而无钱买书的左宗棠从此成了贺长龄家的常客，每次去借书，贺长龄都亲自上楼取书，"数数登降，不以为烦"；还书时"必问其所得，互相考订，孜孜龂龂，无稍倦厌"。并劝告说："天下方有乏才之叹，幸无苟且小就，自限其成。"② 这些，都使左宗棠深受教育和鼓舞。

贺长龄还把自己主编的《皇朝经世文编》送给左宗棠，这本书收集了清初至当时有关"经世致用"的文章，如地理、水利、军事、农业、海事（海外各国情况）等，在当时有很大影响。左宗棠得之如获至宝，将这部书"丹黄殆遍"，认真阅读。

有一次，贺长龄问及《读史方舆纪要》诸论中的问题，出乎贺公意料

---

① 罗正钧：《左宗棠年谱》，第7页。
② 《左宗棠全集》第7册，奏稿七，第604页。

的是，左宗棠评曰："顾氏之书，考据颇多疏略，议论亦间欠酌。然熟于古今成败之迹，彼此之势。魏氏源谓其多言取而罕言守，言攻而不言防，乃抢攘策士之谈。此论甚谬。"

青年左宗棠竟能对顾氏名著长短得失作如此评论，令贺长龄惊讶，于是进一步问他："季高对此有何卓见？"

"大凡山川形势，随时势为转移。至于取攻守防，则易地可通也。"

"此论有何根据？"

"孙子曰：'地形者，兵之助也。'曹孟德注曰：'欲战，审地形以立胜也。'士气旺，置之死地而后生；兵势弱，宜固守险厄而疲敌，便是山川形势随时势为转移的例证。贾谊在《过秦论》中以千钧笔力作结之言乃是'仁义不施，而攻守之势异也。'窃以为，为军之将，既要利用山川形势，更要转化攻守形势。"

贺长龄频频颔首，捻须沉吟，许久不语。

另一次，两人进行了关于顾炎武学问与志向的探讨。

贺长龄曰："炎武之学，大抵主于敛华就实。凡国家典制、郡邑掌故、天文仪象、河漕兵农之属，莫不穷源究委，考证得失，撰天下郡国利病书百二十卷。遍览诸史图经文编说部之类，取其关于民生利病者，且周流西北历二十年，其书始成，别有肇域志一编。"接着又说："言古韵者始自明陈第，然创辟榛芜，犹未邃密，炎武乃推寻经传，探讨本源。"

左宗棠对曰："吾闻本朝学者有根柢者，以炎武为最。又广交贤豪长者，虚怀商榷不自满，而精诣所在，则尤在《日知录》三十二卷，于经义、史学、官方、吏治、财赋、典礼、舆地、艺文之属，一一疏通其源，考证其谬误，慎于去取，空诸依傍。晚笃志经学，力排阳明，以为经学即理学也，自有舍经学以言理学者而邪说以起。"

"季高最欣赏亭林先生思想是何论？"

"窃以为，提出'国家兴亡，匹夫有责'是亭林思想中的最光辉之处。他早年参加复社，反对明末秕政，注意经世之学。"

"亡国与亡天下奚辨？"

"亭林先生曰：易姓改号，谓之亡国。仁义充塞，而至于率兽食人，人将相食，谓之亡天下……是故知保天下，然后知保其国。保国者，其君其臣肉食者谋之。保天下者，匹夫之贱，与有责焉耳矣。"①

"此说作何理解？"

"匹夫不贱，肉食者鄙。"左宗棠说出了这两句精辟之言，接着便侃侃而谈，"亭林公云：'天生豪杰，必有所任……今日者，拯斯人于涂炭，为万世开太平，此辈之任也。仁以为己任，死而后已。'② 此乃亭林公毕生大志，亦是吾辈终身榜样。"

贺长龄闻之意色欣然，喜上眉梢，起身拍着左宗棠肩膀曰："天必将降大任于君矣，望季高笃志践行之！"

左宗棠对于贺长龄给予自己的礼遇和培植怀有深深的知遇之感。后在与谭文卿信中道：

> 耦耕先生实嘉、道两朝名臣，学术之醇正，心地之光明，一时仅见。弟于长沙久亲教益，于先生政学颇有所窥，谬蒙国士见待，铭感胸臆。③

贺长龄曾著一书，名《区田说》。左宗棠后来著《广区田制图说》，可说是受贺的影响。贺后来任云贵总督时，曾邀左去其幕府，左因故未就。

左宗棠从小受祖父和父亲的教育培养，性质还属于"家教"，贺长龄是他的第一位受教益匪浅的导师。两人年龄相差一代，却成了忘年之交。

左宗棠非是忘恩负义之人，耦耕先生的学识、品行令他永远难以忘怀。贺长龄后来调任云贵总督。《清史稿》对他有一句话的评语："儒而不武，不足以奠岩疆"，是针对他对付不了云南回民起义被革去云贵总督一事而言的。接替他的职务的就是林则徐。贺氏兄弟对沟通林、左思想的直接作用并不多，但对左宗棠思想品德开始形成的青年时期是颇有影响的。

左宗棠因对贺长龄知之甚深，故对朝廷对他的功绩肯定和评价不公久怀不平。光绪六年（1881）左宗棠早已是任陕甘总督多年的封疆大吏了，于十月初十，向朝廷上奏了《请将前任云贵总督贺长龄事绩宣付史馆并准入祀湖南乡贤祠片》，奏折中说：贺长龄在嘉庆、道光年间"久负清望"，其任江苏江宁藩司，"首创海运之议"，"江南要政如盐、河、漕诸务颓敝不治，陶澍、林则徐有所规画，均倚贺长龄赞助以济，吏材辈出，舆论翕

---

① 参见《日知录》卷十三，《正始条》。
② 参见《亭林文集》卷三，《病起与蓟门当事者》。
③ 《左宗棠全集》第12册，书信三，第460页。

然"。接着讲了他出版、编辑对当代和后世有重要影响图书的功绩：仿陆曜《切问斋文钞》例集录成书，断自本朝，都为一部，名曰《经世文编》，"赠遗海内，俾宦学士师习知故事，有所取法，凡有志用世者皆宝贵之"。在黔十年，刊布《六经》古本，以惠贫士；重刊徐光启《农政全书》，教民稼穑。奖进廉能，诱劝后学，更是有口皆碑。至于总督云南"办理回务，为道员罗天池所误。上干严谴，忧愧成疾归里"，"深以上负国恩，一死莫赎为憾也"。奏折最后道：

> 臣窃见贺长龄学道爱人，品诣纯粹，勤恤民隐，足为国家培养元气，许与清流，足为国家扶持正气，实有不可以一眚掩之者。合无仰恳天恩，宣付史馆立传，以存其人，并俯允湖南入祀乡贤祠，以资观感。①

谁知奏折上送一个月后，即十一月初十，朝廷下达《谕左宗棠所请将贺长龄事迹宣付史馆立传入祀湖南乡贤祠着不准行》，措辞甚为严厉，谓贺长龄在道光年间因在云贵总督任内办理回务不善，"获咎甚重，钦奉谕旨革职"。黎培敬以开复原官，予谥立传建祠冒昧陈奏，曾谕旨驳斥，并将黎培敬交部议处，质问左宗棠："该督岂未闻之？此奏殊属率意！本应予以处分，着加恩宽免。"警告他今后陈奏事件，"务当加意审慎，毋稍轻率"。

看来，在古代封建专制制度下，"民主"和"广开言路"是一句空话，向皇帝"打报告""提建议"要慎之又慎，不合其意则要追究责任、予以处分。不过左宗棠仗义执言，主持公道，对老师的一片赤心，贺长龄若九泉之下有知，也会感激涕零了。

古今中外，固然不乏靠自学成才之人，但要成为大学问家、大科学家、大有作为之人，一般说来都得进正规的书院、学堂、学校培养深造，接受系统而严格的正规教育。左宗棠之所以能大器晚成，也与早年在文化渊源极深的岳麓书院受过教育有关。

贺长龄在长沙丁忧一年，他走后，弟弟贺熙龄仍留在长沙。贺熙龄（1788—1864），字蔗农，是嘉庆十九年（1814）的进士，当过湖北学政，也是一位有名的学者，长沙城南书院请他主持讲席。贺长龄把左宗棠推荐到他弟弟贺熙龄主持的书院去深造。

城南书院的创办人是张栻，因院址在长沙城南的书院坪而得名。它是

---

① 《左宗棠全集》第7册，奏稿七，第603—604页。

"湘学"的教育基地。

1194年朱熹到长沙担任湖南安抚使,他热心于兴学岳麓。他的政绩中最令后人赞扬的是:重建并整顿了湘西书院和岳麓书院。他在长沙任职时间虽短,官务亦忙,但仍不忘过江讲学。

事实上在宋代,长沙一带就出现了三个公认的教学等级,有称"潭州三学"。所谓"三学",即指潭州州学、湘西书院、岳麓书院三位一体,分成三个等级。学生通过考试,以积分高下逐级安排升学。官办的州学学生考试成绩优良者,可升湘西书院,最高者,方可升岳麓书院。在"三学"中,岳麓书院是最高学府,有点像我们现在的研究生院,高标独立,引人仰望。1985年出版的《岳麓书院史略》一书第211页,大事记中有以下记载:

> 嘉庆十七年,1812年,魏源就读岳麓。
>
> 嘉庆二十三年,1818年,欧阳厚均任院长,长达27年。捐资修筑多处,弟子著录者三千余人,著名者有左宗棠、曾国藩、郭嵩焘等。
>
> 道光十三年,1833年,巡抚吴荣光创"湘水校经堂"于书院内。

关于岳麓、城南书院的盛况,冯桂芬在1840年写道:

> 今天下唯书院稍有教育人材之意,而省城为最。余作所见湖南之岳麓、城南两书院,山长(书院院长)体尊望重,大吏以礼宾之,诸生百许人列屋而居,书声彻户外,皋比之坐,问难无虚日,可谓盛矣!

岳麓书院,是我国古代著名的"四大书院"之一,与在江西庐山的白鹿洞书院齐名,是许多著名儒家学者讲经学的地方,更是延续千余年至今,仍为高等教育与研究学府唯一的古代书院。它创建于北宋初期,公元976年一度毁于战火,1165年刘珙任湖南安抚使时,将书院重新修复。理学家张栻(1133—1180)为之作记并主持书院的讲席。随后,朱熹(1130—1200)来访,共同讲学,并手书"忠、孝、廉、节"四个大字于讲堂,还为岳麓山的许多景点题额。从此,岳麓书院进入鼎盛时期,成为南宋理学派的学术和教育基地。

与地灵人杰,人杰地灵相互影响一样,院以山名,山因院盛。岳麓山的自然风光极具特色。古人视麓山为南岳七十二峰之一,是衡山之足,因而得名岳麓,亦称灵麓。

岳麓书院存在于世,已经足足一千余年了。这个庭院的力量,在于以千年韧劲弘扬了教育对于一个民族的极端重要性。可以毫不夸张地说,这是世界上最古老的高等学府。它的教师中集中了大量最高水平的教育家，其中包括可称世界一流的文化哲学大师朱熹、张栻、王阳明等，而它培养出来的学生更可列出一份叹为观止的名单。岳麓书院正门骄傲地挂着一副对联："惟楚有材，於斯为盛"，把它描绘成天下英才最辉煌的荟萃之地，并不过分。

惟楚有材，这不仅是湖南人的骄傲，也是湖南籍的每位教师和学子激励之铭，应该大力继承和发扬的优良传统。名山出名人，湘学育湘人。千年学府，英才辈出，功不可没。

贺熙龄主持城南书院山长八年，他的教育宗旨是：明辨义利，匡正人心，立志穷经，学以致用。他不专重制艺（按：八股文），强调"读书所以经世"，不能把"瑰玮聪明之质，率多隳败于词章训诂、襞襀破碎之中"。

左宗棠自称"从学十年"，实际上他只从读了一年。无奈，因家境贫寒交不起学费，他在第二年被迫离开了城南书院，转入能供给膳食的公资书院，继续研读。1833年，时任湖南巡抚的吴荣光，在岳麓书院内创办了湘水校经堂，并亲自讲授"经学"。左宗棠入试其中，一年"列第一者七次"，深受这位广东南海人的赞赏。由于学习成绩优异，因而获得"书院膏火以佐食"。这对父亲死后"日食不给"的左宗棠来说，确实算提供了一个很好的学习条件。左宗棠也正是在城南书院和湘水校经堂度过了他的学生时代。

湘水校经堂在1890年改为湘水校经书院，并已迁出岳麓书院。由原创始人吴荣光巡抚亲自题写的"湘水校经堂"额，至今留在湖南大学院内。

贺熙龄在长沙住了九年，左宗棠经常不在长沙，但常和老师通信。左宗棠不仅在治学、修身方面深受贺熙龄的影响，而且从与贺熙龄的密切联系中，及时了解到国家内忧外患的形势，激发出强烈的爱国热情，"从学十年"，本意在此。可见，贺氏兄弟二人都是左宗棠走"经世致用"道路而成才的良师益友，相互交往亦深。

贺氏兄弟都是支持林则徐禁烟的抵抗派。在鸦片战争中，贺熙龄同左宗棠频通书信，讨论抗英的战略战术问题。贺长龄在贵州任职九年，严禁种植鸦片。左宗棠经世致用思想的形成，以及发表了使林则徐为之倾倒的反对英国侵略的慷慨议论，都与贺氏兄弟的影响分不开。

道光十九年（1839）秋天，贺熙龄准备去北京。他的朋友、学生共十人汇集在长沙城南，饮酒话别。在座的除左宗棠、邓显鹤、罗研生、邹汉勋等人外，左宗植也来了。有一位汤山人名蠖是位画家，即席画了一幅

《城南饯别图》，大家都题了诗，罗研生和左宗植还给画和诗作了序。可惜画和诗没有流传下来。左宗棠和罗研生一起送贺熙龄到湘江岸边，看着老师乘坐的小舟顺流而下，孤帆远去，消失在碧空尽头。他二人又横渡湘江，爬到岳麓山顶，只见夕阳在山，飞鸟乱鸣，唯见湘水悠悠流淌，他们留恋不已。下山回到舟中后，二人既兴奋又思念，一起热烈谈论贺熙龄的道德、学问和今后的行止等。宗棠后来写信给贺熙龄说：那天晚上他们兴奋得一夜没有入睡。

贺熙龄到汉口后，转而沿长江东下，准备到南京转大运河北上。当他乘船到九江时，当夜明月如昼，他想起城南书院的往事和几天前湘江送行的情景，特别思念自己最得意的学生左宗棠，就写了一首《舟中怀左季高诗》：

　　九月湖湘水倍清，卷云亭上故交行。六朝花月毫端扫，万里江山眼底横。

　　开口能谈天下事，读书深抱古人情。而今迈步从头越，莫叹前程未可寻。

他在诗中加注说："季高近弃词章，为有用之学，谈天下形势，了如指掌。"这首诗里，不仅赞扬了左宗棠"开口能谈天下事，读书深抱古人情"的出类拔萃品性，而且希望他百尺竿头更进一步，"而今迈步从头越"，去争取不可限量的前程。宗棠读到诗后，十分感动。他后来对女婿陶桃说："我早年言大志大，对当时名公时贤都看不上。蔗农师以诗赞誉我，我觉得过分了。但是现在回忆起来，老师对我期望之殷，这种感情确实是不寻常的。"

道光二十六年（1846）十月贺熙龄去世，年58岁。去世前还有一段佳话。1846年，左宗棠的大儿子孝威出生，贺熙龄知道后非常高兴，说："这孩子该做我的女婿。"要把他的小女儿嫁给孝威。他去世后，同学罗研生等告知宗棠：老师遗命不可却。从此，贺熙龄和左宗棠由师生关系又变为亲家了。贺氏兄弟对左宗棠这个穷书生的知遇之恩，不仅令左宗棠感动万分，即使百载之后，也足令人怀念不已。贺熙龄死后，左宗棠写了一副情深意切的挽联：

　　宋儒学，汉人文，落落几知心，公自有书贻后世；
　　定王台，贾傅井，行行重回首，我从何处哭先生！①

定王台在今长沙市芙蓉区解放路，贺长龄的住宅即在附近。左宗棠常

---

① 《左宗棠全集》第13册，第479页。

和友人刘蓉（霞仙）、李续宜（希庵）、王鑫（璞山）等在定王台会晤长龄、熙龄兄弟，就学请业。贾傅井在太平街，宗棠每经过这些古迹，行行重回首，物是人非，感伤不已。

2. 巧遇陶澍终结亲家

这些天来，醴陵县令张世法可谓是最辛苦、忙碌、紧张、劳累之人，甚至超过蓬头垢面、成天为生计而劳作的"黔首"。此话怎讲？心事重呀！早起晚睡，殚思竭虑，事事都要得想周密、安排周到，还须亲临现场，检查落实。这可是与自己的前途命运、荣辱升迁密切相关呢！虽然，在一百七十多年前，未有现代人的说法："招待水平就是工作水平"；但此中"三昧"，古人早就知之，现代聪明人的"官经"，乃是向古人学的。

道光十七年（1837）秋，两江总督陶澍在江西阅兵，重阳节前，他请假顺便回乡扫墓。从江西到湖南安化，途中必须经过醴陵。须知在老百姓面前威风八面的"县太爷"，在陶澍跟前却是条"小爬虫"，能不毕恭毕敬、小心谨慎、煞费苦心、多献殷勤吗？他挑选了一处坐落在渌江之畔新建的四合院，面对江中小岛状元洲，风景宜人，环境幽雅，日用家什早已准备齐全。至于吃的喝的东西，更是绞尽脑汁：山珍野味，水中锦鳞、鲜嫩蔬食等一概俱全，如武昌鱼、君山龟、资江虾、炒血鸭、麻辣鸡、安化笋、醴陵藕、衡州莲、九嶷菇等早已采来，还有特地从安化弄来的烟熏麂肉、云雾芽茶等。更为别出心裁的是，为了让陶澍早一点喝到"家乡的水"，他派专人到陶澍的出生地安化小淹石磅溪，弄来了清洌的山泉。做了这一切，他还不放心，因为陶大人是个具有独特性格和气质之人，过分铺张，不仅得不到赞赏，反而会"挨批"，甚至严责。但县令心里想，现在办的东西，都属湖湘土特产品，陶大人爱吃，又不算奢侈。不过，假若书香氛围太差、文化层次太低，肯定不能令他喜欢。于是他亲自到渌江书院拜访左宗棠，请他写副能使陶大人喜欢的好楹联。

左宗棠为人，素来不喜应酬，对于一般唱和，概少参与。今日听说为陶澍行馆作楹联，平日已知其人，向来钦佩，当即慨然允诺。

张知县见左宗棠答应，大喜，便起身告辞，约定明早派人来取。宗棠爽然笑道："张公请慢，既蒙亲来一趟，不如待学生现时写下，请明公赐教。如有不妥，则可再拟。请稍等片刻，一会写好请过目。"

张知县一听立等可取，大喜过望，连声道谢。

左宗棠引他进书房，书童磨墨铺纸，左宗棠略一沉思，走近书案，握管落笔。上下两联，一挥而就。

张县令惊得目瞪口呆，他大声朗诵之后，躬身一揖道："果然名不虚传，如此捷才、大才，天下少有。卑职今日亲睹，平生之荣。只是先生如此高才，屈居小邑，未能大展抱负，实是蛟龙困卧沙滩，猛虎下落平阳。但渌江弟子能在门下受教，则是三生有幸。相信小邑得先生开风气之先，来日必定人才辈出，不可限量。"

张县令喜滋滋地拿回楹联，立即命人加以精致裱褙，挂在陶澍下榻馆舍最醒目之处。

那天，开道的锣声、吆喝声响过，高举"肃静""回避"牌子的衙门公差在前引路，两江总督陶澍的轿子抬进了醴陵县城。在县令的陪同下，他走进了灰墙青瓦、粉刷一新的下榻新舍。只见大门、侧门、厅堂、厢房内外，处处挂有新写的对联，悬着新作的字画。果然，此种装饰博得了陶大人的欢心，满腹经纶、精于此道的陶澍停下脚步，一一欣赏起来。但是，连看几处，诸如"春风大雅能容物，秋水文章不染尘"；"家学优长，天姿卓绝；文章尔雅，履蹈清真"之类，文句都很俗气，不禁令他扫兴。突然，陶大人眼前一亮，紧走几步，身子停在正厅的右壁前，一副字体刚劲、笔力雄健的对联映入眼帘：

　　春殿语从容，廿载家山印心石在；
　　大江流日夜，八州子弟翘首公归。

这副联语，对仗工整，气魄宏大，造句清新，隽永深刻，对陶大人来说，已经不能用欣赏、喜悦、高兴、激动来形容，而是惊愕不已，叹为观止！用现代的通俗话来说，真是"挠到了心灵的痒痒处"，击节叫绝！他急于想知道，这是何方神圣所写。在醴陵这个小小的地方，竟有对他了解如此深切的作联高手、学问大家！

这副联语，蕴含了陶澍生平最得意往事，表达了湖湘子弟最深切感情。要弄清来龙去脉、其中奥妙，话便长了。

先从湖南安化小淹长期流传着的许多传奇故事说起。

相传安化小淹陶家湾有陶必铨与兄长陶必铧二人，原分居于陶家湾与石磅溪，两地相距十余华里。陶家湾前面是滔滔资江，是打鱼捕虾的方便

二、才华横溢，与其交注皆是当世高人

地方；而石磅溪在崇山峻岭之中，山清水秀、飞禽走兽很多，是弯弓使枪的天然猎场。分居于陶家湾的陶必铨酷爱打猎，而陶必铧却喜欢在江河游泳钓鱼，且方便求学读书，于是兄弟俩一商量便高兴地斟房换地，因而陶必铨便住到了石磅溪。

石磅溪"日脚深难到，巉崖锁翠微"，自然风景十分优美。村里居住着数十户人家，溪边有石磅岩、纱帽岩，溪中有时淹时露的龙珠岩，在村庄对面山顶上有两尊巨石，形状似锣如钹，叫锣钹岩，另一石如天空北斗七星，名曰："七星岩"。两岩相对而立，酷似锣钹迎七星，真是惟妙惟肖。历史上曾有过"七星亮、锣钹响"的传说，但谁也没有见过。

清乾隆四十三年（1778）冬的一天深夜，村上的人们早已酣睡，万籁俱寂。顿时天空乌云滚滚，电闪雷鸣，也就在这时，突然锣钹岩发出洪亮的声音，其声悦耳，犹似优美乐曲，叫人心旷神怡，将全村的男女老少惊醒。接着，七星岩突然光芒四射，把全村照亮得如同白昼。正当人们感到十分惊奇之际，村中陶必铨家传来了鞭炮之声，是陶必铨之妻黄翠兰生下一男婴。此子一出母体，浑身散发着一团氤氲紫气，一声长啼声震方圆数里，但见他头大额宽、鼻直耳丰，尤其两眼睁开，灵光滚动，如同两颗明珠闪烁。于是大家纷纷赶到陶家道喜。七星闪光、锣钹突响，陶家喜得贵子，真是天降奇才！

这个小孩就是后来成就一番大业的陶澍。官至两江总督兼兵部尚书、都察院右都御史。他学识渊博，为官清廉。在改革海运、盐政、兴修水利、发展农业和经济等方面很有成绩，深受广大群众的赞誉，是清朝中期全国闻名的大人物。

陶澍降生的那年一直持续干旱。却在他降生的那天下了一场好大的喜雨。其父陶必铨是个文化人，深深地懂得"雨苏万物"之奥。故为刚生下来的崽伢子取名澍，字子霖，号云汀。而澍、霖、汀均与雨水相关联，寓意爱子降生犹如天降及时雨，大地得甘霖，给陶家及全村带来勃勃生机与希望。于是，陶澍降生，神岩奏乐闪光芒的稀奇古怪事，当地民间编成顺口溜流传至今："七星岩石闪金光，锣钹共鸣震山乡；天降贵人是陶澍，甘霖滋润万物长。"

陶澍从小聪慧过人，被称"神童"。关于这方面，民间传说有一大串。早年曾在大学者纪晓岚门下问学，善于考据，诗文亦甚高雅。嘉庆七年（1802）中进士后，历任翰林院庶吉士，四川乡试副考官，江南道监察御史等职。他被拔擢重用,与两江总督蒋攸铦的慧眼识才、充当"伯乐"分不开。蒋向道光皇帝禀报曰:"治行为陶澍第一。"对陶评价极高,后推荐陶澍接任他的位置。

道光十五年(1835),陶澍任两江总督兼两淮盐政,在两淮推行票盐法取得成效。十一月陶澍自江宁北上京师,向道光皇帝述职。二十九日上午,道光帝在养心殿西暖阁召见了他。

道光帝对陶澍在两江总督和盐政任内推行的除弊革新措施非常满意,因此一见面即慰劳有加,并赐给他早点及御书"福""寿"两字和鹿肉一方,并告诉他这是"年赏"头一份。于是陶澍向皇帝回奏江南所推行的一系列革新办法,深得嘉许。君臣之间谈得很融洽。从十一月廿五日至十二月十六日,一共召见十四次,往往一谈就是一两个钟头。清代制度,总督是地方军事、行政的最高统辖者。一年多之后,道光帝要陶澍到江苏、安徽、江西省去检阅驻军。陶澍心想,江西与湖南接壤,便请求顺便回乡扫墓。道光帝批准他阅兵之后可请假还乡。因而就顺便询问陶澍:"爱卿家住何处?"

"禀告皇上,敝人故居安化资水之滨,系山乡僻壤之地。"陶澍从容答道。

"资水在湖南吗?它长宽多少?水量如何?是春夏有水,秋冬干涸吗?"深宫里长大的皇帝,多么希望能了解各地的地理概况。

陶澍答道:"资水发源于西南的雪峰山,流入湖南的城步、新宁至武岗,向北到邵阳,沿河有支流夫水、邵水、云泉水流入。向西过新化,有白洋等溪水流入。流经安化容纳十多条溪水,到我的家门口,南合洢水,北合善溪,至益阳境内又有泗里河、桃花江、兰溪等十多条溪水流入,分两支流进洞庭湖,一支在临资口会湘水,一支在沅江会沅水,均北注洞庭,资水全长一千八百里,江面宽二三里不等,四季有水,可通舟楫。"

陶澍平日注意地理,故把资水的源流讲得清清楚楚,显得知识渊博,使得道光帝越听越高兴。同时他对陶澍所说家居乃山乡僻壤,产生了怀疑。于是又问:"如此说来资水乃是大江,你既住江滨,为何又称'山乡僻壤'呢?"

"资水是《禹贡》荆州的九江之一,郦道元《水经注》称:'资水一名茱萸江',流经山峡之中,我居住小淹,正是山峡之处,原属益阳,至宋代才分置安化县。交通闭塞,很少有达官贵人路过,确是山乡僻壤。"陶澍引经注典又阐述了一番，使得道光皇帝不得不暗暗佩服这个来自山区，又如此博学的臣属，也自慰有"用人之明"，便更进一步仔细了解他的家世，问得更加详尽了。

于是陶澍乘机将家乡山水形势仔细地描绘一番：资水流经家门处，两岸石壁屹立，如大门一样，下有石门潭，河水清莹澄澈，深几十丈。一块很方正的大石，形如方印，从水中突出，故称"印心石"。我家在印心石之北的上游约三里的地方，我小时候跟随父亲读书，筑有一间书室，取名"印心石屋"。

道光帝听了，觉得很有意思，想了一会，又询问陶澍这四个字是怎么写法："印即是你常用的印？"又用手指自怀："心是此心的心吗？"

陶澍一一点头，连连称"是"。

道光帝自语："印心诗屋。"

陶澍忙纠正：是"石屋"不是"诗屋"，"石"字因江中"印心石"而来，故名"石屋"，道光帝听了很是高兴。

第二天清晨，军机大臣潘世恩、穆彰阿、王鼎、赛尚阿四人捧着道光帝亲笔书写的"印心石屋"四字匾额一幅赐给陶澍，字高宽约六寸左右，笔画苍劲。前款为"道光乙未嘉平月"，后书"御书赐之"四字，还有两方印文，一曰"道光宸翰"，一曰"虚心实行"。满朝群臣见此都为之倾慕，同声赞叹。不久，陶澍又被召见。

道光帝问："我给你写的'印心石屋'匾额收到了吗？"

陶澍忙叩头谢恩说：皇上眷及山居，亲笔题写匾额，这是旷代的荣耀，我非常感谢。史册记载，宋太平兴国年间，太宗曾用飞白字体为大臣苏易简题过"玉堂之署"，至今传为佳话，但那是翰林院公署，不是私人书室，因此，臣能得到皇上御赐，这真是世代的荣光。我朝康熙年间，皇帝也曾几次为臣属题字，如王士正的"带经堂"，宋荣的"清德堂"，他们都是呈蒙皇上题字而后建堂的，不像我先有屋而皇上再题字。

陶澍如数珍家宝似的举出许多皇上给臣下题字的例子，引得道光帝真是"龙颜大悦"。便问："我的题字你将悬挂何处？"

陶澍说："我幼时读书的印心石屋乃茅棚草舍，离家已17年了，那屋不知是否尚在，我当另建石屋，打算先刻在石上。"

道光帝又问："你说的石门是何人所建？"

陶澍说："石门潭南北两岸俱是高山，石脚横截过江，对峙如门，是天生的石门，不是人力所能为，石壁高的有七八丈。"

"有那样大的石壁，还是刻在石壁上好，那应该把字写大一些，前天写的太小，我大字比小字要好，小字要均匀配搭，大字可纵横如意，不拘一格。"

第二天，道光帝又亲书"印心石屋"大字一幅，长九尺多，字高宽各一尺六寸左右。前款写"道光乙未腊月"后书"御书"二字，开头有长印文曰："清虚静泰"，后有方印文曰："慎德堂御书宝"。

陶澍认为御书是稀世之宝，并且皇上为他一书再书，两幅并赐，是陶澍平生最得意之事。于是在他到过的名胜之处，都勒石摩刻"印心石屋"一方，并建御碑亭悬挂，以示荣耀。

后来，道光皇帝又赐给陶澍三方玉印，也是三件瑰宝："印心石屋""干国良臣""绥疆锡祜"①。皇帝赐给臣子两幅御书，三方玉印，这恐怕在历史上绝无仅有，因此，陶澍感到这是旷代之荣！②

至今在小淹石门潭南北两岸、岳麓山、庐山、金陵、焦山、沧浪亭、清河、蜀岗等共十余地方，都刻有"印心石屋"石碑。他的诗集也取名为《印心石屋诗钞》。

这便是印心石屋的由来。

上联中的"春殿语从容"，及"廿载家山印心石在"的故事概括了陶澍一生的最得意之事；下联借晋代陶渊明之曾祖父陶侃曾督八州军事的典故，一方面写了陶澍远祖光荣的历史，一方面写了家乡子弟正以十分敬仰和欢迎的心情盼他阅军后的荣归。这怎能不使陶澍激赏不已呢！

这位年近六十的封疆大吏正要开口询问楹联的作者时，迎面见到一幅山水画，上有两句题跋的小诗又让他心旷神怡：

一县好山为公立，两度绿水俟君清。

意思是醴陵县那傲然屹立的山峰，皆是仰载陶公一腔凛然正气而立；两条碧澄的绿水，皆等待一身纯正廉洁的陶澍到来而清。小小的醴陵，真是藏龙卧虎之地，竟有此等奇才，能当我的知己！

"这副对联出自何人之手？"陶澍问跟在身边的知县。

"这是本县渌江书院教习左宗棠所撰。"知县连忙回答，"画中题诗亦是

---

① 锡，赐给之意。祜，即福。
② 摘引自《资江陶氏七续族谱》。

出自他手。"

"此乃何方神圣？"陶澍微露笑容，口气中毫不掩饰极力赞赏之意。

"左宗棠乃湘阴人氏，其功名虽只一举人，然经纶满腹，才华横绝，当世少有。尤可奇者，此人长期潜心舆地，埋首兵书，天下山川，了如指掌，古今战事，如数家珍。"

"哦！有这样的人物，可否请来一见？"陶澍兴致盎然。

"卑职遵命，立等派人去请。"县令一边答应，一边示意下人立即去请左宗棠。

夜色渐渐浓了，从湘赣边境罗霄山脉中蜿蜒而出的渌水河，犹如一条碧玉色的缎带，在月光下静静地流淌，闪着银色的波光。状元洲上萋萋芳草，刚才还摇曳着舞姿，现在已慢慢地隐入夜色之中。醴陵城内，一队队公差衙役在巡视，他们保护的重点，就是渌水河畔的两江总督陶大人的临时下榻处。这府第内灯火通明，坐在厅堂中的一老一少两位男子，正在促膝长谈。老者就是陶澍，已是年近花甲之人了；少者即左宗棠，年方26岁。陶大人注视着眼前的年轻后生，双目炯炯有神，生机勃勃，身材不算十分高大，但体魄健壮，举止得体，礼仪有度。左宗棠所论经邦济世的学问，绝非那些寻章摘句、惟务雕虫之辈可以比拟。陶澍非常欣赏左宗棠，而对陶澍早已仰慕的左宗棠，平日是一腔为国报效的想法无处倾诉、无人倾听，今日得此机会，便半是请教，半是显示地倒了出来。

漏尽更深，陶澍谈兴正浓，加之爱才心切，他感到从来没有这样畅快地与人叙谈过。年轻人上下古今，天文地理，衡文论事，无所不及，从盐政谈到海运，从学问谈到国事，特别是左宗棠关于外患的见解，更使陶大人有振聋发聩的感觉。这一老一少，一直谈到东方天空泛白，雄鸡报晓。陶澍勉励他多学些经世致用学问，还嘱他下次赴京考试归时可到南京一游。

次日，陶澍周游醴陵，察视民情，又携左宗棠同行，边游边谈，极为融洽。就因为结识了这样一位忘年交，陶澍还将回乡日期推迟了一天。陶澍认定：这位年轻人日后的前程定会超过自己，这是一匹千里马，我不做"伯乐"，谁来做"伯乐"呢！

关于这段历史故事，各种史料都有记载，清人笔记和名人逸闻更有许多细节描述，不能统统取来作为信史。最为可靠而准确的是罗正钧所著的《左宗棠年谱》第15页所载：

> 时安化陶文毅公澍督两江，阅兵江西，乞省墓，道出醴陵。知县

治馆舍，丐公为楹联。文毅见奇之，既询为公作，乃属知县延见。倾谈竟夕，与订交而别。

公子孝同《先考事略》云："安化陶文毅公总督两江时，以巡阅江西，乞假省墓，道出醴陵，县令倩府君为馆舍楹联云：'春殿语从容，廿载家山印心石在；大江流日夜，八州子弟翘首公归。'文毅激赏之，询为府君作，因属县令延致。一见目为奇才，纵论古今，为留一宿。"

道光十八年（1838），27岁的左宗棠在家乡过完春节，又动身经汉口赴北京会试。这次左宗棠又落第了，经这次失败，他打算从此再不参加科举考试了，专门研究经世之学，以备报国之用。左宗棠离京返湘时，想起陶澍昔曾有约，便绕道由运河乘船到南京两江总督府。

陶澍妥善安排左宗棠住下，嘱咐下属好生招待这位贵客。开始几天，左宗棠尚觉得轻松、安逸、惬意，三天五天过去了，他不知不觉；半月一月后，他觉得有点孤寂和无聊；日子一天天过去，快两个月了，陶澍竟没有再次召见左宗棠，一直把他"晒"在馆舍里。

当然，在这期间，左宗棠也不是一天到晚"闷"在馆舍里，他也出来走走，在陶幕中结交一些朋友。据李伯元《南亭笔记》载的一则轶闻：左宗棠当时年轻有为，质朴大方，气质与众不同。"在陶幕中，与陈公銮同事。左朴质，而陈则翩翩少年也，常游曲院。陈识一妓，一日问其愿嫁何人？妓曰：'愿嫁左师爷。'陈为大奇。"这个妓女是有眼光的，当然她是一厢情愿。深明礼教、严于律己的左宗棠在陶府作客期间，是不会去拈花惹草，大失体统的。

陶澍不常召见他，开始时左宗棠猜疑不定，心想，是公务忙，十天半月会晤一次该会有时间吧，是不是这次又落第了，总督大人瞧不起他。但是一想起去年在醴陵，陶澍一点官架子都没有，那么平易近人，这回怎么又变成另一个人了？左宗棠左思右想，猜不透，越想越想不通，越想越不是味，越想肚子中的火越大。

左宗棠落第后本来心情就不好，想起连陶澍都这样冷落他，自尊心受到很大损伤。头天晚上，他悄悄收拾行装，第二天便不辞而别。

仆人见他背着包袱离开馆舍，便问道："左先生你怎么走啦？"

"长期赖在陶大人官府混饭吃吗？"左宗棠没有好气地答。

"陶大人知不知道？"

"我走后你去禀报一下就是了。"

左宗棠边说边急促地往外走，仆人慌了神，赶紧跑去禀告陶大人。

此时，陶澍起床不久，洗好脚后正在由侍女给他穿袜子，才穿了一只，听报左宗棠要走，连另一只袜子也来不及穿，更没有时间穿鞋，就赤脚往外跑，正好追到辕门，赶忙夺过包袱，挽着左宗棠的肩说："左贤弟怎么走得这么急呀？我这向因公务忙，没来相陪，请左贤弟见谅。我还要与贤弟结为儿女亲家呢！"

其实陶澍是忙，但不见得陪朋友聊聊的时间都没有。这正是陶澍有意试探、考验左宗棠的耐心，如同"圯上老人"扔鞋于桥下让张良去捡，深折其"刚锐之气"，培养他忍耐和受挫之力的。

陶澍陪同左宗棠用完早膳，便挽着左宗棠回至厅堂，亲自扶他高坐在公堂上，认真严肃地说："他日，贤弟当坐此堂，名位还会比我高！"并对他的幕僚们说："日后，这个位子是左先生的，你们只能列坐两边。"

左宗棠对陶澍这一突如其来的恭维，感到不知所措。但又见陶澍说得这么诚恳，差点儿感动得掉下泪来，赶忙下位向陶澍深深打了一躬说："晚生岂敢！晚生岂敢！"

陶澍见左宗棠态度紧张，忙执左宗棠的手，重新分宾主入座说："这次会试落第，不要灰心，还是一句老话，多学点经世致用的学问，将来于国有大用。国家很需要真才实学、肯办实事的人才啊！"

一天晚上，自感不久于人世的陶澍屏退下人，与左宗棠单独谈心。

陶澍说到左宗棠要自强不息，等待时机，担当大任之后，不由深深叹口气说："我人老了，身体日见虚弱，有一事相托，不知左贤弟能否答应？"

左宗棠忙打躬道："大人有事相托，岂有不应命之理！"

陶澍这时才漫然地道："我晚年得子，名陶桄，年仅七岁，我一旦不测，就把这孩子交托你培养如何？"

左宗棠忙应道："大人看得起晚生，当竭尽心力。只是晚生不才，怕有负重托。"

陶澍见左宗棠欣然应允，就进一步说："这样吧，我们结为亲家。贤弟的大小姐正好小陶桄一岁，他们成人了，由你操办，我就拜托了。"

说着陶澍起身向左宗棠深深一揖。左宗棠见陶澍以两江总督之高位，主动提出要与他这个"落第书生"结亲，并行如此大礼，赶忙起身回礼。

左宗棠接着说："我一落第书生，功名未就，无论名位、门第、年龄、辈分都不相称，实在不敢高攀。"

陶澍说:"论年龄,我是大你33岁,但儿女的年龄还是相当的,是我的小儿子同你的大女儿定亲呀!何况我又只有这么一个儿子,还是六姨太才生下这一株独苗;若说地位,三十多年后,你的地位未必不在我之上。我宦游大半生,所见青年有你如此才识的还不多,你又何必为考场失意而自暴自弃。来日方长,我相信你必定后来居上。"

听了这番掏心窝子的话,左宗棠也不便再推辞了。内心十分感激陶澍的信任和知遇之恩。同时,激起了他经世济民的雄心壮志,似乎看到了充满希望的未来。正想开口,陶澍咳嗽不已,左宗棠轻轻用手拍着陶公后肩,并扶他背靠床头,继续交谈。

陶澍又说:"我已重病在身,只怕来日不多。万一我们两个无缘再会面,桄儿便如同你的亲生儿子托你照应。若能育之成材,不辱陶氏家风,我在九泉之下也就瞑目了。我家藏书不少,对你会有帮助,全都托付你了。"他握着左宗棠的手,老眼中闪着几丝泪花。

左宗棠内心感动不已,诚恳地对陶澍说:"中堂请放心,既然如此,小生就依允了女儿这门高攀而来的亲事。我将不负大人重托,尽心竭力教育公子成材。"

陶澍说:"这我就可以放心而去了!"

就这样,堂堂的两江总督与会试落第的书生联姻,结成了突破世俗常规的儿女亲家,实属罕见。恐怕这正是陶"伯乐"惜才、爱子双重情感作用下,才能发生的故事。

左宗棠前些日子受冷遇一肚子的不高兴早烟消云散了。

关于这段史实,《左宗棠年谱》第16页记载得比较简略:

> 会试榜发,复见遗。出都迂道谒陶文毅公江南。

公子孝同《先考事略》云:"戊戌会试荐仍未中,出都至江南,谒陶文毅公于节署。"

而清人轶闻、笔记对此事的详情记载甚多,比较准确而可信的是康有为有文字留世:

敬题陶文毅公遗像并跋

康有为更生南海

植鳍作而性公忠,手整盐漕有惠风。最异督辕只袜走,孝廉船上识英雄。

传闻文毅督两江时，左文襄不第穷困谒文毅公，一见后留督署而两月不见，文襄怒走，文毅闻而追之，起自床，仅一足有袜，疾走至辕门，执文襄袒肩曰：吾将与季高为亲家，奈何走？引归扶坐公案曰：他日君当坐此，名位尚出吾右，以子要文襄女而托孤焉，其知人之明古所少见。叔惠仁兄为其曾孙亦文襄外曾孙也。庚申四月属题文毅像，吾所最敬者敢及此。

道光十九年（1839）六月初二日，享有盛名的陶澍病逝在两江总督任上，终年六十一岁。临终前，陶澍把他的女婿胡林翼叫到身边，吃力地说："我死之后，操办丧事务求节俭，莫负我平生所愿。"

"小婿记住了。"

"还有更重要的一件大事，你要抓紧去办，一次不行两次、两次不行三次四次，直到办成为止。"

"泰山让我办什么大事？"

"左宗棠是当世奇才，得到大用将是朝廷和苍生有幸，你要奏报皇上，让其尽早出山。"

"小婿对左君人品学问知之甚深，定会遵照泰山遗嘱，推荐朝廷重用。"

这就是后来胡林翼不遗余力推崇、保举、保护左宗棠的内情。

陶澍去世后不久，使者给左宗棠送来一封遗书，左宗棠拆开含泪默读：

季高吾弟亲家大人道席：

客岁孟夏会晤，值今已复年余。两地相知，县念殊深。年来愚兄自忖年事已高，又兼贱躯衰病有年，自知不久于人世。俯念稚子桄年纪尚幼，端赖长辈扶持。是以恳请贺公熙龄转致下忱，欲结姻亲之好，并求来日受聘西席，教诲此子成才。嗣奉贺公及吾弟来函，喜蒙俯允两事，六十老翁，死可瞑目矣！今入冬以来，病情加剧，自料沉疴难起，已嘱家人老小于吾病逝后，扶柩归里，入土为安。唯望吾弟务践前盟，苍舍扶持一切。九泉之下，感激无已。

左宗棠也没辜负陶澍托孤之情，于次年从湘阴老家赴安化小淹陶澍的宫保府第教未来女婿陶桄读书，一连教了八年，同时也饱览了陶澍遗留下来的丰富的典籍藏书，深研了清朝宪章、奏折等，充足了"电"，这对左宗棠后来成就大事业打下了坚实的基础。举个例来说，后来他进军新疆，兵马在大沙漠中找不到水，便训练骆驼做向导探寻水源，这方法便是在小淹陶家藏书中读到的。1848年，陶桄16岁了，左宗棠又携他到长沙深造成才。

3. 与郭嵩焘"凶终隙末"

中国有两句成语，一句谓"一言兴邦"，出自《论语》，意为一句话可以使国家兴盛；另一句是"一言陷人"，出自北齐颜之推《颜氏家训·后娶》："自古奸臣佞妾以一言陷人者众矣。"可见在最高决策者面前说句好话、坏话的后果与分量。在集体领导制度不健全、用人风气不正的现实社会里，许多跑官要官、投机钻营者深谙此道。这就是在关系自己的升迁、荣辱、奖惩、调动等问题上，为求某个人在谁面前说句话，而不惜送重金厚礼的原因。

郭嵩焘（1818—1891），字伯琛，号筠仙，历官翰林院编修、苏松粮储道、两淮盐运史、署理广东巡抚，后出任驻英、法公使。其弟崑焘（1823—1882），字仲毅，号意诚，举人，长期居湖南抚幕，后由国子监助教晋内阁中书。郭氏兄弟与左宗棠同是湘阴人（郭家住城关西门），彼此从小相识，时相过从；惺惺相惜，相扶相携。

特别是郭嵩焘，也是当时负有济时才干的人，而且文笔很好，曾身居北京，入值过清宫的南书房，是替皇帝代笔的侍从之臣，在左宗棠因樊燮京控案处于危难之际，可以说在最关键时刻、在最高决策者皇帝面前极力揄扬，从而使他不仅免除大灾难，反而因祸得福。（关于因辱骂樊燮招来被控告而差点送命这起案子，后有专章详述。）简要地说，郭嵩焘闻讯清廷命湖广总督官文密查左宗棠，"如有不法情节，可即地正法"之后，十分焦急，先向肃顺求计，再托潘祖荫上书，接着便借机在皇帝面前说好话，才使左宗棠转危为安。

咸丰八年（1859）十二月初三日，养心殿西暖阁，文宗皇帝和郭嵩焘谈毕公事，突然话锋一转，问起了左宗棠："汝可识左宗棠？"

郭答："自小相识。"

上曰："自然有书信来往。"

郭答："有信来往。"

上曰："汝寄左宗棠书，可以吾意谕知，当出为我办事。左宗棠所以不肯出，系何缘故？想系功名心淡？"

郭嵩焘答："左宗棠自度赋性刚直，不能与世相合；在湖南办事，与抚臣骆秉章性情契合，彼此亦不肯相离。"

上曰："左宗棠才干何如？"

郭答:"左宗棠才极大,料事明白,无不了之事,人品尤极端正,所以人皆服他。"

上曰:"年若干岁?"

郭答:"四十七岁。"

上曰:"再过两年五十岁,精力衰矣。趁此时尚强健,可以一出办事,也莫自己遭踏。汝须一劝。"

郭答:"臣也曾劝过他。他只觉自己性太刚,难与时合。在湖南亦是办军务,现在广西、贵州两省防剿,筹兵筹饷,多系左宗棠之力。"

上曰:"闻渠尚想会试?"

郭答:"有此语。"

上曰:"左宗棠何必以科名为重。文章报国与建功立业,所得孰多?渠有如许才,也须一出办事才好。"

郭答:"左宗棠为人是豪杰,每谈及天下事,感激奋发。皇上天恩如果用他,他也断无不出之理。"

以上这一大段对话,出自《郭嵩焘日记》,可见郭嵩焘在皇帝面前的直接荐举,对左宗棠免祸乃至重用,是至关重要的。

至于左宗棠因樊燮事件陷入极其危险之中,赖郭嵩焘鼎力相救的情况,左宗棠本人也知道得很清楚。他在给长子孝威的信中说:"官相因樊燮事欲行构陷之计,其时诸公无敢一诵其冤者,潘公祖荫直以官文有意吹求之意入告,蒙谕垂询,诸公乃敢言左某果可用矣。潘盖得闻之郭筠仙也。"并且承认像这种友谊,不是一般人所有的。

郭、左两人,除了从小相识,感情笃深之外,在太平军入湖南时,他们曾结邻避居湘阴与长沙交界处的青山一带,左居玉池山白水洞,郭住玉池山梓木洞。此后,郭氏兄弟又共同努力,敦劝左宗棠出山。左宗棠先后入居张亮基、骆秉章幕府,郭嵩焘一直是左宗棠协力共事的幕友。后来,湘阴左、郭两大家又结成儿女亲家,郭嵩焘之女,嫁给了左宗棠兄宗植之子左彦冲,后者从而成为郭家的乘龙快婿,而左宗棠则是郭女的亲叔父。

同样,左宗棠早先也荐举过郭嵩焘。同治二年(1863)初,他曾上奏请举郭嵩焘督办苏松盐务,称郭"勤恳笃实,公平廉正",是少有的人才。

以上略举数例,从中可见,左郭两人作为关系极为密切的老乡、好友,原极投契。

只是后来,左宗棠与郭嵩焘之间的关系才出现裂缝,"凶终隙末"。

所以交恶，主要因郭任广东巡抚时，左以闽浙总督奉清廷节制浙闽粤三省军务之命，于粤省军务多所指责，还奏参了粤布政使李福泰。郭自不无芥蒂。

但主要的缘由，则是郭和总督瑞麟不和，上折告病，想引退（并非真意），未曾获准。左闻郭有上疏求去之事，因一再疏荐浙省布政使蒋益澧任广东巡抚，竟蒙清廷照准。郭由是去官，弄假成真，因之对左更为不满。更使郭嵩焘伤心与恼怒的是，左宗棠多次在奏折和信中称郭"执而不达"，"自视太高"，指责与嘲笑其"明于小计，暗于大谋"等等，在郭嵩焘的心灵伤口上不断撒盐……

流行歌曲唱道："你伤害了我，还一笑而过。"左宗棠之于郭嵩焘，颇相类此，甚而过于此。不仅是"一笑而过"，他还吐了一口唾沫。但从表象而言，左宗棠不仅将郭嵩焘从巡抚宝座上赶将下去，还振振有词地说郭不但不能自知（"才不副其志"），而且不能知人（"于不佞生平志行若无所窥，而但以强目之"），根本就是个不懂事的人（"不达"），落到今日田地，全是咎由自取。毫无疑问，郭嵩焘不能接受这种评价，并不得不绝交以明其怒。

1885年9月，左宗棠去世，郭获悉后写的第一副挽联是：

世须才，才亦须世；公负我，我不负公。

这副挽联，上联是化用晋朝刘琨《答卢谌书》中"夫才生于世，世实须才"的句子；下联则以究竟"谁负谁"这一"公案"，发泄他难平的积愤和难消的怅恨，真是情见乎言。一些人看后有微词，于是郭便没有出示。

左宗棠和郭嵩焘的关系交恶，是一桩"历史公案"，学者专家多为此写过专论，各种著作和作品中，有的说他们的"德怨之间"的"是非曲直，也不过一笔糊涂账罢了"。有的对他们两人"各打五十大板"。有的对两位历史名人终生不能和好，深抱遗憾。更多的人，对左宗棠"以怨报德"，颇多微词，同情郭嵩焘，责备左宗棠为人处事太不讲情面、太不合情理、待朋友太"损"。

那么，我们作为后人，首先要弄清两人发生矛盾的来龙去脉、具体原因，各人所执之言，究竟谁有道理，特别是左宗棠为什么要这样做、这么"绝情"？研究分析历史人物的恩恩怨怨，不仅能揭示历史人物的个性特征、处事准则和道德品质，而且对今天的人际关系、立身处世也是颇有教益和启示的，这是研究历史事件和人物"以史为鉴""古为今用"的实际意义。

据说，同治三年（1864）某月某日，湘阴文庙生出一株灵芝。此事，从今天来看，可能也会成为新闻，视作吉祥之兆。这一年郭嵩焘拜广东巡抚之命，而七月左宗棠以功封一等恪靖伯。郭嵩焘之弟郭崑焘致书其兄，谓"文庙产芝，殆吾家之祥，盖戏词也。左闻之，大不怿，谓湘阴果有祥瑞，亦为我封爵故，何预郭家事乎！"① 史家多称此乃郭、左"以兹小故，浸成大郤"的起始。据秦翰才考证：认为此说"非确"。不管是否确凿，语调倒符合左宗棠的性格，但终究属于不够谦让、出语"损"人就是了，郭也不会因此视为左对其"相负"的主要症结。

左郭公开交恶是在郭嵩焘任广东巡抚期间。当时两广总督瑞麟的幕僚徐灏揽权专横，目中无人，引起了郭嵩焘的憎恶。他上疏论军情数误，弹劾驱逐徐灏。清廷接到郭嵩焘的奏疏后，指示闽浙总督左宗棠负责调查审处此事。出乎人们意外，左宗棠竟说郭嵩焘"迹近负气"，加以苛责，给郭嵩焘造成了很大压力。对左的这种做法，当时人们的一般反应是：左、郭本是亲家，而宗棠得罪于官文，实由郭嵩焘、王闿运求助肃顺始免于难，如今左诋毁嵩焘，而不弹劾瑞麟，人们都觉得不可理解。

其实左、郭之隙远远不仅仅是这一件事。1864 至 1865 年，太平军转战于闽粤之境，郭嵩焘疲于应付，急切地盼望援军早些到达。恰好这时郭松林、杨鼎勋二军奉命追击李世贤和汪海洋到了福建，但被左宗棠留住不准入粤援助。郭嵩焘先后两次致书左宗棠，"辩证得失"，请郭、杨两军到粤，却"始终不得一望见其麾节"。在大失所望之际，又接左宗棠复信说："粤东吏治、军事玩愒粉饰……（你）才不副其志，又不能得人为辅，徒于事前透过，事后弥缝。"② 这段话中责备郭嵩焘对广东的吏治和军事失职还加粉饰，你才能达不到你的志向，事前透过，事后又想弥缝。得不到救兵反而受到一通指责，郭嵩焘深为怨恨。他在致丁日昌的信中称这是"非意想所及"，怪左宗棠俨然以朝廷命官督责他，"竟莫测其用心"，③ 愤愤不平之意，充溢于字里行间。可以看出，这个时候左、郭两人的关系已经完全恶化了。

郭嵩焘抚粤时和左宗棠闹得不可开交的另一件事是粤饷问题。当时太平军入闽通粤，军情紧迫，左宗棠急需饷银，而广东所交的饷银一直不能使他满意。为此左宗棠屡次责难郭嵩焘办事迟缓，输饷不力。虽然郭嵩焘

---

① 黄濬：《花随人圣庵摭忆·左宗棠与郭筠仙之仇隙》。
② 《清史稿·郭嵩焘传》。
③ 黄濬《花随人圣庵摭忆》。

一而再，再而三地力陈理由，表明广东确实是"度支艰窘"，自己也早已"穷于搜索"，①非故意拖延，请求准许暂缓解饷，左宗棠还是催逼不放。郭嵩焘抱怨左宗棠"不察事理，不究情势"，用其夸大的语言报告朝廷，使郭嵩焘遭受委屈，这是故意跟自己过不去。事后还心有余悸地感叹，"其言诬，其心亦太酷矣"，若不是丁雨生（日昌）为他解说，稍自宽譬，"几无复性命之存矣"。②几乎性命都保不了，也许言之太过，左宗棠还不至于想把他置于死地；但两人仇隙之深，却也从中可见一斑。

以后，两人关系便一直紧张。左宗棠总是认为郭嵩焘没有什么才能，称郭"执而不达"，"自视太高"。郭嵩焘则说左"稍一得志，而遂用其恣睢"。甚至认为左"阴贼险狠"，"拒人千里之外，斯亦寡助之至矣"。③在给别人的信札及自己的日记中，郭嵩焘提及左宗棠，总是带一股恨恨不平之气。约同治五年（1866）前后，左、郭两人的私交几乎完全断绝了。同治四年底，郭嵩焘在日记中写道："接左季高信，立言愈谬，诟置讪笑，……嗣后于此公处境不宜时与通问也。"同治五年初，他又在日记中记左宗棠"才高气盛，称其功业。复函互相诘责，不如且避之"（同上）。这种交恶便长期存在。《郭嵩焘日记》中有这样一段记载：

> 夜梦与左季高会晤，季高深自引咎，至于批掌自责，吾心亦稍释然。既寤，始知其梦也。季高阴贼险狠，鬼神亦欲于其睡梦之中督使省悟，但有一念悔心之萌，则生人之理犹未甚尽绝于其心，而观其厉气方昌，殆非鬼神所能斡旋者矣。④

这段话读者细读是能理解的，郭嵩焘夜里做梦与左宗棠会晤，左深深自责引咎，甚至自己打巴掌，使他的心才"稍释然"。醒来，才知是做梦。左宗棠阴险狠毒，连鬼神也督使其在睡梦之中反省觉悟。若有一念悔恨之心，那么他的人生之理还未绝灭。但是观察他傲气正盛，恐怕连鬼神也不能促使他改过。

如果写到此为止，笔者与读者一样，相信没有不同情郭嵩焘、不谴责左宗棠的。因为，左宗棠忘恩负义、恩将仇报，"人品"实在太差了。不过

---

① 《郭嵩焘奏稿》。
② 《花随人圣庵摭忆·郭筠仙自序残稿》。
③ 《郭嵩焘日记》。
④ 转引自秦翰才辑录《左宗棠逸事汇编》，第315页。

世界上的事是复杂的，不能简单地肯定一切或否定一切，要具体情况具体分析，彻底弄清左宗棠之所以这么上奏、回信的背景与实情，听听他尖刻批评郭嵩焘的道理。

同治四年（1865）九月十八日，朝廷谕令左宗棠查办广东督、抚不合一事，他递交了调查报告。郭嵩焘举发瑞麟、卓兴、方耀的劣迹，他一一证实，并添加了两条广东军务贻误的新证据；但是，这不是我们要考察的重点，我们要知道的是，他会怎么评价郭嵩焘：

> 郭嵩焘勤恳笃实，廉谨有馀，而应变之略非其所长。臣曾以圣明在上，遇事宜慷慨直陈相勖，而郭嵩焘复函以时艰同值，宜委曲以期共济，颇以臣悻直为非。兹因粤事贻误已深，忧惧交集，始侃侃直陈，而已无及矣。谕旨责其负气，责其不据实陈奏而称疾乞退，是郭嵩焘咎由自取，早在圣明洞鉴之中，臣亦不敢因亲好私情稍涉回护也。……①

奏折中第一段话，首先评价和肯定了郭嵩焘"勤恳笃实，廉谨有余"，但应变之略不是他的所长。我曾致信告诉他：有皇帝圣明在上，遇事应该慷慨直陈；而郭嵩焘认为宜委曲求全共事，对我的耿直颇以为非。广东之事贻误已深，在忧惧交加时再侃侃而谈已来不及。皇上责其"负气"和不据实情陈奏而称疾乞退，是圣明洞察，我也不能因亲戚与私情回护他。

左宗棠所讲的背景是：毛鸿宾、瑞麟相继为两广总督，郭嵩焘和他们都合不来，但是，他"委曲以期共济"。其实，这种做法，最容易误人误己乃至误事误国，所谓"臣下之利，非朝廷之利"也。共事之人，其首要目的就是将事情办成，倘有人从中坏事，自当通过规谏、力争乃至上告等办法解决争端，一味隐忍，坐观其败，实际就成了纵容包庇的从犯。局面一旦破裂以至于不可收拾，中枢不会也不可能调查到以前的真相，而只会按照涉事人员的级别逐个追查责任。这时候再来澄清，想独善其身已不可能了。郭嵩焘读圣贤书多年，没读懂"和而不同"四个字，只晓得"相忍为和"，讲客气话，搞假团结，故被左宗棠骂为"咎由自取"，虽厌尖刻，却是实情。

事后，左宗棠致书郭嵩焘，毫不自愧，末云：

---

① 《左宗棠全集》第2册，奏稿二，第302页。

>   因忠而愤，以直而亢，知我罪我，听之而已。①

于是，直到光绪八年（1874），距此 16 年后，两人才再通音问。而在此期间，郭嵩焘每每念及此事，便难以释怀，并屡屡向二人共同的朋友论及此事，希望找到一个稍能自慰的说法。以事功、道德、文章而言，最合格的仲裁人非曾国藩莫属，于是，郭嵩焘给他写了一封饱含血泪的控诉状，略谓：

>   左君在漳州，初拜督办三省军务之命，合广东督抚而并倾之，其言曰："天下危，注意将"云云；必得李某任两广总督、蒋某任广东巡抚，方能望有起色。……最后一折，直谓广东军务专以骗饷为事，毫无筹画，非得蒋某经理，万不能有补益。此折尤为丧心病狂，盖以瑞（麟）君一书相构，肆其淫诬。前后两折稿所在有之，公岂未见耶？

这段的主旨是：左宗棠拜督办三省军务之命后，联合广东巡抚倾轧他，竭力推荐蒋益澧为广东巡抚，"方能望有起色"，最后一折谓饷事非他经理"万不能有补益"，"尤为丧心病狂"。问曾国藩：前后两折，你难道未见到吗？接着说：

>   鄙人致憾左君，又非徒以其相倾也，乃在事前无端之陵藉与事后无穷之推宕。……
>   蒋君至广东，为鄙人言："生平受左君挫折至多。"……即蒋君所言观之，左君之前后矛盾、轻重失伦，居心果何等也！粤中使者至其营十馀辈，每见，必呼贱名而诟之。

这段中含意颇多，先讲左君不仅仅对其"相倾"，而在于"事前无端之陵藉"与"事后无穷之推宕"。接着讲左与蒋曾共事于浙，既用蒋之力，又受尽其气，"受左君挫折至多"，如今极力保举他，不是前后矛盾吗？这是什么居心！每次见到粤中使者到其营，"必呼贱名（按：指郭）而诟之"。

接着郭嵩焘写道：他不仅呼名诟我，而且每饭不忘"狂诟"于你。他这样以怨报德，而你竟"附会左君，以咎鄙人"，话语与左同出一辙，这是你"知其一而不知其二"，判断有失公允。现把全案抄录，使你知道"左君之凶横"略知其梗概：

>   退庵言：在（左）营，日两食，与左君同席，未尝一饭忘公（谓曾），动至狂诟。其于鄙人（谓郭），似尚从未减。吾谓："左君之诟曾

---

① 《左宗棠全集》第 10 册，第 701 页。

公,以怨报德;我则直讨有罪耳!"公与解释旧嫌,以"济公家之急,此盛德事也",附会左君,以咎鄙人,则过矣。……所谓知其一而不知其二者也。疑公之断斯狱也,未得其允,谨钞录全案附呈,以备处断。其于左君之凶横,亦可略得其梗概。①

以"精通洋务"自诩的郭嵩焘,未能深悟与实践西方资本主义"用人唯能",致使社会进步的真谛,仍死抱着"用人唯亲"的封建旧例不放。为了证明左宗棠用人的观念比他先进和高明,让我们看看郭曾引用的案例:

蒋益澧,字芗泉,湖南湘乡人,从小是个愣且傻之人,放荡不羁,云游四方。湖南军事起,从王鑫攻岳州,以军功获九品,复隶罗泽南部下。《清史稿》列传一百九十五载:"益澧年少戆急,曾国藩、胡林翼不满之,而左宗棠特器重。"但是并非一帆风顺,益澧开始便受左宗棠重用。在浙江,先被左宗棠"摧折""辱詈"(原因不外乎办事不力),甚至逼得吞鸦片自杀未遂;然后"一力周旋",于此后左宗棠入闽之军的饷需供应,尽心尽力,遂由左宗棠推荐为广东巡抚。用今日眼光来看,属官不得力,予以批评(未免苛酷);既得力,予以重任(全力推荐),这有什么问题?领导方式或可商榷,其心术实无可指责,怎么谈得上"前后矛盾、轻重失伦"呢?

郭嵩焘只知道"控御狄夷",而不知道"狄夷"内部的"控御"之术,恰恰就是左宗棠这种只认对公事是否有益、彻底摈弃任人唯亲的做法。

信中引用了曾国藩当时的表态:"济公家之急,此盛德事也。"曾国藩对此事能持此论,真令人肃然起敬!他固然不如郭嵩焘那么深谙洋务,但对"筹饷不力"的危害则知之甚深。

就此事表态,曾国藩曾给郭嵩焘弟崑焘写信,又委婉地批评了郭嵩焘,让他转告其兄,并不以左宗棠的做法和说法为非。

这说明,曾国藩和左宗棠在某些大原则上,实在持有相同的态度。曾并不因左的粗鲁而愤然改观。大关节处一丝不苟,细枝末节则一笑置之,以修养、风度而论,自然是柔道高手曾国藩占了上风;事无巨细,俱以直道处之,"因忠而愤,以直而亢",终身保持愤怒青年姿态的左宗棠,又未尝不是可人。然则,曾、左二人在几近二十年共事、同官的过程中,一个是菩萨低眉,一个如金刚怒目,如切如磋,如琢如磨,其事必有可观,其

---

① 郭嵩焘致曾国藩书。见黄濬《花随人圣庵摭忆》。

心必有可述。

郭、左两人不仅关系已经完全恶化，而且仇隙很深。据传说，光绪十年（1884）左宗棠视师福建，便道返乡，曾经去见当时已在乡家居的郭嵩焘。郭虽勉强接待，但一直没有宽恕之词，甚至连话都不多说，两人由此也落得存隙终生。此事载于黄濬《花随人圣庵摭忆》：

> 光绪十年，文襄视师福建，先期便道返里。筠仙时已乞退家居，文襄年已七十三，清晨衣冠诣其门，请见。筠仙固辞不得，久之，始出见。文襄顿首称老哥，述往事，深自引罪，再三谢。筠仙留一饭而别，竟不答拜。①

秦翰才按："宗棠视师福建之前，并未返里，此必光绪七年（1881）出督两江之误。其年宗棠七十，谓年已七十三，亦误也。"据李肖聃《星庐笔记》载：

> 左还乡时，往候郭（嵩焘）。郭始拒而不见，左乃排闼直入，大言曰："吾与若皆将老死，尚负气耶？"郭出见，责左曰："汝何为劾我三折？"左曰："我止劾公一折也。"……

笔者认为，左宗棠晚年能这么做，姿态是高的，既然郭嵩焘不能理解和原谅他的想法和做法，也只能顺其自然了。左、郭不和终生是憾事，亦是好事，留给后人研究和思考。窃以为，他们两人是绝对不能弥合裂缝、和好如昔的，其根源至少有五条：

一是个性冲突。左宗棠的性格，《清史稿》上是这样评价的："刚峻自天性"，"好自矜伐"。有的书上则说他"性格太刚，气度不大"。而郭嵩焘呢？自尊自负，孤傲自赏，集经世诤臣和狂狷名士于一身，合西学先驱和经学宿儒于一人。左宗棠也曾指责他"执而不达"，"自视太高"，这样两个人，尽管早年有过密切交往，深厚友谊，在入世干事业之后，尤其在各统一方、各负其责的情况下，能不发生矛盾与冲突吗？因此，"针尖"对上了"麦芒"毫不足奇。两人的这种性格都不是优点，而是缺陷，但左宗棠的缺点和"毛病"更多些，朋友间为小事发生某些矛盾要负更多的责任。比如，灵芝事件，究竟是谁家的"祥瑞"？争执完全是无谓和无聊。此事，如果发生在曾国藩身上，不仅不会像左宗棠这么做，甚至可能会去信"祝贺"，而这种"祝贺"，实际上就是讥笑和讽刺，但方式方法高明多了。姿态再高一

---

① 秦翰才辑录《左宗棠逸事汇编》，第242页。

点，就说这是郭家祖有荫功，大恩大德，我左宗棠有今天也是靠郭兄扶植和营救。这样说和做是啥"成色"？郭氏兄弟扪心自问能不惭愧吗？但左宗棠做人要表里如一，有话直说，不转弯和曲迎。

二是持"道"各异。孔子曰："道不同，不相予谋。""道"的外延很广，包容很多。道德标准、思想观念、处世哲学、做人准则等等，都属于"道"的范畴。朋友之间，同声相应，同气相求，"酒逢知己千杯少，话不投机半句多。"左宗棠持的是"大道"，用现代话来说，原则性极强，一切公事公办，从大局和国家的最高利益出发，不循私情，不碍面子，"六亲不认"，只认道理，用他自己对郭嵩焘信中话来说："因忠而愤，以直而亢，知我罪我，听之而已。"我的出发点是如此，你有意见，怪罪于我，只能随你的便了。而郭嵩焘所持的"道"是：我有恩于你，你要知恩图报、相互关照、讲点私情。特别是你现在官位比我高、权力比我大，更要"胳膊往里弯"，在关键时刻要拉我一把、给点方便帮点忙，这是人之常情，理所当然。你不这样做，便是忘恩负义、得志猖狂、"心亦太酷"。不过，笔者也并不全盘肯定左宗棠的待人处事，有些事情做得有点过分，话说得太生硬、尖刻，婉转不够，体谅不足，与这样的人共事，或当他的下属，很难令人胜任愉快，这是左宗棠知心朋友不多、未能像曾国藩那样识才用才、幕中英才济济的原因。有个部属在论他与骆秉章谁更"高"时，便直截了当指出：骆公比你高，因为骆公能容你，你不能容骆公这样的人，左宗棠对此论心服口服。

三是派别不同。欧阳修说："朋党之说，自古有之，惟幸人君辨其君子小人而已。"君子之朋，"所守者道义，所行者忠信，所惜者名节。以之修身，则同道而相益。"这里所说的"道"与上文同义。在镇压太平军的过程中，汉人地主武装迅速崛起，形成不同的派别，主要有曾系、左系、淮系（李鸿章），左系、淮系都是从曾系分离出来的，曾、李关系尚密切，与左宗棠总是不谐。在矛盾冲突中，郭嵩焘明显地靠近曾、李而疏远左宗棠。郭在同治三年（1864）十月二十六日的日记中责怪左对曾不和是"以怨报德"。曾对左、郭闽粤之争为郭说话。李鸿章也在同治四年八月写信给郭嵩焘示以同情，指责左宗棠"不欲与人共功名"。左宗棠与郭嵩焘关系恶化的时间大约和他与曾国藩、李鸿章关系恶化的时间相同。在一系列重大问题上，郭嵩焘都和曾、李站在一起，而与左宗棠大相径庭，存诸多歧异。

四是"战""和"偏执。这里指的主要是当时清廷的对外政策。左宗棠对外国侵略者的态度，始终是强硬的，"绝口不言和议事"，他总是从强烈的国家意识出发，维护国家主权。一旦发生外交纠纷，不论对手是什么国家，他总是寸步不让，他几乎是每事主战，坚决抗击，"速图扫荡"。郭嵩焘不一样，在对外关系上，他相信有"天下公理"，更倾向于以"理"来处理，认为通过讲理，采用和平手段就可以得到有利于中国的结果，"凡洋人所要求者皆可以理格之"。① 特别反对一味以武力取胜。咸丰十年（1860）八月初五日他在日记中写道："可以战，可以守，而未始不可以和。"孰战孰和，皆应"应时度势，存乎当国运者之运量而已。""未有不问国势这强弱，不察事理之是非，唯嗔目疾呼，责武士一战，以图快愚人之心，如明以来持论之乖戾者也。"这里的"乖戾者"，主要就是指左宗棠。郭嵩焘此论，从理论上来说是对的，但从当时的实际情况、特定对象联系起来就有片面性了。他虽并不主张完全放弃新疆，但他极力反对左宗棠使用武力收复。1883年，面对法国侵越及逼近中国广西边境，左宗棠竭力主战，郭嵩焘则又反对以战争方法解决问题。至于天津教案、马嘉理事件等，郭嵩焘都与曾国藩、李鸿章等主和派意见一致，与左宗棠对立。在"强权即公理"的历史条件下，他在这些关系国家根本利益问题上表示软弱和妥协，对列强充满幻想，客观上将产生严重后果。政治是不流血的战争，战争是流血的政治。不论古代，还是今天，在错综复杂的外交斗争中，都要战、和两手并用，该战必战，该和则和，审时度势，有理有节。具体地说，左宗棠所处的时代，抗英（与林则徐持相同观点）、抗俄、抗法，都是正确的，并非好战。这个问题，下文还要论述，暂收。郭嵩焘在这些关系国家根本利益问题上，采取的手段与左宗棠发生矛盾，是不可能调和的。

五是学"洋"分歧。左宗棠特别看重国势的强弱，认为：

邦交之道，论理而亦论势，势之所在，即理亦因之而长，无理亦说成有理，势所不存，则仰面承人，不能自为轩轾，有理亦说成无理，古今成败之迹，大抵皆然。②

这个论点，就比郭嵩焘书呆子气的一味向列强去"讲理"高明得多，且一针见血。因而，他积极参与了洋务运动，企图通过办洋务使中国强盛起来，提出"中不如西，西可学也"。他创办福州船政局、兰州织呢局等运

---

① 郭嵩焘：《罪言存略小引》。
② 《左宗棠全集》第12册，书信三，第539页。

用近代机器设备的工厂，就轮船说，他还不满足于仅仅购买外国洋轮，要立足于自己制造，同时兴办学堂培养本国人才，这些无疑是值得称道的。但他所主张学习的西方长技，始终只包括部分先进的科学技术，从来也不包括先进的西方政教。在学习西方这一点上，郭嵩焘是同时代人中的佼佼者。他一再指出"西方立国方针有本有末，其本在朝廷政教，其末在商贾。"可惜他的这种思想不为当时人所理解，"受到清议人士的抨击"（也包括左宗棠）。以"真"被罪，以"实"遭诬，屡遭冷遇而倡洋务终生不渝。

左宗棠逝世，郭嵩焘写的第一副挽联，自觉不妥，于是他又另写了一联：

> 平生自许武乡侯，比绩量功，拓地为多，扫荡廓清一万里；
> 交谊宁忘孤愤子，乘车戴笠，相逢如旧，契阔生死五十年。

上联是评价左宗棠的功绩，胜过武乡侯诸葛；下联讲两人交情，回顾了左宗棠回乡时登门拜访他的情景。此联收进了《左宗棠全集》第15册"左文襄公荣哀录"第803页中。此外，他还作了诗三首：

> 国运迍遭日，臣心况瘁时。功成文武并，道大古今疑。
> 劲气同官慑，深谋圣主知。老臣经国计，生死系安危。
>
> 西法争新巧，深机在远交。甘闽归缔造，朝野互讥嘲。
> 不允须臾愤，翻随议论消。多防经术误，远略责包茅。
>
> 触眼伤沉浊，谁言古道存。攀援真有术，排斥亦多门。
> 直以功勋旧，无烦气谊敦。荒山余老泪，酹酒与招魂。①

语多推重，已蠲夙嫌，道义之交固因如此，窥见了郭的人品于一斑，毕竟是君子啊！

第一首，高度评介了左宗棠的文治武功，所持"道大"，其经国之计，"生死系安危"；然第二首仍责其不谙外交，平心而论亦非苛责，似不能为贤者讳；第三首感时伤事，慨叹"古道"渐失，风气不正，怀念老友，不觉老泪纵横。

王逸塘在《今传是楼诗话》中评价郭嵩焘：

> "同（治）、光（绪）之际，士大夫通晓时务周知四国者，筠仙实

---

① 转引自秦翰才辑录《左宗棠逸事汇编》，第337页。

为巨擘,如丁雨生(日昌)、曾劫刚(纪泽)又皆一时之选也。"

生前知音寥寥,一生终至孤独,其洞悉世界的睿智和高标于世的品行,却如明珠蒙尘。在这个问题上,郭嵩焘当了"孤独前驱"是光荣的。

4. 一生知己首推林翼

我读《西游记》,最爱看"大闹天宫"以前,这只武艺超群的猴精真是所向披靡,罗汉金刚、托塔天王、各路诸神都奈何他不得。再看下去,前面还有点吸引力,越往后读越没味,因为,他老是打不过妖怪。他最后能护送唐僧到西天取经,并"修成正果",得靠观音菩萨暗中保护和协助。常在危难之中,一筹莫展之时,忽然头顶飘来一片祥云,慈祥而美丽的观音在云头现身:"悟空,我来也!……"窃以为,如果把左宗棠比作孙悟空,那么,胡林翼便是观音,而指使观音的"佛祖",便是陶澍和林则徐。

胡林翼(1812—1861),字贶生,号润之,湖南益阳人。道光十六年(1836)进士,授编修,充江南副考官。后任贵州镇远、思南、安顺、黎平知府,贵东道,累迁至湖北巡抚。因精通兵法,颇有军事韬略,首创厘金(即税收),政绩不凡。并与曾国藩一起剿杀太平军,并称"曾胡"(有"曾胡兵法"问世),是湘军三大统帅人物(曾、左、胡)之一,或称"四杰"(加个彭玉麟)中的一员。

胡林翼的父亲胡达源与左宗棠的父亲左观澜为同窗好友。胡林翼与左宗棠又是同年而生,只是胡林翼比左宗棠早生了四个月,两代世交,友情甚厚。可是年岁稍长于左宗棠的胡林翼,早中进士,又早已是陶澍的女婿,而左宗棠后来却成了陶澍的亲家,胡林翼反而要倒过来称左宗棠为"姻丈"。但是他们两人之间,始终以兄弟相称。

道光十三年(1833),左、胡两人在北京第一次会面,即"一见定交,相得甚欢。每风雨连床,彻夜谈古今大政,论列得失,原始要终,若预知海内将乱者,辄相与欷嘘太息,引为深忧,见者咸怪诧不已。"①

胡林翼与左宗棠,都是"伯乐"陶澍相中的两匹"千里马"。

都说陶澍少时聪慧绝伦,有"神童"的美誉。后来,陶澍碰巧又挑了

---

① 梅英杰:《胡文忠公年谱》,长沙,岳麓书社,1987年,第201页。

个"神童"做女婿。曾是神童识神童，神童岳丈神童婿，真是历史上的佳话和趣事。

那一年，在京城做了大官的陶澍因公务途经益阳，顺便去拜访老朋友胡达源。见胡家有当大官的客人来了，村里的好多孩子都只是躲在远处偷看热闹。唯有一个七八岁的小男孩天真无邪、大大方方跟在大人身旁迎接客人。陶澍见这小孩生得虎虎有英气，便伸手亲热地在他的头上轻摸了几下。

没料到，这小鬼昂首有礼说："陶大人，您可知男儿的头轻易摸不得？"那样子像是受了委屈。

陶澍一见这架势，蓦地想到自己少年时，有一次安化县令视察学校，称赞陶澍说："小友学语半未成，闻声已具食牛力"，直呼自己为"小友"。看眼前这机灵小鬼倒是颇似昔日之我，不禁乐了，合掌笑道："好，好，士可杀不可辱，男儿的头摸不得，男儿的头摸不得。"

这小男孩不是别人，正是胡达源的公子胡林翼。

陶澍一下子喜欢上了他，和老友胡达源商量，愿将自己与贺夫人所生的女儿琇姿许配给胡林翼，就此先订下一门亲事。胡家自是满口应允。

陶澍先是聘请名师教胡林翼读书，以后又带他到南京总督府，在自己身边住了一年，用心培养他。少年胡林翼有段时间自恃才高，骄傲得很，不思上进。又有人向陶澍反映胡林翼如何锦衣华乘，性好奢豪。陶澍听了后说："他将来是要干大事业的人，这点享受比起他要做成的事业是不足道的。但愿这点享受不妨碍他的事业。"一方面，却又借一次筵宴的机会，大谈古今英雄如何饿其体肤，劳其筋骨。直说得坐在一旁的胡林翼面红耳赤，从此他便专心致志读书、做学问。

后来，胡林翼果然干出了一番大事业，应了陶澍当年的话。

陶澍做两江总督，胡林翼在他任上，亦常去官舍。就在这个时候，胡林翼认识了林则徐的伟大，并请求他老丈人重用。后来林则徐做了云贵总督，胡林翼正好在贵州做知府，于是胡林翼又成了林则徐的属吏。也便在这时，胡林翼把左宗棠介绍给林则徐，因此就有了林则徐邀请左宗棠赞襄幕府这一回事。后来，胡林翼的妹妹嫁给了左宗棠的侄子（左澄），亲上加亲，关系更为密切了。

胡林翼和左宗棠两人情投意合，每次相见，必联床夜话，上下古今，谈个不休。那时的清代，正是经过了一个极盛时期而走下坡路，内有川楚白莲教之乱，外有鸦片战争。虽然在事件平息之后，还能弥补于一时，然而政治上的腐败，民生的憔悴，都是一天深似一天，真可谓是危机四伏。于是胡林翼和左宗棠谈话时，常归结到一点，就是怕天下将有大乱。而左宗棠只是个书生，常想怎样寻找一个深山来避乱。后来张亮基由贵州巡抚调任湖南巡抚，胡林翼又把左宗棠介绍给张亮基。这时，太平军已攻入湖南，他们两人往日所忧虑的大乱，不幸而言中了，并且就发生在故乡的大门前了，而左宗棠却早已带着家眷亲属，深隐在湘阴县的白水洞，不肯出来。经张亮基的竭诚礼聘，胡林翼的责以大义，左宗棠才挺身而出。

不久，胡林翼也带兵回湖北，授湖北巡抚。于是胡林翼在武昌，左宗棠在长沙，胡林翼在阵前，左宗棠在幕后，左提右挈，在以后的数年之内，形成洞庭湖流域一个稳固的局面，据长江上游，和太平军争一日之短长。而后任湖南巡抚的骆秉章举劾永州镇总兵樊燮（字鉴庭，湖北恩施人），就是晚清一代文人樊山（字增祥）的父亲的案子，不幸挑起了湖广总督官文（字秀峰，汉军旗人）对左宗棠的不满，想借此机会陷害左宗棠，左宗棠只得退出秉章幕府。仗义怜才的胡林翼多方营救左宗棠，出了巨款疏通"关节"，最后和曾国藩共同策划，终于又使左宗棠以运筹帷幄的书生，一跃而成为决胜疆场的大将。

罗正钧的《左宗棠年谱》有左宗棠与胡林翼多次交往的记述，在北京会试期间相识后，罗便谓林翼是宗棠"一生真知己"。后来数次在小淹，两人"风雨连床，彻夜谈古今大政，前后十余年"。

老丈人去世，小舅子年幼，家里都是孤儿寡母，作为大女婿的胡林翼当然要为岳母操心，筹画家事。好在已请到高人左宗棠到安化陶府，既任陶公子教师，又替他们管家，胡林翼当然求之不得，感激不尽。贫富不匀，社会不公，是产生不安定甚至动乱的根源。左宗棠到小淹居馆后，针对当地村民视陶家富有而孤弱，"颇有觊觎之者"，与贺熙龄、胡林翼商量，"出资分赡乡族贫乏，有非意之干，则待以至诚，皆感畏、帖服，赖以安焉"，效果立见。这对今天建设"和谐社会"也颇有启示。

道光二十五年（1845）秋间，胡文忠公来小淹，晤谈十日而别。是年《上贺蔗农先生书》云："润之前在此会葬，盘桓十日而别，深信宗棠相与之诚，而以虑事太密、论事太尽为宗棠戒，切中弊病，为之欣服不已。然其论'出言不宜著边际'之说，似又不然也。"

陈毅元帅有诗云："难得是诤友，当面敢批评。"特别是批评左宗棠这样傲气十足的人，一般人是不会做的。但胡林翼相信他与左宗棠"相之以诚"，还是语重心长地指出了他"虑事太密、论事太尽"的缺点，请他引以为鉴。辩证法十分讲究"度"，真理再向前走一步便变成谬误。清冽之水比浑浊之水好，人不能当"马大哈"，要有点心计，但过头了便走向反面，这便是"水至清则无鱼，人至察则无徒"的道理。胡林翼给左宗棠指出的毛病就在这个"太"字。左宗棠还算虚心，觉得"切中弊病，为之欣服不已"。但又对其"出言不宜著边际"不以为然，这就是左宗棠的性格。

胡林翼向林则徐荐左宗棠，称"湘阴左君有异才，品学为湘中士类第一"。可惜因故未能成行。在给张亮基的推荐信中，谓深知左宗棠"其才品超冠等伦"。

总之，胡林翼最能了解和赏识左宗棠，也知道左宗棠脾气太大，所以一向不和他抬杠，遇事争执，总是让他三分。

然而，就是对这样一个有恩于自己的谦谦君子，左宗棠在背后还议论他的是非。咸丰四年（1854）给湘军将领刘蓉的信中说："润之喜任术，善牢笼，吾向谓其不及我者以此，今竟以此加以诸我，尤非所堪。"（笔者按：左宗棠可称历史上说真话人的典范，后辈可学啊！）

左宗棠确实是心太直、嘴太快，什么都不留在心里，公开说出来，这既是优点，也是缺点。从道理上讲，胡林翼"喜任术，善牢笼"，这样的做法和手腕，左宗棠并不欣赏，不仅是实话实说，也无可非议。

但在世上做人处事，还是要讲究点方式方法为好。因为，一个人如何正确评价别人，是一件十分困难的事。对历史人物进行评价时不够严谨，尚不至于对你个人带来什么得失，而对那些还活在世上的人，甚至是你的同事、朋友、上司，你在对他们进行评价时，就千万要慎重了。如果你对他们不负责任地加以臧否，轻则人家会与你反目成仇，重则甚至会造成杀身之祸。在这个问题上，有许多历史事例值得我们借鉴。

胡林翼极重左宗棠之人品才学。他给郭嵩焘的信中评论左宗棠说：

> 横览七十二州，更无才出其右者。倘事经阅历，必能日进无疆。

左宗棠在陶家八年中饱览了丰富的典籍，为他日后成就大业打下了深厚的学问根基。对此，胡林翼更是赞赏不已：

> 左孝廉品高学博，性至廉洁。在陶文毅公第中读本朝宪章最多，其识议亦绝异。其体察人情，通晓治体，当为近日楚材第一。[①]

[①]《胡文忠公遗集》，54卷，第14页。

胡林翼曾向陶澍多次推荐林则徐，使陶澍委以林以重任，接自己的班。他还先后五次推荐左宗棠：首次是荐于陶澍；第二次是道光二十七年（1847）荐于林则徐；第三次，咸丰元年（1851）荐于湖广总督程矞采，程未能用；第四次是同年下半年又推荐给湖南巡抚张亮基；第五次，咸丰五年（1855），胡已任湖北巡抚，上书咸丰帝荐左，在奏本中称赞左宗棠"精熟方舆，晓畅兵略"，让左出山，"以储荆鄂将才之选"。虽未能立即起用，却引起了皇帝的注意，为后来重用作了准备。胡林翼是一位名副其实的"伯乐"，故有"荐贤满天下"之誉。胡卒时，曾国藩挽联云：

逭寇在吴中，是先帝与荩臣临终憾事；

荐贤满天下，愿后人补我公未尽勋名。

"荐贤满天下"，具体人名不可胜数。近代中国赫赫有名的两位民族英雄——林则徐和左宗棠，都是他竭力推荐的，其眼力和功绩可见一斑。对此，同时代人郑炳勋有挽左宗棠的楹联评论左、胡二公：

公不出如苍生何？九州四海无此才，惟胡文忠早具只眼；

难未平匪异人任，尽瘁鞠躬而后已，比汉诸葛诚有同心。①

左宗棠对胡林翼这位一直知心、推荐自己的挚友，又曾多次接济、保护、营救过自己，是充满感激之情的。胡林翼去世后，左宗棠含泪作了一篇情真义切、感人至深的祭文。

《祭胡文忠公文》，开头说：我生于湖南湘阴，您生于益阳，时间都是壬申年（1812）的夏天和冬季。我们的父亲同在麓山读书，两家生子都聚饮相庆。接着回忆了少年时期的情谊及此后共患难、同忧乐的经历。祭文叙述了在胡林翼的极力推荐下，左宗棠出山；当左宗棠受到谗毁时，为营救他仗义执言，想方设法，费尽心机；赞扬了他文武双全，"况公名业，震今铄古"，比无文的绛、灌，无武的随、陆高出一截，想不到您竟积劳成疾，在中兴可望时，长城突然毁坏了。最后一段特别充满深情，令人感动：自您亡后，再无人给我帮助了，谁还能解救我的穷困？谁还能纠我褊厌？我有忧愁，向谁诉说？我有喜事，向谁陈述？我痛苦时有谁怜惜，我死去有谁吊唁？回想往昔，三十年来，您和我的一言一笑，愈想愈觉得美好。……

真可谓情真意切，发自肺腑，文采斐然，声泪俱下，今日读来，仍觉

---

① 《左宗棠全集》第 15 册，附册，第 818 页。

倾诉情愫，感染胸臆，令人心酸不已。

曾国藩称此文"情文并茂，殊为杰构"。

左宗棠还写了一副挽联：

  论才则弟胜兄，论德则兄胜弟，此语吾敢当哉？召我我不至，哭公公不闻，生死睽违一知己；

  世治正神为人，世乱正人为神，斯言君自道耳。功昭昭在民，心耿耿在国，古今期许此纯臣。①

此联充分说明：胡、左之交，有如兄弟手足，情深义切。

《湘阴人物传》的编者左钦敏，在《清丞相左宗棠列传》中谓左宗棠：

  平生师友，尽当世名人。②

司马迁道："不知其人，视其友。"与左宗棠早期交往较多的师友，除了本章专题介绍的之外，还有许多享有盛誉的名人，如林则徐、曾国藩、李鸿章、张亮基、骆秉璋、沈葆桢、彭玉麟等等。无疑，左宗棠的师友，对他一生事业影响甚大。更想表明一点，由于这种渊源，左宗棠一生在历史上的地位，是别成一个系统，和曾国藩、李鸿章及其余同时名人不同。

---

① 《左宗棠全集》第15册，附册，第305页。
② 《左宗棠全集》第15册，第666页。

三、博古通今，满腹经纶却屡试不第

1. 科举路起步虽顺后坎坷

一个好的老师总是启发学生敢于提问。先师孔夫子便说过"敏而好学，不耻下问"。但是如果学生乱提问，或所提问题太简单和幼稚，可能会引起哄堂大笑，扰乱秩序。公元前 209 年，一个被贾谊称作"瓮牖绳枢之子，氓隶之人"（用破瓮作窗、用绳子拴着门板人家的子弟，卑贱的农夫），不是在课堂上而是在安徽宿县南大泽乡，提了这么一个问题："王侯将相有没有种？"这还值得回答吗？"有呀，龙种！"但从他提问时气呼呼的口吻看，似乎已弄懂和觉醒了，认为没有，也不应该有。《史记·陈涉世家》中在"王侯将相宁有种乎"后面用的是惊叹号！他大声吆喝，还在空中挥舞竹竿。激愤的原因是连续下雨耽误了路程，不能按时到目的地都要杀头。一大帮文化水平和见识比他更低的"迁徙之徒"，都似懂非懂地跟着他吆喝和起哄，事情便越闹越大，豁上了要造反，不去屯守地渔阳了。他这么一闹，非同小可，竟引起了对秦朝统治不满的连锁反应，全国乱了套。后来怎么样，中小学生都知道还用我说？改朝换代呗！

历史告诉我们：不合"上头"心思的事，不要乱提意见，更不要瞎吆喝，因为吆喝老半天也没用，一切是"外孙打灯笼——照舅（旧）"。不是吗，秦朝被推翻了，建立汉朝。东汉末年，群雄并起，三国鼎立，接着是魏晋南北朝，其间过了六七百年，封建王朝选拔官吏实行的还是"九品中正制"，这已经比永远世袭（有"种"）有很大进步了。公元 220 年，曹操的儿子魏王曹丕掌权时，采纳颍川大地主、吏部尚书陈群的建议，在各州郡设立"中正"官，负责察访本州郡的士人，分别评定上上、上中、上下、中上、中中、中下、下上、下中、下下三等九级，称为"九品"。"中正"在评定人物品级时，主要是先考虑祖先做过什么大官，有几代人做过官。

· 53 ·

谓之"家世",也称"品",然后再看本人的才德,谓之"状"。中正要注明各人的"品状"如何,划分品等,然后向当时主管选择官吏的吏部推荐。吏部根据中正的报告,依品授官,品第越高,官职越大。已授官的,每三年由"中正"负责向吏部推荐升降。这种以"中正"为中心论品定级,选拔和升降官吏的制度,就叫"九品中正制"。

　　左宗棠有位同族远祖,名叫左思(250?—305?),字太冲。他的出身属于寒门,仕进很不得志。他容貌丑陋,口才拙涩,不喜交游,更使他当官"没有门"。但他的文才超群,曾以十年构思写成《三都赋》,为当代所重视。他的诗尤其高出同时的作家一筹。诗中常有讽谕,意气豪迈,语言简劲有力,绝少雕琢。他怀着满肚子牢骚写过《咏史八首》,其中第二首是:

　　　　郁郁涧底松,离离山上苗,以彼径寸茎,荫此百尺条。
　　　　世胄蹑高位,英俊沉下僚。地势使之然,由来非一朝。
　　　　金张借旧业,七叶珥汉貂。冯公岂不伟,白首不见招。

　　这首诗前四句,以高大的涧底松,与山顶上初生的草木作对比,涧底松反而处于山上苗的下面,被其所"荫"。中间四句是核心,直接点明"世胄蹑高位,英俊沉下僚"这种极不公平的现实,与前呼应,是"地势"(权势)不一造成的。特别指出"由来非一朝",长期存在,历来如此。最后举出金氏(金日磾)、张氏(张汤)凭借祖先的世业七代做汉朝的贵官,而才能卓绝、敢于指出当时弊政的冯唐,老年仍居郎官小职(王勃《滕王阁序》中有"冯唐易老,李广难封"之句)。头发都白了,更不能用他,岂不知"年龄是个宝,根子更重要"吗?

　　到了隋朝,罢除了"九品中正之法",创立"进士科",开始实行科举制。这是中国古代选拔官吏制度的一次重大改革,从此历经宋、元、明、清,科举制度成了读书人入仕的基本途径。你想有出息或光宗耀祖,只有走这条路。用唐太宗的话来说,便是"入吾彀中",中其圈套,受其笼络,左宗棠当然也不能例外。

　　左宗棠参加科举制的各种考试多次,从15岁在湘阴县参加童子试到27岁第三次赴京参加会试,先后用了12年时间,经历了许多磨难,巧遇亦多,不平常的故事也不乏。

　　在左宗棠弱冠之后,他的两个哥哥宗棫、宗植先后考中了秀才,并补廪膳生。接着,道光六年(1826),左宗植又以拔贡赴京参加朝考,列二等，得选为新化县训导。

就在这一年，左宗棠也参加了湘阴县的"童试"，获得第一，旗开得胜。当时，他才15岁，迈出了仕途的第一步。

紧接着，于第二年，即1827年，在长沙参加了"府试"，成绩仍居首位，只因为尊长者榜列第二。看来，自古以来，考试录取要真正做到"公平""公道"是很难的。

但此事并没有"暗箱操作"，为此，知府张锡谦破例接见了这位少年考生。

这一日左宗棠正在家中百无聊赖，等待消息，忽然从衙门里来了个公差，说知府张锡谦大人要召见他！

左氏父子闻讯大吃一惊，心中有如"十五个吊桶打水——七上八下"，忐忑不安，知府大人突然召见，不知有何要事？若说是府试有成，又不见发榜；若说是其他事情，自家与官府又素无往来。左宗棠心中惴惴，跟着送信的公人来到了知府内堂。

长沙知府张锡谦一身便服，早已坐在内堂等候多时。一见左宗棠进来，便起身笑道："左贤弟来了，下官已经等候多时了！"

慌得左宗棠一时手足无措，他一个15岁的穷学生，何曾受过这种礼遇，连忙长揖还礼，低头回答说："晚生无知少年，得蒙知府大人亲召，不胜惶恐。不知大人召小民来有何指教？"

"左贤弟。"这位张大人进士出身，年纪并不大，而且赏识人才，求贤若渴，当下仍以"贤弟"相称，微笑着说，"你少年赴试，能以县试第一的成绩考入，实在是难能可贵呀！"

"大人过奖了。"

"贤弟家中可有高寿之人？"张锡谦突然话锋一转，问道。左宗棠觉得奇怪，但不便多问，只好谨言作答："先祖父母过世时都已是耄耋之年了。"

"想必是父慈子孝，享尽天伦之乐了。恕下官冒昧，不知贤弟以为如何，若邻家有老，应怎样对待？"

"'老吾老，以及人之老'，这个道理，晚生还是明白的。"

"好！"张锡谦正要听这句话，"下官恰有一事，要与贤弟商量。贤弟见识卓远，文采斐然，本次府试卷中，以贤弟所作最为精彩，原本应定为榜首。只是同榜之中，有一名已达知命之年。本朝天恩浩荡，历来敬老尊长，本府以为，以贤弟幼学之身，位居半百之上，恐怕……"

左宗棠明白了知府大人的意思。其实同榜之中，以年长者为首，这是清朝科举中一条不成文的规矩，并不需要与原榜首者商议。张锡谦特意为此召见左宗棠，说明他对这个少年十分看重，才刻意如此安排，以示激赏。这份心意左宗棠自然心领神会，倍受感动。他当下表示："晚生自知资历尚浅，学识浅薄，不敢妄居榜首。府试结果全凭大人定夺。"

"左贤弟不仅才华过人，且谦逊知礼，日后一定大有作为。近日院试过后，下官静候佳音。"张锡谦又与左宗棠谈了大半日，两人才依依惜别。

其实，"府试"的第一、第二无所谓，好比现在中学生校内预考和测试差不多。"府试"之后，左宗棠本应再参加学政主考的院试，而他却因母丧居忧，未能参加考试，没有"成绩"，当然没有取得秀才的资格。

自从清朝开国，左宗棠一家也曾产生过十几个秀才。没有取得秀才资格，就不能考举人。但当时可用钱来买参加举人考试的资格，叫作"纳资为监生"，和现在用同等学力参加高一级别学校的考试差不多。这时他又丧父，还应守丧，但是，如果再不参加此次乡试，势必又等三年，生活难以为继。如是，东拼西凑，筹集到108两银子，买了个监生资历，才算参加了这次有5000多人报考的乡试，得以中举，才有资格去北京参加"会试"，报考"进士"。

左宗棠考中举人，是21岁那年（1832），在省城的"乡试"。因为一般在每年八月举行，故又叫作"秋闱"。由朝廷派学政来主考。按规定程序一共考三场，时间定为三天。

第一场在天明时发卷，是根据《四书》命题的四个试题——（一）"好仁不好学，其蔽也愚；好知不好学，其蔽也荡"；（二）"中立不倚"；（三）"故士穷不失义，达不离道"；（四）"赋得学者心之白日"——三个用散文、一个用韵文作答。夜晚来人收卷，考生方可离开考场。次日休息一天。

第二场考试是根据《五经》命题的五个试题。

第三场的五个试题不在《四书》《五经》之列，涉及历史掌故、政府法制、国家典章等内容，其中一个用韵文写答。

考官在25天内阅完试卷，从中选拔出48名及格者，成为举人。

这场考试的主考官是徐法绩（字定夫，一字熙庵，1790—1837，陕西泾阳人，嘉庆年间进士，做过御使），同考官是翰林院编修胡鉴，相当于现今的助理。按例试卷先由同考官阅处，从中筛选48名及格的"举人"。被同考官剔除淘汰的试卷，叫作"遗卷"。通常主考官对遗卷不再重新翻阅。

阅卷的同考官在左宗棠的试卷上批了"欠通顺"三个字，他落选了。但这年恰宣宗（道光帝）五十岁，为纪念"万寿恩科"，特命主考官亲阅遗卷，以免遗漏人才。

左宗棠的试卷，据他在城南书院的老师贺熙龄索阅"闱艺"后的评论是："文虽佳，惜不中程式，帘中人无能辨此者。"① 本已给同考官摈除，后由主考检出，认是佳作，要求同考官补荐。那位同考官胡鉴倒是一个硬汉，执意不肯。他说："中不中是星使之事，荐不荐是房官之事，星使欲中即中，批不可易也。"意思就是：中不中由你，荐不荐由我。后来，经诸同考官婉劝，始易一字为"尚通顺"云。碰巧，在"僵持"之际，同考官胡鉴以疾卒于试院（可能是阅卷太劳累之故）。徐法绩独自看完了几千份遗卷，从中复取六名，左宗棠名列"搜遗"之首。

起先大家还疑主考和这份卷子有甚情弊，怀疑这是拉关系走后门的"温卷"。徐公随即将左宗棠在第三场的礼经文考卷（题目是《选士厉兵，简练杰俊，专在有功》）拿来给大家看，并说："这篇礼经文实在算得上全部考卷中最出色的一篇文章，准备呈献给皇上阅览。"大家传阅后，各监考官再无异议。接着，将卷首启封后，即现左宗棠的名字。这时湖南巡抚吴荣光也在座，见作者是左宗棠，连忙向徐公作揖道贺，庆得人才，并得意地对大家说："这个学生，就是我在湘水校经堂讲学时，七次考第一的，出此好文并非偶然。"这时，大家一致赞赏和信服主考是有眼光的。

左宗棠后被录取为湖南第 18 名举人。在 42 名中举名单中，领"解元"第一名的竟是左宗植，左宗棠是年龄最小者。兄弟二人年龄相差 8 岁，却同时双双中举，亦属奇闻。

左宗植初闻喜讯，不禁大喜过望。他斟上一杯酒，跪在家中一直都未移去的父母灵位面前，大声说道："父亲、母亲，如今孩儿和小弟都考中举人，小弟又即将成家娶妻，我们左家又要兴旺了！望你们在天之灵保佑我们万事顺利，光宗耀祖！"

空荡荡的屋子，回响着"光宗耀祖"的声音……

事隔 37 年，左宗棠率军西征，经过徐法绩的故乡泾阳，这位老师早已墓有宿草。左宗棠追怀徐公当年青眼之恩，特命把墓道修葺一新，立碑纪

---

① 樵：《纪左恪靖》，《北平晨报》1935 年 4 月 5 日。转引自杨东梁《左宗棠评传》，长沙，湖南人民出版社，1985 年，第 9 页。

念。徐法绩的孙子又把当时他老人家记述这件事的家书，检给左宗棠看，左宗棠写了一个跋，一并镌木，以传后世。跋中叙述了这次考试的曲折经过，以及徐熙庵先生是怎样慧眼识文、拔擢于他的。其中有一段道：

> 越三十七年，余视师秦陇，公孙韦佩襄治军书。为言榜前一日，公曾有书寄家，今存箧中。亟取视之，大致完好，余与仲兄癸巳春闱后上公启事亦附存焉。岁月不居，距公撒瑟之期已三十余年，公子董园亦下世十余年。计同举四十五人中，余齿最少，今亦五十有九，仲氏则近七十矣。关中回乱八年，古籍散佚飘零，百不存一，白头弟子尚得于横戈跃马时得瞻遗翰，不得谓非幸也。①

2. 三次进京会试皆铩羽而归

科举时代应考进士叫作会试，也是当时我国选拔人才的高等考试。会试聚集全国的举人（贡士）在北京举行。主持人不称主考，却称为总裁。总裁的资格必须是翰林出身，官位在尚书（一品）以上，由年高德劭者充当。会试发榜十天以后再举行殿试，由皇帝亲自主考，在宫内保和殿举行，参加殿试的贡士固定为六十人。贡士所答的试卷由读卷大臣分别看过后评定甲乙等级，选择最好的前十名卷子进呈给皇上阅览，听候皇上亲自决定名次。一甲三名：第一名称状元，二名榜眼，三名探花，统称"赐进士及第"。一经决定，随即授职：状元授翰林院修撰，榜眼和探花授翰林院编修。二甲百余人，第一名称传胪，统称"赐进士出身"。三甲约二百余人，统称"赐同进士出身"。二三甲还要经过一场朝考，才普遍授予官职。至于不能参加殿试的人，虽然可以"告殿"，保留参加考试资格，但要等三年下科殿试才能补考，补考的试卷成绩，纵然很好，也不得列入前三名。由此可见会试和殿试得中之难。但历史上也有连中三元的人，即乡试第一中解元，会试第一中会元，殿试第一中状元的举子。例如明朝正统十年（1445）的商辂，清乾隆的钱棨（1741—1799），就是连中三元的突出人物。

左宗棠去北京参加报考进士的会试，先后三次，共花了六七年的功夫。第一次是他22岁那年，癸巳（1833）科；第二次是24岁，乙未（1835）

---

① 《左宗棠全集》第13册，家书·诗文，第282页。

科；第三次是 27 岁，戊戌（1838）科。这时他已经结婚并有了女儿，家庭生活还不能自立，要靠岳丈家接济。但是，三次考试都不中，落第而归。

左宗棠第一次参加会试是在婚后不到一个月，接到中举通知，即准备与二哥一同北上。此时因家境贫穷，为赴京路费苦恼不已，费尽一番周折，这在后文将详述。

道光十三年（1833）正月初春，左宗棠和兄左宗植一同上路去北京应试。会试三场定在三月初九、十二和十五日。三场考试，一天一次，中有间隔，与我们高考连续三天不同。

会试的气派当然比乡试要大得多。试院围墙插满棘枝，关防严密，所以试场又叫棘院或棘围。考场上设置有几千间小木屋，每间小木屋约有六尺长，四尺宽，高仅七尺左右。小屋里面放一条凳子，搁一块长板。长板白天当书桌用，夜间当床铺。应试生都须自备卧具、食物、饮水、蜡烛和笔墨砚台等，在考试前夜搬进指定的小木屋中去。临进小屋以前，还要经过严格检查，不得夹带任何书册或记事本。应试生如果被发现有夹带行为，违反规定，将要受到贬黜重罚：削免他过去已经取得的学历，并且不准以后再参加考试。

左宗棠考试完毕，正是"棘院功名风雨过"，一心等待发榜。不久，榜发，左氏兄弟皆"榜上无名"。难兄难弟都是第一次进京，虽考不上也不能错过顺便"旅游"的机会，他们便抽出几天时间游览观光，增长见闻。左宗棠看到当时京城中的王府官邸，车水马龙，一片歌舞升平景象；而来京的路上，军备弛废，民有饥荒，路有尸骨，有感而发写作了《癸巳燕台杂感》七律八首，抒发情怀，赋诗志慨。

其一：世事悠悠袖手看，谁将儒术策治安？国无苛政贫犹赖，民有饥心抚亦难。

天下军储劳圣虑，升平弦管集诸官。青衫不解谈时务，漫卷诗书一浩叹。

其三：西域环兵不计年，当时立国重开边。橐驼万里输官稻，沙碛千秋此石田。

置省尚烦他日策，兴屯宁费度支钱？将军莫更纾愁眼，生计中原亦可怜。

其六：青青柳色弄春晖，花满长安昼掩扉。答策不堪宜落此，壮游虽美未如归。

湖南出了个左宗棠

　　故园芳草无来信，横海弋船有是非。报国空惭书剑在，一时乡思入朝饥。①

　　诗言志，文如其人。从以上诗句不难看出，年轻的左宗棠对国事的担心、时势的预见和他个人的抱负，尤其是对西北边陲新疆的关注，"置省开屯"，"沙碛千秋"和"万里输官稻"等句的筹边韬略，立意筹边的远大志向，更是难能可贵。

　　尽管初试不中当时的"程式"而落榜，却向社会交出了一份"心忧天下"的优秀答卷。

　　"报国空惭书剑在"之慨，在他离京南归的路上给恩师徐法绩的一封信中有详述：

　　　　宗棠早岁孤贫，失时废学，章句末技，且鲜所窥。……比者春榜既放，点检南归。睹时务之艰棘，莫如荒政及盐、河、漕诸务。将求其书与其掌故，讲明而切究之，求副国家养士之意，与吾夫子平生期许之殷。十余年外，或者其稍有所得乎！②

　　他在落榜之后想到的不是个人前途、得失与荣辱，而是国家和人民的大事：眼前最难办理的，莫如垦荒、救灾、盐政、粮运、治河等事。并表示今后要搜集这些方面的有关书籍和历史掌故，加以研究和探索，才合乎国家养士的原意，并报答老师的殷切期望。

　　在1879年，他的女婿陶桄在家里翻阅到这几首旧诗，关于开发和建设边疆的句子，正好和当时杨昌浚所写的"引得春风度玉关"一致，不免感到奇怪，就写信向岳父请教，何以在如此早期能有前述预见？左公回信说：五十年前的志愿，到现在还没有完全实现，而当时能和他洽商的朋友，却已经没有一个人在世间了。接着又说，道光年代（1821—1861）讲求经世的学者首推魏源和龚自珍。近来料理新疆的各种事务，更觉得魏源的见解精深渊博。他所著的《海国图志》一书尤其值得称道，不妨取来阅读，必定得益甚多。

　　左宗棠诗中有"横海弋船有是非"句，谁又想到作诗之后只有八年就发生了鸦片战争，再过十几年后，英、法、德、意、俄等八国联军攻陷北京，圆明园被抢掠焚烧一空，由此更能看出青年左宗棠洞察世事、高瞻远

---

① 《左宗棠全集》第13册，家书·诗文，第456—457页。
② 《左宗棠全集》第10册，书信一，第1—2页。

瞩的眼光。

左宗棠第一次会试落第后，对科举虽然失望，但未死心。《燕台杂感》最后一首中有这样两句："洛下衣冠人易老，西山猿鹤我重来。"两年后，道光十五年（1835），他已24岁，再次赴北京应试。他的卷子为同考官温葆深所推荐，总裁也颇欣赏，评语为"立言有体，不蔓不支"。"二场尤为出色"（《左宗棠乙未科会试卷》现藏于湖南图书馆，原件封面作《左宗棠乡试卷》，误，应为会试卷）。这第二次会试，他的成绩不错，试卷经过副考官极力推荐，主考总裁也认为立言得体，倍加欣赏，准备以第十五名录取，如今湖南图书馆内还存有左宗棠乙未科试卷的档案，封面上载有：左宗棠，十五名。无奈，在揭晓以前，发现湖南取中名额多了一人，而湖北却少了一个名额。因此，又撤销了他的名字，改录湖北一人。左宗棠只被以抄写人员"誊录"来用。誊录"定额四十名，备各馆缮写，积资得邀议叙，下科仍可会试。"① 誊录"积劳"可以保举县令，但左宗棠绝不肯屈就誊录，苦熬"积劳"后当个小小的县令。他的师长如贺长龄早就告诫过他："幸无苟且小就。"他的高傲的个性和非凡的才气也不会干这类工作，定要"回翔"以待发迹。几年之后，他曾以诗记下这段遭遇，即《二十九岁自题小像诗》云：

锦不为韬自校量，无烦詹尹卜行藏。君王爱壮臣非老，贫贱骄人我岂狂。

聊欲弦歌甘小僻，谁能台省待回翔？五陵少年劳相忆，燕雀何知羡凤皇。②

从小志大才高的左宗棠，再次检点南归。途中又遇洪水成灾，沿路体察民情，深感治河兴修水利的重要。又隔三年，道光十八年（1838），已是27岁了，左宗棠第三次进京赶考。年前腊月起程与欧阳晓岑结伴至汉口，经过洞庭湖时，写了一副《题洞庭君祠》的对联：

迢遥旅路三千，我原过客；

管领重湖八百，君亦书生。

意思是洞庭君也是书生，他能管领方圆八百里湖区，我左宗棠也是能够干一番大事业的。

---

① 商衍鎏：《清代科举考试述录》，北京：三联书店，1958年，第105页。
② 《左宗棠全集》第13册，家书·诗文，第457页。

当北行经过河北栾城时,在街上看到县长桂超万张贴的布告,内容是劝老百姓耕种备荒,对如何栽棉花种白薯的方法等讲得极为详尽,引起了他的兴趣,连忙记在一个小本子上,准备回湖南试种。左宗棠听到周围的老百姓都说桂县令爱民出于至诚,为官清廉也是前任所不及。到北京后,还向一同来赶考的好友郭嵩焘、曾国藩等人,谈及桂县令为政清廉和爱民的事迹,他们也都异口同声称赞桂县令是一位好官。左宗棠敬慕他的为人,后来回乡研究农事,多少受到他的影响。25年后(1863年)左宗棠总督闽浙,桂超万以道员署按察使,仍以刚廉著称。八十岁去世时,左宗棠还呈请史馆为他立了传记。

郭嵩焘、曾国藩二人都参加了道光十八年(1838)戊戌科的会试,曾国藩比左宗棠大一岁,却在这次考上了三甲第三十八名进士;郭嵩焘比他小六岁,没有考中,后来又接连考了五次,在1847年那次考取了二甲第三十九名进士。左宗棠则第三次落第后,中断了科考,热心于钻研地学、农事等实用科学。三次落第的苦涩滋味,九个春秋的青春年华,功名无成难免内心悲伤失望,但仍很不服气,苦读、实干的志趣并未因科场失意而衰减,相反却与日俱增。郭、曾、左三人都有学问,但机遇不同,或者说"运气"不一样,考场也很难做到"公道"。

左宗棠这样高的才学和渊博的知识,却屡试不中,笔者起初为他打抱不平,好在《左宗棠全集》中不仅保留了他的每场考试的试卷内容,连每次答问都有原文在,想具体分析一下,来揭示当年科举考试的不公。但仔细一想,这似无必要,窃以为:左宗棠既是个聪明绝伦之人,却又有点不识时务;既想考中科举,又与科举考试的程式不去"对路",落第是必然的,一点也不冤枉。

在左宗棠生活的时代,科举制度仍然是清政府取士任官的根本制度。这时的科举考试,在内容和形式方面都已发生了重大变化,各种弊端愈来愈严重。无论乡试和会试,都专取儒家经典《四书》《五经》和古人诗句命题,考生答卷则有固定的程式,采用僵死的文体,即所谓八股文和试帖诗,因而严重脱离实际,束缚思想,扼杀人才。左宗棠青年时期,也想在科举途上进取、搏击。但是,他与当时一般士子不同:并没有为应付考试而一味埋头于经卷章句和八股试帖,而是以更多的时间和精力从事于经世致用之学。笔者在前章,写他节衣缩食购买有关经世致用文集时,"但知有举业"的士人"莫不窃笑"，难道没有一点道理吗？这与中学生快高考了，却去买、去看大量与考试无关的杂书何异？当然这样做就造成了两个结果：一方面是科举仕途的偃蹇坎坷，一方面则是经世致用学识的广泛积累。

从左宗棠三次会试的试卷中，还可以看出一个始终受他关注的问题，就是农业。他虽屡不得意，三试而不第，但在三次会考的试卷中，都留下了重视农桑和劝民稼穑的主张：

第一次，道光十三年（1833）癸巳科，第三场策问答卷中说：

"民于何养？曰农桑。天事不至，有形之灾；人事不至，无形之灾。是故勤作之家必无甚贫，乐偷之子鲜能长富，有由然也。农桑可不重乎？"

第二次，道光十五年（1835）乙未科的试卷中又说：

"农事极其精，而劝相必及矣。""天下之所待以养者，农也。"

第三次，道光十八年（1838）戊戌科会试文中又指出：

"农桑者天下托命之具，大利之原，而国家无尽之藏也。是故善养民者，不必损己以益民，而民自益；善富国者，不必穷民以富国，而国自富。不以为利民，先以为厉民矣。虽然，因地之利而利之，不必强西北皆水田，东南皆陆亩；因民之利而利之，不必强东南民食麦，西北民食稻。"

在这里左宗棠对重农桑与开利源的关系作了精辟细致的阐述，他认为农业是人类赖以生存的基础，是"大利之源"；农业政策要"为吾民开百世之源"；发展农业应注意因地制宜，"不必强西北皆水田，东南皆陆亩"；指导农业生产，不能搞瞎指挥，凭长官意志行事，"不要强东南民食麦，西北民食稻"；要首先调动农民的积极性，提出了要想"利民"必先"厉民"的思想。

从左宗棠这些言论中可以看出，他对人与自然同农业生产的关系作了合乎实际的论述。他认为农业生产中遇到自然灾害难免，但人的积极性的调动对发展农业生产是非常重要的因素，强调应当勤劳耕作，能勤非贫的道理。①

民以食为天，国以农为本。左宗棠"平生以农学为长"，他的"以民为本，重视农业基础地位"的经济思想，今天也不过时，在一百多年前的封建时代更是难能可贵。

---

① 会试文见《左宗棠全集》第13册，第394—448页。

3. 经世致用之材乃国之栋梁

左宗棠在应试期间，并非"茕茕子立，形影相吊"，既不拜访名人，也不结交朋友。左宗棠在京师还拜会了一位大名人、他的老师的老师阮元（字伯元，号云台）。他对这位宗师十分佩服，说他"博古通今，文教武功，早已振惊寰宇"。那年阮元已70岁。左宗棠以一少年后辈聆听他的教诲，对他的言论风采，钦仰不已，印象深刻。直到左宗棠去世的前一年，为阮元题诗作跋时，还记下了这次会晤。

他还结识了一些朋友，除了曾国藩、郭嵩焘等人之外，其中一位是胡林翼，后来成了莫逆之交。但这些人都与他能否中榜无关。

中国历史上的科举制度，虽能选拔一些学识渊博的儒士，却往往压抑一些有识的经世致用人才。至于真正有学问的儒士，往往也不是科举考试中的拔尖者，而是那些屡试不中的老童生，或是那些潦倒终生的穷书生，或是那些职位卑微的小郎官。"曾有惊天动地文"[①] 的大诗人李白，长期是"布衣"，后虽当过一段御用文人，但很快被人进谗言遭排挤浪迹天涯，最后客死他乡；被称为诗圣的杜甫没有科名，35岁到京城长安求官，困居将近十年，才得到一个管兵器的小官职。安史之乱后杜甫到凤翔虽做了个"左拾遗"的"破官"，又被贬；晋朝大诗人陶渊明彭泽令做了八十几天，工资才"五斗米"，他住的房子"环堵萧然，不蔽风日"，如同叫花子栖身的破凉亭；曹雪芹穷得"蓬牖茅椽，绳床瓦灶"；蒲松龄在一首词中以字字血泪诉说了他科举求仕的辛酸："天孙老矣，颠倒了天下几多杰士。蕊宫榜放，直教那抱玉卞和哭死！……每每顾影自悲，可怜肮脏骨销磨如此！"相反，历代出了那么多状元、榜眼、探花，他们有什么雄文传世，让后辈拜读？偶尔也有几个有点学问的状元，如南宋的文天祥，明朝的杨慎，但与上述这些文坛巨子相比是小巫见大巫了。在科举道路上，左宗棠满腹经纶却一再受挫，在第三次应试后，黯然神伤，给妻子周诒端写信：

> 榜发，又落孙山。从此款段出都，不复再踏软红，与群儿争道旁苦李矣。拟迂道金陵，一谒云汀督部，即便还家。此次买得农书甚多，颇足供探讨。他日归时，与吾夫人闭门伏读，实地考验，著为一书，

---

① 白居易《李白墓》。

以诏农圃，虽长为乡人以没世，亦足乐也。君能为孟德曜，吾岂不如仲长统乎？①

作此书月日不详，约在动身离京去拜见陶澍前。此所谓"苦李"，盖即酸葡萄也。这只曾垂涎欲滴、在架下一次次往上爬耗尽力气的"狐狸"，已经明白此紫果酸苦，不再与"群儿"去争食了，做好了"长为乡人以没世"的思想准备。

左宗棠说从此"不复再踏软红，与群儿争道旁苦李矣"，但事实上，后来他又有两次想应试，一次是在咸丰庚申，左宗棠为某总督所构，将入都应会试以避之。这次他已走到襄阳，中途被胡林翼追了回来。因为此时左宗棠已在朝廷"挂号"，皇帝也很重视他。所以都中士大夫相诫："为考官，无失左宗棠。"于是便产生一桩趣事："未几，闱中得一卷，甚奇伟，皆疑为左宗棠，急取中之。榜发，则湘潭黎培敬也。"② 最后一次是左宗棠已任陕甘总督，他怀着意气还要进京应试，于是朝廷赐他个"大学士"（同进士出身），才遂了他心愿。这是后话。

科举制度扼杀人才"由来非一朝"。唐朝的天才诗人李贺，就因为"贺父名晋肃，贺不举进士为是"，韩愈写了篇《讳辩》的文章为其鸣不平。李贺写的《南园十三首》中其六就是尖锐地批判科举制度的："寻章摘句老雕虫，晓月当帘挂玉弓。不见年年辽海上，文章何处哭秋风。"一个有数亿人口的泱泱大国，在充满复杂矛盾和危机的国内外环境中，不能出一批批杰出的人才来治国安民，继续出产寻章摘句、皓首穷经、于事无补的"老雕虫"，这乃是最大的国之悲哀、民之不幸。凡是有思想和卓见的人，绝不会再热衷于往这条扼杀了无以计数优秀人才的死胡同里钻。

如前所述，"心忧天下"的左宗棠，一方面痛感社会危机与民族危机的紧迫，力图有所作为；一方面广泛阅读当时所能得到的有利实用的书籍，并同许多经世致用学者有着密切的交往和友谊，深受他们的影响。

正是由于"心忧天下"，讲求"实学"，注重经世致用，左宗棠没有像当时众多的青年士子一样，一味醉心于辞章举业，而是把主要的时间和精力，用在攻读有益国计民生的"有用之书"和探讨"经世之学"上来，为此而度过了漫长的岁月。

---

① 《左宗棠全集》第 15 册，附册，第 247—248 页。
② 见朱克敬《瞑庵杂志》。

左宗棠一生最崇拜林则徐，他的很多行为亦模仿林则徐。多位历史学家认为，如将两人相比较，他的思想品格，廉洁奉公，忧国忧民，为国尽忠，以及在维护统治者的权威上，与林则徐是相等的。他的注重边陲，勘定内乱，以及收复新疆，促成建省，其成就远远超过林则徐。但在对西方的认识上，则不及林则徐的深远透彻。在中国近代史上，他是与林则徐属于同一类型的人物，其总的影响与成就亦约略相当。

可以这么说，在晚清的这段历史中，如果没有林则徐及其事业的继承者左宗棠这两位雄才大略的民族英雄，在关系到国家存亡、民族兴衰的危难中挺身而出，担起大任，中国将更加悲惨地任人宰割，领土完整和国家主权将更加岌岌可危，中华民族的不屈精神和无畏气概将黯然失色，在世界范围内受人敬仰的历史画廊中，也将少了两位有炎黄子孙血脉的叱咤风云、扬眉吐气的人物！

四、因家境贫困入赘周府常怀愧惭

1. 周家挑进一担"倒插门"

如果问问天下父母,是生男好还是生女好?答案只有四种:生男好,生女好,生男生女都好,男女不生最好。

生男好的观念比较长久和普遍,这主要与中国的封建传统中"不孝有三,无后为大"的伦理道德有关。生男为了"传宗接代,光宗耀祖",女孩则是"嫁出去的女,泼出门的水"。

生女好,古代有诗句为证。白居易《长恨歌》云:"遂令天下父母心,不重生男重生女。"杜甫《兵车行》中道:"信知生男恶,反是生女好;生女忧得嫁比邻,生男埋没随百草!"现代呢?许多人认为,为了养老还是生女孩好。媳妇不是婆养的,孝顺公婆的不多,而女儿三天两头"左手一只鸡、右手一只鸭"回娘家。更不待说只要不是"河东狮吼"或"野蛮女孩","怕老婆"有利于促进家庭和睦。

生男生女都好,期望儿女双全,龙凤吉祥,单个"品种"常怀缺憾,这在"只生一胎"政策实施前是共通心理。

男女不生,快活一生,这在世界上渐成潮流。有的国家人口减少,我国有的开放城市中不生孩子的夫妻人数也在增加。

中国有一句成语,叫作"十全十美",形容各方面都很完美,没有一点儿缺陷。但在现实世界中,这是极少见的。文豪苏东坡,对自然规律和人生处世悟得很透,在《水调歌头》中道:"人有悲欢离合,月有阴晴圆缺,此事古难全。"

一天,湖南湘潭周家的深宅大院内,笼罩着悲哀凄凉的气氛,从卧室里不时传出"老爷"周衡的咳嗽声和呻吟声,夫人王氏满面愁容,独自暗泣，只是在老爷面前强颜欢笑罢了。

"老爷，你再喝一口人参桂圆汤，调理一下会好起来的。"

"我已经不行啦，我若走了你们母女好生为之，"周衡吃力地说，"只是家里没有一个男人，我不放心呀！"

周衡是湘潭辰山一户书香门第的有名财主，祖传有大批田地、房宅等财产。他曾在岳麓书院与左观澜有同窗之谊，只可惜在他40岁上下时夫人王氏才生两个女孩，没有儿子。为了撑起门第，他很想找一位女婿入赘。刚巧，左观澜生了三男左宗棠，他与观澜曾提过亲事，观澜也已口头答应，左宗棠长兄宗棫在世时也曾与周衡公议过，但没有正式订亲，现在想起来实在是件憾事。

"筠心已经大了，与左家的亲事你能否托托欧阳兆熊。这件事定下来后，我闭上眼就无忧无虑啦！"原来欧阳兆熊父辈与周家素有交情，欧阳兆熊又结交广泛，周老伯和王夫人便将尽快办好这桩好事托付到了他的头上。

欧阳兆熊（字晓岑）的家是湘潭有名的官宦世家。但他自己无意于功名，喜欢舞刀弄枪的闲散生活，交游极广。由于长年习武，豹头环眼的他显得体格健壮，神采奕奕，而在飒爽之中又带着一丝文人的潇洒灵秀，实在是气度不凡。他当过左观澜的学生，与左宗棠和另一名书生张声玠（字奉兹，号玉夫）都是交往甚深的好友。左、张两人家境都较贫困，为生计所累，常接受欧阳兆熊的一些接济，他俩心中虽然羞愧，但也无可奈何。幸好欧阳这个人生性豁达爽朗，没有存半点施恩图报的心思，令两人深为感动。

一天，张声玠与左宗棠在一起探讨学问，突然，张声玠看到有人走过来，急切地道："季高，你来看，那个人是不是欧阳兆熊？"

"季高、奉兹，久违了！"

"晓岑兄，别来无恙？"

三人寒暄了几句后，欧阳兆熊便领他们走进一家茶馆，落座后，开口谈正事："季高，今日我来，你猜是为何事？"

左宗棠对张声玠笑道："晓岑是越发地古怪了，他来这儿倒问我所为何事，这是唱的哪一出？"

三人都笑了起来。欧阳兆熊说："我这次来，是想给季高做个大媒！"

"婚姻大事，不可说笑。"左宗棠只当他开玩笑，不以为然地说。

"谁与你说笑?!"欧阳兆熊正色道，"我的确是要给你做个媒人。"他将原委细细地说了一遍：女家家长叫周衡，是湘潭的大财主，家里资产富有，但人丁不旺，一辈子盼着养个儿子，可是直到40岁上才相继得了两个女儿。眼下大女儿年方20，名唤诒端，字筠心。周老爷希望能给她招赘一个上门女婿，日后给自己养老送终。噢，我还听说，宗棠还与周大小姐恰好同庚，正是夫妻之命！

这突如其来的消息一下子听呆了左宗棠。他虽然已达弱冠之年，但家中无资，又功名未就，从来没有想过成家之事。猛然说起，心绪纷乱，因此脸上未露喜色。

见他沉思不语，欧阳兆熊又劝道："这周大小姐我以前也曾见过几面。的确是端庄娴静，幽雅贞丽，而且博通史书，长于吟咏，是位难得的好女子。你若能娶得她为妻，将来一定是个贤内助。"其实，欧阳兆熊还有一句话没说，但左宗棠心里必定也会明白，娶了周诒端，他现在的生活不会如此窘迫了。凡想娶妻的男子，女方的家庭情况和经济条件谁不考虑？

听了这番话，左宗棠对这位才貌双全而又贤德的周家大小姐已经动心，有所默许。至于"入赘"之耻也就顾不得面子了。

俗话说："在家靠父母，出门靠朋友。"左宗棠父母双亡，长兄过早离世，二哥旅食他乡，湘阴老家已无谋生条件，自然无法在湘阴成亲，在湘潭周府寄居，也就势在必行。还有什么可说的呢？

但左宗棠还有顾虑："我一介贫民，功名未就，拿什么娶妻？"

"你平日里常说：读书最为要事。所贵读书者，为能明白事理。学做圣贤，不在功名一路，凡品端学优之君子，即不得科第亦自尊贵。如今怎么又拿功名推辞起来了？"欧阳兆熊立刻抢白他。

左宗棠也不甘示弱，回答道："读书非为功名计，然非功名不能自养，则其为功名而读书，亦是人情。"一番话说得欧阳兆熊和张声玠无言以对，室中一片沉默。

过了一会儿，突然响起了左宗棠诚恳的声音："晓岑兄，我相信你的眼光，况且我孤家寡人一个，是需要有个贤良能干的人扶持。只是明年就是乡试之期，我寒窗多年，总不能白白错过。请你代我转告周老爷：季高功名未就，不敢轻言婚娶之事。若周家愿意等一年，我明年乡试得中，必定上门提亲！"

欧阳觉得此言有理，便道："那就依你这一条吧。但是不管乡试中与不中，提亲大事都得'中'！"他见左宗棠不再异议，又转向张声玠，笑着说："说起这姐妹二人，妹妹倒是奉兹兄的旧时相识。"

"我的旧时相识?"张声玠自己都吃了一惊。左宗棠也饶有兴致地准备听下文。

"是啊,周二小姐比她姐姐小两岁,名唤诒繁,字茹馨。"原来是她!张声玠恍然大悟,那已经是七八年前的事情了。当时的周茹馨还只是个10岁上下的小孩子。张声玠从长沙赶考回湘潭,路上走得乏了,见不远处有一片房舍,便走过去拣了一个角门的台阶坐下歇脚。刚坐了一会儿,角门"吱哑"一声开了,一个眉清目秀、唇红齿白的小姑娘笑吟吟地站在门口,瞪着一双好奇的大眼睛看着他。张声玠对她笑了笑,那小姑娘不好意思地低下头,随即又抬头问:"你要喝水么?"张声玠正有些口渴,高兴地点了点头。可还没等小姑娘再开口,一个奶妈模样的人从院子里风风火火地冲了出来,一把拉过她,关上角门走了,里面还传来一阵数落声:"茹馨小姐,如今这世道,外面坏人多……"门外的张声玠居然呆呆地立了许久,那个叫做茹馨的小姑娘让他怅然若失……

后来,他曾向欧阳兆熊提起过这件事,还被他当作笑柄说了几回。不过,这么多年来,他的确从未忘记过那一天,忘记过那个小姑娘,没想到竟然今天遇到这种巧妙的关系。既然妹妹如此,姐姐想也不差,对于这桩婚事,张声玠这里便已有了八分赞成。

能说会道的欧阳兆熊比"红娘"还会做媒。他到周家说定了左宗棠明年乡试后便来提亲,顺便向看来不久人世的周衡和精明通达的王夫人介绍了张声玠,说左、张是一对好兄弟、好朋友,声玠又与茹馨小姐有过一面之交,这是有缘。

周衡和王夫人都是饱读诗书之人,深知道"物以类聚,人以群分","视其友便知其人"的道理,既然张声玠与左宗棠交好,肯定也是不错的人才,把这两位书生都招来周家也是一桩赏心乐事。当征求了茹馨小姐的意见时,茹馨羞红着脸,低下头表示默许。

周衡说:"茹馨年纪还小,此门亲事暂且放置,日后再定未迟。"

就这样,欧阳兆熊便做成了"一对半"有情人的媒,立即喜滋滋地来向左、张道喜。

左宗棠笑着说:"晓岑兄,你真可说是'一箭双雕'呀!不过我这是'媒妁之言',奉兹兄则可谓'自由恋爱',但都是'巧有良缘'。"三人一同笑了。后来,"入赘"周府的还有他的"连襟"张声玠,用北方话讲,"倒插门"还找了个"一担挑"做伴,倒也热闹。

2. 庑下栖迟赘客惭

在清朝，凡是殷实人家的客厅都有堂名，财主周衡家的堂名叫桂在堂。

湘潭辰山桂在堂，上上下下张灯结彩，装点得焕然一新。屋外的大坪里摆着 10 桌酒，四面的邻人都赶来吃流水席，觥筹交错，猜拳罚酒，甚是热闹。有些身份的人带着礼物而来，被仆人引进大屋中，主人周衡夫妇亲自在里面相陪。

道光十二年（1832）壬辰，这一天，是周家招女婿的日子。

那一年乡试发榜前一个月，左宗棠即请二哥左宗植和欧阳兆熊前往周府提亲，然后自己又登门拜访，让岳丈家看看这个上门女婿究竟是什么模样。

周家大小姐诒端在门内偷窥，只见自己未来的夫婿中等身材、虎背熊腰、下巴坚毅，正是传言中的"燕颔虎颈飞而食肉，此万里侯相也"。又见他与双亲对答，谈吐从容、进退有度，一派学子风范，一颗芳心已是暗暗许在这人身上了。那边左宗棠见岳家资业雄厚，两老待人慈和，也觉得自己入赘并没有多么亏欠。两下情投意合，婚事即刻便定了下来。不久，即在当年八月择日完婚。关于这段经历，左宗棠在后来所作的《亡妻周夫人墓志铭》云：

> 夫人湘潭周氏，名诒端，字筠心。年十九，余兄中书君以赠光禄公遗命，聘为余室，盖议婚有年矣。道光十二年八月，余以贫故赘以周。与夫人生齐年，至是皆廿一岁。婚未逾月，湖南省试名录至，余忝乡举。①

左宗棠与周诒端结婚那天，张声玠当伴郎。厅堂内外人来人往，新郎左宗棠自然是大家注意的目标。但是左宗棠自己喜气洋洋之余，心思却被伴郎张声玠扯去了一半。除他之外，谁也没发现婚堂上少了两个人——张声玠和周家二小姐诒蘩。

"在下与小姐曾有一面之缘，小姐一定不记得了，在下却一直铭记在心。"此刻，张声玠正与周诒蘩走在府内花园的小径上。

其实，一看到张声玠，周诒蘩就立刻认出他便是八年前那个坐在角门

---

① 《左宗棠全集》第 13 册，家书·诗文，第 355—356 页。

外歇脚的书生。虽然当年只见过一面，但他的影子却牢牢地印在了自己脑海之中。诒蘩一贯开朗外向，周家又门风开明，并不将女儿死关在闺房之内，因此她也见过不少青年男子。奇怪的是，唯有这个萍水相逢、不知名姓的书生给他留下了最为深刻的印象，八年来竟不曾忘记。张声玠又生就一张娃娃脸，相貌一直不大改变，所以一见就回想起来。

"角门相见，茹馨还记得的。"她轻声回答。

张声玠一听此话，知道眼前这位佳人与自己一样不忘往事，而且暗示芳名，不禁喜出望外，情急之下，一脑子心思全都脱口而出："茹馨小姐，小生自那一日有幸得睹芳容，数年来一直念念不忘，但从不敢奢望还有再见之时，今日真是有幸。"

那周诒蘩情窦初开之年，总记得这个青年男子，已是暗有几分心意。只是女儿家的这等心事没有人能随便知晓，自己也觉得想着一个过路人，未免是一种痴心妄想，所以只将这一段情思藏在心里。没想到天赐良缘，姐姐竟嫁了这人的好友，自己也得以重见其面，听他吐露衷肠，顿时心中又羞又喜，满脸绯红，扭头便跑。

后面张声玠吓了一跳，不知怎么回事，也不多想，紧紧跟随而来。两人一前一后进了厅堂，幸好人人都在说自己的话，没有人理会这两个年轻人。但是两人之间微妙的气氛，却都被左宗棠看在眼里。联想到欧阳兆熊当年已经同他的岳父母提起过张声玠，他便猜出了七八分情形，不由产生了也做个大媒的念头。

张声玠也是湘潭人，道光十一年（1831）长沙举人。

张声玠比左宗棠大九岁，先娶李氏，生了一儿子，名叫启新，李氏不幸病故。

后来，左宗棠真的撮合了张声玠与周诒蘩成亲。他与张声玠又两次赴京赶考，可惜时运不济，都以落第而归。

左宗棠第一次会试落第，回乡仍寄住湘潭岳家。自从他父亲去世以后，二哥终年旅食在外，薪俸微薄。老家靠父亲遗留下来的40亩田产，一年只能收谷48担，不够维持家用。因此他将自己应得的遗产，全部给了长兄宗械的儿子左世延。

第二年八月左宗棠的第一个女儿孝瑜出生。孝瑜字慎娟，后来嫁给陶澍的儿子陶恍。著有《小石屋诗》近体14首。

生了第一个孩子，左宗棠心里虽然高兴，却因贫穷不能自立门户，又感到惭愧。因此他和夫人商量，向岳母讨借周氏西头房屋，另开伙仓，分开生活。这样，出入也就比较方便。

同住在周氏桂在堂西屋另一侧的是他夫人的妹婿张声玠（1803—1848）。张夫人周茹馨，为人贤惠聪明，又能诗词，著有《静一斋诗稿》和《诗余》各一集。

两户"倒插门"女婿，"时皆贫甚。同居周氏桂在堂西，两宅中隔一院。两人旅食于外，每腊归，辄设敬酒相温，出箧中文共评之，或道时务所宜为者，谐谑间作，酣嬉跌宕，兴甚豪渐。"①

左宗棠与张声玠相处倒很融洽，两家夫妻也都恩爱。不同的是姐姐婚后连生二女；妹妹茹馨连生三子，名起韵、起毅（叔容）和起彰。左宗棠当时还没有儿子。有一次，左宗棠思子心切，抱着张的第三个儿子张起彰感叹地自语："何不将他给我！"筠心夫人在一旁听了，也很能理解丈夫此时的心情。为免子息不繁，思来想去，觉得自己的随嫁侍女张茹姑娘为人敦厚诚实，与自己情同手足，就劝丈夫纳她为副室。所幸善看"相面"的老夫人早有这个意思，只是未向女儿开口。于是，在老夫人和妻子真情的慰劝下，左宗棠同意了。后来，周夫人生下了第四个女儿和长子孝威（即书信集中的"霖儿"）；张夫人生下第三个女儿后，接连生了三个儿子：孝宽、孝勋和孝同。左宗棠夫人贤德，夫妻恩爱，四子四女，儿女双全，人丁兴旺，其乐融融，皆大欢喜。但是好景不长，周家不愉快与不幸的事接踵而至。

在封建社会，一个男子汉到妻家居住，往往被人轻视。左宗棠后来所作诗中也流露过他为此而烦恼苦闷的心情。尽管他在岳丈家生活时和岳丈家人相处融洽，但仍不免有闲言碎语流传。

有一天，他亲耳朵听到了从小孩子嘴里念叨的顺口溜："桂在堂，讨个郎，呷掉一仓谷，睡烂一张床！"几个顽皮的孩子，还指指画画地说："就是他，就是他！"

这对左宗棠来说，是莫大的侮辱与刺激。

那天，他回家后长吁短叹。周夫人知道他有不快的事，便再三探询，左宗棠总是不开口。

"夫君在妾家已经多年，咱俩灵犀相通，琴瑟和谐，为何闷闷不乐，又

---

① 罗正钧：《左宗棠年谱》，第12页。

不与为妻诉说？"周夫人眼圈红了，噙着泪水继续说道，"莫非母亲与我有亏待夫君之处？"。

左宗棠被妻子的真情感动，便道："看你说到哪里去了？余在此一切顺心，只因久居妇家，耻不能自食，惹世人取笑！"

"夫君岂不知'贵贱之分，在行之美德'，'自古圣贤皆贫贱'？只要我们夫妻恩爱，何必去听多事者嚼舌根？"

左宗棠听后心里宽慰了不少。但还是在当晚，作了《二十九岁自题小像八首》。其六道：

> 九年寄眷住湘潭，庑下栖迟赘客惭。娇女七龄初学字，稚桑千本乍堪蚕。

> 不嫌薄笨妻能逸，随分斋盐婢尚谙。赌史敲诗多乐事，昭山何日共茅庵。（自注：素爱昭山烟月之胜，拟买十亩地，它日挈孥老焉。）①

左宗棠的烦恼无非是暂时不得志罢了，而妹夫张声玠与茹馨夫人可谓命运多舛，累遭不幸，落得个凄凄惨惨戚戚的下场，特别是茹馨夫人受尽磨难，孤苦终老。

张声玠于道光廿四年（1844）十月奉命任元县（属今河北）县令，就和茹馨夫人带着四个孩一同北上赴任。这时候左宗棠已经迁居湘阴柳庄，他给张写信说：天下有两员官好作：一是宰相，一是知县，这是因为其"近君"或"近民"也。宰相不可得，管百里之地的县官也不错。谁想36年以后，左宗棠当真做了宰相；而张声玠任元氏县县令只有6个月，第二年四月离任，这位苦命的知县另谋职业，少不得到处奔走，求人援引。道光二十八年（1848）两个儿子起韵和起彰同一天死，他本人受此打击，也忧伤成疾，没有几天就在保定寓所去世，年仅46岁。茹馨夫人只身带着另外两个儿子和三具棺柩，千里迢迢，南归湘潭辰山，千辛万苦，总算到了家门。左宗棠就在长沙舟中去作吊唁，极感悲痛。

那时候张叔容（1841—1859）才九岁，已经能够读书了。左宗棠就把他和他的哥哥起新两个人带到家里，延聘塾师，陪伴他自己的两个儿子，孝威（1846—1873）和孝宽（1847—?），先在乡间，后来搬到长沙城里，同窗读书。张叔容从小是由母亲亲自督教的。他秉性朴实，不爱谈笑，也很聪明，但每次考试都不被录取。左宗棠将他的写作要过来一看，却并没

---

① 《左宗棠全集》第13册，家书·诗文，第458页。

有什么不好，就感觉奇怪。咸丰八年（1858），他提出要停学回到辰山堂舅家去，左宗棠挽留不住，只得放他走，可是心里经常记挂着他。不料第二年六月廿八日深夜，他竟自投入园中的池塘内淹死。当时不过十九岁。"死时夜黑，池水尽沸，园中若呜呜有声。墙外人知有异，排门入视，不敢近。比舅家兄弟毕集，举火照之，则叔容半身立池中，面微俯，手握书一卷。胸头气犹温，百方救之，竟不复活矣。"① 事后他哥哥起新打开他的书箱，发现他所抄经史和按照自己意见所写的论文共有十几万字，这才知道他已经留意于方舆之学和时务有关事宜。另外他还有诗、词数百首，古文多篇。起新将这些都抄录下来送给左宗棠看，才明白叔容一生锐意于有用之学，和自己的志趣相同。在痛惜之余写了《张叔容墓碣》一文。墓碣最后写得十分悲切感人：

呜呼！以叔容之早慧勤学如此，未见其止而遽死，死且不以其理，胡天生之艰而厄之惨耶？抑所谓数不可违者固有之耶？噫！②

左宗棠还另再选刻《张叔容遗稿》，由郭嵩焘为之作序。③《郭嵩焘日记》载：咸丰十年（1860）九月初八，致定张叔容诗文杂著一帙，左季高之姨子也。季高谋为之付梓，属予点定。凡为时文、赋、试帖诗文、杂著，凡四种。

3. 知书达礼伉俪情深

左宗棠虽长期不得志，但终究大器晚成，成就了彪炳青史的大业。除了他本人有超群之才和"时势造英雄"等客观条件之外，还与他娶个了十分贤惠、难得的妻子，作为自己的"红颜知己"和"贤内助"是分不开的。"军功章里有她的一半"，一点也不虚夸。

诒端的母亲王太夫人自幼能诗，从小教两个女儿熟读古诗文、历史并作诗填词。周夫人性情淑静，谈吐娴雅。她从小饱读经书，能诗善文；心灵手巧，工于女红和绘画。她是名副其实的大家闺秀，其态端庄大方，喜

---

① 《左宗棠全集》第13册，家书·诗文，第350页。
② 《左宗棠全集》第13册，家书·诗文，第350页。
③ 郭嵩焘：《养知书屋文集》卷四。

欢淡妆；其形削肩长项，瘦不露骨。她的居室取名"慈云阁"，后来她的诗汇集成册，名为《慈云阁诗抄》。《左宗棠年谱》第10页载：《文集·慈云阁诗钞序目》云："筠心夫人《饰性斋遗稿》古体四首，近体一百三十一首。"①

左宗棠与周诒端婚后相敬如宾，伉俪情深。左宗棠永远难忘，在花烛之夕，洞房内银烛高烧，"双喜"悬挂；新娘粉颈低垂，含羞默默；头巾既揭，见她眉清目秀，顾盼神飞，两相对视，嫣然一笑。合卺后，并肩夜膳，觉其鬓边茉莉淡香沁人心脾，一缕情丝荡人魂魄。此时，他便暗暗庆幸：宗棠即便终生不仕，有此佳丽相伴，白头偕老，永为农人亦平生无憾无悔矣！

左宗棠是在农村生长的，自幼就在田头劳动，对农业既爱好也熟悉。几次会试失败后，就开始钻研农学，勤读古今农书，还亲自从事农业试验。在湘潭周家时，就种植桑树，养蚕、缫丝。周夫人也理解与支持他。她认为，民以食为天，宗棠重视农业具有远见。他们写诗互相唱和，歌颂种桑、养蚕和从事农业的乐趣，周夫人诒端的诗说：

　　清时贤俊无遗逸，此日溪山好退藏。
　　树艺养蚕皆远略，从来王道重农桑。

左宗棠第二次会试回湘后，在湘潭辰山岳父家的西楼，为匡济天下而潜心研究地理学并亲自绘制地图册，周夫人相助影绘誊清。这为他日后的军事生涯打下了坚实的基础。古今学地理之人，都将古籍图志作为重要的依据。但天长地久，地理环境发生变化，图志记载却少变更。外间刻印的地图往往先画出疆土大界，辗转抄录，谬误百出，不便应用。

左宗棠别出心裁，他认为要将方位定得正确，先要知道各地里程的数字；要知道里程的数字，又要先审查水道经过的地方。举凡行旅舆程的游记，村驿关口的名称，山岗起伏的形势，都必须反复参证，按方圆曲直衡量，然后用志书和历史两相对照加以订正。根据这样的想法，他先制作一张皇舆图，纵横各为九尺。图上划成方格，假定每格纵横各为一百里，并用五种颜色来区别各地主产的农作物。依据这种总图再制作各省分图，各省又分析为府，并都做了说明。例如陵谷的变迁，河渠的决塞，支源的远近，城治的兴废，以及古为重险今为散地，从前的边陲现已演变成为腹地

---

① 《饰性斋遗稿》，湖南图书馆收藏。

等疆域地理的沿革，都一一加以阐述。于是再由本朝向上追溯，由明、元、宋、唐，直到禹贡九州，都以这张总图为本，佐证各类史书、绘出图册。

由于构思周密，工程浩繁。他为此付出了不少的精力和时间，并得到他妻子周诒端的大力协助。"每作一图易稿，则授周夫人影绘之，历岁乃成。"此后，他对舆地学的研究，又断断续续进行了好几年。如1838年，他抄录《畿辅通志》《西域图志》，及各直省通志中有关山川关隘、驿道远近等内容，分门别类，编订成数十巨册。1839年，仍从事地理图说，于山川道里、疆域沿革外，并条列历代兵事。1840年，他在陶澍家中看到《图书集成》所载康熙舆图和乾隆内府舆图，又将自己往岁所绘地图予以修订，表现了严谨的治学态度。

周夫人有时还帮助丈夫查询典故，在某书某函某卷检出。

左宗棠在绘制地图或编著农书（《舆地图说》和《朴存阁农书》）时，周夫人总是在一旁服侍，端茶、摇扇、磨墨都很周到；有时自己也是一碗茶、一炉香，端坐读书作诗，还能关注、体贴丈夫的心情。

在研究地理地图的同时，左宗棠从来不忘怀于国是，希望能学以致用，一展抱负。因此，在两次会试之后的第二年，他写下一副对联：

身无半亩，心忧天下；

读破万卷，神交古人。

左宗棠用这一豪迈的对联来激励自己。周夫人也曾以此来羞他过于自诩。30年后，左宗棠作《自跋》云："卅年前作此语以自夸，只今犹往来胸中。试为儿辈诵之，不免惭赧之意。然志趣不妨高也。安得以德薄能鲜谓子弟不可学老夫之狂哉。"①

左宗棠尽管志存高远，但多年蛰居乡间，有时不免产生落魄之感。有一次，诒端见丈夫手执新作《燕台杂感》诗集，闷闷不乐，呆呆独坐，就柔情地对他说："季高，又在为功名之事伤神呀！"

"筠心，我今日心中烦闷，胡乱涂鸦，做了这几首七律，你来看看。"

诒端夫人放下地图，拿起诗集，细细地读了起来。良久，她深有所悟后说道："季高，这八首《燕台杂感》，忧国忧民，苍凉沉郁，正说出你这半生抱负与情怀，这第一首和第三首更是难得。"

"然而书生空有报国志，如李太白所感叹：'万言不值一杯水'！"

---

① 罗正钧：《左宗棠年谱》，第14页。

"为妻从来不以富贵利禄取人,而更敬重你的志气和人品。你一向致力于经世致用之学,日后必有报国的机会。我看你的见识要比朝中一些大员更胜一筹,你关注西域的远见卓识,就可与张骞、班超相比,何必总是属意于一个科举功名,耿耿于怀?"诒端随即赋诗两句:

  书生报国心常在,未应渔樵了此生。

"筠心,你不用安慰我。你嫁给我为妻,真是委屈你了。"

"夫君怎说这样的话?难道为妻喜欢胸无点墨的纨绔公子,或是尸位素餐的庸碌官僚?有你这样的才学人品,哪怕永当糟糠之妻,也遂心愿矣!"

左宗棠听了此言,情不自禁地走过去,伸开双臂将诒端紧紧地搂在怀里,双方的心贴在一起,都感觉到在怦怦跳动。

入夜,诒端夫人见宗棠衣衫领口都磨毛了边,取出针线,想为他镶上一圈他最爱的白菊。

第二天,左宗棠的情绪很快好转。清晨,他见园中杨柳青青,垂下万条碧绿丝绦,便回书房,挥笔写了一首王江宁(昌龄)的《闺怨》:

  闺中少妇不知愁,春日凝妆上翠楼。
  忽见陌头杨柳色,悔教夫婿觅封侯。

写好后,便交给诒端:"贤妻是否与'闺中少妇'心情相通?若如此,吾愿伴尔终生。"

诒端答道:"夫君岂不知高达夫(适)有'男儿本自重横行,天子非常赐颜色'和李长吉(贺)的'男儿何不带吴钩,收取关山五百州'之名句?七尺男儿无报国之大志,纵使一辈子卿卿我我,终老相伴,也是虚度光阴,枉为人生。"

左宗棠喜上眉梢,即与诒端探讨起古诗词和古文来。

"贤妻自幼读遍古诗词和古文,未知你最喜欢是谁?爱作什么?"

"古文全在识高气雄,女子学之恐难入彀。唯诗之一道,妾稍有领悟耳。"

"唐以诗取士,而诗之宗匠必推李、杜,卿爱宗何人?"

"杜诗锤炼精纯,李诗潇洒落拓。与其学杜之森严,不如学李之活泼。妾之私心,宗杜心浅,爱李心深。"

"词以宋为高峰,词家千百,未知卿钟爱何人?"

"东坡居士之词如擂铜钹大鼓,妾自知无此气质,也不喜欢柳三变(永)风花雪月,独佩服易安居士(李清照)的精巧秀丽,出语新奇。"

"所言极是,如'绿肥红瘦'造语之新,连用凄、惨、戚六字叠句之奇,那个堂堂须眉不怀自愧弗如之心?"

就在那天夫妻谈文论诗之后不久,道光十七年(1837),26岁的左宗棠应湖南巡抚吴荣光的邀请,来到醴陵渌江书院主持教学。

渌水,湘江的一条支流,蜿蜒百里,形似玉带。醴陵县城就像一颗明亮的珍珠,镶嵌在这条玉带上。

渌江书院是醴陵县一座小有名气的学馆,算起办学历史来,已有近百年了。但是,学馆停停办办,冷冷热热,时开时停,究其原因,主要是没来几个有真才实学而又善于管理学生的先生。就在左宗棠之前,有一位饱读诗书,却两轮乡试落榜的老生员主持渌江书院,然而不得要领。调皮的富家子弟把书馆当成逍遥玩耍场所,想来就在课堂上坐半天,摇头晃脑,都心不在焉,不想来就几天不见人影,结伙成伴在外寻衅闹事。而一门心思想读书的人也只好陪着耗时间。老先生今天点一句,明天点一节,之乎者也,难有收效。醴陵是鱼米之乡,富足之地,精致、细腻、光滑、各式各样的瓷品,如碗、杯、碟、瓶运销各省及海外。五彩缤纷,形态各异的烟花爆竹生产于醴陵城乡的家家户户,因此,有钱的人多,当官的也不少。这些人望子成龙心切,对培育子弟的唯一基地——渌江书院的教学现状日渐不满。不知是哪位为头,串联当地的有识之士联名修书一封,直接呈送至巡抚衙门,恳请湖南巡抚吴荣光大人为他们物色名师主持渌江书院的教学。

就这样,两次会试落第、科场进取意绝的左宗棠欣然受命,来到醴陵。

初来乍到,面对一个个顽劣弟子,面对一缕缕怀疑而又期盼的目光,左宗棠决心从学规抓起。用现在的话来说,就是整顿学风学纪。有位正七品武官李托总的儿子顽劣成性,不仅自己不读书,还总是撩拨同学,迟到、早退已成习惯,出入学堂如入无人之境,还经常影响他人研习功课。缺课两天后,这位公子在家人的带领下前来,左宗棠按学规将其开除。

左宗棠这一手,可谓杀鸡给猴看,狠狠地压住了以前管理疏松造成的顽劣之风。接着,左宗棠又发给每位前来就读的学生每人一个笔记本,要求他们把所学功课及心得每天都记在本子上。日落时分,书院大门落锁,对学生的功课一一进行检查,未完成或完成得不好者,不准出门回家。每月初一、十五这两天,还要将学生半个月来的心得仔细检查考核,对优秀者给予褒奖,对不明之处者悉心细细解说。他的做法深受学生和家长欢迎。

此外，在传道、授业、解惑之余，还时时勉励和督促学生铭志苦学，以一个"苦"字为先，"劳"字为本。不到三个月，左宗棠治学严谨，教授有方的名声便传遍了醴陵县城、渌江两岸。

左宗棠到醴陵书院教书临行前，周夫人诒端怕他独居客馆凄清，做了一个绣花枕头给夫君带上，绣的是"渔村夕照图"，并题七绝一首：

小网轻船系绿烟，潇湘暮景个中传。

君如乡梦依稀候，应喜家山在眼前。

左宗棠在孤寂时，看看妻子绣的枕头，感到无限的欣慰和温馨。

4. 红颜知己品格非凡

《诗经》曰："妻子好合，如鼓琴瑟。"反之，如《易经》所言："夫妻反目，不能正室。""家有贤妻百事兴"是一句至理名言，被古往今来无数事例所证明。

在研究左宗棠的生平和功业时，笔者十分钦佩周夫人诒端的非凡品格，可以说她不仅继承了中华民族优秀女性的美德，而且在某些方面是世所罕见，真可称为女中丈夫、巾帼英杰、贤妻良母中的楷模。若略加具体分析，至少有下列几个方面：

其一，有从本质上看人、识才之眼光，无丝毫势利小人之俗见。

在丈夫落第、落魄之时，无怨无悔，深信丈夫是暂时不得志而日后必定有作为之人，从没把世俗富贵利禄的话来絮聒他，可谓是理解丈夫的真知己，体贴夫君的心上人。在这方面前节已有论及，不赘言。要做到这一点，是十分难能可贵的，我们不妨看看许多历史故事：

苏秦在外游历许多年，结果没有什么成就，只好贫困地回到家里。他的哥哥、弟弟、嫂嫂、妹妹、妻子、侍妾都暗自讥笑他说："周人的生活习俗，大多安分地治理产业，努力从事工商，以求取十分之二的利润。现在，你却放弃这种最根本的事业，而去做卖弄口舌的事，结果落得这样穷困，那真是活该啊！"

朱买臣家贫好读书，当樵夫担着柴薪一边走一边念书。妻子感到害羞，要离他而去。朱买臣说："我五十岁时能富贵，今已四十多岁了，你已受苦很久，待我富贵后报答你。"妻子愤怒地说："等到你富贵，我早就饿死于沟壑中了。"买臣留不住，她便走了。后来朱买臣真的当了会稽太守，衣锦还乡。他是个知恩报恩之人，念妻子旧情，予以资助。妻子悔不当初，上吊自尽。这便是李白诗句中"会稽愚妇轻买臣"的典故。

至于《儒林外史》中范进中举前后，妻子、岳父、母亲前后截然不同、简直有天壤之别的态度，世人知之甚多，省却笔墨，不必絮言。

其二，有安贫故勤，安贫故俭，清苦度日之品性，无丝毫"夫贵妻荣"、俸厚享乐，"一人得道，鸡犬升天"之俗见。

周夫人很能了解左宗棠的心情，在左宗棠没有发迹时，在左宗棠已经得意后，都从没把家庭生计琐屑的事来麻烦他。特别是当夫婿名位渐隆之日，正母族家业式微之时，然而周夫人从没为自己弟侄辈要求文襄公的帮助或提拔，始终保持她一贯幽娴贞静的态度，给左宗棠尽其内助之责。这不论在古今，做到极难。左宗棠在《亡妻周夫人墓志铭》中有一段话十分重要，特别感人，笔者加以白话翻译：

我从一名贫寒学子突然显达，自己知道德才浅薄，而得到的回报很多，不想因为个人家庭常为利禄考虑。又思念我父母贫苦简约一辈子，没有得到丰厚的俸禄供养，所以不想过多地留给妻儿什么。俸禄丰厚了，交于官方，散发于军中，家乡族人众多，每年给家中寄的钱不到俸禄的二十分之一，夫人心里安然如平常，从不计较。书信寄来，常问询的是军中生活如何，军饷军粮充足还是亏欠，不拿家人的生产琐事来麻烦我。她虽然长年疾病缠身，但对贵重药品一概不用。孩子们多方面借贷，买来奉献给母亲，不敢叫母亲知道借贷事。唉！妇女嫁人，由穷苦变得富裕，由患难变得安于荣华，虽贤明而很少不改变其志向的。就像夫人同心勤勉，始终如一，已是寻常人做不到的，况且其心中所想还有超过此的！我已是衰老之年，不得安居休息，失去你这位贤内助，看看家中情况让人忧愁，哪里能止得住悲伤呢？

窃以为，左宗棠虽然讲出了他的想法和动机，但也实在太"左"了，太不顾家了，太不像话了！家里这么困难，他竟将丰厚的俸禄，输之以官，散之以军，助之以乡，寄家"不及二十之一"，即不到5%！胡林翼竟给湖南当局写信"接济"（救济）其家，这种做法，恐怕在古今中外的军事将领和官吏中绝无仅有的。而诒端夫人却无怨言，深明且彻悟"为国者终不顾家"（苏轼语）的道理，此人真是太了不得啦！

左宗棠武封侯、文拜相之后，柳庄却依然是个 70 亩田的小庄园。周夫人打听得朝中诸位重臣，兴家立业，家道殷富，门庭显赫。独有他左家，仍然是柳庄那几间瓦房，那几亩田产，虽有点想法，但她明白丈夫要子孙自强自立的道理，买田置产之事再也不提。

其三，出身于富室千金，能"茹粗食淡，操作劳于村媪"。这也是太不简单了，有几个人能做到？早期，周夫人嫁给寒士左宗棠，并不因为自己是一个富室千金而觉得辱没了；后来，左宗棠授官封爵，也并不因为自己做了一位一品伯爵夫人而觉得了不起。自从左宗棠督师离家，周夫人只在左宗棠闽浙总督任上去过短短六个月，其余时间都没有随行。到59岁上，周夫人一病身亡在长沙里第，左宗棠却在数千里外的平凉军次。可以这么说，她自嫁给左宗棠后，生活与当闺女时相比可谓"一落千丈"，丈夫贫困潦倒时受穷，丈夫飞黄腾达时亦受穷，一辈子没有享过福，却心甘情愿，这是何等的胸怀与品质！

其四，虽博通经史，识见过人，但她对于左宗棠的治军施政，从不过问。

读周夫人咏史诗，洋洋数十篇，从秦始皇批评到明代的张居正，足见周夫人确是一个不平凡的女子。但她从来不去过问、更不干预丈夫的公事，至多只问问粮饷够不够。这与现在不乏高官夫人"参政"，干预"用人"，当"说了算"的秘书，形成多么鲜明和强烈的对照！至于女作家谌容笔下的"马克思主义老太太"一类令人厌恶的官太太，更不值得一谈。当然左宗棠也决不把军国大事，谋及妇人。

其五，心地善良，施仁布泽，怜孤恤贫，关心别人胜过关心自己，对劳动人民有深厚感情，对穷苦人尽力救济。

《亡妻周夫人墓志铭》中谈道：那一年冬天，左宗棠第一次会试北行，"有讹言半道病剧者，夫人微有所闻，忧思成疾。迨得南归之耗忧始解，然肝气上犯之症则讫不愈。"她自从患肝病后体格弱，善犯病，但不是祭祀或宾客来家不杀鸡鸭。农历初一、十五分肉，必定是先给雇用的婢女和老年妇女。见贫苦和残疾人必定设法周济之。雇用的老年妇女时间久了辞归时，临行没有一个不恋恋不舍地感动哭泣的。因柳庄的特殊地理位置，水灾时饥民大多络绎经过，周夫人经常散米供食并以丸药给患病者。公子孝同《先考事略》云：

是年东南各省大水，米斗钱六七百文，道殣相望。府君预出束修籴谷，以半济左家塅族人，半济柳家冲本乡。而柳庄距湘江仅十里，下游饥民来就食者，日千百计。饿殍相枕藉。府君罄仓谷煮粥裹食，病者药之。先妣与生妣亲率仆媪临门监视，不足，则典簪珥、减常飧佐之，全活甚众。①

请读者注意，周夫人和张夫人，不仅与左宗棠一起亲自率领仆媪施粥、施药，因灾民太多，还把自己贵重的发簪和珠玉做的耳环都拿下来典当了，并以减少自己吃的晚餐省下来济人，救活了许多灾民。这样的毫无私心、舍己行善，你听说过吗？这样的大慈大悲、菩萨心肠，你在世上见过几人？

左公的四代孙左景伊先生在协助征集左公文物时，复信中示左公轶事七则，其中写了这样一则故事：

左宗棠第三次会试又不幸落第，在北京盘桓了有半年，友人见他无钱回家，就送了他三百两银子，于是起程返乡。那时家中已非常穷困，周夫人苦心维持，只指望左宗棠能带些钱回来，接济家用。而左宗棠却在途中将这笔钱资助了因遭人逼债要寻死的老妪，回家时始终没有拿出一点钱来。周夫人也置之不问。她另外去设法维持家用之需，使左宗棠快快乐乐。一直到后来，周夫人才知道了他舍己助人这回事情，她说："这也是做好事。"再无余言。

在左宗棠当了陕甘总督多年之后，周夫人曾给他一信，要求对已经年老的守门人予以关照，拨给他一定的俸禄。可是左宗棠不同意，认为不能拿军饷来供家仆。这是周夫人在逝世前向他提出的最后一个请求，想不到仍然未能如愿。事后，左宗棠觉得也很对不起夫人。周夫人病亡故里，左宗棠在数千里外平凉军营，除作祭文外，给四个儿子的家信云：

尔母贤明慧淑，……终身不知安闲享受之乐，常履忧患，福命不薄，郁悴偏多，此可哀也。何三在家看门久，老实，而晚景不好。在闽时尔母曾说过给与一名勇价，吾亦诺之。惟念勇之口粮不可给家人，是以久未给，予亦且忘之。今寄信若农观察，请其划拨二百十两零六钱交尔给何三，以了此项，盖四年勇费数也。此项当由驻陕局作收于养廉项拨填。②

说忘了，并非搪塞之词，但拖下来的主要原因是"勇之口粮不可给家人"，今夫人已亡，为了却心愿，从养廉项拨分毫不差，可见公私分明，既

---

① 罗正钧：《左宗棠年谱》，第26页。
② 《左宗棠全集》第13册，家书·诗文，第161页。

兑现自己的诺言，又追忆了夫人乐善好施之贤德，亦保"不欲一丝一粟自污"之素节。《亡妻周夫人墓志铭》的最后铭曰：

　　珍禽双飞失其俪，绕树悲鸣凄以厉。人不如鸟翔空际，侧身南望徒侘傺。往事重寻泪盈袂，不获凭棺俯幽窒。人生尘界无百岁，百岁过半非早逝，况有名德垂世世。玉池山旁泪之澨，冈陵臕臕堪久憩。敕儿卜壤容双椟，虚穴迟我他年瘗。

　　往事追寻，不堪回首，声声悲鸣，字字痛悼，仿佛看到他在千里塞外一掬英雄老泪！

五、"身无半亩，心忧天下"的湘上农人

1. 辰山迁家湘阴东

如前所述，左宗棠与陶澍在江宁（今南京）会晤之后不到一年，陶澍便病故于任上，他的家眷迁回安化。陶澍的另一位姻亲贺熙龄给昔日的学生左宗棠写了一封信，请他到安化陶家执教幼子；同时，陶澍的大女婿胡林翼，时任贵州安顺知府，也特意回湖南安置陶家后事，正式聘用了左宗棠担任其"小舅子"的家庭教师。左宗棠应聘后，将在家无人教读的侄子左世延也带去陪读。左宗棠不忘嘱托，从而开始了他在安化设馆陶家、授徒八年的教师生活，悉心教导陶桄。在陶家，左宗棠饱览了陶澍遗留下来的丰富典籍藏书，深研了清朝宪章，以及水利、荒政、田赋、盐政等方面的学问，实践了自己"读破万卷，神交古人"的雄心壮志。

清道光二十年（1840），英国侵略者用坚船利炮打开了中国的大门。鸦片战争以一个泱泱大国的惨败而告终。此时的左宗棠正在安化，消息闭塞，用他自己的话来说是"如蛰瓮中"。置身安化寂静的乡间，"心忧天下"、将近而立之年的左宗棠心情十分沉重。29岁生日那天，他独自提着一壶老酒，来到安化小淹印心石前，一边喝酒，一边吟诗：

犹作儿童句读师，生平至此乍堪思。学之为利我何有？壮不如人他可知。

蚕已过眠应作茧，鹊虽绕树未依枝。回头廿九年间事，零落而今又一时。①

学者们普遍认为，在安化的八年，使左宗棠"充足了电"，对他今后成就大业是至关重要的。左宗棠在陶家，"精神财富"取之不尽、用之不竭，

---

① 《左宗棠全集》第13册，家书·诗文，第457页。

而获得的物质财富也颇丰厚。关于这方面，陶澍在生前便留话，女婿胡林翼更是想得周全，安排周到，不会亏待左宗棠的。到陶家任私塾教师以后，"脩脯"收入每年可达三百金，除了供养家小生活外，尚有较多的盈余。"蚕已过眠应作茧，鹊绕枝头终依枝。"教了三年多书之后，即1843年，31岁的左宗棠便用教书所得的积蓄，共计约900两白银，在湘阴县东乡柳家冲置田70亩，并筹建庄院。

湘阴县东乡柳家冲，在左家塅西北十余华里，今属湘阴县樟树镇巡山村。此地，山势逶迤，田园葱翠，东纳青山之秀美，西引湘江之灵气。

左宗棠亲自设计、监建了这座占地4.29亩、有48间房屋的砖木住宅，因挚爱柳树生命力强、性韧柔软、插枝能活的性格特点而起名"柳庄"。

关于在柳庄置田建院，有许多传说故事，充分体现了左宗棠的性格特征。

据说，柳家冲曾被风水先生认定为风水宝地，说是"仙牛地"，牛头朝东，东面山脊低洼处是"牛角扼"。左公说自己是牛，故将宅院东向朝指"牛角扼"。当时有人猜度：一定是左公得到风水先生的指点。说来也怪，他直到迁居柳庄后，才慢慢发迹，大器晚成，拜相封侯，并为国家收复了160万平方公里失地。

宅屋分前后两进：前进北边为谷仓、杂屋，南边为前厅、厢房、孔子堂（即子弟学堂）；后进由两个四合院组成。整个宅屋砖墙燕瓦，具有典型的晚清民居风格。

在宅屋上梁时，按习俗，要向工匠送红包，这样对主人也"吉利"。左宗棠不信这一套，偏不送，这就使工匠们好不高兴，便公开发牢骚，说："主人吝惜钱，迟早要作孽。"

左宗棠听说后回答道："钱没有，作孽随便。"

工匠们接着编了不吉利的话，一个工头竟骂骂咧咧地说："宅门朝东，人财两空。"

左宗棠听到后，便气愤地上前，拉住其胸襟，质问道："你说了什么？"

"我没有说什么呀？""没说什么？我亲耳听到的，你要给我改口！"

工匠头目起先还想抵赖，左宗棠揪住其衣襟不放，逼其改口。

此人服软了，便道："三爹，是小人的嘴胡说八道，三爹要小人怎么改口？"

"宅门朝东，人马不空！说！""宅门朝东，人马不空！宅门朝东，人马不空!"

工匠头目连说了两遍,左宗棠才放手作罢。

房宅落成后的大年初一,家人在敬神时发现罄里藏了一只猫头鹰,一家人大吃一惊,认为是"神鸟",是不祥之兆,便连忙燃香点烛,作揖叩头。左宗棠博览群书,接触了西方的哲学,不信神,也不怕鬼。他对崇拜猫头鹰为"神鸟"觉得好笑,便抓住那只猫头鹰,口中念道:"提刀斩神鸟,笼统大吉昌。"一刀将猫头鹰宰了。

柳庄,偎山面田,坐西朝东。柳庄院门前有一口被他称为"天砚"的大水塘,水塘周围绿柳成荫,水塘南北各有一株四人合围粗的枫树和柞树,冠盖苍翠,人称"神树"。

柳庄院门两侧左宗棠写有"参差杨柳,丰阜农庄"的门联。门额匾上左宗棠题写的"柳庄"二字,笔力遒劲。

走进围墙门,是一块土坪,此是晒谷场,从晒谷场向南穿过隔墙圆门是庭院。院内,他曾亲手栽下 12 棵腊梅和几株橘树、桃树,每当梅树傲雪开花,暗香浮动。庭院南侧是他读书的魁顶阁楼,名曰"朴存阁"。走进堂屋,便可见一条幅悬挂壁上,写着"湘上农人"四字,简朴的家什透着一种整洁与随意。整栋房屋的后面,是为了提高灌溉水位而砌的一条水渠,水渠沿围墙而走,穿墙向外流去,形成了"流觞曲水"之风格。

左宗棠回湘阴安家柳庄,前后 14 个年头,直至咸丰七年(1857)骆秉章与胡林翼为其"醵金"买得长沙司马桥宅,才"自柳庄移家省城"。①

左宗棠在柳庄"潇闲沉寂之时",其声名却远播于外。诸多封疆大吏、京都高官争相举荐。因此,在柳庄时,留下了林则徐对左公一见"诧为绝世奇才",当面预言"西定新疆,舍君莫属"的被史学界称为"湘江夜话"的佳话;留下了湖南两任巡抚分别"三顾茅庐",邀自喻"今亮"的左宗棠两度出山运筹军幕的历史故事……

左宗棠虽身居柳庄,但他的报国大志决定了他不可能真当隐士。从他写下的"欲效边筹裨庙略,一尊山馆共谁论"和"身无半亩,心忧天下"的诗联足可佐证。如果说,在安化的八年使他博览群书,提供了一个难得的深钻学问的条件,那么,接着,他在柳庄的十多年,继续致力于"经世致用"之学,除钻研农桑、舆地之外,还广研天文、军事、历史、时事。

---

① 罗正钧:《左宗棠年谱》,第 60 页。

他"体察人情，通晓治道"，通观国事，关注边陲，形成了"置省开屯"的筹边韬略。

左宗棠在柳庄的厚积薄发，成就了他在历史上的丰功伟绩。没有柳庄，也就难有名垂青史的左宗棠。他在位高权重时，那"乐善好施""惠民施政""文韬武略"的德性才干，无不来源于他在柳庄的耕读修身；那"塞固海防""造船铸炮""设局办厂"的战略举措，无不出自于他在柳庄的立意筹划；那每到一地都要兴办教育、刻印出书、植柳栽桑、兴修水利的作为，无不得益于他在柳庄的身体力行。

左宗棠入仕后，忙于军务，仅在晚年回过两次柳庄，均来去匆匆。百多年来，柳庄便成了左公当年两位周姓佃户后裔繁衍生息之地。随着周姓人口逐渐增加，到20世纪60年代，周氏后裔陆续拆旧扩新，至70年代末，原屋仅存一堵墙。

原屋虽无存，但左公故里后人对左公情结永存。这在复原柳庄建设中得到了充分体现。

2003年，中共湘阴县委、县政府，在资金并不宽裕的情况下，筹集重金对柳庄按原貌进行了重建。复原后的柳庄，仍如它当年那般凝重、雅致和神秘。

柳庄的神秘，吸引了参加1985年湖南举办的纪念左宗棠逝世100周年活动的专家学者云集柳庄考察研究。

中共湘阴县委、县政府对修复有关纪念左宗棠的旧居、祠堂和遗迹极为重视，除复原柳庄外，还重新修缮了左文襄公祠、左太傅祠等。

左宗棠200周年诞辰举行隆重纪念活动之时，与会者都兴致勃勃地去了柳庄参观。此后，中共湘阴县委、县政府又拨出巨款，对柳庄再次进行大规模扩展与整修，使其面貌焕然一新，成为湘阴一个著名的伟人遗迹、旅游景点和文化宝库。

2. 种茶栽竹留葱茏

左公爱竹，赞美竹子耐寒、常绿以及中空、有节的品格；而爱茶，除有民生之虑外，更有他本人的一个情结，具体一点说，左宗棠爱茶、重茶、推广优质茶，是因在安化任私塾教师期间的耳濡目染，并受陶澍的深刻影响。

陶澍的家乡，可说遍地都是茶山、茶林、茶园；育茶、采茶、制茶是当地农民的主要劳动之一；出售茶叶，更是农民的一笔大宗收入。安化县素称"茶乡"，产茶历史悠久。

早在唐代，渠江（今属连里乡）出产的薄片已颇有名气。宋置县时，茶叶产量已甲于诸州县。不过在唐宋时代，茶树在"山崖水畔，不种自生"，县境无成片茶园。元、明时期，茶树由野生演进为人工栽种，县内不少人以茶为业，种植技术不断改进，所产"云雾茶"、"芙蓉茶"驰名中外，成为朝廷贡品。明嘉靖年间创制黑茶，在江南等地集散，并远销西北诸省。到16世纪末，安化黑茶在西北茶市上取代四川茶叶，居全国领先地位。万历二十三年（1595），当局颁布《安化黑茶章程》，正式定为运销西北的官茶。

陶澍从小就和茶叶打交道，特别是每年谷雨前后，正值茶叶收获季节和茶叶加工的紧张时刻，农民全家出动，妇女上山采茶，男人加工制作，小孩也未闲着。陶澍人小手巧，是采摘茶叶的好手，每天清晨，肩背竹制的背篓，胸抹方形的围巾，踏着晨雾，上山采茶。这时，妇女和儿童们你歌我唱，漫山遍野，一片喜悦，阵阵欢情，陶澍一边采茶，一边编采茶歌，教大家歌唱。其中两首是：

才交谷雨见旗枪，安排火坑打包箱。
芙蓉山顶多女伴，采得仙茶带露香。
身背竹篓上山岗，白云深处歌声昂。
十指尖尖采茶叶，笑语阵阵比情郎。

此后，当地农民白天采茶时学歌、唱歌，晚上制茶时比歌、对歌，成为风俗。

陶澍在北京翰林院为官时，努力把安化茶叶推向全国。嘉庆二十年（1815）春节，陶澍邀请在京的消寒诗社成员吴嵩梁、陈用光、谢阶树、胡承珙、钱仪吉、朱兰友等人到自家寓所，共饮安化茶。陶澍首先吟五言长诗一首，详细介绍了安化茶叶的特色、历史及其生长培育，堪称安化茶的史诗。此诗一出，与会者纷纷唱和，一时传遍京城，安化茶叶也跟着享誉京师和北方各省。安化的"茶乡"之名更加远播，北京、西安、武汉、长沙等地茶馆、茶行也纷纷悬挂"安化名茶"的招牌，以招徕顾客。每年新茶上市季节，各地茶商云集小淹、江南等市镇，茶市热闹非常，有"小南

五、"身无半亩，心忧天下"的湘上农人

京"之称。陕西、青海、山西等北方茶商，更离乡背井，常驻资江边的小淹、江南、东坪等地，收买安化茶叶，就地加工制作，再运回北方。安化富户、商人则在本地修建行屋，接待西北茶商居住，提供加工场所。至今，小淹、江南等地还保存有一批行屋，反映着当时茶叶制作和销售的盛况。小淹白沙溪茶厂就是在行屋的基础上发展起来的，现已成为我国著名的茶厂之一。

陶澍的饮茶诗，介绍了茶叶的制作和品种，引起了东南各省茶叶产地的兴趣和仿造。如消寒诗社成员钱仪吉将陶澍饮茶诗带回浙江家乡传播。绍兴、嘉兴等地茶商、茶农即到安化聘请有技术的茶农、技工到浙江指导茶树培育和茶叶的制作加工。直到现在，浙江一些茶场、茶厂的工人、技术员，都有安化人，或安化人的后代。可见安化茶叶畅销全国，甚至饮誉海外，与陶澍对安化茶叶的重视和推广分不开，也与陶澍饮茶诗的宣传和影响密切相关。

左宗棠将安化的优质茶树移栽到湘阴，并精心培育，使历史悠久的湘阴产茶业更加发达。发展到今，湘阴的"兰岭毛尖"和"兰岭绿之剑"有机茶，被亚太地区世界博览会评为金奖，畅销欧美市场，已成名品。秦翰才先生云："文襄公对于农事，有特殊的嗜好，因此又种桑、养蚕、种茶、种竹、种其他花木。"[①]

那时，自给自足的自然经济仍是主要的社会经济形态，左宗棠也曾经设想："田可区，材可欙，薯芋可保岁，园可桑，山可竹，羊可牧。数年而后，其遂从山泽之氓（民）优游此间矣！"[②] 一派田园牧歌式的安怡美丽图景。

左宗棠隐居柳庄过起田园生活，一边受托继续在已故两江总督陶澍家教育其幼子陶桄，一边在躬耕督耕，研习农事。更为可贵的是他对农学进行了理论研究，并写下了著作。他在广览诗书的同时深深地感到，自己阅读过的书籍虽可称成千上万册，但赏心悦目的不过数种，而其中"实学绝少"。从古至今，传世的农书更是少见。泱泱华夏，千古以来以农为本，务农是人生第一要义，为何不趁自己精力能及，为种田人写一本书呢？

这一想法酝酿了好几年。为实现这一计划又准备了好几年。

---

① 秦翰才：《左文襄公在西北》，长沙，岳麓书社，1984年，第15页。
② 《左宗棠全集》第10册，书信一，第27页。

还在安化的时候，左宗棠便着手撰写农书的准备了。他读遍了历代讲农事的著作，分门别类地抄起来。《左宗棠年谱》载："道光二十五年乙巳，公三十四岁。是年，阅近儒著论之书万卷，以农家为生人要务，思为一书，以诏农圃。"①

左宗棠为写这部农书，处处留心，不耻下问，孜孜不倦地收集着实践中得来的资料，精心归纳总结。为了证实"深水插秧、浅水耙田"这一句农谚的可靠性，他不仅询问了几十位种田里手，还亲自下田扶犁掌耙，插田抛秧。

在农业技术方面，他不"全法古人"，实践中不断探索。他利用每年几次往返安化与湘阴的路途之中（有 150 里路程），注意走访农家，观察农田，将别处好的种子，好的耕作方法带回柳庄，督工耕作，示范家人，因此，亩产量均高于一般农户。他在种稻、种茶、种柳、种桑、种竹的实践研究中所写的书，对南农和北农的有关书籍多加比较，并亲做试验。

他的农学著作是在朴存阁写的，故自拟书名为《朴存阁农书》。在书中，他将农事分门别类写了十多篇，对于乡居所必需的常识，诸如栽种、收割、畜牧乃至筑墙、挖沟等等，一一做了叙述。他还主张区种，写了一本《广区田图说》来说明因地制宜和间隔轮种的好处，又画成图样，做成说明，并在柳庄亲自试验这种区田的方法，结果得到了满意的成功。

一些农业经济史学家认为：当时柳庄的生产、经营具有农业资本主义萌芽的性质。

难怪有人一直在说："左宗棠务农，不仅为养家糊口，实在是有志而又有兴趣地对农学做一番研究呢。"②

数十年后，在西北戈壁，行军打仗过程中的左宗棠仍随时不忘教士兵种树，劝人民归耕，还将安化的优质茶树带到陕西、甘肃和新疆栽种并推广，这不仅是他当年自己务农研有所得，更有关心国计民生的拳拳之心，这当是后话了。

左宗棠在费了很多财力、物力和精力才建设起来的柳庄，躬耕多年，竹木、茶树如数家珍。夏敬观所著《窈窕释迦室随笔》载有一则故事颇耐人寻味：

---

① 罗正钧：《左宗棠年谱》，第 23 页。
② 据罗正钧按："是书稿已残，今存公家。"毁于 1938 年长沙"文夕大火"。

及出仕后，柳庄之田为乡人朱兰陔所承租。文襄在甘肃时，朱忽奔赴行营。左公问来意，欲求官也。乃详叩以田中事。先问："竹大几何？"朱以手作圆径比之。公曰："我在山中时，已较若所言为壮，奈何今日反不及？"又问，"茶山纵几行，横几行？"朱瞠目不能对。公曰："我当日茶树自安化移来，横若干株，纵若干株。汝为我佃如许年，尚不知其数耶？我家竹园茶山被汝败坏矣！"乃严责遣归，朱还，至茶山计其数，果如公言。①

这个故事也充分说明，不仅是柳庄的宅院的建设，就连山上的一竹一树，一草一木，都是左公宗棠亲自指导下栽种的，倾注着他的心血。朱兰陔被左公严责遣归之后，到茶山纵横几株去数一数，一点不错，也是心怀愧疚。

3. 务农忧乐在其中

左宗棠久以寄眷妻家感到惭愧和羞耻，现在有了自己亲手建起来的柳庄，其快乐之心是可想而知的。一个人在坎坷、困顿之后有所作为，对当年未轻视、反看重自己之人，必定心怀深深的感激之情。左宗棠对岳母、对妻子就是如此。

这一年春天，草新土润，左宗棠的岳母来到柳庄。刚进柳家冲，只见大片稻田秧苗茁壮，桃红柳绿，屋舍井然，不禁喜上眉梢。三寸金莲迈不了大步，但双脚的移动频率加快。刚见"柳庄"二字，女儿带着外孙、外孙女已迎候出来。一一见过之后，左宗棠首先恭敬地对岳母说："岳母大人，今天容小婿献献手艺，蒸一回米酒为您老人家接风。"

"哦？你会蒸米酒了？"岳母喜悦的双眼里透着惊诧。

"小婿日前向高师学得此法，尚未曾一试，今日让我显显身手，您看如何？"左宗棠一副跃跃欲试的架势。未等岳母答言，自己口中已吩咐家人动手。周老太太眯着双眼望着已经开始忙碌起来的左宗棠。

为酿米酒，左宗棠到邻家友人处借来一套酿酒的工具，仆人与家人架锅的架锅，套磨的套磨。左宗棠从左厢的粮仓中取来去年收割的糯米和粟

---

① 转引自秦翰才辑录《左宗棠逸事汇编》，第243页。

米，找来用木香、青藤、地绵、乌药、黄荆之类草药制成的曲料，汲屋后清泉制出糟酪，再行点火熬沥。一天两天，大火小火文火，三天四天，米饭的香味逐渐渗发出一股酒香，五天六天，浓香扑鼻，清可照人的米酒由左宗棠双手捧呈到周老太太面前。岳母大人见一介书生居然酿制出色香味醇的米酒，连抿两口，不断地称赞："味好，味正，贤婿自己快喝，快喝。"

左宗棠端着自己亲手酿制的米酒，仰着脖子一口气将酒喝下，哈哈大笑："赊八百里洞庭当春酒，韵味无穷呵！"

柳庄务农，起先带给左宗棠的较多的是欢乐。在此期间，他在一封给贺瑗（字仲肃，湖南善化人）的信上说：

> 兄东作甚忙，日与庸人缘陇亩，秧苗初茁，田水琮琤，时鸟变声，草新土润，别有一番乐意。出山之想，又因此抛却矣。①

又在一首《催杨紫卿（名季鸾，湖南宁远人）画梅》的诗上说：

> 柳庄一十二梅树，腊后春前花满枝。
> 娱我岁寒赖有此，看君墨戏能复奇。
> 便新寮馆贮琼素，定为院落争妍姿。
> 大雪湘江归卧晚，幽怀定许山妻知。②

好一个雅静、秀丽的柳庄！在宅院周围，松轩竹径，药圃花蹊，茶园稻陌，竹坞梅溪，恍若神仙境界，左宗棠大可终老是乡吧！然而左宗棠到底不是桃花源中之人，却正是他自比的卧龙岗上的诸葛孔明，在隆中隐居、躬耕陇亩之时。而由于这些阅历，出山以后，他到处喜教兵士种田，教人民归耕，说得很在行。

1843年将家搬到柳庄后，头几年，家庭生活也比较美满。1846年，周夫人喜生长子左孝威。出生之时左宗棠在安化，又值久旱无雨，是夜忽梦雷电交加，大雨如注，故命曰霖生，乳名"霖儿"。同年十月，贺熙龄先生去世，遗命以其三女许配孝威，订上又一门娃娃亲。第二年四月（1847）张夫人生次子孝宽。周夫人体弱无乳，张夫人就同时乳养二子，而且先乳孝威，再喂孝宽。左宗棠虽年至三十五六才得贵子，但连得二子。他在岳家住十年，想要儿子尽生女，迁回柳庄后，两位夫人为他生了四个儿子。怪不得民间至今认为柳庄是风水宝地。这年八月，长女已满14岁，出嫁安

---

① 《左宗棠全集》第10册，书信一，第75页。
② 《左宗棠全集》第13册，家书·诗文，第460页。

化与陶桃完婚。此后，左宗棠结束了在陶府的教学生活。这几年可谓"四喜临门"，少有的高兴，这大概亦属"天赐良缘"吧！

周夫人自得了肝病后，一般都素食。家中省俭度日，平时也少吃鱼肉，只有逢年过节，祭祀祖先，或是来了客人，这才宰鸡杀鸭。初二、十五是"打牙祭"的日子，全家上下都有肉吃。这时总是烧一大锅厚厚肥肥、五花三层的"拳块肉"，加上青葱和调料，香喷喷、热腾腾的。这两天是孩子们最高兴的时候了。周夫人总是将肉先送给雇工和仆妇们吃。平日她对仆妇们很慈爱体贴，仆妇患病时，她必去看望，并送药去。仆妇们和她感情很好，当她们辞工回家时，常常是含着一泡眼泪离开。周夫人对邻里中的贫苦残疾人，总想法周济他们一些，虽然自己也并不富有。

但是，天公总也有不作美之时，柳庄在连遭两年干旱之后又遭水灾。搬到柳庄的第四年，从五月中旬起，天就断了雨脚。一连四个月，滴雨未见，田畴龟裂、赤地烫然。地里的禾苗枯得像秋后的冬茅草，遇火即燃。一天夜晚，暑热难当，左宗棠一把大蒲扇拍打不停。忽然，一股火风混杂着燃烧枯苗杂草的烟味飘进房内，"不好，着火了！"他急忙出门，只见大田中一片明火在蔓延。"天哪！今年颗粒无收了！"他痛心地闭上了双眼。

1847年，左宗棠结束了在小淹陶氏家馆的塾师生活，回到柳庄。

到了1848年，从三月起，倾盆大雨，连绵不断，将湘江、资水、沅江都灌得满满的，湘阴县城也被水淹，饱受旱灾之苦的饥民，又被洪水围困。靠近湘江不远的柳家冲，遭水灾后，成百上千的逃荒灾民，经过柳庄。左宗棠吩咐家人将家中积谷全部拿出来，煮粥施舍，对有病的就用丸药予以治疗。这些事都由周、张两位夫人亲自在家门口监督办理，救活的灾民感激地说："柳庄户主灾年济困，行善积德，真是好人！"

面对连年的水、旱灾害，左宗棠一面自己节衣缩食，一面发动族人积谷备荒。在家乡建立了"仁风团"义仓，带头将自己家中积存稻谷和用具捐献出来，同时选办事公正的族人出来经理，订出规章制度，向官方备案，作为永久之计。为了赈救灾民，他还出面组织发起向有钱人募捐的活动。当时长沙、善化、湘阴、湘潭、宁乡等地士绅所捐银钱谷米约值白银5000余两。

他虽不惜慷慨解囊，但毕竟囊中并不富裕，38岁的"穷教习"总还得有固定的收入，才能养活一家十来口。所以，在道光二十九年（1849）他只身到了长沙，在朱熹祠堂开设学馆，继续操持教学。婿陶桃仍从受学，同时受业者尚有黄冕的儿子黄瑜、黄上达、黄济以及周开锡等人。时值湘北连年大水，柳庄耕田遭淫雨之害，谷尽发芽，可以典当之物亦"罄尽"，而一家十二口无不患病者。左宗棠既为一家的灾病担忧，又为邻里的赈灾操劳。在与二兄宗植的信中，对自家的艰难倒不在乎，关切和焦虑的是乡邻之贫和天下将乱：

> 弟一家不足忧，惟如此奇荒，邻里之颠连者必多。倘不急筹赈济，则大乱即在目前，其可忧又不但贫也，其受害又不止一家也。①

于是，在授徒之暇，出与同郡人士劝富室捐赈。又于族里积谷以备荒，设局以造药。他自己"预出束修籴谷，以半济左家塅族人，半济柳家冲本乡"，"罄仓谷煮粥饩食，病者药之"；他的妻子周诒端对此事也十分关心、操劳，"不足，则典簪珥、减常飧佐之，全活甚众"。为了救助灾民和乡亲，不仅拿出了所得收入和积蓄，还典当了妻子的首饰，这种举动，闻所未闻，简直令常人不可思议！可是左宗棠抱着乐观主义精神，他对妻子周诒端开玩笑说："杜甫《同谷歌》中有一句诗'男呻女吟四壁静'，现在对我来讲，将'静'字改为'空'字，叫作'男呻女吟四壁空'，更合适些。"后来，他回忆这一年的情景，说是自己"生平境遇最苦者"。

接连不断的天灾断送了柳庄的好光景和"湘上农人"的美梦。但这段经历却终生难忘。

4. 交情长存老长工

柳庄建成之后，左宗棠那时大部分时间还在安化，每次回到柳庄，他就专心钻研农业，兴致勃勃，似乎忘了自己曾一再嗟叹的时事。柳庄虽小，总是自己占有的一块试验基地，除了水稻外，还种茶、桑、竹和其他树木，也养蚕、种菜、种花等。他雇用了少数有农业生产经验的长工师傅，农忙时还雇用短工帮忙。每次从安化回来，就和雇工一起下地，进行各种农业试验。每天早晚在田垄上巡视农作物生长情况，俨然以"湘上农人"自居。他准备在种桑、茶、竹、蔬菜的经验成功后，推广到农民中去，让广大农民都获得利益。他的稻、茶业都很成功，茶园的收入可以了清当年的农

---

① 《左宗棠全集》第15册，附册，第258页。

业税。

左宗棠前前后后在柳庄住过十多年，一直是和三个长工生活、劳动在一起的。可是，他这柳庄有些特别，农活要按他的新法来搞。他耕田种地，颇讲究科学技术，主要以所学得的古区田法从事耕种，并加以创新。他在道光二十六年（1847）致贺蔗农先生书说：

> 宗棠自耕之田，略以古农法之便于今者行之，闻甚良，惜细雇辈尚未能尽如其意也。①

信中流露了对雇辈死守古法、未遂其意的不满。有一天，当他计算过每亩田的总穗数，决心要改一改"稀禾结大谷"的老皇历，即在稻田试行密植。这一冲破传统的做法，使长工们都接受不了，在疏种还是密植问题上，他们和左宗棠便吵开了。

"三爹，你是喝足了墨水、肚皮有学问的细人，我俚是'摸六株'的老粗，读书做文章听你的，但稻田怎么种法，你得听我俚的。"

"我经过仔细计算，改了老法的稀禾播法，每亩就能增产百十斤稻谷。"

"三爹你就是犟，老祖宗传下来的种田之法，你可以随便改吗？"

"怎么不能改？我叫你们怎么种就怎么种！"

"那你另请高明吧！"

不知那位长工说了这句过头话，左宗棠一气，挥手叫长工们卷起铺盖"滚！"。

两个掌作师傅气鼓鼓地一走了事。只有个叫姜志美的老长工，夹着一床破絮被，走到交叉路口的大枫树下时，忽然想起大清早稻田还没收水，放心不下，把床絮被往树下一放，下秧田收水去了。等他收了水再去搂絮被时，絮被不知了去向，他急得团团转。原来左宗棠在堂门外把这一切都看在眼里。心想，农民这样老实本分，思想守旧一点也在所难免，为一两件事不如自己的意，就一句话把人家开缺了，心里过意不去，于是叫人把那被絮搂回原处，并重新铺在床上。

姜志美找不到被絮，认为有人捉弄他，便去央求左宗棠，去叫那捉弄的人行行好。左宗棠只是说："人家不会要你那点破被絮的，自己去找找，或许是记不起来放在哪儿了。"

左宗棠这么一说，他便垂头丧气地到库房、住房等地去溜一眼，没想

---

① 《左宗棠全集》第10册，书信一，第58页。

到在自己的床上整整齐齐地铺着哩!

左宗棠拉住他说:"志美哥,我刚才态度不好,你不要计较,柳庄还是要你的。"

姜志美一听,也就二话不说留下了。

后来左宗棠官至两江总督,日理万机,心中不忘乡下的姜志美,捎书寄信,要姜志美出来走走。姜志美老了在家苦度生涯,听说左宗棠让他上南京去,心中也一动。可他想自己两手空空,家境萧条,拿什么作晋见礼呢?他穿了一件补丁打补丁的粗布衣,提了一篮干芋头荷腌酸菜。他懂得"三爹"的胃口,听说官当大了还是不忘江南农村风味,爱的是坛子菜。另外他还特为"三爹"熏了两块狗肉,提上这些,上南京去了。

到了南京,一问总督府,好不把人吓煞。他只知"三爹"当了大官,究竟多大可是说不明白。这会儿只见里三层,外三层,站的全是穿着号衣的大个子兵,没等他走近就呵斥"走开!",吓得他心惊肉跳,连问都不敢问了。

远远一打听,这里头的大官又确实是个姓左的。他斗胆把揣在怀里的信皮亮了一截儿给人家看:"老总,这是住在这里头衙门里姓左的三爹给我的信,是他请我来的。"姜志美有点心眼,没有把信全掏出来,生怕人家抢走似的。

一个门卫似信非信地瞟了一眼,觉得信封上的字非一般人写的,便叫旁边伙伴也看一看,人们都说是左大人的亲笔。看模样,这些穿号衣的兵有点相信了"这确是三爹写的",他底气足了,说是他千里迢迢而来,非要见"三爹"不可。

卫士们一听此言,也摸不清这老头儿的深浅,只好前去通报。左宗棠问来人穿的什么,提的什么,说哪里口音?他猜着是姜志美来了。回话说是个湖南来的姓姜的乡下人。左总督一听,也不迟疑,立刻起身往外走,还叫打开中门,亲自迎接。走到外面一见姜志美,上前一把接过雨伞和袋子,搀扶着像亲兄弟一般走进去,里外三层戍卒一齐剑戟高举,如迎贵宾。

饭时到了,左宗棠拉着姜志美同桌进餐,就像在柳庄时一样。手下人一个个面面相觑,不知这个俗里俗气的乡巴佬何许人也,竟受到总督如此款待。

姜志美从南京回到湘阴,左宗棠帮他置了四斗田的业。他到老还是上床一双赤脚,下床一双草鞋,淡饭粗茶,与世无争。人要是问起上南京之事,他又从那衙门口里外三层大个子兵说起。

六、个性刚强才高性傲与流俗不合

1. 才高性傲的个性形成探因

有研究者说："一般说来，湖南人的个性特别强吧！文襄公也不能例外，而且格外刚直矫激。"也有的说，他是头倔而犟的湖南"骡子"，所以不大好"驾驭"。这些说法，作为一家之言也未尝不可，但要细究深研，觉得缺乏说服力和根据。曾国藩也是湖南人，他就不是这样，涵养极好，善发"太极功"。与湖南毗邻便是湖北，分界线是翻座山、涉条江甚至隔条路，"骡子"怎么一下变成"九头鸟"了？

个性一词来源于拉丁语 person，有两个含义：一是指一个在生命舞台扮演的角色；另一个是指作为人的性质和作用，即人的实质的自我。这就恰好在一定意义上反映了个性这一概念的质的属性，揭示了个性是表现在一个人身上的那些经常的、稳定的、本质的心理特征。个性在西方称为人格。两个概念含义是一样的。所谓经常的、稳定的心理特征，就是指那些以某种机能特点或结构形式在个体身上比较固定的特点；所谓本质特征，就是指一个人的精神面貌。人首先是一个自然实体，所以要受生物学规律的制约；同时，人也是社会实体，所以受社会影响和制约。一句话，个性是复杂的社会关系的体现者。

左宗棠的个性首先是有与生俱来的基本特点，自小喜夸大。每写成一篇文章，他必自鸣得意，夸示同学，这是内因；但在成长过程中，他便生活在家庭与社会的环境里，在其个性形成期间，必然要受到外界的种种影响，这种特殊的条件也是至关重要的。笔者不揣冒昧，认为至少有四个外因：

一是相信神话传说。

左宗棠早年是一个家境很差、科举不成功的近乎落魄的书生。可就是这么一个书生，居然口出大言，认为自己不同凡响，一个重要原因是相信了自己乃"牵牛星下凡"。牵牛星又名河鼓，亦即俗称的牛郎星，隔银河与织女星相对。根据古代神话，牵牛星与织女星为夫妇，每年七月七日相会一次。据此，牵牛星当属苦命之星。

牵牛星虽意味着苦命，但毕竟是天上的星宿，它预示着此人日后将成大器。在现在看来，这一类的说法当然是荒唐透顶的，但在18世纪末的中国，当说到某人是星宿下凡时，这个人很自然地便会被人高看一等，而他自己也会自视极高，随时在等待着飞黄腾达的一天。所以我们说左宗棠为人狂傲、不可一世，当与这个牵牛星下凡的传说有不解之缘。现代人常常称一个人口出狂言为"吹牛"，左宗棠系"天上的牛"，所以他"吹吹牛"，实属正常，他的傲，亦可谓根基深厚。一些封建帝王或名臣贤相，在出生时也有这样那样的传说，对他们一生的个性影响甚大。即使是某些"布衣"，因相信了别人说他是非同寻常之人，也会觉得飘飘然，以此自诩，大诗人李白就是一例。据《唐才子传》载：

> 白，字太白，山东人。母梦长庚星而诞，因以命之。十岁通五经，自梦笔头生花，后天才赡逸，名闻天下。①

后来贺知章呼其"谪仙人"，于是李白便相信自己是谪到人间来的仙人。高力士你虽权倾一时，但毕竟是凡人，"谪仙"酒醉了让你脱脱靴又何妨？也可说抬举你，你感到"耻之"乃是俗子庸见。李白十分感激贺知章发现自己是"谪仙人"的眼力，终生视为知己。在天宝五年（746）南游会稽时，曾过贺知章故宅，时贺已病逝。李白作了二首《对酒忆贺监》，其一道："四明有狂客，风流贺季真。长安一相见，呼我谪仙人。"太白星也好，牵牛星也好，都是天上星宿，来到人间是"下凡"；岂能与世上凡夫俗子相提并论？自豪感和优越感油然而生。

二是恩师肯定鼓励。

老师对学生的影响是深远的，无穷无尽的。特别是早期，在思想、道德、个性和人生观形成期间。英国有句谚语："有什么样的老师，就有什么样的学生。"用我们现代常说的话，即教师是"灵魂工程师"。左宗棠一生中影响最大的老师——贺氏兄弟是怎样评价他的言行、塑造他的灵魂、坚定他的前进方向的呢？先师贺长龄嘱咐他：尝言天下方有乏才之叹，幸无

---

① 元·辛文房：《唐才子传》，辽宁教育出版社，1998年，第23页。

苟且小就，自限其成。①

贺长龄的这段话说得很明白：现在天下都在叹缺乏大才，你可不要苟且任个小职，已经预言并肯定他是当今天下难得的大才。"从师十年"之久的贺熙龄更是赞扬和鼓励他的言行：

> 仆早岁志大言大，于时贤所为多所不屑，先师蕉农先生曾以诗讽之，谓"开口能谈天下事，读书深抱古人情"，虽语重未可荷，然至今回忆，深叹师言期望之殷非常情可比。②

这是左宗棠在晚年在教育儿子时说的一段话：我早年志向高，爱说大话，对于当时有名望的人的所作所为常常看不上眼，先师贺蕉农先生曾经写诗表示赞赏，称我"开口能谈天下事，读书深抱古人情"，虽然说得太高，在当时亦是犯大忌的。然而，左宗棠的如此举止却能得到德高望重的贺熙龄等人的赏识，实属难能可贵。由此可见，左宗棠日后之所以敢于口出狂言，是因为从他年轻时起，便有人鼓励他这种为人的特点。换句话来说：你们说三道四，你们算什么？贺先生就赞扬和夸奖我！贺先生是我最佩服和崇敬的人，照他的话去做准没错！

三是产生逆反心理。

左宗棠在科举道路上历尽坎坷，屡试屡败，但他内心是很不服气的，那些中榜的人，在他眼中都是"不过如此"，不少都不如他。因此他的心灵中埋下了看不起科举进士之人的根子，进而对峨冠博带的高官都予以蔑视。特别是在他在发迹后，他总要与这些人比试比试，奚落他们。在他进了幕府之后，尽管那里人才济济，他仍然是"鹤立群鸡"，更添了傲气。

对于这种心理，旅居在美国的左公的第四代孙女左犹麟女士在1991年9月作的一篇楔子中说："鉴于一个特殊的历史人物自幼必有他的特殊见地和发奋图强的精神，然后才能登峰造极，出人头地。为了使今人对左宗棠有更深的认识，先夫在这方面花费了不少精力去搜寻线索和有关资料，然后整理成文。"左犹麟女士的先夫王显庭先生所著的内部印刷的《左宗棠的幼年、青年和中年》一书，书中有这么一段话：

> 在这三次会试中，左宗棠不幸又没有录取，而和他同时代的名人曾国藩比他大一岁，却中了三甲第三十八名进士。这对他实在是很大

---

① 罗正钧：《左宗棠年谱》，第8页。
② 《左宗棠全集》第12册，书信三，第595—596页。

的打击。因此在中年发迹以后，对政府中一些具有高学位的官吏，极尽傲慢轻蔑之能事。自己选才用人，往往只看才能而不重视学位。我国当年以学识取士。学位代表一个人的威望，能使万人景仰。以左宗棠的才智和个性，居然不能在会试中获得高等学位，他的悲伤失望是可以想见的。这就无怪他要采取前述的偏激行动，来满足他的报复心态了。

但从各方面看来，左宗棠依然是一位彻底的儒士。他本人相信自己是一位学者，相信当时的科举制度能使儒家理想的政府得以永存。他经常劝勉鼓励青年，按照当时的儒家概念，努力向学上进。他从来没有提倡不要学识，以白丁为荣。这从他的《家书》中可以屡见不鲜。试看在二十二年以后，在他四十九岁时，因职务上的困难，又再一次动身前往北京会试，虽属于不得已，中途折返，但也足证他并非要全然否定学位。

王显庭先生分析的左宗棠之所以有不少偏激言行，特别是对高学位的官吏傲慢轻蔑，与他存有"报复心态"分不开，是很有见地的。左公若有在天之灵，会因有他的后人理解其当年的心理秘密而欣慰。

最典型的例子是他以逆反心理偏爱举人，而鄙夷进士出身。传说他调督陕甘道经九江时，九江道暨府县的官员都是进士出身，宗棠以乙科起家，便不引他们为"同调"。九江同知王某谒见，宗棠阅履历，知为举人出身，乃问曰："进士好，抑举人好？"王知旨意，对以"举人好"。……"王退后，宗棠极口赞誉，谓九江各官惟王丞为最优。"①

又，他在陕甘总督任内，也"重科榜而轻甲榜，有以进士、翰林来谒者，往往为所揶揄"，而对会试落第归来的举人，却"仍以函招至署，宾主相得如初。"②

这些虽是后话，但此种性格的形成确在早期。徐珂记载道："左文襄以孝廉从军，立跻通显。居尝高自期许，以为秀才能任天下，布衣可佐王业，雅不欲以甲科中人为评骘之定鉴。此盖有所激而然也。"③

---

① 朱德裳：《三十年见闻录》，转引自秦翰才辑录《左宗棠逸事汇编》第345页。
② 李伯元：《南亭笔记》，转引自秦翰才辑录《左宗棠逸事汇编》第148页。
③ 徐珂：《清稗类钞》第7册，《王惟清谓举人尚》，北京，中华书局，1986年，第3320页。

徐珂的话中，准确地揭示了左宗棠的内心世界。他就是憋着一口气，用军功与业绩来表明"秀才能任天下，布衣可佐王业"，甚至比科名显赫者还强，有这么一股力量在"激"他。22年之后，朝廷念他累建奇功，政绩卓著，特封他"大学士"，相当于"赐同进士出身"。

对他因中青年时期科举不顺给个精神安慰，此事，当然是经过最高统治者慈禧太后点头的，甚至可能是慈禧提出来的。这真可谓摸透了左宗棠的心思。

四是因仿效偶像而自负。

在左宗棠"读破万卷，神交古人"中，诸葛亮是他学习、尊敬和仿效的古人之一。因此他在给朋友的信中，常写成"亮白"，或"小亮"、"今亮"。他把诸葛亮当作偶像是全方位的，包括读破万卷，学问广博；上懂天文、下懂地理；精通兵法，善于用兵；自负才能，旷达乐观；隐居山林，与世无争；建功立业，万世流芳等等。除此之外，左宗棠也像诸葛亮那样去等待时机，去创造条件，而当时机到来时，则当仁不让。

由此看来，一个人敢傲，并愿意为此傲去切实地付出努力，亦不失为一种美德。左宗棠晚年虽屡屡告诫子弟们不要学他年轻时的狂傲，而是怕他们只学到傲之皮相，而学不到傲之真谛。这在他于同治二年（1863）给儿子孝威的信中说得很明白：

> 小时志趣要远大，高谈阔论固自不妨。但须时时返躬自问：我口边是如此说话，我胸中究有者般道理否？我说人家作得不是，我自己作事时又何如？即如看人家好文章，亦要仔细去寻他思路，摩他笔路，仿他腔调。①

2. 恃才傲物的典型言论剖析

许多人都有"做人难"之叹，当年左宗棠可能感触更深。但他自有一条准则：不恤人言，我行我素。一个日出而作、日落而息、自食其力、与世无争的农夫，人们没有听他说什么话，也不会议论他什么，但又认为这样的人没有志向和出息，可见做人之难。

---

① 《左宗棠全集》第13册，家书·诗文，第68页。

如前所述，左宗棠第一次会试落第归来之后，写了一副对联张挂起来，道是："身无半亩，心忧天下；读破万卷，神交古人。"这是一百多年来颇受人非议的傲气狂态。连他的知己周诒端也觉得他大言不惭。对左宗棠十分钦佩、研究精深的秦翰才先生，在《左文襄公在西北》一书中也这样评道：

> 这种狂态（按：指上联），现在吾们读他所作奏折、函札、诗文，仍可觉得不时流露在字里行间。文襄公早年夸大的趣事很多，后来做了父亲，要管教子女了，于是他的夫人常把文襄公的笑话来羞他。他怪不好意思，只得掩着耳朵，装做不听见。

对此，笔者不胜唏嘘！可惜后生小辈为左公辩解的话，他老人家听不到了。

"身无半亩"，是说他当时一介穷书生，连半亩田也没有，这是事实。因为直到他在道光二十三年（1843）在安化陶澍家教书之后，有了积蓄，才在柳庄买了70亩田。

"心忧天下"，是说他关注着天下大事，民族兴亡，为国家命运、百姓疾苦感到深切的忧虑。因而即使在科举途上，也并没有一味埋头于辞章举业。关于"忧天下"的问题，究竟谁该"忧"，谁不必去"忧"（是否多管闲事，没事找事，"'吹皱一池春水'干卿底事？"）的问题，范仲淹公在《岳阳楼记》中早已有言："居庙堂之高，则忧其民；处江湖之远，则忧其君。是进亦忧，退亦忧。然则何时而乐耶？其必曰'先天下之忧而忧，后天下之乐而乐'欤！"这样的朝廷命官、志士仁人，历来受到人们敬仰。推而广之，普通人也应该有这样的胸怀与志向。这在南宋著名诗人、爱国者陆游的《病起书怀》诗中就提出来了："位卑未敢忘忧国，事定犹须待阖棺。"清朝初期著名的思想家顾炎武认为："天下兴亡，匹夫有责。"左宗棠如果是高居庙堂、家有万贯，他"心忧天下"必将受到人们赞扬。说来说去，是因为他"身无半亩"之故，你的"忧"就是不知自己身份，是个狂士，这样的看法对吗？

"读破万卷"，左宗棠确实做到了，如果加上他后来在陶澍家读的书，恐怕是数万卷了。杜甫也自称"读书破万卷"，为何谁也不怀疑他，议论他？更值得一提的是，他"读破万卷"，不是逃避现实，主要是为了求得有益国计民生的学问。

至于"神交古人"，就是说他在读书时专心致志，领会古人所写的书的精粹与奥妙，进入角色，身临其境，与他们进行思想交流，产生共鸣而已，

湖南出了个左宗棠

这是会读书的人常用的基本的方法。俄国哲学家赫尔岑说:"书,这是一代对另一代人精神上的遗训,这是行将就木的老人对刚刚开始生活的青年人的忠告,这是准备休息的哨兵对前来接替他的岗位的哨兵的命令。"高尔基说:"书和人一样,也是有生命的一种现象,它也是活的,会说话的东西。"就是说,书本是对历史的一种承上启下的记录,可通过文字进行思想情感的交流。左宗棠的"神交古人",也主要是从古代志士仁人中汲取安身立命的养料,即"辄慕古人大节"。

在落第不得志时写了这样一联激励自己,却被人们认为是"狂态"写照,实在是蒙受了一百六七十年曲解、误解、错解的不白之冤!

表现左宗棠"才高气傲"的又一句话是:"不为名儒,即为名将。"出于道光二十八年(1848)给其兄景乔先生之信。他说:我近来对于战争之事颇有心得,自认为只要遇到时机,给我兵权,一定能切实发挥作用,这绝对不是纸上谈兵。于是想到古人没有不是文武双全的,那些被称为名将的人,一般都曾学习过诗、礼并博通古今。汉代的赵翁孙所写的奏章,对于西北的事情了如指掌,文笔又简练精到,朝廷中的儒者都比不过他。三国时的人才,也大多很儒雅,没有目不识丁的莽夫可以冲锋陷阵并决胜千里的。昨天我看岳飞抄写的《出师表》,其中蕴含的忠义之气当然用不着我说,而且有一种盎然的书卷气蕴含其中,这不是迂腐的小儒和轻薄的名士所能仿造的。古人说"不为良相,即为良医",我则说"不为名儒,即为名将",也可以一洗普通俗子的龌龊心胸。

左宗棠给景乔先生的信,是与哥哥谈谈心。当时,正值太平天国起义爆发前夕,湖南境内的农民起义此起彼伏。左宗棠以他特有的敏感,预见到天下将要大乱,遂毅然有以天下为己任之感。在信中,左宗棠充满自信,因为自古以来成大事的人,往往是既有文化知识,又有真才实学的人,而左宗棠自以为自己就是这样的人,因此敢说出"不为名儒,即为名将"的豪言壮语。由此,我们会很自然地想到诸葛亮,想到他也是在天下大乱之际,隐居隆中,以待风云际会。左宗棠原想通过科举当名儒,但此路不通;当他研究兵法后,颇有所得,觉得名儒当不成了,假如给他兵权,兴许能当个名将。这根本不算什么大话、空谈。再说,他所崇拜的诸葛亮,就是走的这条道路嘛!至于后来的实践证明,他既是名儒,又是名将,超过了当年说的话,怎么能说他狂傲呢?!

另有一句惊世骇俗的话是:"天下事无不可为。"

仆自为童儿时，即知慕古人大节。稍长，工作壮语，视天下事若无不可为。三十以后，读书渐多，阅世渐深，知区区之存于心中，自以为是者，仅足以傲今无足指数之人，而于古之狂狷，实未逮也，则愿力耕读书以自勉其所未至。①

解读：我在自己还是孩童时，即仰慕古人的节操。当稍稍长大喜欢发豪言壮语，认为天下的事情没有做不成的。30岁以后，读的书渐渐多了起来，阅历也越来越深，才知道我心中所有，并且自以为是的，只够傲视当世无足轻重的那些人，与古代的狂狷之人相比，还远远不及，于是努力耕作，发愤读书来弥补自己的不足。在此信中，他接着说：又过了十多年，天下大乱，我就想只身来承担这个乱世。到后来官越来越大，肩负的责任也越来越重，越来越难以处理，而以前设想的东西往往与现实相背离。于是，考虑到自己所办的事没有办成，就忧虑；看到世上没有人能理解我，就愤怒。这样，在进食时叹息、有了喜事反而担忧的心情下又过了几年，到了今天，岁月流逝，我感到神劳形悴，已经进入了衰朽之年。

上述话语出自同治四年（1865）左宗棠给吴大廷的信。吴大廷字桐云，湖南沅陵人，历任内阁中书、福建盐法道、台湾兵备道。左宗棠在信中把他少年时的狂傲和盘托出。虽然后来随着时间的推移，左宗棠于挫折中看到了许多的无奈，反视天下事并非"无不可为"，但是我们从左宗棠一生的经历中可以看出，这种少年心性是贯彻他一辈子的。"天下事无不可为"与"天下无难事，只怕有心人"，"有志者，事竟成"类似，只不过稍嫌绝对一点而已。英国小说家艾略特·乔说过："只要愿意去做，人无所不能。"意为人具有认识和改造世界的非凡能力。后来，左宗棠不仅认识到了，还检讨和反省了少年时的狂傲。

左宗棠另外一些"足以傲当世庸耳俗目"的话不妨再列举二例：

一是"不为知县，则为督抚"。

吾欲做官，则同知直隶州亦官矣，必知府而后为官耶？且鄙人二十年来所尝留心，自信必可称职者，惟知县一官。同知较知县则贵而无位，高而无民，实非素愿。知府则近民而民不之亲，近官而官不禀畏。官职愈大，责任愈重，而报称为难，不可为也。此上惟督抚握一

---

① 《左宗棠全集》第10册，书信一，第670页。

省大权，殊可展布，此又非一蹴所能得者。①

解读：如果我想做官，那么同知直隶州也是官，难道一定要等做了知府才算得上是做官吗？而且我曾经留意了二十年，并且自认为能够做得称职的官，只有知县。同知比知县官大，但是没有势位，且不直接掌握百姓，所以我不愿当同知。知府这一官职与百姓接近，但百姓不会与知府亲近，与官员们较接近，但官员们也不怕知府。官职越大，责任也就越重大，要做到称职也困难，所以不愿意去当。在此之上只有督抚掌握整个省的大权，可以发挥自己的才能，但这又不是一下子就能达到的。

不为知县，则为督抚，这是左宗棠在咸丰四年（1854）给刘蓉的信中说的话。刘蓉字孟容，号霞仙，湖南湘乡人，官至陕西巡抚。其时，太平军克岳州，占湘阴，身为湖广总督张亮基幕僚的左宗棠，深为太平军士兵所痛恨，他们放风说要进左宗棠的家乡抓捕他。在这种混乱的变局面前，左宗棠一方面心怀忧愤，一方面也预感到天下大乱，正是英雄有为之时。正是抱着这种跃跃欲试的心志，他给刘蓉写了这封信。信中明确表达了他对权力的渴望。同知、知州的官位虽然比知县大，但因为不直接掌握军政大权，所以不如当个知县，可以直接号召民众；当然，巡抚和总督的官位更好，因为这种官位不光地位高，实权也大。由此我们亦可发现，左宗棠的"傲"不是不切实际的那种狂傲，而是审时度势的、经过细致比较之后的"傲"。

在这里，左宗棠不是想官当得越大越好，而是想当直接号令百姓、有职有权的官。这是一个人根据自己的才能与个性可以理解的选择。比方说，有些人就适合当副职，或当高参（幕僚）；有些人便喜欢独当一面，当"一把手"主官，即不愿当副师长、副军长，宁可当团长、师长一样。"天生我材必有用"，人贵有自知之明，左宗棠不喜欢当比知县"贵而无位"的同知，自信当知县是称职的，知县当不上，让我当督抚也能施展抱负，只不过这是很难得到的。据鄙人之见，是左宗棠坦白直率得可爱，并非是什么狂傲之言。

二是"吾才可大受而不可小知"。他在给胡林翼的信中道：

弟才可大受而不可小知，能用人而必不能为人用。此时此势，易地则无可下手。②

---

① 《左宗棠全集》第10册，书信一，第107页。
② 《左宗棠全集》）第10册，书信一，第188页。

"弟才可大受而不可小知，能用人而必不能为人用"，这是何等的豪言壮语，发出这等壮语的人自然要具有一定的胆识气魄。左宗棠发此语时已44岁，那时正是咸丰六年（1856），他致信胡林翼，讨论军事部署。从历史事实来看，咸丰六年于左宗棠来说确实是值得纪念的，当时的他虽系幕僚，但已名震天下。

御史宗稷辰荐举人才，首列左宗棠。称其"不求荣利，迹甚微而功甚伟。若使独当一面，必不下于胡林翼诸人"。清廷命湖南巡抚出具切实考语，送部引见。曾国藩奏叙左宗棠"接济军饷功"，奉旨以兵部郎中用。胡林翼奏称：左宗棠"才学过人，于兵政机宜、山川险要尤所究心"，"其力能兼江西、湖北之军，而代臣等为谋"，"秉性忠良，才堪济变，敦尚气节，而近于矫激，面折人过，不少宽假，人多以此尤之。故亦不愿居官任职"。荐其为将才。在这种情况下，左宗棠不来"假谦虚"，不失时机地"傲"一下，似乎也是情有可原的。

笔者在研究中发现有一则史料，直接道出了他当年"气高"、"自高"的心理秘密。据王家璧《狄云行馆偶刊》载：当初左宗棠曾辞胡林翼推荐，自称"可大授而不可小知，能用人而不能为人用"，林翼曾将此书信出示给王家璧看过。

戊辰初，（王与左）见于临漳，（左）遽问曰："君不知有左某耶？何未尝通问也？"（王）对曰："以宫保气高耳。"问其故，以此书对。（左）则笑曰："曩以一举人办天下事，气不高，何能济。今荷朝廷倚畀重，方下心图之，敢自高耶？"家璧深服其言。①

这段话中告诉我们：他当年地位卑微，"学历"很低，"职称"只是个"举人"，要办天下事，气不高、气不足，谁能听你？何以成事？而当今朝廷倚重，手握重权之时，就不敢和不能自高了，因此，笔者觉得左宗棠"气高"得可爱，也有自知之明。

从上面列举的几则言行可以看出，左宗棠虽也有自谦或灰心的时候，但那都是一时的，而个性高傲与自信，是贯穿他一生的主旋律。明朝学者吕坤曾说过："做第一等人，干第一等事，说第一等话，抱第一等识。"左宗棠就是这样的人。

---

① 转引自秦翰才辑录《左宗棠逸事汇编》，第38页。

3. 刚直矫激的个性是柄双刃剑

左宗棠从小以来，不论在说话、做事、交友、搞学问等方面都表现出独特的、特别强的个性，秦翰才先生在《左文襄公在西北》一书中指出了它的缺陷，说他个性"格外刚直矫激"：

> 心上一不以为然，就可以和人家决裂，并且由于他的夸大狂，也就可以格外说得人家坏。因此一方不易容于人，又一方也不能容人。有些总角之交，患难之交，都弄得凶终隙末。……不过骆秉章能重用文襄公，相处得这样好，却是一个意外的奇迹。

个性太强，傲气太盛，气量不大等个性毕竟不是优点，而是左宗棠个性的缺陷，跟他个人遭遇坎坷的经历有很大的关系，这是客观事实，不然，人们不会叹息"人言可畏""众口铄金"了。但是，如同血型不同，各有优缺点一样，心理学上性格常见的分类一般是按照理智、意志和情绪三者哪个占优势来划分稳定性格的类型，并没有肯定哪种类型是绝对的好或不好。心理学的教科书上说"性格的分类学说，它对安排不同人的工作，对不同学生进行因材施教，调动每个人的积极性都有重要的指导意义"。

这就是说，社会本来就有并需要有不同个性的人，来从事各项工作，弥补单一性格的缺陷。"中国人的性情是总喜欢调和、折中的"（鲁迅），特别是在提倡"中庸"，做"谦谦君子"，以"顺从"、"和善"、"温良恭俭让"等为做人美德的社会中，在积贫积弱、惨遭列强蹂躏的晚清，国人在洋人面前低三下四，直不起腰，能出左宗棠这样一个既有雄才大略，又有倔强个性的伟人，真可谓"国幸有左宗棠也"！（曾国藩不计前隙、目光如炬之语）在这个问题上，笔者想阐述一番或许与常论并不一致的观点。

"傲"这个字形容骄傲，与其搭配的词多是贬义，如傲岸、傲气、傲人、傲物、傲世、傲视等，唯有"傲骨"是褒义的，即常说的"人不能有傲气，但不可缺傲骨"。"傲骨"在《现代汉语词典》上的解释是"比喻高傲不屈的性格"。左宗棠的性格特点，用"傲骨铮铮"来表达是比较确切的，不要曲解为他有太多的"傲气"。再说，傲气和傲骨是不能截然分割，是互有联系和转化的。傲气是外部表现形式，其本质可能是由傲骨支配（不全是，看在什么场合、对什么人。）对朋友、对人民不要有傲气，但对强者、对敌人表现傲气，便是傲骨。

鲁迅先生对中国国民的劣根性真是看得太透了，且痛心疾首。他曾说：

"勇者愤怒，抽刃向更强者；怯者愤怒，却抽刃向更弱者。"在"不可救药的民族中，一定有许多英雄，专向孩子们瞪眼。这些屠夫们！"。清朝的八旗、绿营，对付老百姓如狼似虎；李鸿章的淮军在剿灭太平军和捻军中也是威风八面，但是一旦派往与民族敌人作战，便一溃千里。鲁迅先生许多精辟论述，深刻地揭示了什么样的人在中国最吃得开，什么样的人才是民族的脊梁：笔者不妨摘录若干段落，以便读者深思：

中国人一向就少有失败的英雄，少有韧性的反抗，少有单身鏖战的武人，少有敢扶哭叛徒的吊客；见胜利则纷纷聚集，见败兆则纷纷逃亡。①

我真觉得不是巧人，在中国是很难存活的。②

性急就容易发脾气，最好要酌减"急"的角度，否则，要防自己吃亏，因为现在的中国，总是阴柔人物得胜。③

鲁迅先生还指出：中国的封建统治者，包括某些权倾朝野、显赫一时的将相，可悲的是在凶兽面前是羊，在羊面前是凶兽。

对手是凶兽时就如凶兽，对手是羊时就如羊！那么，无论什么魔鬼，就都只能回到他自己的地狱里去。④

中国的"生肖"，是代表十二地支而用来记人出生年的十二种动物，即鼠、牛、虎、兔、龙、蛇、马、羊、猴、鸡、狗、猪。人的个性、品位与生年的"属相"动物并无关系，决非属"鼠"即"鼠辈"，属"牛"便"牛性"。然而，在积贫积弱的近代中国，饱受了列强侵略之后，偌大神州真正具有"龙"与"虎"品性之人太少，而诸如"羊""猪""牛""狗"品性之人嫌多，故在对付凶兽时，缺乏如凶兽之人。

左宗棠生活在国内外危机深重、王朝大厦将倾的晚清，在国内，以他孤傲与"性急"，对付善于"骑墙"或是极巧妙的"随风倒"之人，还有"巧人"或是"阴柔人物"，必定是"落落盘踞虽得地，冥冥孤高多烈风"，⑤作为"难为用"之"大材"，他是注定要"吃亏"和吃不开的。幸亏，推荐和赞誉他的人都是声望极高的封疆大吏，又处在"大厦如倾要梁

---

① 《华盖集》，《这个与那个》。
② 《致曹靖华》1936 年 4 月 23 日。
③ 《两地书·二九》1929 年 2 月 3 日。
④ 《忽然想到·七》，《鲁迅全集》第 3 卷，第 61 页。
⑤ 杜甫《古柏行》。

栋"之时，才使他能排除各种阻力和干扰，干成了一些大事。

特别需要指出的是：他以此种个性对付外族入侵者，在各国列强面前，敢于捍卫领土完整和国家主权，以武力相抗争，以"凶兽"的模样对付"凶兽"，一贯以强硬的态度主张抗英、抗俄、抗法，"绝口不言和议事"，这实在是太难能可贵了，是我们的国家和民族有幸！

毛泽东在论鲁迅的精神时说："鲁迅的骨头是最硬的，他没有丝毫的奴颜和媚骨，这是殖民地半殖民地人民最可宝贵的性格。"

左宗棠也具有这种最可宝贵的民族气节和民族性格，且成了中华民族英雄！

以当时的形势，若不是左宗棠布十万精兵于北疆，且以白发老人，舆榇西行，摆出了以死相拼的架势；若不是左宗棠那秉性刚直、事事不肯示弱于人的坚强个性，对气势汹汹、咄咄逼人的西方列强毫不畏惧，新疆、陕甘、内蒙古今天还能为我们所有吗？

中华民族的领土必定是金瓯残缺，版图任裁，支离破碎！

西北各族人民必被强邻铁蹄蹂躏，受尽奴役，陷入悲惨境地！

他为中华民族立下了如此永垂青史的丰功伟绩，我们为什么要老是揪住他性格中的某些不同常人之处喋喋不休、吹毛求疵呢？是吃饭过饱"撑"了而"无事生非"吗？！

4. 大话大志大任大业

什么是"大话"？我在《现代汉语词典》中还真的查到了解释："虚夸的话。"

说大话古来有之。请看庄子《逍遥游》中鲲鹏鷃笑之曰："彼且奚适也！我腾跃而上，不过数仞而下，翱翔蓬蒿之间，此亦飞之至也。而彼且奚适也！"此小大之辨也。

毛泽东于1965年秋，化用大鹏鸟因高飞远举而遭到斥鷃讥笑的原意，写过一篇《念奴娇·鸟儿问答》，通过大鹏鸟和蓬间雀的问答对话，批判国际上某些人在世界革命战争与和平等问题上的机会主义观点。

与这则典故意思相近，司马迁在《史记·陈涉世家》中开头便写了一段陈涉说的大话：

陈涉少时，尝与人庸耕，辍耕之垄上，怅恨久之，曰："苟富贵，无相忘。"庸者笑而应曰："若为庸耕，何富贵也？"陈涉太息曰："嗟乎，燕雀安知鸿鹄之志哉！"①

说大话的还大有人在。秦皇始东游，项羽见后道："彼可取而代也！"

而刘邦说："大丈夫当如此！"

看来，要判断说的是否是大话，一是因人而异。如果陈涉不是庸耕者，而是仕途通达之人，别人便不会讥笑了。二是看说给谁听。志大者说的话，在志小者看来是大话，如大鹏对斥鷃，鸿鹄对燕雀。三是看说的话能否兑现。实际上没有做到，便是大话、空话；实际做到了，则是"实话实说"，可以上中央电视台当特邀嘉宾。严格地说，项羽说的是"虚夸的话"，因为，他并没有"取而代"，而是自刎乌江；而刘邦则令人心服口服。

一般说来，胸怀大志的人，能说出大话。实践证明，某些有大志者当初说的并非大话，而是比较谦虚的"小话"，是听者孤陋寡闻，层次太低。大话说得令人目瞪口呆的数汉武帝时的东方朔，他在《上武帝书》中说："臣朔少失父母，长养兄嫂，年十二，学书三冬，文史足用，十五学剑术，十六学诗书，诵二十二万言；十九学孙、吴兵法，战阵之具，钲鼓之教，亦诵二十二万言。凡臣朔固已诵四十四万言，又常服子路之言。臣朔年二十二，长九尺三寸，目若悬珠，齿若编贝，勇若孟贲，捷若庆忌，廉若鲍叔，信若尾生，若此可以为天子大臣矣。臣朔昧死再拜以闻。"②

评论家谓此书"疏宕有奇气"。汉武帝并不厌他说"大话"，真的重用了他，促他建功立业。与他情况相似的，还有投笔从戎的班超、主动请缨的终军。左宗棠也说过，比起"古之狂狷，实未逮也"，他说的不算"大话"。

委以"大任"之后，能否干出"大业"，这是最关键了，也是实践检验一个人知识才学和能力的唯一标准。历史上许多说过大话的人，有的干出了大事业，有的完全是"吹牛"，自己落得个身败名裂的下场是罪有应得，兵败之后丧失了大局，牺牲了数万、数十万人的生命则是莫大罪恶。如"言过其实"的马谡，最后被诸葛亮挥泪斩之；更有"纸上谈兵"的赵括，在长平被秦国名将白起围困，他自己带着一脑袋的僵化了的兵书条文去见

---

① 司马迁：《史记·陈涉世家》，长沙：岳麓书社，2010年，第110页。
② 转引自《古文小品咀华》，北京：书目文献出版社，1983年，第89页。

上帝了。赵军失去主将，彻底放弃了抵抗，40万饥疲之师全部向秦军卸甲投降被白起坑杀。

左宗棠曾谓自己为"小亮"和"今亮"。他究竟与诸葛亮比较如何？秦翰才先生评价：

> 诸葛亮自比管乐，文襄公自比诸葛亮。诸葛先生的自比管乐，自有他的心事，文襄公的自比诸葛亮，起先原只是和朋友们打趣。至于在一般人心目中，怕只是为他们用兵如神，看做"军师"样子吧！其实诸葛先生还是吾国第一流的政治家……综括说来：文襄公的军功，大于诸葛；文襄公的政绩，不如诸葛；文襄公的忠和介的美德，至少和诸葛相当。①

前辈秦翰才先生上述言论，也属他一家之言，是否能达成共识，还需研讨。笔者在《左宗棠全传》一书中有专章阐述左公用人。就左宗棠与诸葛亮的比较来说，只想指出几点：

一是诸葛亮因《三国演义》一书的广泛传播，他是被夸大和神化了的人物，真实的诸葛亮并非料事如神。即便如此，他也有错用马谡而失街亭的战略失误，以及摆空城计的无奈和弄险，此已路人皆知，不赘言。左宗棠与太平军作战时也摆过空城计，不亚诸葛。

世人评论的中国历史上四位未打过败仗的将军，有左宗棠，而无诸葛亮。

二是关于诸葛亮其人，历史上几乎无所争议，倍加赞颂。而苏轼在《论诸葛亮》这篇史论中指出诸葛亮最终失败的原因是"仁义诈力"杂用的结果。"曹操既死，子丕代立，当此之时，可以计破也。……此其父子兄弟且为寇雠，而况能以得天下英雄之心哉？此有可间之势，不过捐数十万金，使其大臣骨肉内自相残，然后举兵而伐之，此高祖所以灭项籍也。孔明既不能全其信义，以服天下之心，又不能奋其智谋，以绝曹氏之手足，宜其屡战而屡却哉！"

诸葛亮是犯了"敌有可间之势而不间者"这一大错误的军事家。

三是六出祁山连年征战，是明知不可而为之，为了成全自己名节，徒耗国财民力和将士生命，不听众大臣苦心劝告而一意孤行，最后落得"出师未捷身先死，长使英雄泪满襟"。

---

① 秦翰才：《左文襄公在西北》，长沙：岳麓书社，1984年，第19—20页。

左宗棠在西征时，幕僚曾提醒他不要再自称"今亮"了，因为"古亮"出师落败，病死军中，很不吉利。此后，左宗棠再也没有以诸葛亮自比。

诸葛亮是位失败的英雄，而左宗棠是位成功的民族英雄。

四是在屯田、安民和教民稼穑方面，左宗棠政绩显著，并不逊于诸葛亮。

五是在文才方面，诸葛亮以著名的前后《出师表》传世，但《后出师表》已有清人袁枚《后出师表辨》指出其为伪作，并非出自诸葛亮之手；左宗棠有《左文襄公全集》和《左宗棠全集》五百多万言传世，故在"立言"方面，左宗棠与诸葛亮相比有过之而无不及。

最后，需要指出的是，左宗棠所处的历史条件，与诸葛亮相比，有几大不同：所遇不如刘备之明，倚信不如刘备之专，职权不如诸葛亮之重——左宗棠仅为方面之帅，而诸葛则是全权宰相，后期还是事实上的摄政王，用人行事，更能高屋建瓴。

由此看来，左宗棠确是大器晚成的旷世奇才。在年近五十至七十三岁逝世前的二十多年间，担起了大任，践行了大志，兑现了大话，成就了大业。

七、林则徐与左宗棠湘江夜晤嘱托重任

1. 年差 27 岁的书生"实有以知公之深"

在中国近代史上，林则徐和左宗棠，都是在反侵略事业上建立大功的历史人物，都是令炎黄子孙扬眉吐气的民族英雄，他们两人非同寻常的友谊与纯洁深厚的感情，堪称人际关系的典范，是近代史上的佳话。

林则徐比左宗棠年长 27 岁。林是福建侯官人，左是湖南湘阴人，相隔遥远。林在鸦片战争前已经是政绩卓著，贤名满天下的封疆大吏，而左 21 岁中举后因为贫穷做了湘潭周家的上门女婿，后虽参加三次会试，都名落孙山，是一个不曾在贵族门客的名册上挂上号的草野书生，两人贵贱悬殊。因此，在很长时间，林则徐并不知道左宗棠其人，而左宗棠不仅早知林的高名，且对林则徐的钦佩、敬重、崇拜是由来已久了。这种仰慕之情，首先是由近代史上第一次民族自卫战争——鸦片战争激发出来的。

1839 年，林则徐领导的禁烟斗争，是当时举国瞩目的大事件。作为一名塾师而僻居深山的左宗棠有着"心忧天下"的爱国思想，大有"修我戈矛，与子同仇"的气概，尽其力所能及时地搜集有关资料，探讨战守机宜。

1840 年夏，第一次鸦片战争全面爆发，英国侵略军的隆隆炮声，震撼了神州大地，唤醒了许多爱国人士奋起投入抗拒外来侵略、保卫祖国的火热斗争。这时，刚刚到达安化小淹陶家担任师塾教师的左宗棠，并没有因为自己僻处山乡、未登仕途而袖手旁观。他与居留北京、长沙的师友保持着广泛的联系，密切关注时局的发展，并通过各种方式积极发表自己关于抗英的见解，希望早日驱除侵略者，表现了炽烈的爱国热情。他在上老师贺熙龄书中说：

> 山馆无聊，言念时艰，不胜愁愤！惟夜望妖星明灭，以此卜西寇剿除之期耳。吾师处想必时有消息，仍求示悉为幸。

这正是左宗棠当时心情的写照。

左宗棠从对历史和现状的考察中了解到，发动侵略的英国殖民者包藏祸心，为时已久，富强与实力，远胜诸蕃。我大清兵威屡挫之余，更加促使"启戎心而张敌胆"。由此，要取得反侵略战争的胜利，必须作持久打算，"不能急旦夕之功，而亦并不能求岁月之效"。他提出了一系列切实可行的战略战术，认真研究对付英军的战守机宜，写了《料敌》《定策》《海屯》《器械》《用间》和《善后》等六篇军事策略，还提出了一些具体的抗敌措施，并建议发动海上渔民、水勇，乘坐小艇，用木炮夜袭英舰。这些论点和主张与林则徐不谋而合。

左宗棠对林则徐的认识，除了通过鸦片战争这一历史事件之外，还有他所说的"十数年来，闻诸师友所称述"。其中，最早是他的老师贺长龄、贺熙龄兄弟。

贺氏兄弟都是支持林则徐禁烟的抵抗派。在鸦片战争中，贺熙龄同左宗棠频通书信，讨论抗英的战略战术问题。贺长龄在贵州任职九年，严禁种植鸦片。左宗棠经世致用思想的形成，以及表达的使林则徐为之倾倒的反对英国侵略的慷慨议论，都与贺氏兄弟的影响分不开。

众所周知，左宗棠在19世纪70年代的海防与塞防之争中是塞防的主要代表人物，他注重塞防的思想是由来已久的．先是受到塞防论的先驱者龚自珍、魏源的影响，后来又受到林则徐的直接教诲。

左宗棠对林则徐的更深一步认识，是在小淹研读了林则徐与陶澍的往复书信之后。林一直是陶的下属，是陶一手提拔起来并接自己的班的人。林的思想、人格、韬略、作为、事功等，在林陶的通信中展示详尽，左宗棠在研读中得到的教益是不胜枚举的，受到的影响十分深远。此外，更有胡林翼对他的多次来信和直接交谈。

当林则徐调任云贵总督后，胡林翼这时在贵州安顺任知府，归云贵总督管辖，便在道光二十八年（1848）向林则徐推荐左宗棠到林的幕府任职。胡林翼对左宗棠的品学极为赞赏，推崇他为"近日楚材第一"，并从安顺写信来征求左的意见。

1849年1月10日，林则徐复信给胡林翼说：

> 承示贵友左孝廉，既有过人才分，又喜经世文章，如其噬肯来游，实所深愿。即望加函敦订，期于早得回音。其馆谷舟资，应如何致送，亦希代为酌定。以执事之聆音识曲，当能相与有成。

左宗棠未尝不想前往应聘，无奈当年正值侄儿左世延17岁，寡嫂急于要为他完婚，而且已经定妥了婚期，加以教诲陶桃有约在先，暂时不便中断，因此只得复信婉谢，在信中表达了对林则徐无限敬仰之情。这封信是今天研究左、林关系的宝贵资料，现摘要如下：

> 得执事岁抄（末）急步所递手书，敬悉一切。少穆宫保爱士之盛心，执事推荐之雅谊，非复寻常所有。……仆久蛰狭乡，颇以声闻，宫保固无从知仆。然自十数年来，闻诸师友所称述，暨观宫保与陶文毅往复书疏，仆则实有以知公之深。海上用兵以后，行河、出关、入关诸役，仆之心如日在公左右也。忽而悲，忽而愤，忽而喜，尝自笑耳！尔来公行踪所至，而西北，而东南，计程且数万里。海波沙碛，旌节弓刀，客之能从公游者，知复几人。乌知心神依倚，惘惘欲随者，尚有山林枯槁，未著客籍之一士哉？①

在这封信中说：得知"执事"在岁末急递的信，即胡林翼推荐他的情谊，敬知林公爱士之盛心，十分感动。他虽久居穷乡僻壤，但林公的大名早有所闻，这些都来是十数年来诸位师友的称述。还有细读了林公与陶文毅公的来往书信，使他"实有以知公之深"。海上用兵以后，他的心更是如在他的左右。林则徐的"行踪所至，而东南，而西北，而西南，计程且数万里"，左宗棠一直是"心神依倚，惘惘欲随"。

左宗棠对素昧平生的林则徐怀有如此诚挚的感情，正表明林则徐"苟利国家生死以，岂因祸福避趋之"的爱国精神震撼了他的心灵，使他受到林则徐的思想、品格和行动的深刻影响。这种影响对他后来成为赫赫有名的封疆大吏，在错综复杂的内外矛盾和民族危机的严重考验面前，保持了一个中国人应有的气节，是有很大作用的。

对忧国忧民、求才若渴的林则徐来说，得知竟有这样一位学问渊博、识见超群且对自己一贯敬慕的年青知音，怎不惊诧不已和喜出望外呢？

道光二十九年（1849）冬，林则徐因病开缺回乡，从云南昆明回福建，途经贵州和湖南，乘船经洞庭湖入湘江后，于1850年1月3日，就派人持帖到柳家冲约请左宗棠到长沙会面。

---

① 《左宗棠全集》第10册，书信一，第68—69页。

2. 久仰后有幸得观"天人"之光耀

冬日的长沙，凝云阴沉，山色苍寒，灰暗的林木，在清晨的薄雾间，以赤裸的枝条向冥杳的远方呼号。旷野寂寥无人，一匹快马自南向北奔驰在沿湘江的小道上。尽管朔风扑面，人与马都跑得热气腾腾。马上的林忠不时摸摸揣在怀中林老爷的书信，一路上一直在想，究竟是什么人让林老爷如此青眼有加？居然还特地在回籍将养的路上专门安排一次会面——而且，听说这位左先生还是一介布衣，年近四十，这尤其让林忠大感不解：野无遗贤当然是不可能的，但如果一个快四十岁了，还是功名未就，沉寂乡里，其人其才究竟如何，恐怕也大可怀疑。看来老爷确实有些老了，否则，求贤若渴也不至于去访求一个老布衣啊。

疾奔了一个多小时后，林忠跳下马来。柳家冲并不难找，林忠没想到左宗棠在这里颇有声望，他第一次向别人打听左先生家住在哪儿，立刻有人热情地指点，也就是从这些人的嘴里，林忠知道了这位左先生已经在前两江总督陶澍大人府里做了多年的教书先生了，甚至，这个左宗棠还是陶大人的姻亲！一想到陶大人曾是林则徐的上司，对林大人颇有提携拔擢之恩，林忠便推想出左宗棠非等闲之辈，不由在心中多出了几分敬畏。

当林忠进了柳庄之门，被左宗棠很客气地请入俭朴而大方的书房时，看到左先生用刚劲的笔触写的气魄非凡的对联，才从心底里相信，左宗棠确不是一般人物。

也无法说清林忠递上的那封信对左宗棠而言有多重的分量。虽然林忠还未及进门就已经自报家门，但分宾主落座后，左宗棠实实在在地把林忠双手呈上的信接在手中，一眼瞥见信封上"林缄"两个字时，仍不啻接过了一块千钧巨石。

左宗棠把林则徐的信连看了三遍——信并不长，一纸八行笺刚好写满，但由于心情激动之故，三遍之后，左宗棠仿佛仍然不知信上写的是什么。

好在林忠已向左宗棠迫不及待地禀告：林公邀请左宗棠去船上一谈，以及林则徐请旨回籍的前前后后，都一股脑地讲了出来——不知道为什么，林忠一看到左宗棠，立刻被一种力量牢牢地抓住，动弹不得。显然，这个穷居湘阴乡间的教书匠身上有一种独特的魅力。林忠随林则徐出入官场多年，大大小小的官员见了不计其数，王侯将相，封疆大吏，见怪不怪，早就过了看见什么就会局促不安的时候，但在左宗棠这个布衣面前，林忠却无法控制自己的情绪，莫名其妙地感到紧张，甚至是一种压力。

平心而论，左宗棠并不是那种令人一望而倍觉亲切、愿意亲近的人；相反，他脸上永远笼着那层不可冒犯的神色，总是拒人于千里之外。但唯其冰冷漠然，反而透露出内心压抑已久的炽烈和火热，冷热之间，让你会毫不迟疑地认定：这是一个值得交往、值得探求的人；而在看来显然有些怪异乖傲的性格下面，又一定还有一些不那么冷淡枯漠的精神——这是一头雄狮，在笼中关闭太久，已经快要失去在林莽间纵横跳跃的能力，但有朝一日，哪怕一片丛林间的绿叶从眼前飘落，他也会立刻恢复与生俱来的攻击力量……

只是在片刻之间，林忠已经对这个肚子略略突出的教书先生发自内心地敬畏不已了。

正因为林忠从一开始便被左宗棠的气魄笼罩住了，所以他丝毫也没有发现左宗棠的紧张和局促。当左宗棠将那张信笺放到桌子上时，林忠也刚刚从自己的胡思乱想中醒转过来。

唯一头脑还算清楚的就是左宗棠的近身仆人左乔。一想到这些天来左宗棠始终心境不佳，左乔赶忙捧着一壶茶不失时机地走上来。林忠一见左乔上茶，下意识地就想起身告辞，突然想到这里不比官场，不妨随便点。左宗棠也觉得这茶上得恰到好处，借着喝茶的工夫，正可以询问有关情况，清理一下思路。

"林大人请。""不敢，左先生太客气了。"

左宗棠让过林忠，低头喝了两口茶，脑子也从林忠一进来就开始的混乱状态中清醒过来，他又喝了一大口茶水，水含在嘴里微微有些烫，在口腔四壁轻轻冲刷的感觉足以证明此时此境发生的一切都绝非梦境。那么，这真是林则徐大人来请自己了？

他似信非信地脱口而出："林大人怎么会到了长沙？"

"林大人奉旨开缺，回籍途经长沙，特遣我邀请左先生枉驾湘江一见。时候不早了，就请左先生速速动身吧。"

"可是日脚向西，今晚赶到会不会打扰林大人……"

"可我家老爷说，如果先生方便，请立刻即往湘江舟次，这一路颇费时日，舟楫劳顿，后面的路程还长，所以不便在此多耽搁。而且，我家老爷之欲一睹先生风采，其望也久矣，还请先生拨冗前往……"

"既然如此，请您先行一步，代向林大人请宗棠迟慢之罪。宗棠略具衣冠，当即刻前往拜谒林大人。""那样最好，林忠就此告辞，恭候左先生。"

送林忠出门后，左宗棠立即命左乔备一匹最好的马并上鞍。

当左宗棠赶到长沙码头时，夕阳沉落，只看见半天红霞，满江赤色。林则徐的官船很显眼地泊在码头边，船头上一面"林"字旗随江风舒卷自如，让左宗棠立刻联想到林则徐的身影。官船装饰简朴，除了必不可少的定制以外，与沿着码头在两边一字排开的大小商船相比，甚至还有几分寒酸。左宗棠一看，就不由得点头，单从这一点，就可以想见林公为人、为官的风格，可知数十年来的声名不是虚传，自己也的确没有敬慕错人。今日天下有几个能像自己这样同林则徐心意吻合的人呢？想到这里，左宗棠一路上的疑虑一扫而空，再也没有了紧张和忐忑，倒好像是专程来拜望一位多年不见的至近故友，还未及见面，早已在心里准备好了亲切和坦诚。

左宗棠好像根本没看见码头上那些排列两旁等候林大人接见的大小官员，大踏步地从他们中间穿了过去，走到江边，一撩袍带，两步就跳上跳板，一只脚却滑落水中，弄湿了半条腿，被站在船头的长者扶上了船头。左宗棠不顾一切，从怀里掏出写好的"湖南举人左宗棠"的拜帖，躬身递上，并在口中念道："学生湘阴左宗棠特为前来拜见林宫保。烦劳代为通禀。"

长者接过拜帖说："请稍候！"即闪身到舱里。

码头上那些以察言观色为能事的官吏，从左宗棠一出现在码头上起，就已经感觉到非同一般，现在又看到二人似有默契，立刻议论纷纷："这是什么人啊？""说不清，看这衣着打扮，不像是个了不得的人物啊，林宫保为什么如此如尊重？""了不得？他有什么了不得——这小子三考不第，快四十的人，才中个举人，原任渌江书院山长，有什么了不起的？""话可不能这么说。听说此人颇有才干，连当年的两江总督陶澍大人都很赏识他，还和他攀了儿女亲家哩！""我们早就来了，他凭什么先上船。莫非……"

正在喧闹时，船头那位长者又站了出来发话："林大人今天有要务，送各位大人！"

回头又对已在船头等候的左宗棠亲切地说："左先生，让你久等了。我家老爷特为先生屏退了左右，正在里面等您。请进吧！"

左宗棠腰杆一挺，鼓足勇气向舱内一抱拳，报门而进。

"学生，湘阴左宗棠，拜见林大人！"

"湘阴左子季高，果然名不虚传，有股子虎气！"

湖南出了个左宗棠

左宗棠一愣，抬头看船舱门帘掀起处，稳步走出一位老人，年纪六七十岁，个子不高，典型的南方人方正和平的长相，眉宇间俨然有塞北尘漠的肃杀凛然，颌下留着胡须，浓眉下一双风神宛然的虎目，但瘦削的脸上已有点点老年斑，分明见到他劳瘁的生平。

"难道……这就是林宫保大人？"

"这就是我家大人。"

"大人的英名，天下共仰，宗棠区区一介书吏塾师，仰慕大人有日，今日得睹虎威，是宗棠三生有幸！"

"季高客气了。这可不像当年陶公和贶生言谈话语之间的那个左宗棠啊……"

左宗棠立刻意识到，林则徐是在责备自己太过于官冕，随即转了话题，看着那半条湿润的裤腿说："林大人，古人有所谓'三熏三沐之礼'，专以待士，行旅客船，多所不便，'三熏'自然从简，这'三沐'么，小生今日已是拜领了。"

林公笑曰："你还是这么文绉绉的呢！赶快换衣服，免得着寒要紧。"

左宗棠更衣后回到船舱，在林公的对面坐下。

在江风吹浪的湘江之夜，神交已久但素未谋面的两代人，相逢畅饮，放怀倾谈。左宗棠对这位65岁的前辈名臣，颂为"天人"，崇重逾常；林则徐对这位37岁的布衣，"一见倾倒，诧为绝世奇才"，期许良厚。共同的经世抱负和情趣，填补了他们年龄和身份悬殊的鸿沟，好似阔别多年的故人意外相逢，恨不得把心中的积愫倾吐！

林则徐率先说："季高，古人亦有谓闻名不如见面，今天所到诸君，不尽是国家寄望之栋梁，也是湘土一时豪俊，左子竟能从中脱颖而出，越步上船，而后又全然无视于衣冠轩冕，果然见季高有临危不乱、处变不惊的胸襟胆略，的确不同凡响！"

左宗棠这才明白，林则徐已经在船舱里观察了很长一段时间，自己从内心表现出的孤傲不群，想必林大人已看个一清二楚，只是不知林大人会有什么说法。

林则徐说："你虽不凡之材，这样的脾气难保不会触霉头。但你既然碰到我了，我就得告诉你，林某人就喜欢一个心眼，总触霉头，得势得理不让人的'湖南骡子'！"

"大人过奖了。不过所谓'湖南骡子'正是宗棠为人处世的性格特征。

在任何时候都要敢讲真话，肯办实事，性情直爽，刚直不阿，疾恶如仇，与人为善。"

"老夫志虽未酬，意则未尽。多年来，走遍大江南北，塞外粤疆，第一等大事就是为国求贤。人才乃国之重宝。今日舟过长沙，系泊一夜，为的就是与足下见面，倾听高论。"

左宗棠平日是颇为自信的人，此刻，当代名臣如此推重，还是感到悚然，他惭疚地说："林公，学生蹉跎岁月，至今一介寒儒，哪敢预闻天下大事，妄论社稷安危。"

林则徐笑道："季高不必谦虚，读破万卷的书生，岂有不心忧天下之理。人生际遇，各不相同，不能以一时一事定论。老夫阅人多矣，你我相见虽晚，但历年从胡润芝、陶宫保及贺公兄弟诸位交谈，早已稔知左君才华横溢，远见卓识，不同凡响。今夜，别无他人，不妨畅所欲言。"

左宗棠听了林公这番恳切之言，已经没有了拘束，但一时从何谈起。林则徐仿佛看透了他的心思似的，便道："季高，听说你对兵机挺有研究，可不可以先给我谈谈'兵'呢？"

3. 维舟岳麓山下彻夜抗谈古今和国事

左宗棠来时一路上想过许多种两人见面交谈的内容，但怎么也没想到林则徐一开口就要他谈"兵"。在一个可以说是和军事打了一辈子交道的人面前谈"兵"，且仅是"纸上"，不是太不自量力了吗？可林则徐的样子绝不是客套，而是明显地想要在他这里得到一个答案。老实说，左宗棠由留意山川地理、攻守之势而到军事，已经将近20年了，以他的资质积20年之功，绝非毫无所得，但自己的一得之功、一孔之见能否在林公面前放言，左宗棠还没有把握。

沉吟良久，左宗棠明确地回答老师："当前天下言兵事者，其要在将而不在兵。"

"哦？"林则徐在椅子上一下坐直了身子，两目炯炯，看着左宗棠的眼睛，示意他继续说下去。

"我华夏非无可御敌之兵，而是没有可以统带御敌之兵的将帅。"左宗棠停顿了一下，调整了一下措辞，"林公一定还记得10年前虎门之事，那时并非我大清无险可守、无兵可战,而以举国80万之兵,竟然不能制服劳师远征的英夷4000之众。宗棠以为,其败不在兵而在将,不在战而在战守之间的抉择——即以林公英明,却处处掣肘,不得施展,而后有琦善之辱,有南京城下之盟。……兵之用用在精,兵之精在将。用兵之道,选将为先。将领得人,整军才实,方可习武,乃为要着。"

左宗棠越说越激动,情不自禁指天画地,全然不像是在云贵总督的官船上,倒像是在乡间草庐茶肆,和一二至近漫谈国事,无所顾忌的架势。

林则徐被左宗棠的话深深触动了,他没想到这些话竟然是面前这个个头不高、一脸忠厚的中年汉子说出来的,因为左宗棠所说的大多是林则徐居官多年的切肤之痛。所有这些痼疾,既非一朝一夕,更不是可以轻发议论的,而左宗棠以一介布衣,放胆直言,既令林则徐惊喜异常,又让他十分感动。这些话可以当着他说出来,本身已经足以证明左宗棠对他是披肝沥胆、言无不尽了。更何况,左宗棠还能有这种出类拔萃的见识呢?

左宗棠全然没有发现林则徐的变化,他完全沉浸在自己想要表达的内容中了。许多年来,他由迫不及待地向任何人倾吐自己的兵机韬略,渐渐地在无数的冷嘲热讽或者是漠不关心中学会了闭上自己的嘴,等待一个可以理解自己的倾听者的出现。现在,他终于找到了这样一个人。

"大清朝自然是国运长久,可自入关以来,已有二百多年不动刀兵,将帅士卒往往不知军兵为何物,一旦燃起战火,后果自然无可措手。而现在两国交兵,洋枪洋炮的威力较之战马弓箭,不啻天壤之别。更有一些饱食终日、庸庸碌碌之辈,对洋人毫无了解,妄自揣测,临阵失措,令战局一发不可收拾。为保全自己的富贵身家,做出丧权辱国的勾当,更无颜面对圣上和黎民百姓……"

左宗棠很自然地把林则徐要谈"兵"的要求引到了内外交困、一筹莫展的朝廷对外抗争,又很自然地把敌人设定成洋人,所有这些,都和林则徐的思路不谋而合。

听着左宗棠滔滔不绝的谈论,林则徐颇有一种"于我心有戚戚焉"的感觉:在这个比自己小27岁的湖南人身上,林则徐陡然感到一阵虎虎生气,虽然,事实上这位"初生牛犊"也已经天过正午了。

"假使国家早得左季高,局势或有可为……"

听着听着,林则徐突然脱口而出这样一句话,连他自己也有些吃惊。林则徐的原意显然是想说多有几个左宗棠这样的人,国事还不至于太黯淡,但话一出口，才感到自己失言了：无论是陶澍还是胡林翼，在向林则徐提起左宗棠时无不摇头叹息一番。左宗棠的科场失意，致使英才埋没民间，如今自己隐隐约约旧话重提，触到了左宗棠的心灵伤痛处，可能会引发左宗棠意气不平。

果然，谈兴正健的左宗棠一愣，眼睛中一掠而过一丝灰暗和激愤，但转眼间就消失了。

"宗棠不才，科名不成，只能在乡间僻壤教书糊口，虚度年华。"

左宗棠的回答极为平静。经过了这么些年来的历练敲打，左宗棠已经可以很平静地面对自己的命运了。而且，他也学会了自我解嘲，对此，左宗棠不知道是进步还是退步。但这无疑是很理想的自我保护——虽然他从内心深处根本无法摆脱这层阴影——从小读的书，听到的故事和人生道理，时至今日仍然固执地在他耳边敲打着："修身、齐家、治国、平天下"，后面的毕竟是根本的；"士为知己者用"乃至为知己者死，仍然让左宗棠心痒难禁。

"当今天下，其当务之急在哪里呢？"

林则徐迅速地找了一个新鲜的话题，好把刚才的片刻尴尬掩饰过去。

左宗棠知道这是林则徐在考自己，以林则徐的才干，这种问题应该早已成竹在胸了。可左宗棠却想都没想，脱口而出："当务之急，首在防务。"

"哦？"

这样的答案林则徐还是第一次听到。洋人的不断侵扰和贪得无厌是有目共睹的事，大清朝的武力不支也已不是秘密，但即使如此，这种头疼医头、脚疼医脚的见解还是颇令林则徐失望，这和刚才左宗棠的远见相较而言，实在太不相称了。林则徐不无疑惑地看着左宗棠。

"防务的确是当务之急。第一，洋人觊觎大清不是一天两天，所谓谈判不过是形式而已，所提要求变本加厉。因此战端必然要起，防务之紧急，可见一斑。第二，今日防务之松动废弛，不是一朝一夕之误，实在是由内乱而致外松，为长远计，当然应当先修内政，但国事如此，兵事如此，又岂容条分缕析地修缮内政？"

林则徐暗暗点头：他已明白左宗棠所谓"当务之急在防务"的话的真正含义了。

此时，林则徐的内心感慨万千，他也见过许多饱学善思的忧国忧民之士，但左宗棠的见解却实际可行得多。如果能少一些空谈国政、闭门造车

七、林则徐与左宗棠湘江夜晤嘱托重任

之人，多几个左宗棠，那真是国家大幸！林则徐亲切地说道："我听陶公和胡林翼多次谈到，你于地理山川、攻城略地之术多所探究，林某愿得一闻。"

"宗棠数年无所用心，只是于舆地之学略有涉猎，愚见以为国家之大患不唯在东南沿海，也在西北边陲。"

"对极了，与老夫之见，不谋而合。听说你在21岁时就已关注新疆，还有一首诗，是怎么写的，读来我听听。"

左宗棠于是吟道："西域环兵不计年，当时立国重开边。橐驼万里输官稻，沙碛千秋此石田。置省尚烦他日策，兴屯宁费度支钱？将军莫更纾愁眼，生计中原亦可怜。"

"好诗，好诗"，林则徐赞扬后又问："许多人把新疆看作不毛之地，主张放弃塞防，左君为何对新疆尤为关注呢？"

"只因西北边界绵长，而多年经营不力，俄国人甚至英国人都已磨刀霍霍，待机而动。而俄国人对西北的威胁尤其不容小看。英、法、日、德，派军犯我领土皆因地理位置相距遥远而多有不便，只有沙俄与我接壤长达近万里，便利调动兵源、粮饷，且西北诸地远离中原，朝廷节制调度多有困难，一旦横生变故，极难应付！"

"说得好啊……"

林忠很少见到林则徐这样在一个初次见面的人面前鲜明地表明自己的态度。他两颊微微泛红，对左宗棠的欣赏与爱重毫无保留地写在脸上，右手不停地抚摸着自己宽阔的额头。

左宗棠继续说："我们国家大，海岸线长，船炮都不敌夷人，但可以师夷之长技以制夷。造船造炮，改进军事装备，加强沿海要塞的炮台建设，同时组织'渔团'、'练渔屯'以自卫身家，而御外侮，有益无损，以战为守，更有把握。另一方面，不可忽视敌人从西北、西南的入侵，尤其是西北的新疆，领土面积占陆地的六分之一，英、俄都有迹象在那里下手，新疆不固，则蒙古不安，蒙古不安，则京师难保。西北臂指相连，形势完整，自无隙可乘。因此，若论国防，宗棠以为，东则海防，西则塞防，二者并重，缺一不可。"

林则徐亲戍伊犁数年，对于西北防务中的隐患深有感触，而沙俄对西北的野心，更是非到新疆而不可想象，虽然林则徐从感到问题的严重性的那一天起，就一直竭尽全力地呼吁朝野分一些目光到西北，但始终像投石入水，几层水纹之后依然如故，朝野各界往往都把眼睛盯在海上，对于背后的危险全然无所觉察。而左宗棠僻居湖南，竟能和自己一样提出西北防务的重要，不为时流影响，仅此一点，足以证明左宗棠的远见卓识。

"季高，我在西北几年，局势确如你刚才所言。让人痛心的是，西北非不富庶肥沃，吐鲁番、南八城，如经营得当，广开农事，美利不下于东南，但西北屯政不修，官员不力，使根基浮动……我本有志于在新疆为国效命，但又蒙圣恩旨召入关，使事业未竟，至今想来，仍然是一大憾事……"此时，林则徐展开了手中的那把折扇，上写有他在伊犁时作的一首诗：

嗟哉时事难，志士力须努。

厝薪火难测，亡羊必补牢。

……

蜂趸果促威，犬羊庶堪托。

将士坚一心，讵不扬我武。

行矣公勉旃，黑头致公辅。

接着林则徐对在旁陪伴的长子林汝舟说："将我在新疆整理的那包资料拿来。"

林汝舟遵命从箱柜中捧出一个一尺见方的蓝布书匣，放到林则徐面前。

4. 两位大战略家对新疆重要性所见略同

林则徐深情地说："季高先生，这就是我刚才所谈在新疆考察天山南北路的种种记载，其中有绘制的西北形势图，山川、道路、城镇、桥梁、水井等都是亲身考察过的。本来，我愿以有生之年经营西北，巩固边防。可惜已年迈体衰，又身不由己，无可奈何。据老夫多年考察，我与俄罗斯接界，由东北而西北，长达万里。而俄罗斯雄踞北方，带甲百万，其君王野心勃勃，四出扩张，连年征战，西域诸国，被吞并不少，仍贪得无厌。早年我与龚定庵、魏默深先生讨论过西北形势，认为为防俄罗斯觊觎我西北领地，应移民实边，开发西北，以卫边疆。且料定新疆来日必然生事，急宜曲突徙薪，预为之计。"林则徐突然起身激动地说："终为中国患者，其俄罗斯乎！吾老矣，空有御俄之志，终无成就之日。数年来留心人才，欲将此重任托付。这几卷文书有我在新疆的地理观察数据、战守计划，以及俄国人在边境的政治、军事动态，以吾数年心血，交予足下，或许将来治疆用得着。"

左宗棠早已随之站起，愧疚地说："不才受林大人如此错爱，赋予国事重托，不知何时能够为国施展抱负，以慰林公？"林则徐投以充满信任的目光，又意味深长地说："东南洋夷，能御之者或有人；西定新疆，舍君莫属！"

说完，用有力的右手在左宗棠的肩膀上拍了两下，双手托起他多年倾注心血的书匣。

左宗棠深知林公托付之沉重和庄严，立即躬身，高举双手，颤抖着从林则徐手中接过了这个一尺见方的书匣，动情地说道："学生左宗棠，谨受教训，永志不忘，有朝一日若能领受皇命，率军西征，定会赴汤蹈火，披肝沥胆，不敢辜负大人重托！"

林则徐挽着左宗棠的手走回到舱中的书案前。

"季高，吾与足下神交已久，终有今夜秉烛之缘，林某大愿足矣。临别之时，有一副对联相送，聊做纪念。"说完，林则徐展纸挥毫，写下一副对联：

  季高仁兄先生大人法正
  此地有崇山峻岭、茂林修竹；
  是能读三坟五典、八索九邱。
        愚弟林则徐

这副联语据说是乾隆时著名文人袁枚为他的随园题写的。对联中的上联，是王羲之在《兰亭集序》中的句子，下联是袁枚配的，他本意是以此联自负。岂料，对联出后，许多人不以为然，多有讥语，袁枚便撤下了这副对联。林则徐用来赠左宗棠，足见他对这位年轻人赏识之深和期望之高，也肯定了左宗棠有此等才学，受之无愧。

林则徐所赠此联，左宗棠终生引为荣耀。

林则徐写完上述对联后余兴未尽，又挥毫写了一联：

  苟利国家生死以，岂因祸福避趋之。
       愚弟则徐与季高仁兄大人共勉之

左宗棠欣然道："敬领宫保大人明训。"他也提起笔来，仿佛不加思索，写下一副对联：

是能养天地正气，实乃法古今完人。

少穆宫保大人教正，后学左宗棠敬书

林则徐欣喜地看过对联，夸奖道："先生真正地说出了老夫的心愿，但愿不辜负此联。"

……

远处更鼓声声，林忠捧着茶分别放在林则徐和左宗棠面前，这已经记不清是林忠第几次上茶了。

"老爷……"

林则徐和左宗棠这才注意到向东的窗纸已经发亮了。左宗棠回过神来：自己和林则徐畅谈了一个通宵！这实在有失晚辈做客的礼数，赶紧起身告辞。而林则徐却兴致正浓。

"季高，先不要走，你过来。"

说着，林则徐缓步走到舷窗前，用力推开窗扇，一束猩红的阳光立刻从窗口斜射进来，映得林则徐的脸上也全是朝霞的颜色。

左宗棠跟着林则徐来到窗前，一眼看见远处树尖上的朝阳。这样的景色他看过不知道有多少次，但今天却是站在林则徐身后看，再加上那一夕长谈，感觉自然不同。左宗棠只觉得自己陡然年轻了10岁，一阵冲动让他想要飞出窗口，拔迈九霄，俯瞰湖湘大地——小，湖湘还不够，还有西北，还有大清朝的整块版图！

林则徐右手握住左宗棠的左手，左手指点着窗前的红日。

"季高，国家不能早日用你，是国家之憾，但又未始不是你的幸事。有了这些年的磨炼，才有了今天的堪当大任的左君。方今之日，国威不振，以我观之，你为国效力之时已不远矣；而厚积薄发，中年任事，正可有一番作为。比起廉颇、姜尚，足下正是这一轮朝阳啊。"

一席话说得左宗棠心潮澎湃，伏身再拜。

左宗棠在后来与友人通信、奏折及各种文电中，多次追忆了此次会见时的情景：

> 是晚乱流而西，维舟岳麓山下，同贤昆季（指汝舟、聪彝）侍公饮，抗谈今昔。江风吹浪，柁楼竟夕有声，与船窗人语互相响答。曙鼓欲严，始各别去。①

———

① 《啨林镜帆》。

宫保固天人,乃其嗣君三人者,亦未易及也。江中宴谈达曙,无所不及,其钦佩耦丈及吾师,尤为肫挚。①

这次谈话,内容极为广泛,家事、国事、人物、政务、御外、边防、水利、屯垦,"无所不及",左宗棠在书信、奏折中曾多次提及林公遗言。

湘江夜晤,生动体现了林则徐识英才于草野之中的雍雍大度,在中国近代史上传为佳话。

二十多年后,左宗棠在任陕甘总督期内,大力开发西北,用兵边陲,舆榇出关,统兵收新疆,收回俄占伊犁,五奏新疆建省,屯田垦荒,兴修水利,发展西北经济,为巩固西北边陲,创下一番大业,留下了不可磨灭的历史功勋,就是深受林则徐湘江夜话的影响,继承了林则徐的遗志,完成了林则徐的重托。

---

① 《与贺仲肃》。

八、因累却聘任施诡计赚宗棠再次出山

1. 巡抚骆秉章扮"游学先生"进山请贤

咸丰三年正月初二日（1853年2月9日），太平军放弃武昌，五十万人顺流东下，"帆幔蔽江，衔尾数十里"。十一日，攻克九江。二月攻占南京，不久又占领镇江、扬州等江南大城市，接着在南京建都。战争形势的急剧发展，使清廷在惊惶之后频繁调动和任命了湖北、湖南、山东等省的主要官员。命骆秉章署湖北巡抚，严正基署布政使，张亮基又奏调江忠源署按察使。三月，骆秉章调任湖南巡抚。八月，张亮基调任山东巡抚，由未赴任的闽浙总督吴文镕（从云贵总督调任）继任湖广总督，吴于九月七日抵省接印，左宗棠借此机会离开了湖广总督幕府。九月初四日，左宗棠与同在幕府的王柏心（字子寿，曾作过林则徐的幕府），乘船辞归，顺路到王柏心在湖北监利的故居小作勾留。九月二十二日（1853年10月24日）抵湘阴县城，次日就回到五十余里外的白水洞家中。骆秉章（1793—1867），字吁门，广东花县人。道光十二年（1832）进士，选庶吉士，授编修，是一位被道光皇帝称为"持正无私"之人。骆秉章听说左宗棠回湘，立即派人带着书信、礼物和钱财，来请他再次入幕相助。第一次来请之人是骆秉章幕中一位姓郑的司马。左宗棠收下书信，退回了钱财和礼物。骆秉章怎肯死心，第二次便以湖南巡抚与布政使联名，带重金去聘，左宗棠仍不为所动，坚持不再出山。他写信告诉堂内弟周诒晟（汝充）说："这几年我已耗尽了心血，决心不再参与和太平军作战的戎幕工作。从此匿迹销声，埋名隐姓，藏到深山荒谷之中，再不和人世间来往了。"这里有必要先交代一下，张亮基任湖广总督时，曾"计赚"左宗棠出山入幕。接任的骆秉章也施计让其"再出山"，后文有简述。

就在这时候，王柏心写了一首诗赠他："武库森然郁在胸，归来云壑暂从容。人从方外称司马，我道山中有伏龙。多垒尚须三辅戍，解严初罢九门烽。何当投袂平妖乱，始效留侯访赤松。"这是劝说他待时出山，建功立业，然后再学张良（留侯）归隐深山，也道出了被称为"伏龙"的左宗棠此时的心境。

"龙"是我国古代传说中的神异动物，它能走、能飞、能游泳、能兴风降雨或谓呼风唤雨。其状态也是多种多样的，即腾、飞、游、卧、伏、蛰等。

古代在隆中的诸葛孔明被称为"卧龙"是名副其实的。"卧龙"者，躺着睡觉之龙也；而"伏龙"则不同，是呈"趴"状的隐藏、潜伏之龙。曾蛰伏在湘阴农庄的"龙"，被太平天国起义的霹雳惊醒之后，已乘着"云气"凌于天穹，初露峥嵘，然而，"归来云壑"后仍想在"山中"蛰伏下来。

左宗棠说"自是匿居深山，誓不与闻时事"，但生活在尘世，是不可能与外界隔断的。

晋朝田园诗人陶渊明有诗道："结庐在人境，而无车马喧。问君何能尔，心远地自偏。"南朝张正见也有诗："门外无车辙，自可绝公卿。"左宗棠隐居的玉池山白水洞"路狭不容车马到"，但却有人"只骑黄犊访烟霞"。

在一个秋阳明媚、天高气爽的日子，人迹罕至的白水洞来了一位骑着毛驴的老者，跟着一个书童，肩背一只袋子。这位老者头戴方巾，衣衫陈旧，胡子拉碴，面容清癯，背脊略驼，跨下毛驴后便信口说道："远上寒山石径斜，白云生处有人家。真是个胜过卧龙岗的世外桃源、风水宝地呀！"

左宗棠的仆人左乔闻声出门察看后，向左宗棠通报：像个化缘道士，又像个游学先生，还跟了一个小童。奇怪，怎么摸到深山里来了？

左宗棠扎一个围腰，正在后面喂鸡，见有人进山来，忙用围腰擦擦手，就去取钱。按照在柳庄时的常规，一般打发，至多三五文钱。左宗棠见是位书生相的老者，于是又拿了几枚铜钱，上前彬彬有礼地说："一年十二个月，一日十二时辰，凡游士给钱十二。"

游士听后对曰："孔子三千弟子，孟子三千门徒，请先生再赏三千。"

左宗棠一听仿佛有点耳熟的口音，愕住了，他知道眼前的游学先生，决非等闲之辈。于是，便收取手中的钱，用余光观察这位不速来客，连忙请老人进屋上坐。

白水洞的茅屋虽然简陋，但左宗棠还是布置了一番，特别是他所珍爱的几幅书画，全都取来挂在客厅里。游学先生打量了一下环境和陈设，便把目光投向中堂这副"此地有崇山峻岭、茂林修竹；是能读三坟五典、八索九邱"的对联上。

老人指着这副对联感慨地说："能使林少穆公自称为愚弟者，是何等人才？少穆公实践了'苟利国家生死以，岂因祸福趋避之'，不愧为国家的肱股之臣啊！只可惜他一生还是看错了一个人，此人辜负了他的重托。"这下，这老头是什么人？有何目的？左宗棠心里已明白了几分，于是便搭讪地说："先生说少穆公一生看错了一个人，未知是何人？"

老人摇摇头道："我也不知道，我只知道是一个叫作'五画生'之人。"

在一旁亲自倒茶招待游学先生的诒端夫人没有注意看丈夫的脸色，便疑惑地插嘴问道："伍画生，一个姓伍的人？……"游学先生不由自主地看了看左宗棠笑道："左先生一定知道'五画生'是谁？此人被人誉为'今亮'，实际上与'古亮'差远了。刘皇叔三顾茅庐时，声泪俱下地说'先生不出，如苍生何！'使'古亮'深受感动，为苍生'不容不出'，便欣然应命。今强寇临境，湖湘危急，哀鸿遍地，生灵涂炭，而'今亮'却无动于衷，以为天下兴亡，匹夫无责，'心忧天下'是口头说说、纸上写写而已！"游学先生滔滔不绝地说完这番话后，继而追问左宗棠道："左先生，我说少穆公看错了人，是信口胡言吗？"

就在这时，左宗棠突然哈哈大笑，对老头说："巡抚大人，中丞老兄，别再兜圈子，玩障眼法了，露出你的真相吧！诒端，快备酒菜，招待巡抚大人光临寒舍！"

诒端夫人吃了一惊，才知这位游学先生是当今湖南巡抚亲自进山访贤，便招呼张夫人一起进厨房备酒食了。

左宗棠一本正经地说："实在对不起，让巡抚大人大驾亲临山中陋室。宗棠因心力交瘁，近期实在无力应命，出山之事，且容过些时日再作慎重考虑。"

说这段话的"背景"是这样的：原来，自太平军起事后，从广西长驱直进，咸丰二年（1852），太平军围攻长沙，左宗棠与兄长左宗植以及郭嵩焘兄弟都举家徙居湘阴东部玉池山的白水洞和梓木洞避乱。但就在他徙居深山不到十天之后，"刘备"（湖南巡抚张亮基）便虔诚地来"三顾茅庐"了。这是因为湖南危急，张亮基受命于危难之际，正是急需人才之时，"求贤若渴"一点也不夸张。

八、因累却聘任施诡计赚宗棠再次出山

但是，先前，尽管张亮基"以堂堂巡抚（一省之长），卑辞厚礼来请一寒士"，左宗棠仍不为所动。关键还是他的好友、至交、亲戚胡林翼情恳词切的来信中，提出的两点意见很有说服力：其一是张公是林文忠公最赏识的人物，你最敬服文忠公，为何不能与张公一起共事呢？其二是如果湖南全部被太平军占领了，你那柳庄、白水洞、梓木洞能单独保全吗？在他的兄长左宗植和郭氏兄弟的敦劝下，左宗棠改变了主意，到长沙参加了张亮基的幕府。

左宗棠入幕府后，张亮基全权相托，胸怀韬略的书生初用兵，保卫长沙立奇功。随后，又为张亮基出奇谋划良策，很快稳定了湖南局势，并支援邻省，将太平军驱逐出湖北之境。

1852年9月13日，张亮基调补山东巡抚。左宗棠失去依托，郁郁不乐，又不愿随往山东，便于张亮基离任前10日，即10月6日，辞归湖南，从而结束了他的幕湘、幕鄂活动。这也完全可以理解：领导调动了，幕僚必有变化，各奔前程实属正常。

骆秉章与左宗棠聊了一会之后，见他不会立即答应，便起身告辞。他走进厨房，给两位夫人致谦道谢，说："两位尊夫人，别忙乎了，鄙人告辞，待来日在长沙幕府中好好款待左先生和你们两位吧！"

骆秉章回到长沙后，左等右等，仍然等不到左宗棠出山入幕的消息。左宗棠不想出山，主要原因是因为当时形势错综复杂，军情变化太快，需要静观时局，待机而动。

随着太平军势如破竹，接连夺下了岳州、湘阴、靖港、宁乡等地，长沙岌岌可危。许多人都在盼望左宗棠第二次出山，因为他们还清楚地记得一年多前，就是这位四十多岁的"湘上农人"，曾重创太平军于长沙和湘江之间的狭长地带，并解了长沙之围。

但在这种扑朔迷离的局势下，左宗棠正处于"进退两难"的境地：清军一败涂地的烂摊子怎么收拾？他既然已被太平军所忌恨，应该慎思，万一太平军得了天下，他将如何？……

真正让左宗棠决定二次出山，充当劲敌和强手对抗太平军的，反而是太平军自己。

是太平军逼他赶快出山，以保自己和家人的安全，进而保家乡和社稷。因为他已清楚地知道，他与太平军结下的深仇已无法消除了。太平军给自己帮了倒忙，找了一个掘墓人。

2. 江忠源献计赚左宗棠再次入幕

咸丰四年三月初八（1854年4月5日）上午，左宗棠在山上一块高地上打完一套拳路后，汗水淋淋，头冒热气，同昨日前来做客的欧阳兆熊一起从野外回来，刚进屋洗梳换衣，张氏夫人便来告知，说长沙陶公馆来人了。

左宗棠穿好衣服后出来，只见陶府家人陶恭面带愁容、一身汗水地站在门前，着实使他吃了一惊。陶恭虽然早闻公子丈人的大名，但见面还是第一次。他趁着左宗棠招呼他进屋的时机，仔细打量了他一眼。见左宗棠四十开外的年纪，中等身材，背宽腰粗，脸白略胖，眼圆鼻直，天庭饱满，面容刚毅，便暗暗称奇，产生敬畏之心。左宗棠迎他进客厅，陶恭还没有坐下，便急不可耐地掏出夫人孝瑜的一封亲笔信，举双手交给左宗棠。

左宗棠见到信封上"父母亲大人亲启"是女儿熟悉的字迹，右上角一个"急"字还加了一个圈。左宗棠立即展开信笺默读："父母亲大人膝下敬禀者：双亲上山已逾半年，思念甚切。时势兵荒马乱，但阖家尚平安。岂料近日灾祸突降，衙门摊派捐输，谓陶家乃官宦大户、殷富之家，要在三日内捐输一万两银子，逾期严办。陶府向来清廉，先祖未留遗财，如此巨款，如何筹措？第四日上午，衙门公差多人来公馆，竟不分青红皂白，将陶桄抓走，如今安危不明、生死未卜，女儿心急如焚，终日以泪洗面，恳求大人设法营救之……弱女孝瑜泣血叩上。"左宗棠还没有读完全信，便拍了一下桌子，发出一声怒吼："这骆秉章真是混账透顶，欺人太甚！"左宗棠平时说话就声音洪亮，底气很足，在愤怒之时吼叫，更是声震屋宇。吓得周夫人和张夫人急忙从内室出来，问个究竟。

"季高，出了什么事使你这样大怒？"身体虚弱的周夫人，此时脸色惨白，气喘吁吁。

"你们看看，湖南巡抚骆秉章真是岂有此理！"左宗棠将孝瑜的来信交给周夫人，继续道："他在强寇压境，兵饷匮乏，筹款无法之时竟乱来一套，用绑架的办法敲陶公馆的竹杠！"

周夫人接过信看着，张氏扶左宗棠坐下，又把茶杯端来。陶桄的妻子孝瑜是周夫人所生，她看完信后也潸然泪下，喃喃地说："这如何是好呢？"顺手把信递给了欧阳兆熊。

"想欺侮陶府无人吗？纵然陶文毅公不在了，陶桄年轻，还有我哩！有理走遍天下，无理寸步难行，朝野上下谁人不晓，陶文毅公为官清廉，两袖清风，哪里能拿得出这样的巨款，这分明是勒索！"左宗棠越说越气，把袖子一拂，高声喊道："备马，我即刻到长沙去找他们评理！"

左宗棠和欧阳兆熊拱手作别，便和陶恭各骑一匹快马，径直奔往长沙。进了长沙城，先到陶公馆，见女儿抱着外孙，面颊泪痕尚湿，顿觉一阵心酸，赶忙说道："孩儿且宽心，有老爹在，天塌不下来！"说完还亲了一下小外孙的脸蛋。

左宗棠安慰女儿之后，便策马来到巡抚衙门，旁若无人、怒气冲冲地往里面闯。可能是谁打过招呼之故，平时戒备森严的巡抚衙门，几道门的卫士竟不阻拦他，让他径直而入。

左宗棠到了大厅，里面走出一位师爷，笑着说："来的是大名鼎鼎的左先生吧？骆大人等候多时了，请进！"左宗棠没有好气，并不搭理，正要进去，从签押房里走出一个背脊略驼、面容清癯的老人来。他笑容可掬地对左宗棠拱手道："真不容易呀，左先生终于光临了，鄙人在此恭候已久。"

"好个游学先生！到山中与你十二文钱不取，竟无理抓人，欲勒索我婿一万两银子，大清命官还有没有王法？"左宗棠不待骆秉章开口解释，继续以质问的口气说道，"请抚台大人立即释放陶公子，天大的事找我左宗棠，不要为难他！"

骆秉章哈哈大笑，说："左先生息怒，'释放'二字从何谈起！当今我朝，有谁吃了豹子胆、狮子心，敢动陶文毅公之子、左季高之婿一根毫毛，更不待说将其绑架！我昨天请公子来舍下留宿一夜，是与其亲和叙谈的。秉章一向仰慕陶文毅公的高风亮节，也喜左先生的豪放倜傥。昨夜听公子闲谈陶公和先生的往事，更是钦佩不已。公子在此，秉章奉为上宾，作了精心安置，现正在后花园赏花呢！"他转身对师爷说："请陶公子。"

左宗棠听说并非绑架、勒索陶桄，气已消了大半，只是还未见到其人，心中不免尚有些不放心。"左先生，请到签押房里坐。"

左宗棠并未说一句谦让话，也无客套，仍然板着面孔走进签押房。仆人献茶，他此时正口干舌燥，端起茶杯就喝。

骆秉章满脸赔笑道："左先生，秉章深知陶公为官廉洁，身后无余帛赢财，今日所谓捐银之事——"正说着，签押房进来一人。左宗棠一见，感到诧异，起身道："岷樵兄，你怎么也在这里？""愚弟在此已多时了，只是苦苦等不到季高兄前来幸会！今天，是什么风把你吹进署府的？""我为陶公子的事而来，陶家虽然外有名声，实际上家境清贫，苦度光阴，骆大人要索万两之银，倾家荡产尚不足数，此举太欠思量。"江忠源大笑，说："仁兄莫错怪骆大人，只因他多次礼聘，亲顾茅庐，'今亮'仍然不出，已技穷矣！此乃鄙人在无奈中冥思苦想多日，顿生一计，故且叫作'引凤归巢'之三十七计吧，骆大人欣然采用，用之竟灵验，鄙人喜不自禁。""噢，原来是你出的坏主意？"左宗棠对江忠源道："你不该献这样的计搞恶作剧！外面传得纷纷扬扬，说不如数捐输，公子将遭侵辱。我劳累奔波且不说，夫人、女儿至今担惊受怕，悲泣哀啼，度日如年，你不是害得陶、左两家太苦了吗？"

江忠源笑道："仁兄已在深山久居，难得骑马下来一趟活活筋骨。对两位嫂夫人和公主受此虚惊，忠源知过，改日定去府上拜谢请罪。不过，不用此计，怎能使仁兄下山来到长沙，共商大事？"正说期间，陶桄喜气洋洋地走了进来，向骆公、丈人施礼。

左宗棠见到陶桄在此备受礼遇后，便彻底消除了疑虑，心情已经平静下来。他问骆秉章和江忠源："不知二位要宗棠到此何干？"

"鄙人如暗夜仰明月、大旱望甘霖，急盼先生协佐，保全长沙。"

左宗棠微微一笑，说："宗棠乃布衣书生，长沙城内，将领勇武，谋士多智，岂容左某插手其间。""先生乃绝世高才，前有陶文毅公、林文忠公极力称赞，后有胡润之公、江忠源将军鼎力推荐，加之前段在张公幕中与先生短暂共事，鄙人早已深知先生谋略超群。长沙幕中文武虽众，谁人可与先生相提并论！"

左宗棠见骆秉章如此诚心，又已得到太平军要到梓木洞、白水洞来搜捕他的风声，觉得出山入幕已不容拖延，便对骆秉章道："承蒙大人错爱，宗棠不胜荣幸，不容再作推辞。但宗棠脾气不好，遇事又好专断，不喜受人肘掣，恐日后不好与群僚相处，亦难与大人做到有始有终。"骆秉章道："先生放心，鄙人今后大事小事一任由先生处理，决不干扰先生方略和决心。既然全权托付先生，群僚亦会欣然从命，不敢为难，请先生释怀。现在贼寇在湘阴附近乱窜，先生家安在白水洞很不安全，近日我便派人将先生家眷接来，安置长沙城内为妥。"

左宗棠对接家眷之事亦不推辞，但补充道："目前长沙乃兵凶战乱之地，内人还是到湘潭辰山去避难为好。"他最后又留一条后路，"有一点要向大人事先说明：宗棠乃湘上一农人，不惯官场生涯，若与大人及诸公同僚相处得好，则在长沙多住些时日；若相处不好，宗棠会随时挂印告辞。请大人到时切莫见怪。"

骆秉章早已摸准了左宗棠的脾气，对他的这番话也不介意，满口答应，立即吩咐下属摆开宴席，为他接风。

就这样，左宗棠终于第二次进入了骆秉章幕府，他自己还是说"不得已""勉强去一趟"。不过这次他不是"临时打工"，凑合应付，而是一干六年多，成就卓著。

3. 宗棠严厉责备曾帅靖港溃败投水自尽

1853年4月左宗棠初入湘幕时，长沙正处于太平军包围之中。守城部队主力是新建的湘军，统帅是在籍侍郎曾国藩。

曾国藩初名子城，字伯涵，号涤生，嘉庆十六年十月十一日（1811年12月16日）出生在湖南湘乡荷叶塘天子坪白玉堂（1951年划归双峰县）。曾国藩出生时，其曾祖父曾竟希七十多岁，祖父曾玉屏37岁，父亲曾麟书21岁，祖孙三代，连秀才也没一个。其祖父和父亲一心希望他刻苦读书，通过科举制度博取功名利禄，治国齐家，光耀门庭。曾国藩没有辜负长辈的期望，他6岁入私塾读书，8岁时便跟着父亲读五经。科举路上他一帆风顺，是极少有的。经过几次挫折，道光十八年（1838），曾国藩终于取得礼部会试第三十八名进士，接着又取得殿试三甲第四十二名，朝考一等第三名的好成绩，钦点为翰林，入翰林院，为军机大臣穆彰阿门生。累迁内阁学士，礼部侍郎，署兵、工、刑、吏部侍郎，可谓官运亨通。1847年，升任内阁学士兼礼部侍郎衔，时年37岁。短短十年从七品擢升到二品，难怪他得意地向他的弟弟写信道："三十七岁至二品者，本朝尚无一人。"

1852年6月，曾国藩奉命到江西主持科举考试。7月，到达安徽太湖县小池驿，得知母亲去世的消息，便立即赶回湖南老家治丧。湖南著名作家唐浩明先生三卷本长篇历史小说《曾国藩》，便是以此次奔丧开篇的。

曾国藩回籍奔丧，在家丁忧，恰逢太平军从广西进入湖南，旋又攻占武昌。清军一败再败，就在清廷束手无策之时，怎么会想起一位在湖南湘乡丁忧、此时还并不算显赫的汉人官员，让皇帝亲自下旨？说起来话便长了，一般人都不知道底细，其实这是左宗棠出的主意荐的贤，他是幕后策划者。

曾国藩接旨就任后,认为现任营官不可用,起用了一批书生,大多是秀才或童生,如罗泽南、王鑫、彭玉麟、李续宾、杨载福等。最初从农民和市井中招募了500名勇丁,经过一段训练和实战,人员不断补充,他办的团练已逐渐壮大,成为一支陆、水勇兼具的能与太平军抗衡的力量。这就是近代史中著名的湘军。

曾国藩最早由左宗棠所荐,此后因官运亨通,便名声大振。左宗棠与其他幕僚与其常有来往。曾是个修养极好之人。尽管如此,他与左宗棠也合不来,常常发生争论。左宗棠口才极好,又据理力争,不肯让人,所以每次争论,常以曾国藩无话可说作结。

曾国藩心里长久不高兴,"一日言事有异同",他出了一副上联揶揄左宗棠:

季子自鸣高,仕不在朝,隐不在山,与吾意见常相左!

这个上联出得是很绝的,首句把左宗棠的"字"——季高拆开,说他自高自大、自鸣得意,接着讽刺他"仕不在朝",是挖他"疮疤",即屡试不中,怎能在朝中进仕?那么就去隐居吧?可是又"隐不在山",人家一请便出来了。出来也不要紧,应该有自知之明,多尊重别人意见,特别是我老曾,可是他老是固执己见,"与吾意见常相左!"末句用了个"左"字,使上联说出了"左季高"是个"仕不在朝,隐不在山"的自以为是、不伦不类之人!

左宗棠才思极其敏捷,他脱口而出,巧作一对曰:

藩臣当卫国,进不能战,退不能守,问君经济有何曾?

左宗棠的下联不仅与上联对得"天衣无缝",而且是揭曾国藩的短处毫不客气。首句点明了你的名字表示卫国是本分,可是你做得如何呢?是进不能战,退不能守的庸将,军事谋略不行,更无经济(包括经世)头脑,问你经济有何作为?啥都没有!这个"曾"字既是他的姓,更表明"曾经"之意。如果说,曾国藩上联还是属开玩笑范围,那么左宗棠的下联是对曾国藩才短能乏的尖锐讽刺了。

当然他们毕竟是好朋友,"以文为友"是文人学士的特点和兴趣,相互间都着眼于欣赏、琢磨楹联对仗的工整,不会对表达的内容耿耿于怀的。

曾国藩的幕府形成后,他叫罗泽南、王鑫全力练勇,另外再请几个委员设"审案局"来办理日常案件。

一天上午，曾国藩正在审阅道州报来的告急文书，一个团丁急匆匆闯进审案局报告："曾大人，出大事了！有人抢米行！"

曾国藩想，这些无法无天的匪徒，公开抢粮，这不是在长沙城内与长毛里应外合造反吗？非要严惩不可！

"国葆！将你的亲兵队所有团丁都集合起来，立即赶到大西门内五谷丰米行，把打劫的歹徒统统抓起来，有顽抗者，格杀勿论！"

此事的起因是五谷丰的老板吴新刚贪婪刻薄、心肠太毒，将霉米掺在好米内，以高价出卖，老百姓称他"无心肝"。有个名叫廖仁和的汉子带着十多条汉子冲进米行，将"无心肝"痛揍一顿。围观的人拍手称快，不知谁喊道："无心肝的米都是黑心黑肺赚来的，干脆将它都分了吧！"廖仁和一时性起，便带头抢米、分米，闹成了这桩大事。

曾国葆带领的六十多个亲兵一到，将米店团团包围，不少人丢下手中的米、木桶，仓皇逃窜。十三名带头抢粮的全部抓获归案。

就在这时，亲兵送来一个纸套，曾国藩拆开一看，里面有一把雪亮的短刀，纸上写着："放人，万事俱休；不放，刀不认人。"旁边用红、蓝、黄三色画了三个互相套着的圆圈。这是串子会的人干的。

曾国藩鄙夷地冷笑，"想以死来威吓我？笑话，我还怕几个草寇？"沉默片刻，曾国藩的三角眼中露出凶光，斩钉截铁地说："全部杀头！"

"全部杀头？"黄廷瓒惊疑地问，"其中有一个 17 岁少年、一个 62 岁老头，是不是从宽处理？""不分老少，一个不留，彻底清除后患！"

第二天上午，13 颗人头都血淋淋地挂在红牌楼上。

围观的人如堵。一个老妇人说："阿弥陀佛，造孽呀，十三个脑壳都砍掉了，这杀人就同剃头一样。"

另一个老婆子说："罪过呀，曾大人真是曾剃头！"两个老妪无意间给曾国藩起了个绰号。从那天起，"曾剃头"之名，便在长沙城里四处传开了。

咸丰四年（1854）初，湘军总兵力已达万余人：陆军 13 营，约 5000 余人；水师 10 营，约 5000 人；战船 240 艘，坐船 230 艘。曾国藩原在衡州练兵，长沙再度危急，他率领水陆各军共万余人驰援长沙。陆军由塔齐布和罗泽南率领，水军由彭玉麟、杨载福等率领。

湘勇初次出战，必须造声势、鼓士气。曾国藩充分发挥有文才、古文功底好的特长，亲拟了《讨粤匪檄》，字字句句慷慨激昂，自我觉得可以与骆宾王《为徐敬业讨武曌檄》媲美，文中尤以谓粤匪（太平军）是"开天辟地"以来"名教之奇变"之语为得意之笔，以此向朝廷表忠，激励将士同仇敌忾。曾国藩本想做了充分准备再攻靖港，然而后来他竟因情报不准，而贸然决定立即出击，犯了兵家大忌。

事情的经过是这样的：前几天，长沙城内利生绸缎铺里，走进一位头戴呢帽、身穿缎袍、器宇轩昂的年轻人，身后跟着两个中年仆人。绸缎店的账房先生知道是贵公子、大卖主进门，便以笑脸相迎，引到客厅倒茶递烟。"这位是隆之清隆老爷的侄公子。"一个仆人答道。

隆少爷说："你们的孙老板呢？"少时，老板孙观臣到来。经过寒暄一番后，隆少爷说："鄙人舍弟定在重阳节办喜事，想请利生绸缎铺发一笔货。"说着，隆少爷便从靴子夹层里取出一张纸来，说道："这是汇丰钱庄一千两银子的支票，且放在孙老板这里作为订金。"在交谈中，隆少爷神秘地向孙透露一个消息："家叔为保乡邑，曾派团丁探过长毛虚实，长毛水陆合在一起不会超过五百人。"孙观臣想了想说："过几天我去拜访曾侍郎。""其实，后天便是好机会。那个长毛大头领要庆祝生日，全体长毛都要大吃大喝一天。现正在四处买酒肉，操办酒席了。"就这样，孙观臣在当天下午赶到江边，上了曾国藩的拖罟，将这一重要军事情报告诉了曾国藩。

可这件事原是太平军首领石祥祯、罗大纲等人精心策划的散布假情报的诱敌之计。曾国藩中了圈套，在靖港之役中惨败。

首战失利，傍晚时分，曾国藩把弟叫到床前，吩咐道："你带几个人到城里去买一副棺材来。"

国葆大吃一惊，哀求道："大哥，你可不能再寻短见了，你要想开一点。"

"不要多嘴！让你去你便去！"曾国藩想来想去，觉得万念俱灭，还是一死了之为好。但既奉皇命办事，不给皇上作个最后的交代，终归不好。于是，他提笔写了一封遗折。

得知曾国藩靖港惨败、铜官投水和坐船抵长沙后，左宗棠于第二天清晨"缒城出"，到湘江船上看望曾国藩。途中，看到有几个人抬着一口漆黑的棺材，十分诧异，难道曾国藩已死了？于是，他加快脚步，进入曾国藩的坐船中。

左宗棠见曾国藩没死，便松了一口气。他看到曾国藩的模样十分狼狈颓唐，"气息仅属，所着单褥沾染泥沙，痕迹犹在"。

"听说你在白沙洲投水自杀,是真的吗?"曾国藩点点头。

"方才我看到几个人抬着一口棺材,作啥用场?""鄙人自用。"

左宗棠火性顿起,大声说道:"好一个满腹经纶的曾帅!原来是个不忠不孝不仁不义的愚人!你若真的这样死了,我要鞭尸扬灰,劝说伯父大人不准你入曾氏祖茔。"

曾国藩满肚子委屈地反问:"你凭什么这样痛骂我?"

"你二十八岁入翰苑,三十七岁授礼部侍郎衔,官居二品,诰封三代,皇恩对你还薄吗?"左宗棠接着连珠炮似的继续说,"洪杨作乱,朝廷有难,皇上下圣旨委你重任平乱,伯父对你寄予厚望,期待你能为国立功,光宗耀祖。你倒好,刚刚出师,受点小挫便想寻短见,难道不是个不忠不孝、懦弱无刚之人吗?你呀,真不如一个不读诗书的野老村妇识见高!你这位大名鼎鼎的湘勇统领,我真替你羞愧!"

左宗棠的这一番责骂的话,实际上是对"休克"的病人一种"强刺激",使他僵冷的身子恢复活气,昏迷的神志得以清醒。左宗棠真不愧是当世的奇才怪杰,他说的句句话,真是"摸准脉搏""针灸穴位""对症下药",曾国藩从心底里感激左宗棠的好心,但嘴上却有气无力地说:"国藩自尽,实因兵败,羞愧难言,无地自容,以死明志谢恩,实出无奈呀!"

"好个熟读兵书的统领,连三尺小童都知道的'胜败是兵家常事'也忘了。像子城兄这样一遇小挫即自责、自咎、自弃、自裁,而不知自爱、自信、自重、自强之人,岂可为朝廷股肱、国之干城?我看你的号该改一改了,窃以为将'居武'改个'轻生'为好!"左宗棠继续以锋利的语言对其挖苦、刺激。

曾国藩此时低头不语,已无话可答了,他从心眼里佩服左宗棠的识见高人一等,辩才独出冠时。不待宗棠说完,曾国藩霍地从床上爬起来,握着他的手说:"古人云'涣乎若一听圣人辩士之言,忽然汗出,霍然病已',国藩一时糊涂,若不是吾兄这番责骂,险些做下贻笑万世的蠢事。眼下兵败,士气不振,尚望吾兄点拨茅塞。"

左宗棠说:"兵法有言,'谋定而后战',深信仁兄不久即可东山再起!"他慷慨激昂的议论,意气风发的神态,给曾国藩平添百倍勇气。曾国藩握着左宗棠刚劲有力的双手,久久说不出话来。

4. 秉章当甩手掌柜军政大事全权托书生

左宗棠入幕后第一个主意，是力排众议，主张先收复湘潭。靖港大败、湘潭大捷已无可辩驳地证明左宗棠卓识高见，令骆秉章和众谋士将领心服口服。

经过了多年苦读和"蛰居"的左宗棠决非徒有虚名。正因为他在实践中所表现出来的才能和施展的作为，使骆秉章对他的信任逐步加深，达到越来越信任和倚重。一年以后，就全权托付他，将重要军政事务都凭他一手处理，骆秉章只画诺签字而已。后来他在答郭嵩焘的信中写道：

> 骆文忠（骆秉章逝世后谥文忠）初犹未能尽信，一年以后，但主画诺，行文书，不复检校。①

在家书中，他说得更明白："中丞（骆秉章）推诚委心，军事一以付托，所计画无不立从。"

像左宗棠这样的有"负俗之累"的"跅弛之士"，"或奔踶而致千里"的"泛驾之马"，不愿套笼头上轭耕地的犟牛，一般的人是很难"驾驭"的。但二次入幕，与张亮基、骆秉章都配合得很好，尤其是在骆幕，长达六年之久，这不能不佩服作为他的上司用人的高明之处。

骆秉璋和张亮基一样，对左宗棠可说是言听计从，对其军事策划无不赞同，对他所行文书，概不检校。左宗棠面对两位巡抚大人的"推诚相与，军事一切，专以相付"，自然"不得不留此更相支持"，以"士为知己者死"的劲头，放开手脚大干一场。

左宗棠的权力很大，外间传说甚至超过巡抚。有人把他称为"二巡抚"，权压巡抚的"左都御史"。

有一日，巡抚衙门的辕门（外大门）发炮，骆秉章听到了，忙问："放炮有何事？"

旁边的人告诉他："是左师爷在发军报折子。"因为凡向朝廷发折子，都要放炮。

骆秉章点了点头，慢吞吞地说："把折稿拿来看看吧。"

骆秉章看过奏折后，点头赞许，并不介意。

---

① 《左宗棠全集》第12册，书信三，第779页。

按例，发军报折是很隆重的事，一般得巡抚亲自主持。骆秉章连折稿都没有看，就放炮发出了，可见左宗棠专权之甚，也可见骆秉章对他信任之深。

骆秉章是位涵养很深的人，他暇时常到幕府去坐坐，左宗棠和另外几位幕友高谈阔论，证据古今，谈笑风生，骆秉章只是在一旁静听。

属僚有事上白骆秉章时，骆秉章总是说："去问季高先生。"

凡是左宗棠同意的，骆秉章也同意，左宗棠不同意的，骆秉章必定不办。

自左宗棠入幕之后，骆秉章便心安理得当个后台老板、甩手掌柜。他养的宠物是头大马猴，闲息时放在肩头，在后花园溜达溜达，或到内室陪小妾调笑嬉戏。这样一来，清闲、省心、快活是不假，但"大权旁落"了，过去发句话便能办到的事，现在做不了主，有时也感到颇为尴尬。

骆秉章的爱妾某氏，青春貌美，风情无限。一天她身着淡绿色的旗袍，轻傅脂粉，丰满的胸脯双峰突起，杨柳细腰婀娜多姿，特别是樱桃小嘴上抹了一点口红，更能撩人心魄。真如古诗中所说的"万绿丛中一点红，动人春色不需多"。

骆秉章"年老心不老"，看到爱妾这样打扮，便满脸堆笑，摸摸稀疏的胡子，便走过去亲热亲热。谁知小妾噘起嘴巴，轻轻地将他推开。

"小宝贝，有什么心事呀，不高兴？"

"求你办个事，你又不给办。"

"什么事，你说。"

"妾的弟弟随人湘中，捐佐杂候补，赋闲已久不得差，求你赏派个差使。"

"啊呀，此等事概由左师爷主持，我不便向左师爷启齿。"

"你身为巡抚，连此等小事都做不了主，不怕被外界笑话？"

"既然托付人家办事了，就要有职有权，尤其这等徇私之事，实在有点为难。"

由于小妾屡屡请求不已，骆秉章无奈，开始答应了，道："且等待左师爷高兴时，乘机与他说说此事方可。"

有一天，骆秉章入左室会谈，两情甚惬，于是从容进言道："有佐杂班中一个姓某的，到省已久，至今赋闲，能否酌情派一差使。"

左宗棠默然。

骆秉章见状，便继续道："实不相瞒，此人是小妾之弟。小妾向我恳求多次，我一直没有答应，直到今天，才向你开口。据悉此人小有才能，品行谨慎。佐杂班中如他这样，多有差使委派，似乎不应为避嫌而独令其向隅。"

左宗棠听后莞尔一笑道："我今日甚高兴，是否我们一起喝点酒？"

骆秉章欣然命酒。酒到，亲自酌之，左宗棠一饮而尽，再斟再饮，三斟三饮而毕。

左宗棠置杯起身长揖，彬彬有礼地道："喝过三杯离别酒，左某从此告别矣。"说完催促仆人束装便行。

骆秉章骇愕不解，挽留道："这是为什么？"

左宗棠道："明人不烦细说。意见偶然不合，便当割席。君子绝交，不出恶声，何必多言。"

骆秉章顿悟顷刻之失言，立即改容致谢道："刚才说的作罢可耳，骆某倾心相任，从善如流，此心可质天日。万勿因一时误会，致萌去志。以后一切倚重，骆某再不干涉矣。"说完，急呼仆人安顿行李，洗盏更酌，道："我还要与左师爷畅饮。"

宗棠即席慷慨致辞道："当今什么时候？大乱初兴，军事倥偬，若想维系人心，急宜整顿吏治。倘若用人略一徇私，便足以贻误大局。左某诚知佐杂班中某人小有才而亦谨慎，未尝不可予以差使。然而中丞毕竟宜三思，让他离省委派别的便是，在省只能屈置。万一因派差之故，使官场疑中丞因专房之宠而派差，疑左某因徇中丞之请而谋位置。此声一播，则群小竞奔，志士灰心，以后无一事可为矣！此左某之所以告别，不忍在此亲睹公之失败也。"

骆秉章竭诚拜服道："公真益我哉！骆某受教矣！"两人欢饮而罢。①

杨公道所著《左宗棠轶事》中，有一则"在骆公幕中事"，因行文比较浅显明白，故原文照录，以飨读者。

> 当时粤匪既陷江宁、安庆，声势浩大。土匪复接踵起，贵州教匪又结逆苗为乱，湖南边境贼氛四遍。一日，忽得警报，贼遣何禄、陈金刚分道犯长沙。骆公（秉章）急欲觅公，共筹抵御之策，而公忽不见。乃遣仆役四出侦寻，得之于某酒肆，已酣饮大醉。急以舆舁之归，

---

① 原载于《清朝逸史》卷3，李春光：《清代名人轶事辑览》，第1230页转载。

至夜半始醒。骆公皇急不能待，就榻询之。公笑曰："此事前三日某已早有所闻，已分遣某弁等各率兵二千，至茶、攸一带设伏要击。此为桂林至此要道，林箐深阻，败贼必矣。所以未先关白者，恐事机不密，贼或设备。君但高枕可也。"果不数日而捷音至，骆公乃叹服。①

徐诃《清稗类钞》中记载两则左宗棠在骆幕中的故事。

一是《左文襄执法如山》：

左宗棠佐骆文忠（秉章）幕时，长沙富人常氏有子杀人，当论抵。以独子故，遍贿官绅，求寝其事。左宗棠执意不可宽恕。常家怨恨且惧怕，辗转托人求左宗棠不要过问。左宗棠道："此事若问我怎么处理，我谓必定杀之。"论罪如律，不可枉法。

二是《左文襄佐骆文忠》：

左文襄公宗棠初以举人居骆文忠公秉章幕府，事无大小，专决不顾。文忠日与诸姬宴饮为乐，文襄尝嘲之曰"公犹傀儡，无物以牵之，何能动耶？"文忠干笑而已，并不生气。有一次左在夜半撰一奏章，叩文忠内室大呼。文忠急起读后叫绝，更命酒对饮而去。监司以下白事，全都报请左三先生可否。②

王闿运在《湘军志》中写道："巡抚专听左宗棠，宗棠以此权重，司道、州县承风如不及矣。""骆秉章委事左宗棠，湖南诸将伺宗棠喜怒为轻重。"③

左宗棠是位恃才傲物，敢于任事的人，"遇事有不可者，必力陈之"，但骆"不以为忤"这是很不简单的，骆心领神会到"力陈不可"，便是对他高度负责；对于左及其同僚们的敢于任事，有些妒忌心重的人曾造谣挑拨，说什么"幕友当权，捐班用命"；骆则公开予以辩护驳斥，认为他们所办的事，都是"本官裁决定夺而后施行"的，"至人才量能器使，本无科甲、捐班之分，则又不足言也。"④

骆秉章顶住各种流言蜚语，辩护驳斥，以正视听，声言幕友所办之事，都是他裁定后施行，承担"领导责任"，这种姿态和说法是值得称赞的。

---

① 转见秦翰才辑录《左宗棠逸事汇编》，第176页。
② 秦翰才《左宗棠逸事汇编》，第160—161页。
③ 王闿运：《湘军志三种》，第8页、第51页。
④ 《骆文忠公奏稿》卷6，第38页。

《湘军记》作者王定安则总括地说：

> 骆秉章专听左宗棠，吏事、军事，咨而后行。宗棠毅然任劳怨，谤议颇起，然未尝稍自卸。秉章自度才智不逮，信之弥坚。时论以宗棠善谋，秉章善任，两贤之。①

---

① 王定安：《湘军记》，长沙，岳麓书社，1983年，第17页。

九、国家不可一日无湖南，
而湖南不可一日无左宗棠

1. 破口大骂总兵"王八蛋，滚出去！"

杖刑是古代刑罚之一，即用荆条、棍棒或大竹板拷打犯人。杖作为刑种始自东汉。南朝梁武帝定鞭杖之制。杖以荆条制成，分大杖、法杖、小杖三等。北齐北周，将杖刑列为五刑之一，其后相沿直至清末。用杖刑，除了惩罚犯人之外，还有通过责罚收"凭恃威权"之效，称之"杖威"或"杖责"。《水浒传》中常有让你先吃几十下水火棍的描写，称之"煞威棒"。隋文帝允许长官对属官，以律轻情重为理由，杖责属官。《金史·刑志》："时制杖罪至百，则臀、背分决。"杖责主要是以杖击臀，即打屁股。臀上肉厚，且没有内脏器官，即使"皮开肉绽，鲜血淋漓"，也是让你受点痛苦就是了，不伤要害，击于背便可能伤脊椎了。

周瑜打黄盖，因为要骗曹操，必须动真格的，《三国演义》是这样写的："瑜推翻案桌，叱退众官，喝教行杖。将黄盖剥了衣服，拖翻在地，打了五十脊杖。……且寄下五十棍！"毛宗岗在评注时道：吾尝观黄盖苦肉之计，而可叹其计之行亦有天意焉。盖此计之可虑者有三：一是使黄盖受棒太毒而至于死；二是使众将不知内情，有愤激而生变者；三是使曹操惩于蒋干之被欺，拒盖之降而不纳，盖徒受刑。所以杖责多少且轻重，掌握分寸至关重要。

杖责一般是穿着衣服挨棍或鞭击，如果是扒下裤子打屁股，没有一点间隔之物，一是挺痛，二是露个大白腚挨打太丢人，所以通常是有脱上衣而少扒裤子的。

"赶快去看呀，李把总在接待樊大人时因故迟到，要被樊大人扒掉裤子打屁股了！"

"在哪里？"

"在河旁船边。"

这一消息迅速传开,男女老少都跑到河边来看看热闹。

"我来视察,你为何迟到?不是小看和怠慢老夫吗?今日我要给你点颜色看看!"

"小人岂敢,小人岂敢,小人是为准备招待大人下榻的行宫耽误了时间。"

"不必强辩,扒掉裤子杖责三十棍!"

接着,在公差杖起杖落的同时,伴随着阵阵"小人有过呀","总兵饶命呀"的哀叫声。

围观的人们看到,这位身体矮胖、威风凛凛的发令者,便是永州(今湖南零陵县)镇总兵樊燮——樊大人,那个屁股挨打的是他的下属把总李某。

樊燮是湖北恩施人,投军后有点"军功",加以会"结交",便逐步升到了镇总兵的位置。永州镇总兵的官有多大?在军中级别有多高?有的历史学家说"按清代兵制,镇总兵相当于今日的陆军师长"。永州当时建置为府,其下辖零陵、祁阳、东安、宁远、永明、江华、新田、道州等8州县;按清代官员品级规定,总兵为正二品,与各省巡抚(今省长)同级,在绿营兵系统中仅次于提督(从一品),而与之并称为提镇,可见其级别高于如今的师地级。正因为如此,他就为所欲为,气焰嚣张。

俗话说:官大一级压死人,但也不能这样"压"法呀!这样随意侮辱和惩罚下属,能搞好关系、密切感情、开展工作吗?但是,对樊总兵来说,这种做法是司空见惯,家常便饭。

樊总兵治军甚严,有违犯军令者,一概军棍从事;而部下若在其家当差,偶触家法,也是军棍从事。樊家演戏,某千总迟到,违反了参加音乐会不应中途进场的社交礼仪,棍责数十;管理厨房的某外委千总烧煤过多,不能厉行节约,棍责数十;管理轿务的兵丁,因轿房灯具失修,棍责数十,等等,不一而足,所以今天李把总在接待他视察时迟到,挨三十军棍有啥冤枉?

樊燮在永州总兵任上,官声极坏,其主要劣迹,一在贪,一在纵。贪者,贪污也。永州地区防兵共2000余人,常驻城内约300人;日常在总兵官署当差的,却有160人。樊家的厨夫、水夫、花匠、点心匠、剃头匠等额,都由兵丁充任,薪水则从军费中支取。不仅此也,举凡日用绸缎、房屋装修,也都挪用军费。因此,樊总兵排场虽大,用费却极俭省,全拜贪

九、国家不可一日无湖南,而湖南不可一日无左宗棠

污所赐。纵者，纵肆也。不按军法，更没有"纪律条令"，动辄对下属和兵丁"棍责"，实际上根本谈不上"治军甚严"、按军法办事，而是私立家法，肆意妄为，霸道至极。还有，樊燮"违例乘坐肩舆，私役弁兵"。这就是说，他本来不够资格乘坐"肩舆"（按：人抬轿子）的，可是他认为武职官员可以搞特殊，私配弁兵抬轿，这比营、团干部配进口轿车作专车问题还严重，因为抬轿要配专职轿夫四至八人。

樊燮于咸丰六年（1856年9月）起任湖南永州镇总兵，在职数年，"声名恶劣，同城文武员弁兵丁无不咨怨"。但是，干部和群众反应很强烈有啥用？人家有后台呀，根子很硬！官运亨通，升迁飞快，还要作为优秀指挥官破格重用。1858年秋，湖广总督官文，竟将该员奏请升署湖南提督，复奏委新授云南临元镇总兵栗襄署理永州镇缺。

这些情况都被反映到省里，"总管"一省军务吏事的左师爷闻之大怒，立即建议骆秉章参劾樊燮。正直无私的骆秉章当然是欣然同意。

于是，骆秉章于该年冬赴京陛见时，具折参劾樊燮，说樊以武职大员，"违例乘坐肩舆，私役弁兵"；并"访闻该镇署内供差兵丁常有数十名之多，所有厨役、裁缝杂色人等之冒充额兵、支食口粮者不一而足。该总兵于上年于署内盖造房屋，所有费用均从镇标武职养廉内摊派；署中家宴、戏价、赏耗亦均从该标办公项下开销"。并声明已派委员赴永州详查一切，俟得实据，再行奏参。另外在附片中提出：云南临元镇总兵栗襄，此人在任内也是劣迹斑斑，断不能接永州总兵之位。

湖广总督官文上折保奏樊燮为湖南提督，而湖南巡抚骆秉章上折参劾他的罪行，咸丰皇帝看到两份内容完全相反的奏折，不免有些困惑。当他得知樊燮确有劣迹之后，便下达谕旨："樊燮着交部从严议处，即行开缺"，"该员所署湖南提督印务，并着官文另行派员署理"；栗襄"着官文查明参奏，另降谕旨"，其永州镇总兵员缺，着周宽世补授。这样，官文奏保升用的两人都被参劾去职。

经后来派员到永州调查，该镇署中零用钱都从营中支取，计挪用公款银960余两，钱3300余串。此外还动用了米折银两无数。

1859年4月初，骆秉章又一次具折参劾樊燮"各劣迹均有实据，并有侵亏营饷重情"。据称："该革镇署中一切零星使用，无一不取之营中。除动用米折银外，查该三营账折，尚提用银962两，公项钱3360千吊"；而且恐怕此外尚有别项劣迹，即提用之款，远不止此数。亟应彻底查清。请求将樊燮"拿问,以便提同人证,严审究办"。咸丰帝发布谕旨:樊燮着即行拿问,交骆秉章提办。并要湖北督抚查明该革职官员现在行抵何处,令其听候查办。

但是,樊燮背后有一座很大的"冰山"倚靠着,在大暑天怪凉快的。他和官文有"姻亲",关系非同一般。官文是何许人也,有啥特殊能耐?后文自有交代。

总督要保,要重用;而巡抚要参,要惩办,官文心里自是极不舒服。更令他不舒服的,乃是明知樊燮是"官"人亲信,左宗棠不但不化刚为柔,反而变本加厉地侮辱了樊燮一次,这不是"打狗"给主人看吗?事情是这样的:咸丰九年四月,樊燮到省,接受"双规",赴抚署请训,骆秉章让他径去左公馆听候发落。

骆秉章让他去听左宗棠发落,而樊燮为什么本来就想找左宗棠?这是事出有因。在此期间,永州知府黄文琛因公事去岳州,恰巧骆秉章正在那里巡视。黄知府就在旅行中拜见了骆巡抚,一是为了礼仪,二是汇报情况,把地方上的穷困,兵勇杂乱,政务繁难等情节一一禀报。这被樊燮知道了。他做贼心虚,认为黄文琛必定在巡抚面前告了他的状。他也自知酗酒狎娼,贪污有据,军纪败坏,将断送他的事业前程,就和他的文案师爷魏龙怀商量对策。魏替樊出主意称,在骆巡抚幕府的左宗棠只是一个举人,曾和同乡的曾涤帅、胡润帅、郭嵩焘等都是好朋友,后来人家都中了进士,升官发财,只有他仍是一位老举人。但他曾在张亮基衙门里参赞军机,现在又任骆府幕宾,听说两位巡抚都很信任他,尤其是骆巡抚对他言听计从,都说他是"二巡抚",何不先去见他?只要他肯帮忙,一个黄知府算得了什么!樊燮一听有理,就依计而行,前往长沙谒见左宗棠。

樊燮去见左宗棠,心里也充满着矛盾。听师爷魏龙怀出的主意,是为了让左宗棠帮忙、说情,照例应该对其恭谦;但是樊燮是个刚愎自用之人,作威作福惯了,一个屡试不第的老举人,他又根本不放在眼里。就这样,他心绪紊乱、神志昏沉、不由自主地走进了巡抚衙门。

左宗棠接到公差禀报:革职总兵樊燮要来见他。他为人一向心直口快,疾恶如仇,恃才傲物,不会和人家虚与委蛇。何况对这位樊总兵的坏名声和劣迹早有所闻,心中不免有几分成见和厌恶,自然不会表现什么"热情欢迎"。今天他上门前来,肯定非要当面严厉教训他一番不可。

樊燮至左公馆,作揖行礼,而未下跪请安,颇有当年高阳酒徒郦食其

九、国家不可一日无湖南,亦湖南不可一日无左宗棠

"长揖山东隆准公","入门不拜骋雄辩"的气派和架势。

左宗棠看到眼前这个其貌不扬之人，竟做了那么多坏事，如今到了此地，还态度傲慢，便厉声喝曰："武官见我，无论大小皆要请安，汝何不然？快请安！"

樊也真浑，太不识时务，既是前来走后门的本应恭敬一点，忍耐几分，才好办事。比如说，基层部队的校级军官到高级机关去办事（且不说是接受审查，找人求情），你见到尉级军衔的参谋、干事，进门先敬个礼又何妨？岂不知"人在屋檐下，不得不低头"？

无奈他一时起性，反唇相讥道："朝廷体制，未定武官见师爷请安之例。武官虽轻，我亦朝廷二品官也。"

樊燮此话，错不错呢？虽当时没有"内务条令"，但按"朝廷体制"来说也没有错。因为他虽解职，毕竟曾授朝廷二品官，戴上了红顶子。你左宗棠呢？本来无"品"，后来骆巡抚奏你"筹办船炮，选将练勇"有功，才授个四品，与我还差一截子，即"军衔""级别"低二档。

左宗棠被樊燮"依礼驳斥"，不由恼羞成怒，大骂一句："王八蛋，滚出去！"

随即再次奏劾樊燮。这就是左宗棠与樊燮当面"冲突"的主要经过与情状。

不管哪一级干部，包括老百姓，语言要文明，骂人不提倡。但左宗棠骂的是胡作非为的二品大官、作威作福的永州镇兵，也是给老百姓出了一口心中恶气。

还有几个细节。有的书上说，左宗棠打了樊燮一个大耳光，有的说想用脚踢他。是否"批樊颊"，"欲以脚蹴之"，现在当事人左宗棠和樊燮早已不在了，又无旁证，笔者实在很难弄清，暂且不论，引证某些资料，仅供读者参考。柴小梵：《梵天庐丛录》卷5载：

……文襄初以举人居骆文忠吁门幕府，事无大小，专决不顾。监司以下白事，辄报请左三先生可否？一日，樊提督诣文忠，延文襄出共谈，意大龃龉，（左）遽起批樊颊，大诟，樊不能堪。致有互揭查办之举。[①]

……（恩）施城吴老人年九十矣，幼时曾见燮公。其言曰：燮公

[①] 转引自秦翰才辑录《左宗棠逸事汇编》，第201页。

谒骆帅，帅令谒左师爷，未请安。左厉声喝曰：'武官见我，无论大小，皆要请安，汝何不然？快请安！'燮曰：'朝廷体制，未定武官见师爷请安之例。武官虽轻，我亦朝廷二三品官也。'左怒益急，起，欲以脚踢之，大呵斥曰：'王八蛋，滚出去！'燮亦愠极而退。未几，即有樊燮革职回籍之朝旨。①

办案件也好，作调解也好，要弄清具体情节、真实情况是很难的。恩施城中的吴老人，幼时曾见过燮公，他记载的事可以看作第一手资料。他说的左"怒益急，起，欲以脚踢之"，不是"批樊颊"。再说是"欲以脚踢之"，这个"欲"字是想踢而没有踢到。这些细节都得搞准确，关系到是非曲直、情节轻重。至于大声斥曰："王八蛋，滚出去！"这是有多处记载的。

2. 左某如果有不法情事，即行就地正法

樊燮遭到辱骂且被参革后，对左宗棠怀恨于心，千方百计进行报复。

当时湖广总督官文有一门丁名叫李锦棠，正以军功保知县。樊受人唆使，通过这个李门丁向官文打点，向总督衙门进禀帖，控告左宗棠为劣幕。同时，樊又在都察院告了永州知府黄文琛商同左宗棠一起陷害他。

然而，以樊燮的身份和品行，他的影响和活动能量毕竟有限。何况骆秉章、左宗棠参劾军政大员不止一次，有的被劾罢者的官要比樊燮高得多，如劾罢提督多顺、候补臬司魁联等，但每次可谓风平浪静。为什么这次劾罢樊燮，却引起如此轩然大波？又为什么矛头指向了仅仅是幕府人物的左宗棠，且大有置之死地而后快之势？固然，左宗棠的揽权专行，刚直激烈，招致了一批妒贤嫉能者的不满和怨恨。樊燮告状之后，左宗棠在长沙处境就更不妙，有人甚至偷偷写一些辱骂的小条子，半夜贴在他的门上以泄积怨。有一张条子写着"钦命劣幕衔帮办湖南巡抚大公馆"，极尽挖苦之能事。这也用得着中国古人说的话、写的诗句："谦受益，满招损"，"树大招风"，"孤高多烈风"。左宗棠待人接物锋芒毕露，迟早是要碰钉子、付出代价的。但推动樊燮进行反扑活动并使之一度得逞的，还由于更为重要的因素的交相激荡。这就是在镇压太平天国起义的过程中，随着汉族官僚（主

---

① 刘禹生：《左宗棠与樊云门》，转引睡在秦翰才《左宗棠逸事汇编》，第252页。

要是湘军将领）地位的上升，导致了统治当局内部满、汉矛盾的加剧。这种矛盾，在湖南，主要是骆秉章、左宗棠与布政使文格（满人）之间的嫌隙；在两湖地区，主要是湖广总督官文（满人）对湖南巡抚骆秉章在任免属员上产生的不满（湖北巡抚胡林翼善用权术，与官文相处较好）；在朝廷，则更有满族贵族防范汉人的既定方针。这样，一些嫉妒者把矛头指向左宗棠，自不必说；满族官僚也乘机选择了向幕府人物开刀作为突破口，以便向权势日重的汉族官僚施加压力。

那么，樊燮与满族官僚凭什么控告左宗棠并将他治罪呢？主要利用了清政府《钦定六部处分则例》中关于不许纵容幕友专权的一些规定。如："一、官吏纵容幕宾出署结交者，照纵容亲友招摇例革职；一、督抚藩臬接用旧任幕友，令其始终踞一衙门者，照纵容幕友例议处；一、督抚于幕友，务宜关防扃钥，不得任其出署，往来交结，若不遵功令致被参劾，或因事败露，将纵容之督抚治罪。"① 官员纵容幕宾要治罪，此在咸丰、同治朝以前，常为官吏之大防。后虽稍稍开弛，然苟一据以指摘，则劣幕把持之说，固无不构成罪状。

在不同的历史时期，有些特殊的"政治帽子"是可怕的。"劣幕"这两个字，为何很犯忌讳呢？原来，在政府架构中，幕客是没有位置的，但是在实际政治生活中，幕客又是一个不可回避的现象。清朝以前，幕客早就出现，不过，历朝历代的幕制都没有像清朝这样发达，张纯明《清代的幕制》一文中是这样写的：

> 原因是圣祖（康熙帝）、世祖（顺治帝）责备臣下异常酷苛，屡兴大狱，稍一不慎，即有陨越。所以，臣下奏章都是兢兢业业，不敢作一越分语，而自蹈不测之祸。仁宗（嘉庆帝）犹深名、法之言，明察刑狱，穷极豪芒，条例滋多，处分益密。而督、抚、司、道、州、县，大都以制义（八股文）起家，法令章程非所素习，不能不另请明习律令的人员辅佐为治。

但是，凡事皆有利弊。幕客固然是朝廷的好帮手，但为善为恶，存乎其心而已；倘若把持官府，枉刑纳贿，有官之权而无官之责，那也害处多多。雍正皇帝对幕客很赞赏，但他也下过一道这样的谕旨，也可算是清朝

---

① 孟心史：《记左文襄公被樊燮讦控事》，原载 1936 年 6 月 25 日《益世报》。按：原文如此，清时一些文献资料常不用一、二、三、四。

关于幕客使用的基本大法：幕客如果一味贪索，则不免在办理人事（"黜陟属员"）、刑事（"中理狱刑"）这些重要的公务时会下手。按此法，那些"勾通内外，肆行作弊"的"不肖之徒"，一旦发现，绝不会姑息。因此，左宗棠被官文、樊燮以"著名劣幕"、"在图陷害"的罪名告上朝廷，咸丰要严肃处理也在情理之中。

但是，这仅仅是法律上有此条款而已，在更深层次上，必须看到，所谓樊燮京控案，就不仅仅是樊燮一人因不服劾罢而进行的反扑，其后还大有人在。所以骆秉章认为，是"有人唆耸樊燮"呈控。王闿运亦说："布政使文格亦忌宗棠，阴助燮。"① 当然其中更关键的人物还是湖广总督官文：是他，直接具疏向清廷弹劾左宗棠；又是他，奉命与钱宝青查办此案。因此，才使得樊燮呈控迅速得逞，案情发展，左宗棠性命岌岌可危。

官文（1798—1871），字秀峰，王佳氏。满洲正白旗人。道光二十一年（1841），出任广州汉军副都统，调荆州左翼副都统。咸丰四年（1854）升任荆州将军。六月，太平军再克武昌后，清廷命官文统筹全局，规复武昌。官文配合曾国藩之湘军与太平军战于江上，曾国藩再陷武昌、汉阳，官文也受到清廷的优叙嘉奖。此后，官文屡因湘军的军功而受奖擢升，真可谓"借君一把力，送我上青云"。曾国藩等人虽与他矛盾很深，却大力拉拢他。湘军每有克捷，必以官文为首功。就这样，官文就成了"福将"，论功行赏的"现成好事"都会从天而降到他头上。湘军攻陷天京（南京），曾国藩在奏捷时，再推官文列名疏首。

官文的大小事务全由幕友、家丁包揽办理。他自己不但于政事不闻不问，而且生活奢侈无度。胡林翼忍无可忍，与幕友商议弹劾官文。官文三次登门拜访，均为胡所谢绝。但幕僚阎敬铭对胡"进言献计"说了三层意思：一是"本朝不轻以汉大臣专兵权"，如今满汉并用，湖北居天下要冲，能不派"亲信大臣临之"？二是"督抚相劾，无论未必胜，即胜，能保后来者必贤耶"？三是他"私费奢豪，诚于事有济，岁縻十万金供之，未为失计"。（意为满足他的私欲，有事可以利用他。）胡林翼大悟，立即前往拜见官文，每月奉送白银三千两，并结为异性兄弟。这也是胡林翼"喜任术，善牢笼"的一个典型表现。

左宗棠的性格与胡林翼不同，他不赞赏甚至讽刺胡林翼的做法。他指

---

① 王闿运：《湘军志》，第13页。

湖南出了个左宗棠

责官文统治下的湖北"政以贿成,群邪森布,深为可忧",认为:"自张石帅(亮基)去后,湖北无好督。近闻大官专以酿乱为事,尤恐一击不中,恶焰益张。"① 非常看不起官文,不仅常与官文为难,在樊燮问题上,偏偏要在"太岁头上动土"。

另一位唆使樊燮并提供控告材料的乃是满人布政使文格,即胡林翼在给左宗棠信中所说的"间公者湘人,非鄂人,此沛公司马之类也,何足介意!"。② 樊燮鄂籍,胡林翼谓间者非鄂人,明谓与燮无涉。所谓湘人,又云沛公司马之类,以曹无伤为比,自是湘之属官,未必谓湘籍之人。

这里说的是史记中《鸿门宴》的故事。刘邦的司马曹无伤是个内奸,向项羽告密刘邦的底细,致使项羽要杀他,但却被刘邦花言巧语骗过了。刘邦逃回营后,立即诛杀曹无伤。

这个文格,曾受到左宗棠善待与提拔。后因未受"特擢",个人意愿和野心不能满足,对左宗棠以怨报德,"一反而挤文襄,为昵于樊燮"。"唯文襄善文格,自以其可用,至后愠而相陷,则非所知。"③ 左宗棠对小人的阴险用心和卑鄙伎俩一无所知,一直蒙在鼓里。

满族的军政大员们想抓住一个仅具"幕客"身份的左宗棠大做文章,要给掌握两湖军政大权的骆秉章、胡林翼以至湘军统帅兵部侍郎曾国藩一点颜色看。在一些满族的军政大员操纵下,"樊燮事件"越闹越大。官文满汉畛域之见极深,在暗中极力袒护樊燮,并亲自具折参劾左宗棠,说他一官两印,嚣张跋扈,是著名"劣幕"。这一参劾之折很快得到谕旨,令官文与湖北正考官钱宝青查办左宗棠,并有密谕称:

左某如果有不法情事,即行就地正法。④

官文得旨后,查出骆之奏章是出于左宗棠之手,竟要把他押往武昌对簿公庭,定为重辟(杀头罪),事前并未和湖南、湖北的巡抚商量,险些使左宗棠被捕入狱。

此时的左宗棠虽然感到官场险恶,"忧谗畏讥",颇为灰心,但并没有认识事情的严重性。

---

① 《左宗棠全集》第10册,书信一,第171、179页。
② 《胡文忠集·与左季丈》。
③ 孟心史:《记左文襄公被樊燮讦控事》。
④ 徐珂:《清稗类钞》第3册,第1405页。

樊燮、官文、文格等人对左宗棠的忌恨与参劾，都是可以理解的，最令人不解的是咸丰帝在处理这个构陷案中竟如此昏庸！因为，在近十年的时间内，不仅已有陶澍、林则徐、张亮基、骆秉章、胡林翼、曾国藩等人多次上奏折，竭力推荐左宗棠，更重要的是在左宗棠两次入幕的八年间，功勋卓著，屡次受朝廷褒奖，已从一举人升到四品卿衔兵部郎中。此外，如前所述，早在1856年1月，御史宗谡辰举荐人才，首列左宗棠，谓其"通权达变，为疆吏所倚重，不求营私利，迹甚微而功甚伟，若使独当一面，必不下于林翼、泽南。"这一道奏章，引起了咸丰皇帝的重视，遂命湖南巡抚"加考送部引见"，并遇有了解左宗棠者，"辄垂询及之"，应该说，咸丰对左宗棠这个人不仅不陌生，而且早已印象深刻了。那么，当官文上个参劾，在并没有充足证据为"劣幕"的情况下，竟下达密谕，授权给他"查实"后"即行就地正法"，不仅把参劾樊燮案一笔勾销，而且竟使"被告"成了"原告"，这也太颠三倒四、随心所欲、出尔反尔、草菅人命了！封建帝王的昏庸愚陋可见一斑。

3. 众人千方百计营救惹祸者

因樊燮讦控一事而卷入官场政治斗争的旋涡，是左宗棠始料不及的。他决定借此机离开巡抚衙门，先花几天时间扫祭祖墓，然后于咸丰十年（1860）正月，由长沙北上，说是赴京会试，但到三月才抵达襄阳。他本想去见胡林翼，但此时正是胡丁母忧期间，概不会客。左公只好先去信说明来意。胡林翼不能置之不理，但被太太陶夫人所劝阻。她说：季高性子偏激人所共知，此刻正遭横祸，如果胡公直接出面，使人怀疑老爷袒护他，相见之下，恐怕惹出事来。胡公听了也以为然，就写了一封密信函给襄阳毛鸿宾，要他劝阻左宗棠北上。信中大意说：小人网罗四布，如果前往北京，必将自投罗网。只能暂时容忍，静待机会以图东山再起，才是办法。与此同时，曾在云贵总督林则徐幕府和陕甘学政罗文俊幕府出谋划策的老友王柏心，对左宗棠的遭遇深表同情，给他写信说：自古以来，功高总有人嫉妒，不应当因微言而消极退隐。为了实现自己的志愿，还是去投奔胡林翼或曾国藩，赞画兵谋，等到将来克敌成功，再告归乡里，以正海内外视听，那就和现在退隐大不相同了。左宗棠看了这两封信，尽管四顾茫茫，

九、国家不可一日无湖南，而湖南不可一日无左宗棠

深感寒心，在进退两难的情况下，还是采纳了王柏心的建议，沿江东下，投奔曾国藩去了。曾国藩在给其弟曾国潢信中说："左季高在余营二十余日，昨已归去，渠尚肯顾大局。"在曾营左宗棠与曾、胡二帅多次畅谈，左说："凡人贵从吃苦中来。"又曰："收积银钱货物，固无益于子孙。"

与左宗棠东奔西跑的同时，参劾"劣幕"左宗棠的案件正在秘密进行中。由于此案来头很大，查办之人对左宗棠极为不利，故除胡林翼为之斡旋外，都不敢贸然表态。左公在"家书"中说："官文因樊燮事欲行构陷之计，其时诸公无敢一言诵其冤者。"① 左宗棠说的是开始阶段，因为此案直接牵涉骆秉章，说他重用、包庇、放纵"劣幕"，此时他立即上奏有嫌疑，且没有多大作用，但是他并非袖手旁观，在苦争不得之时，就给在京的翰林郭嵩焘去信，嘱郭嵩焘向主持朝政的户部尚书、军机大臣肃顺求情。郭闻讯后立即通过王闿运求援肃顺。

肃顺幕府，则有所谓"五君子"者，为其中翘楚。"五君子中，又以高心夔最受赏识"。高心夔自始至终参与了此次"保左"事件，多年以后，乃将内情告知薛福成，薛福成则记录在《庸庵笔记》中。其文略谓：樊燮控状、官文参折抵京后，文宗批谕：令官文密查，"如左宗棠果有不法情事，可即就地正法"。然则，左宗棠自忖最重不过充军新疆，尚未能认识到事情的严重性。肃顺听闻此语，转告高心夔，高则转告王闿运，王则转告郭嵩焘。为什么形成这么一个传达次序呢？肃顺一贯推服曾、胡、左等"楚贤"，而"楚贤"们则常通过"五君子"以及"肃党"杜翰等人，与肃顺交流中外信息。左宗棠有难，肃顺必思有以救之。但是，此事已谕令官文专办，他不好直接插手，故告知心腹幕客，商量对策。对策需要里应外合，上下通气，而高是江西人，在地域上与湖南帮稍有隔阂，故告知湖南人王闿运。王闿运此时与胡、左并不熟悉，便找到左宗棠的亲家、时任翰林院编修的郭嵩焘。郭嵩焘闻讯大惊，遂又通过王与高这条信息通道，向肃顺求救。肃顺这才指示应对之法：

必俟内外臣工有疏保荐，余方能启齿。②

一往一复，如此麻烦，实在又是一种必然。中央集权制度中，位于权力金字塔顶尖的皇帝，最希望朝廷内外形成一种扁平化的政治局面，四方

---

① 《左宗棠全集》第13册，家书·诗文，第63页。
② 薛福成《庸庵笔记》。

听命于一人,万民皆知有皇上。"保左"固然是为国家惜取人才,但由肃顺首倡的话,文宗(咸丰)必定要怀疑一品大员和区区幕客之间的关系,必定要追究这种关系背后是否存在一个更为庞大的人际网络,稍一不慎,涉事者就会落个结党营私的罪名。因此,肃顺极为小心,"必俟内外臣工有疏保荐""方能启齿",他确实不能直接出面去求皇帝,但是提出了"保左"运动的指导性方针。

"内外臣工",包括京官和疆吏,只有这两类人中出来几个代表先行发言,肃顺才好顺水推舟,进行总结性陈辞。郭嵩焘于去年召对时为左宗棠美言,那是举贤不避亲,问题不大;这次却是参劾要案,故应避嫌回避。胡林翼境况与此相同。那么,此事势必要假手于人,找一个传声筒。郭嵩焘和胡林翼,一内一外,不约而同,都找到了当时最有名的翰林潘祖荫。

潘祖荫,江苏吴县人,咸丰二年(1852)"探花",才华横溢,任南书房侍读学士,其祖父乃鼎鼎有名的状元大学士潘世恩,写诗、作文、起草奏折,可以说有"祖传基因",有"倚马可待"、落笔成章之能。他毕生有两个爱好,一则收藏书画古玩,一则结交才人名士;其癖与光绪帝师翁同龢略同,故后人合称"翁、潘"。有一个他品评和取舍人物的故事:

> 文勤(祖荫谥号)偶在朝房与众闲谈,提及某日陛见之某提督,谓此人真是忠肝义胆。李文田问曰:"其战绩如何?"文勤曰:"不甚清楚。"李曰:"然则状貌如何?"文勤曰:"没有会过。"李曰:"然则中堂何所见而云然?"文勤曰:"他送我的鼻烟很好,我就知道此人不错。"①

还有一个传说,他主考乡试,遇到不相上下的考生,而又只能二者取一时,他便拿出红、绿两个鼻烟壶放在口袋里,先定好红为甲,绿为乙,然后信手摸,摸出红来取中甲,摸出绿来便取中乙,决不改变。

写到这里,笔者顺便指出,这段轶闻只是记述人物生活中的一个侧面,不可作为对历史人物定评的主要根据。潘祖荫总的来看是一个有学问、居高位的正直之人,历任侍读学士、工部尚书、军机大臣等。他是颇有名气的古玩字画的大收藏家。在收藏界,人们叫他"潘神眼"。由于对金石和古董的癖好,所以有时不免以所送之物来评人。至于考生成绩不相上下,用摸物来判定,那更不必指责,直至今天,我们不是在不好定夺时用"抓阄"

---

① 李伯元:《南亭笔记》卷6。

的办法吗？

当时，郭、潘俱在南书房上班，有同事之谊；但是，贸然请潘祖荫奏保素不相识的左宗棠，也非全无顾虑。郭嵩焘思来想去，定下一条"计赚"之策。郭嵩焘先将保折写好，即去王府井古董店里，重价买下一只明万历年间利玛窦从意大利带来进贡的镶银玛瑙鼻烟壶，再带上三百两银票，径去潘家。见面就说："伯寅（祖荫字），何久不宴我于莲芬家也？"（按：莲芬姓朱，当时名旦，为潘所眷。）潘祖荫说："近者所入甚窘，何暇及此。"郭嵩焘一听，正中下怀，赶紧表示做东请客。于是，二人同赴莲芬家喝酒。

至酒酣耳热之际，郭嵩焘突然从怀里拿出这只精致绝伦的鼻烟壶，果然引得潘祖荫极为欣赏，爱不释手。

"伯寅兄，你是收藏专家，如果你喜欢，就放进你的宝库中去吧！"

"筠仙，你这个礼物太重了，叫我如何感谢你！"

"区区玩物，何言礼重。"已经开始发福的郭嵩焘圆胖的脸堆满微笑，"今者只求你大手笔具奏保举人，肯为之乎？"

"这个容易，请问要奏保何人？"潘祖荫一手用玉签剔牙，一边摆弄着杭州檀香扇。

郭曰："姑勿问。折已代撰且缮就，第能具奏者，当以三百金为寿。"言毕，即掏出银票，连问："如何？如何？"

潘、郭固为素交，多金恰又应急，故"不能无动"，乃纳金入怀。

但是，不告知所保者谁，毕竟心里不踏实，因此，潘云："事已至此，必无悔理。惟所保何人，折中所言云何，必先令我知，否则万一叫起（叫起即召见），将何词以对？"

自此，郭乃出折与观。潘祖荫一看，被保者左宗棠虽不认识，但在湖南巡抚幕中赞画军事，早已名动京华；且平日与郭嵩焘闲谈，也略能知道左宗棠的才学品质。依他爱惜人才的一贯作风，固应进言；目下拿人手软，则更难推托。①

郭嵩焘还对潘说道："左君去，湖南无与支持，必至倾覆，东南大局不复可问。"

郭、胡不能出面保左，否则有庇护同乡、戚友的嫌疑。潘祖荫出面奏保左宗棠，则是大公无私，"有不得不为国家惜者"。于是潘祖荫"力辩其

---

① 参见徐珂：《清稗类钞》第3册。

诬,三疏荐之。"① 其在咸丰十年(1860)初的奏疏中有云:

> 楚南一军立功本省,援应江西、湖北、广西、贵州,所向克捷,由骆秉章调度有方,实由左宗棠运筹决胜,此天下所共见。而久在我圣明洞鉴中也。上年逆酋石达开回窜湖南,号称数十万,以本省之饷用本省之兵,不数月肃清四境。其时贼纵横数千里,皆在宗棠规画之中。设使易地而观,有溃裂不可收拾者。是国家不可一日无湖南,而湖南不可一日无宗棠也。……
>
> 宗棠为人,负性刚直,嫉恶如仇。湖南不肖之员,不遂其私,思有以中伤之,久矣。湖广总督官文惑于浮言,未免有引绳批根之处。宗棠一在籍举人,去留无足轻重。而楚南事势关系尤大,不得不为国家惜此才。②

奏稿中讲的主旨是:楚南之军很得力,所向克敌,似乎是骆秉章调度有方,实际上是由于左宗棠在运筹决胜,这已经为天下所共见,也在我圣明的皇上洞鉴之中。上年贼酋数十万之众窜湖南,在左宗棠的"规画"之下,以本省之饷、本省之兵,几个月便将四境肃清。要是换个别的地方,那早就溃裂而不可收拾了。左宗棠为人,个性刚直,"嫉恶如仇";官文惑于流言蜚语,没有弄清根底。在幕府中去留一个人似乎无足轻重,而实际上对于湖南军事形势关系甚大,应该为国家着想感到可惜。其中有一警句,甚为后世称颂:

> 国家不可一日无湖南,而湖南不可一日无左宗棠。

这句名言的"版权",本应属郭嵩焘,潘祖荫是将郭已写好的奏折照转的。郭嵩焘概括左宗棠在当时所起的作用是极其精辟的,也是符合实际的。按照形式逻辑的推理,那就是"国家不可一日无左宗棠",这是什么分量?

郭嵩焘给潘祖荫的三百两银票是自掏腰包还是另有来源?这个谜底后来才揭开。清朝遗老胡思敬有一本笔记,名为《国闻备乘》卷一"胡文忠权变"中有这么一句话:

> 左宗棠为怨家所告,陷狱甚危。林翼挚三千金,结交权贵,得祖荫一疏,事遂解。③

---

① 李慈铭:《潘文勤公墓志铭》,《碑传集补》卷4。
② 罗正钧:《左宗棠年谱》,第70—71页。
③ 转见秦翰才辑录《左宗棠逸事汇编》,第127页。

胡思敬为清末御史,以弹劾端方得名。自谓《国闻备乘》一书"见而知之者十之七八",而学界也颇为称举其书的史料价值。他固未亲眼见到这张三千两的银票,但此事在同治、光绪年间腾播于京城士大夫之口,则无疑问。郭嵩焘给潘祖荫的三百两,似即取诸其中。

另据王闿运提供的数据,胡林翼拿出的是"七千金"。见《湘绮楼诗》卷九《独行语》"吾生信多忧"章。而给潘祖荫的款,在王逸塘《今传是楼诗话》中不是三百两,是两千两。

笔者认为,要将这笔资金的往来账考证得清清楚楚,毫厘不差,实在太难。王说"七千金"之数嫌多,而薛福成记载的予潘祖荫三百金嫌少,似取林翼"辇三千金",赠祖荫"费二千金"之说较合乎情理,读者可以自行分析判断。不论数目多少,从中可以知道,在保左一案中,肃顺、郭嵩焘、潘祖荫、骆秉章,还有御史高心夔等人,都发挥了重要作用,而胡林翼不仅出了"大力",还出了"大钱",不惜代价提供了大笔"活动经费"。看来,"疏通关节""以钱开路"历来如此,唐人张谓感慨世风之诗:"世人结交须黄金,黄金不多交不深。纵令然诺暂相许,终是悠悠行路心。"对这种社会现象也不必太激愤,须知,要让人家"帮大忙",事前"空口白话",没有一点"物质载体"表示礼谢,事后也不感恩,这亦不合人情。当然,"贿赂"与"答谢"的性质有异,两者界限分清较难。裴福京《河海昆仑录》载:

> 文勤(祖荫)嗜金石鼎彝,文襄帅陇,以三千金购毛公鼎辇赠之,报前施也。①

此乃后话,但顺便还需交代清楚。此鼎名为大盂鼎,系西周康王时代奴隶主贵族为颂扬康王、祭祀祖先而造的大鼎,距今已3000多年,是迄今出土的形制最大的西周青铜器。

大盂鼎出土后,首先被岐山豪绅宋金鉴占有。道光三十年(1850)宋金鉴出银3000两把大盂鼎赎买到手,其后代又以700两纹银出让给左宗棠的幕僚袁保恒。左宗棠为报答潘祖荫营救他之恩,从袁之手中购得相赠。潘祖荫还收藏了另一个大小与大盂鼎相似的大克鼎,陕西扶风县法门寺出土。潘祖荫逝世后,此鼎辗转秘藏,后来留传给潘祖荫的侄孙媳潘达于。深明大义的潘达于女士,在1951年将二鼎捐赠给当时正筹建上海博物馆的

---

① 转见秦翰才辑录《左宗棠逸事汇编》,第121页。

上海市文物管理委员会，二鼎遂成为镇馆之宝。现大盂鼎存放在北京中国历史博物馆，大克鼎存放在上海博物馆。

话再说回来。在营救左宗棠的过程中，骆秉章、胡林翼等一直在积极活动。骆秉章在闻知查办左宗棠的消息后不久，即"将樊燮妄控奏明"，并将委员查获的有关"账簿、公禀、樊燮亲供等件，咨送军机处备查"，①竭力为左宗棠辩驳、洗冤，证明樊燮对左宗棠完全是"妄控"、诬陷。胡林翼充分利用了与官文的私交与感情，请他"放一马"，"免提左生之名"。更为重要的是，胡林翼见事有转圜，便乘机上了一个《敬举贤才力图补救疏》，极力保荐左宗棠，并提出了起用的具体方案。折中谓左宗棠：

> 精熟方舆，晓畅兵略。在湖南赞助军事，遂以克复江西、贵州、广西各府州县之地。名满天下，谤亦随之。其刚直激烈，诚不免汲黯大戆、宽饶少和之讥。要其筹兵筹饷，专精殚思，过或可宥，心固无他。……以上二员（按：另一人为刘蓉），应请天恩，酌量器使，并请旨饬下湖南抚臣，令其速在湖南各募勇六千人，以救江西、浙江、皖南之疆土，必能补救于万一。②

在办案期间，胡林翼还对朝廷派入湘，查实左宗棠案情的满人钦差、湖广道监察御史富阿吉，巧妙地用了"请君入瓮"之计。③

富阿吉（按：林慈祥所述，只用"某"字）衔命出都，沿运河而南。胡林翼将家人胡汉唤进书房，密授机宜。胡汉授命，星夜乘快马赴河北，在山东德州遇上了富阿吉。胡汉在德州出高价雇了一只大船，趁富阿吉在德州码头时，便请他改乘大舟，富阿吉乐而允之。登船后，见大船上"陈设华丽，肴馔精美，复有女歌者多人，调舷理丝，曼歌佐餐。某固少年，且不学无术，居恒惟声色是好者。至是悦目赏心，乐不思蜀"。舟上的掌管人胡汉颇能投他所好，领会其旨意，"荡漾至缓，今日进五十里，明日则退二十里，惟恐其速达"。富阿吉"舟居久，乃与女歌者有染"，这种事也是可以想象和预计的。

船抵湖北境界后，富阿吉询问其仆人："此行沿途办差者为谁？"

仆人告曰："是湖北巡抚胡林翼精心安排的。"

---

① 《骆文忠公自订年谱》卷上，第57页。
② 《胡文忠公遗集》卷37，第8页。
③ 秦翰才：《左宗棠逸闻汇编·林祥慈笔述》，第286页。

富阿吉引为怪事，说："吾查办湖南的案子，他是湖北巡抚，为何如此费心？"

船抵武昌，湖北总督官文与巡抚胡林翼迎富阿吉入官廨，设宴洗尘。

酒宴之后，胡林翼单独找富阿吉，说道："钦差此次为查办左宗棠而来，林翼于宗棠固不相识，因为湘、鄂接壤，久闻其能。在当前宇内扰攘之时，三湘差能安枕者，骆中丞镇抚之功，亦是宗棠赞襄之力。宗棠耿介成性，开罪小人，致酿成弹劾案，捕风捉影，可以断定。为保全人才计，幸钦差有以成全之。"

富阿吉以正人君子之态，一本正经地说："余奉命查办，总期水落石出，案情大白，不得有毫末私意公办可也。"胡道："宗棠之才，出类拔萃。天下有这样的人才很不容易，怎能忍心加以摧残？中国不可一日无湖南，湖南即不可一日无宗棠。故宗棠之去就系于湘政良窳，又系于你的复命，所以你这样说是公言而非私言。公如见信，请中止湘复奏稿为之辨诬，公若谓然，可拜发而回京也。"

富阿吉勃然变色道："你为左君美言，是你与其私交甚好。我是奉使命前来查案，哪能凭你一语，而陷于我于不忠之地！"说完，颇为愤慨。

胡林翼亦甚怒，乃于靴筒中取出一折掷其前道："钦差不发代拟之折，我即拜发此折矣！"

富阿吉翻阅之后，面如死灰。这份奏折中乃是胡林翼参劾他自出都至鄂，沿途如何骚扰民间，舟中若何强占民女，种种不法，罪浮于死，皆事实也。

富阿吉亟揖林翼曰："润之翁开个玩笑至此，衡以官官相护之义，万万不可拜发。你了解并荐保左宗棠，自信而有证，所以鄙人不必再去彻查也。"

胡林翼问："代拟之折发不发？"

富阿吉答曰："立即拜发，立即拜发。"接着道："我结束湘行，当回京复命。"

于是宗棠得免于罪。

话再说回来。军机大臣肃顺深得咸丰帝的信任，也深知大局危殆，不重用汉人，不能纾大难。他见时机成熟，便在与咸丰皇帝对答中也称赞了左宗棠"赞画军谋，迭著成效"，"人才难得，自当爱惜"。接着，便有了前文所述的在南书房咸丰帝向郭嵩焘询问左宗棠人品、才学的一段对话。咸丰帝从镇压太平天国起义的大局出发，采纳了潘祖荫、肃顺等的意见。

官文知朝廷欲用左宗棠，也见风转舵，"遂与僚属别商，具奏结案"，①从而结束了喧闹一时的樊燮京控案。咸丰十年（1860）四月一日，皇帝还发一封谕旨：

> 左宗棠熟悉湖南形势，战胜攻取，调度有方。……应否令左宗棠仍在湖南本地襄办团练等事，抑或调赴该侍郎军营，俾得尽其所长，以收得人之效？

左宗棠在经过一场虚惊后，因祸得福。他受到皇上垂青，自然更加兢兢业业于军事策划，一有机遇也就更加效忠朝廷。他在四月上旬《答李希庵》中道：

> 宗棠频年怫郁之隐，竟蒙圣鉴，感激何言！……如有可出之理，亦未敢固执。②

此后，左宗棠便开始了他在政治舞台上青云直上的新时期。

4. 受侮辱激樊家出一对学问家

话分两头。樊燮控告左宗棠最后没有得逞，而自己受到革职处分，返回恩施老家。

据刘禺生《世载堂杂忆》载：刘禺生他居"近岁避地施南"，曾去寻访过樊燮之子樊增祥故居。恩施县城内的梓潼街，便是当年樊燮总兵曾置宅之地，也是樊增祥兄弟的读书之处。老宅因年久失修，数根椽子"欲倾"，但"一角读书楼巍然尚存，旁支居之。"

"恩施父老有闻见当时事者曰：樊燮公于某镇作挂印总兵官，有战功。"说明在刘禺生寻访时，施恩父老乡亲"有闻见当时事者"尚在世。

接着，刘禺生简述了樊燮与左宗棠冲突的经过："骆秉章为抚帅，左宗棠尊居帅幕。樊谒大帅毕，再谒左师爷；谒大帅请安，谒师爷不请安。左怒，奏劾免官回籍，遂有买宅延师，严课樊增祥兄弟一段佳话。"刘禺生认为：他"据见闻所及"能足以"补记载之缺者"。

---

① 薛福成：《庸庵笔记》，第15页。
② 《左宗棠全集》第10册，书信一，第386页。

未几，即有樊燮革职回籍之朝旨。燮公携二子增祹、增祥归，治梓潼街宅居之。楼成，置酒宴父老曰："左宗棠一举人耳，既辱我身，又夺我官，且波及先人，视武人为犬马。我宅已定，敬延名师，教予二子，雪我耻辱。不中举人进士点翰林，无以见先人于地下。"①

于是樊燮出重金礼聘名师教他两个儿子读书，以楼为书房。"除师生三人外，不准上楼。"在生活上也要求十分严格："每日治馔必亲自检点，具衣冠延先生下楼坐食。"先生未下箸，不能先吃。更为别出心裁的措施是：增祹、增祥在家不准着男装，咸服女衣绔，曰："考秀才进学脱女服外服，中举人脱内女服，方与左宗棠功名相等。中进士、点翰林，则焚吾所树之洗辱牌，告先人以无罪。"

樊燮来到恩施时，即写"忘八蛋滚出去"六字于板上，制成好比"长生禄位牌"，置于祖宗神龛下侧，每个月朔望都要率领二子礼拜之，曰："不中举人以上功名，不去此牌，汝等总要高过左宗棠。"直到二子樊山（增祥）中进士后，樊家始无此牌。

功夫不负苦心人。樊燮的二儿子樊增祥七年后中举人，十年后中进士。祝捷那天，他恭恭敬敬地在父亲坟前报喜，当场焚烧"忘八蛋滚出去"木牌，最终，官做到护理两江总督的高位。而且樊增祥作得一手好诗，所谓"近代诗人隶事之精，致力之久，益以过人之天才，盖无逾于樊山（增祥别号）者"。②

樊燮的大儿子增祹"学问切实，高于樊山"，张之洞督学湖北，刻《江汉炳灵集》，载增祹文多篇。只可惜天不永年，未臻其至，樊山得庶吉士后，增祹不久病死，士林惜之。

还有后续的一段故事：至若樊山作陕西藩司时，朝廷对左宗棠赐建专祠于西安，巡抚委樊山致祭，樊山辞焉。曰："宁愿违命，不愿获罪先人。"此又寻常尽知之事。邻近一老人言：

> 从前樊家楼壁上，尚存墨笔"左宗棠可杀"五字，想系樊山兄弟儿时发愿文字也。

史家称：湖北恩施人樊燮能留名史册，一是因为此件参案，一是因为他儿子樊增祥是清末民初的大诗人。

---

① 转引自秦翰才辑录《左宗棠逸事汇编》，第253页。
② 汪辟疆：《近代诗人小传》。

十、创建福州船政成"中国近代海军之父"

1. "天朝"视西方科技为"奇伎淫巧"

"奇伎淫巧"这个成语如果出在高中升大学统考的语文试卷上,恐怕多数学生要"搔头挠腮",难以回答。因为他们很少听说过、用得上。首先这个"伎"字,是指技艺;"淫巧",指过于奇巧而无益的。合起来的意思是:指专取悦于人而毫无意义的奇异的技巧或制品。清李嘉宝《官场现形记》第六十四回中说得更痛快淋漓、"一针见血":"臣是天朝的大臣,应该按照国家的制度办事。什么火车、轮船,走的虽快,总不外乎奇伎淫巧。"直接点出了代表近代先进科技成就的火车、轮船都属"奇伎淫巧"。

公元1793年,是个颇有特殊意义的年份。这一年,英国的瓦特发明的蒸汽机正式上市,大不列颠国土上,数以万计的工厂轰鸣着机器转动的乐章;这一年,美国《独立宣言》的起草者杰斐逊,以驴子为党徽,准备出任第三任总统;这一年,在东方的"天朝大国",大臣百官们正在紧张忙碌地筹备极为隆重的清高宗乾隆八十三岁寿辰。

孔子说得好:"近者说(悦),远者来。"就在几乎地球的整个东方(十数个蕃国),都在发动臣民敬献寿礼的时刻,远在大西洋彼岸的"西方第一雄主"英吉利也不远万里,派出了以马嘎尔尼为首的特使团前来祝寿。当然他们还怀有更重要的目的:想与乾隆的帝国互派使节,谈判并签订两国贸易协议。

马嘎尔尼特使大概当时并不知道,他和他的使团,与朝鲜、安南(今越南)的使臣一样,已经颇有价值地作了天朝大国升平和威严的道具,使"四方朝贡"的盛事更名副其实。

途经天津时,他的译员便在街头的皇家告示中看到:"天朝盛德四海,西夷英咭利国万里来贡……"

由于乾隆皇帝正在热河（今承德）避暑，使团在京稍事逗留，便在徵钦差大臣等大员陪同下继续进发。关于清廷接待的规格、安排的食宿，使团的成员们都是"哑巴吃饺子——没说的"。只是对觐见皇帝时的礼节问题产生了一点争执，即按见英王的礼节，使团成员行屈膝礼，而按见大清皇帝之礼，那是要"双膝跪倒、鼻子触地，九叩首"的。

徵钦差再三劝说没有效果，他突然认真地问："如行贵国礼仪，觐见君主是个什么样子的礼节呢？""英国廷臣君主之礼，系一足跪地，一手轻轻握国王手以嘴吻之。"

徵大臣听了大为吃惊，显出一副难以理解和置信的样子。"拉着皇帝的手以嘴吻之"，这成何体统！好在乾隆皇帝比较开明，同意了英王特使行屈膝礼。那天，待皇上下轿入座，马特使双手捧着一个盛有英王国书饰以钻石的木盒，入幄拾阶而上，屈一膝呈于乾隆面前。

评论者认为：这是了不起的一瞬。这一瞬表现了天朝皇帝的豁达大度，有包容四海之胸怀。但乾隆伸手接过了木盒，当然不会让这位碧眼金发的夷人"吻手"。皇帝陛下并未当场展阅英王的"国书"——那是无所谓的，无非千篇一律的"套话"。他顺手把木盒递给站在一旁的和珅，取过一支如意递给马特使——那是天朝大国大清皇帝赠送"尔国王"的礼物。

马特使在当晚的日记中写道："此物长约一英尺有半，以白玉石雕成，其质颇似玛瑙。在我看来，这东西是不大值钱的。"

在京期间，马特使送往圆明园贺寿的礼物有地球仪、天体仪、光学仪器、"根据力学原理指出各种协助人和家畜劳动方式"的机器、英国式马车、铜炮、榴弹炮、毛瑟枪、连珠炮、望远镜等，都是代表西方科学技术的尖端产品。其中，最吸引人眼球的是一艘载有110门火炮的"君主"号战列舰模型，每个部位制作得十分精细。

清廷人员未经英方人员同意，便自己打开了，英方译员前来阻止："这是英国送来的礼物，在特使将它交付之前，仍由我们照料。"钦差徵大人立即予以批驳："这不是礼物，是蕃国对天朝的贡品！"徵钦差、诸大臣当然对此类"奇伎淫巧"的东西不屑一顾，认为无几件东西能取悦于皇后和妃子们，太缺少"实用价值"了，便统统放到圆明园仓库的角落里。

马特使一行的代表团，此次来朝，只差一个月零十六天便是一年的海上航程，在大西洋、太平洋先后遇到三次飓风和台风，多名海员死于非命，驶近山东登州府的时候，仅"狮子"号战舰（装有76门大炮）上的病人就达 93 名,可谓历经千辛万苦。可是他们受到了"最礼貌的迎接,最严密的监视,最文明的驱逐",落得两手空空而归。

接下去的大事,便是上过学的孩子必读且懂的历史常识:

1816 年,英国派遣外交官阿美士德出使北京,重提增辟宁波、舟山和天津作为通商口岸,拨给"相近珠(舟)山地方小海岛一处"的要求。1830 年,英国东印度公司派以"阿美士德"命名的船舶加紧对中国沿海进行军事、政治、经济情报的窥探和侵略活动。

1839 年林则徐作为钦差大臣到广州禁烟;1840 年英国悍然发动卑鄙肮脏的鸦片战争;为了讨好洋人,道光皇帝将坚决抗英的林则徐撤职,贬新疆充军,派"软骨头"琦善向英国求和,签订了割地赔款的《穿鼻条约》。

一支约 4000 人的军队,跨洋过海几万公里,80 万清兵打不过他们,只好签订屈辱的城下之盟,这怎能不引起朝野震撼?

不过,挨打之后,痛即过去,一些浑浑噩噩的大臣们如同阿 Q 一样都是健忘者,只是留下满脑子纳闷、疑问和不解:洋鬼子这些"奇伎淫巧"怎么这样厉害?唉,难道真是天不助我、世道变了?

在晚清政治腐败、政府无能、被列强当作"俎上肉"的社会背景下,时势呼唤和造就英雄,林则徐和左宗棠等民族精英便应时而出。

林则徐对中西情势和列强瓜分中国的野心有清醒的认识,提出"悉夷情","制夷患","师敌之长技以制敌",建议仿制极利之炮、极坚之船,以"制夷""防夷"。

林则徐在广东,在向美国旗昌洋行购买用商船改装的"甘美力治"号作兵轮时,就于道光二十年九月(1840 年 10 月)向道光帝提出了自己"制炮造船则制夷已可裕如"的奏议。进而呼吁造船制炮,建设一支"彼所能往者,我亦能往"的近代海军,作为"海疆长久之计"。不久,湖南邵阳人魏源出版了他受林则徐的委托编写的《海国图志》,第一次明确提出了"师夷长技以制夷"的命题。

魏源认为战舰、火器、养兵练兵之法是外国长技,主张自己设造船厂和火器局,延聘外国工匠柁师来华,自己造船制炮练兵,以达到"制夷"的目的;还主张"沿海商民,有自愿仿设厂局以造船械,或自用,或出售者听之"。他们这些思想为日后洋务思潮的兴起作了理论准备,也可以说龚自珍、魏源、林则徐等人是洋务思潮的前驱。1856 年,第二次鸦片战争爆发。英法联军的坚船利炮又一次使清政府领教了有海无防的酸楚和痛苦。

在镇压太平军的过程中,曾、左、李这些人之所以后来成了洋务运动的首领,就是因为深切地感受到坚船利炮这些"奇伎淫巧"很管用,他们都尝到了"甜头"。于是在大量向西方强国购买船炮的同时,自然也萌生了自己造轮船、造枪炮的念头。

正是在内忧外患严重局势的迫使下和"师夷长技以制夷"的社会思潮的推动下,清政府总理衙门的奕䜣、文祥和地方督抚中的曾国藩、左宗棠、李鸿章等"洋务派",在自强和求富的名义下,"采西学""制洋器",进行了历时三十多年的洋务运动。

左宗棠是洋务运动的代表人物之一。他办洋务是从造船开始的,而且造船思想萌发较早。如前所述,还在英国发动侵略中国的第一次鸦片战争时,他就关心战局的发展,考览往昔海防记载,筹议海防持久之策,把"造炮船"作为"制敌"要策之一。从此造船成为他一直考虑的重要课题,至第二次鸦片战争特别是镇压太平天国起义后,便由思想酝酿而逐步进入试制、实践阶段。所以1867年他在一封信里说,他对设厂造船:"思之十余年,诹之洋人,谋之海疆官绅者,又已三载。"

2. 慈禧说"左老三打的比喻倒蛮好"

当熹微的曙光初照太和殿的金顶和皇城的紫陌,文武百官虽然已经没有了聚集在待漏院内准备早朝的制度,但每天大臣点卯还是有的。此刻,幽深宁静的紫禁城内,虬龙般的松柏散发着氤氲之气。

年纪很轻、一向贪睡的同治帝载淳,今天第一次起得比群臣还早。内乱外患连绵不断,西太后不准他与钟爱的皇后阿鲁特氏接触,使他心烦意乱,夜不成眠。他的脑海里突然产生疑问和好奇:"夷人有何法术使火轮在海中行走如飞?"以及思考着"借船""雇船""买船"及"造船"的利弊。日前,恭亲王奕䜣出于君臣礼教,曾"对牛弹琴"般地向他禀报了左宗棠的意见,想不到同治帝却仔细倾听,颇感兴趣。

同治四年正月(1865年2月),左宗棠在《上总理各国事务衙门》书中谈到自强时说:"中国自强之策,除修明政事、精练兵勇外,必应仿造轮船,以夺彼族之所恃。此项人断不可不罗致,此项钱断不可不打算,亦当及时竭力筹维。"

次年3月，他在上总理衙门书中，向清政府提出了主张，又明确地把造船视为自强御侮的重要内容："将来经费有出，当图仿制轮船，庶为海疆长久之计。"

同治二年十二月（1864年1月），他在给宁绍台道史致锷的信里指出："轮舟为海战利器，岛人每以此傲我，将来必须仿制，为防洋缉盗之用。"他说，若设厂造船，"十年之后，彼人所以傲我者，我亦有以应之矣！"

左宗棠把设厂造船视为变海害为海利的关键。他认为，外国船舰在我国沿海横行和恣意侵略造成了海害，怎么解决这个难题呢？"欲防海之害而收其利，非整理水师不可；欲整理水师，非设局监造轮船不可。"他在指出防海害必用海船的必要性后，还从欧美各国造船日精和日本仿造进展迅速的事实出发，指出了设厂造船的迫切性，批判了那种盲目自大和安于落后的思想，提倡奋起直追、振作有为的精神。在这个重要的历史文献里，左宗棠详细陈述了自建中国近代海军的计划及其重要性。他还说了两句针对顽固派因循守旧而发的尖锐深刻、令人反省的话："泰西巧而中国不必安于拙也，泰西有而中国不能傲以无也。"

资产阶级维新派谭嗣同在《上欧阳中鹄书》中，不仅说"善夫！左文襄请造轮船之疏"，而且对这个奏折中"彼既巧我不能安于拙，彼既有我不能傲以无"等句指出："夫傲之一字，遂足以亡天下而有余！"

这个奏折能够如此全面完整而又精辟深刻，固与清政府谕令熟筹自强御侮之策有关，更是左宗棠长期熟筹造船之果。

针对当时设局造船所面临的从选择厂址到解决机器设备、科学技术、筹措经费、驾驶养船、谤议易兴等一系列困难，他既有知难而进、勇挑重担的精神，又有实事求是、寻求解决困难的务实态度。

左宗棠还预见到了设厂造船更大的阻力和困难，还在于"非常之举，谤议易兴，始则忧其无成，继则议其多费，或更讥其失体，皆意中必有之事"。然而，"天下事，始有所损者，终必有所益。轮船成，则漕政兴，军政举，商民之困纾，海关之税旺，一时之费，数世之利也"。这番深谋远虑的论述，描绘了建立中国近代造船工业和海军的蓝图。

左宗棠这则奏折一上，明确提出要在福建建厂造船，立即在京城引起了轩然大波。

"左宗棠崇洋媚外，辱没祖宗！""我看哪，好大喜功，始作俑出风头。""造铁甲兵船，他左宗棠拿着国库的银子往海里丢！"还有人担心："就凭那些钉过几只渡船划子的小老百姓想造出巨型海轮？开玩笑！谁相信？"在茶楼酒肆中，市民们在摆龙门阵，高谈国事。但有识之士说："左公此举有魄力，如果仍靠朝中那批老古董、井底蛙之人，我大清国怎么能强得起来？"此后上海《申报》一隅载："福建议造大船，朝野舆论大起，誉之者：兴家爱国，匹夫有责；毁之者：忧其难于有成，议其靡费甚多……"

大学士军机大臣文祥在一次慈禧太后也在场的九卿房廷议中，慷慨激昂地朗读了左宗棠意见书中一段颇具"刺激"的话：

……防海必用海船，海船不敌轮船之灵捷。西洋各国与俄罗斯、咪（美）利坚，数十年来讲求轮船之制，互相师法，制作日精。东洋日本始购轮船，拆视仿造未成，近乃遣人赴英吉利学其文字，究其象数，为仿制轮船张本，不数年后，东洋轮船亦必有成。独中国因频年军务繁兴，未暇议及。……彼此同以大海为利，彼有所挟，我独无之。譬犹渡河，人操舟而我结筏；譬如使马，人跨骏而我骑驴，可乎？

文祥将这段话一读，满场鸦雀无声。李鸿章想提出反对，又怕别人说他专与左宗棠唱对台戏，故暂不吭声。他用眼角余光瞟了慈禧太后一下，发觉老佛爷面色扫除了阴沉，原来太后对左宗棠的这个比喻却觉得很新鲜和贴切，过一会儿，她开金口了："左老三奏折讲的道理和打的比喻还是蛮好的，我们不能安于结筏和骑驴，老是被操舟和跨骏的人欺侮呀！"

慈禧一贯对左宗棠很器重与喜欢，所以称呼也颇亲切。照例说，她是1835年11月生的，比左宗棠小23岁，但人家位尊呀，说话必然居高临下。她知道左宗棠在家中的排行，故一直称他"左老三"。老佛爷的赞许，打破了廷议的沉寂，六部大吏们大多认为左议甚妥，似应批复左宗棠交付实行。可是涉及钱的事，又谁都无有主张了。无声久了，文祥便再破题，说："这事李大人认为……"

李鸿章也不含糊地说："动辄数百万两银，府库有没有那么多钱？还是请老佛爷乾断吧。"

只见储秀宫的一名内侍贴近西太后，示意恭亲王奕䜣有话要单独与太后面商。太后出去了一阵。回到九卿房后，西太后问福建造船，需年耗多少，李鸿章拖长声音说："三百万两白银，几年内还造不出船来。"

慈禧一听，也觉得有点沉重，说："三百万两，不算多，也不算少哇。"

奕亲王没吱声，只向西太后使了一个眼色。西太后低头寻思了许久，最后正了正坐，望着文祥说："左宗棠忧心为国，建厂造船，用心良苦，他的意见书义正词严，语出至诚，府库紧促，该办的事还是要办，给他吧，众卿以为如何？"

全场顿时沸沸扬扬，文祥带头叫起"好！"来。

毕竟老佛爷一言九鼎，船局计划便付诸实施。

左宗棠关于自造轮船的奏折适应历史发展的需要，符合清政府自强御侮要求，故在这个奏折发出后只有20天，即同治五年六月初三日（1866年7月15日），清政府就正式允准了他设厂造船的建议。老佛爷发话和清廷下旨的消息传到福州，左宗棠乐不可支，抚髯长笑。

左宗棠向他身边的亲信和净友虞绍南交代道："这下事可多了，过几天要去勘察地方，把德克碑他们叫来，我们约法三章。绍南，我还想办个学堂，要培育人才，有了自己的船，再有自己的人来开。有了自己的炮，再由自己的兵来放。"

左宗棠创办福州船政局的目的，简言之，便是"以防外侮，以利民生"。

正由于左宗棠办洋务、建船政的奏折，是继承与发扬了林、魏"师夷长技以制夷"的爱国思想和事业，符合国家、民族的根本利益，适应历史发展的要求，故受到时人的赞赏和好评。当时在国外，"西人颇称之"；在国内，"识者颇谓海上用兵以来，惟此举为是。"

3. 为聘继任船政大臣三顾沈门

正当左宗棠日夜筹划和落实创建船政各项事宜的关头，清政府于同治五年八月十七日（1866年9月25日）下令，调左宗棠任陕甘总督。因此谁接管船政更是关系设厂造船成败的大事。福建官绅各界知他西行，"皇皇如失所恃"。他们认为："创造轮船一事，关系甚巨，非常之功，非他人任。"而左宗棠设厂造船于时于地于人，非其他大员所能承担此重任。众人担心左宗棠即刻西行，造成若不是他"则费不能支而事终于废"，如此，"四裔所笑，天下寒心"。因此，前江西巡抚沈葆桢等百余名官绅联名写信，要求左宗棠暂住福州，待外国工匠毕集，创造一有头绪，再移节西征。

左宗棠上任后，看到地方财政拮据，便采取大刀阔斧的办法，许多难题迎刃而解。正因为如此，大家更想挽留他，仿佛他离开之后，船政大业将半途而废。因为在他领导下,船政之事办得顺畅,工地上,三天一小变,五天一大变,各项进度都超前达到。船局的牌子挂上了,学堂的地基打好了,船坞的护坡已在施工。

左宗棠最为焦虑的事,便是谁能接替他的工作,挑起船政重任呢?

连日来,督府的几个本地官员来见他,大胆进言,说:"有一个人合适,可是别人请他不来,总督大人能不能学学当年的刘备三顾茅庐呀?"

瞧这话,只要能请出个诸葛亮,莫说三顾,六顾也在所不辞呀!

左宗棠便问:"是谁?"

官员们说:"沈葆桢!"

左宗棠想起来了,当初在江西当过巡抚,不假,是个英才,怎么就没想到呢!他顿时转忧为喜。

沈葆桢(1820—1879),字幼丹,福建侯官人。道光二十七年(1847)进士。既是林则徐的外甥,又是林则徐的女婿,从小受林则徐教诲和影响甚深。他出身寒微,家境清贫,靠46岁才中举的父亲沈廷枫在书馆执教所得微薄收入和母亲终日做女红获得的低廉酬金,维持一家十余口人难以饱暖的生计。一年四季多以稀饭加薯类充饥,一年到头餐桌上也难得见几次荤腥。日子虽然清苦,可一家人安贫乐道,夫妻恩爱,子女孝顺,勤奋上进,日子过得和和美美,让邻里称羡不已。

沈葆桢的母亲林蕙芳是林则徐的六妹,大家闺秀,品格高尚,知书达理,相夫教子,操持家务,孝敬公婆,堪称东方女性的楷模。她一生为沈家生四子五女,长子早逝,次子沈葆桢实为弟妹之长兄。她把自己的一切都奉献给了这个贫寒却很温馨的家,把全部的爱都倾注给了夫君和子女,不图回报。一位哲人说过一句很富哲理的话:民族间的较量,说到底是年轻女人的较量。把人世间最好的品格传授给子女,是民族未来命运的希望。沈葆桢从母亲身上继承了民族的浩然正气、铮铮铁骨、拳拳慈心、两袖清风、宠辱不惊的高尚品格。

咸丰六年(1856),沈葆桢经十余载宦海生涯的历练,益显其柔中有刚,静中藏锋,进退自如,游刃有余的秉性,既立匡时救世之大志,又知天乐命从点点滴滴小事做起,赢得方方面面的好感。他安贫乐道,清廉自持,尤为同僚所称道。是年,他被任命为浙江杭州知府,后改派江西广信(今上饶)知府。广信地处崇山峻岭之间,地广人稀,生活贫困,沈葆桢义无反顾携夫人林普晴走马上任,在同僚中颇获嘉许。

沈葆桢早年跟随曾国藩，由广信知府历迁至江西巡抚，在江西镇压太平军甚为卖力。因有多支被打败的太平军涌进江西，他保卫江西的贡献立即引起皇帝的赞赏。天京陷落后，李秀成保护洪秀全之幼子洪天贵福出走，被敌冲散。幼天王由干王洪仁玕等护送，经溧水、东坝到达广德，最终便是被沈葆桢的部属捉住并将其处死的。皇帝称他是"爱国如家"的人。

沈在曾之下服务，赢得了曾的信任，虽然时间短暂，但对他日后事业的发展有极大影响，从这个角度说，曾对他有"知遇之恩"。然而，谁能料到，后来两人为江西削减对曾国藩的军饷资助而闹翻了脸。史家记载中道：沈葆桢对曾国藩并非一味盲从，渐"不满于曾氏，因思去职，累辞不准"。他因丁母忧始获假回福建，在家不问政事。

话再说回来。左宗棠觉得沈葆桢确是接他办船政的最佳人选，于是他迫不及待，往书案前一坐，就挥笔疾书，请沈兄出山。

专足来到文藻山沈寓，沈葆桢看了左的信，佩服左的文字无可挑剔，于是不稍犹豫便草就一纸复信烦专足奉上左公。原因是此时不少人视船政为畏途，"相顾瞠目，惧不克终事"，"咸有戒心"。何况，他又重礼仪，守节孝。

左宗棠一看，是几句婉言谢绝之词，"以丁忧人员，不应与闻政事，具呈固辞"。

左宗棠见写信不起作用，知道这种人不是可以招之即来的，更不是阿谀奉承、趋炎附势的小人之辈，于是将虞绍南叫来，说"你去备两匹马，我们俩去办件事"。"去哪？""上茅庐。""茅庐？那在南阳卧龙岗呀！""茅庐嘛，到处都有的。你忘了，湘阴柳庄、青山白水洞不也曾经是茅庐吗？"左宗棠与虞绍南到了沈府后，沈夫人热情接待两位贵客，并亲自去后院，把正在菜园里摘菜的沈葆桢叫来。

左宗棠左说右说，未能说服沈葆桢。他先后亲自登门两次仍然如此，这不得不使他深为失望和烦恼。

左宗棠突然想到：请将不如激将，他心头已有了主意，决心再与虞绍南一起三赴沈门。临行前，他挟着一包东西。

第三次登沈门时，沈葆桢说："左大人屈驾，竟然三顾寒舍，令幼丹诚惶诚恐。"

左宗棠再次耐心地向沈葆桢劝说："总理船政究与服官不同，所履之地并非公署，所用之人亦非即官，无宴会事，不以素服为嫌，公事交接可用函牍往返，不以入公门为嫌。且在籍监造不为夺情，久司船政正可侍养严亲，于忠孝之义究亦两全无害。若以事非金革勿避非宜，则此局所关非徒一时一地之计，谓义同金革也可，谓更重于金革也亦可。"

虞绍南以为他挟着的那包东西是什么礼物之类的，便一个眼色提醒他，送上点礼再说。这一提醒倒使左宗棠心领神会，便将那包东西一股脑儿递在沈葆桢手里。

沈也以为是礼物，拒不接受，说："不要，不要，沈某从来不收这些东西，还望左大人海涵。"

"这不是礼物，也不是我的东西，是你们家的东西，我是完璧归赵。"左宗棠面容严肃，一本正经地说。

沈葆桢接在手中，望望夫人。林普晴也莫名其妙，不知左大人葫芦里卖的是什么药。

"嗨，一点小意思，不成敬意，你收下吧。"虞绍南有点自作聪明，今番被聪明误了。

"这是什么？大人就直说吧。"沈葆桢只好打开来看看，原来只是一包旧得发黄的书稿、文牍之类的古董。"这……"夫人一旁纳闷着。

"夫人，这是令尊大人林文忠公在任陕甘总督、陕西巡抚和流放新疆时的一些耳闻目睹的政事要览、舆地札记，是一个有心人的笔记。我在长沙见到他老人家时，他交代我西边国土之重要，要我为国操心，一旦有事就要确保边防，以求西北一隅之长治久安。今番朝廷鉴于西北多事，无人派遣，圣旨下达，命我移督陕甘，怎奈马尾船局方在草创，这也是一件大事，我丢下不管也不好，只好回复圣上，不是我抗命不从，实在是福州的事丢它不下。所以今特将林大人的重托交还给他的子孙后代，他们怎么处理，与我左宗棠无涉，葆桢兄看着办好了。"左宗棠一席"激将"词，沈葆桢听了顿时目瞪口呆。

沈葆桢陷入沉思：圣上之命，谁敢不从？左去西北，正是岳丈林老大人生前之托，而今他如因船局之事，罔顾西北，上面见罪下来，左大人何词可置？心想表明一己之看法，请左公遵旨办事，陕甘该去则去，可是福州所留未完之业又交付何人？他望望夫人，夫人望望他，二人木然以对。当沈葆桢夫妇沉吟不语，待至他们猛然惊醒时，不见了左大人二位，忙走出柴扉一看，两匹马已去远了。

沈葆桢在左宗棠的劝说与"激将"下，终于以船政为重，同意左宗棠最后提出的意见,接办船政,但提出条件是:"必须俟明年六月母丧服阕后始敢任事,其未释服以前,遇有咨奏事件",由周开锡和胡光墉"详请督抚臣代为咨奏"。

4. 船政为中国近代海军奠定根基

鸦片战争以后,外国舰船不仅可以游弋沿海各口,而且内河亦可自由航行,形成了"番舶鳞比,藩篱竟成虚设,海防师船尤名存实亡"的局面。因此,左宗棠于1866年创立的福州船政局,它是晚清洋务运动中一个著名的军工企业。福州船政局也是一个大规模的军舰制造基地。清政府建厂共花费白银274万两,造舰花费852万两,建造大小军舰、商船,计48144吨。它在中国近代造船史上也留下了浓重的一笔。

1869年,福州船政大臣沈葆桢率提调周开锡等主持了"万年青"号的下水仪式。"万年青"号轮船是福州船政局建造的第一艘150马力的木质运输舰,载重1450吨,装煤1250吨,装汽炉两座。"万年青"轮是中国真正意义上自造的第一艘轮船,它书写了我国近代造船和海军史上光辉的一页。

1877年福州船政局制造出第一艘铁胁木壳军舰"威远"号。该舰排水量1268吨,主机750马力,航速12节,装火炮7门。自此中国近代海军有了第一艘国产军舰。从"万年青"号到"大雅"号福州船政局共建造了16艘轮船,福州船政局制造的舰船开始成为中国水师的主要装备。福州船政局一方面通过西方技术人员的知识传授,努力提高中国员工对现有机器设备的使用能力;另一方面不断引进西方先进造船技术,并加以消化吸收,使船政局的制造技术水平跃上一个新台阶。

福州船政局的创立不仅为中国近代海军发展奠定了物质基础,也是中国近代海军的人才培训基地。对于这一重大贡献和不朽业绩,连李鸿章也是承认的,多次评价过。

  因为福州船政局对中国近代海军的发展发挥了巨大的作用和产生了深远的影响而被后人称誉。1912年4月孙中山先生到福州马尾视察,称赞船政局:"足为海军根基。"这是伟大革命家孙中山先生对福州船政局历史地位的高度评价,也是对福州船政局为中国近代海军所做贡献的高度概括。

曾任林则徐研究会会长的著名近代史专家林庆元教授说:"(福州船政局是)中国海军的摇篮,近代第一批科技队伍的产生地。"作为集中国近代海军造舰、育才、海防三大功能为一体的中国近代海军的发祥地——福州船政局,它经历了中国近代海军的艰难创业之路和反侵略战火的洗礼;塑造了近代中国海军的英武神威;奏响了中国近代海军史上自立自强的爱国主义颂歌。

1874年,远在陕甘的左宗棠,得知中国能自造兵轮和驾驶,喜不自禁,即致书沈葆桢。

"父亲"在自己的"儿子"出生后,亲手编制了"摇篮",建设了"家园",请来了"保姆"、"老师"和"监护人",只是由于种种客观原因,使他不得不远离"爱子"和"家园",未能尽亲手抚养"儿子"成人的责任。但是他以"慈父"之心时时牵挂着"儿子",关心着"儿子",为自己的"儿子"每一成长进步和取得成就而欢欣鼓舞,这样的"父亲"当然仍是"父亲",而且是"好父亲"!有诸多历史学者、海军史专家把左宗棠称作"近代中国海军之父",这是尊重历史、名副其实的。

十一、西北危急之时移督陕甘

1. 西方列强觊觎我新疆宝地

在我国版图的西北部，有一块辽阔、富饶而神奇的地方，是我国西北边疆的战略要区和安全屏障，它便是新疆。

新疆东接甘肃、青海，南界西藏，西南以喀喇昆仑山与克什米尔、巴基斯坦为界，西以帕米尔高原与阿富汗为邻，西北与塔吉克斯坦、吉尔吉斯斯坦、哈萨克斯坦和俄罗斯接壤，东北与蒙古人民共和国毗连，幅员辽阔，约占我国总面积的六分之一。

新疆山河壮丽，有高耸云霄的阿尔泰山、昆仑山、天山，山顶终年积雪，白雪皑皑，晶莹耀眼。苍茫云海间的天山，横亘于新疆的中部，将新疆擘分为二，天山以南，通称南疆，天山以北，通称北疆。塔里木盆地在新疆南路，为天山、昆仑山所环绕，盆地的最外层为高山，其次是砾石带，为山麓区，又其次为冲积扇平原，灌溉便利，是比较富庶的农业区域。冲积扇平原的内侧为沙漠地区，面积接近塔里木盆地的一半。南疆的城市如喀喇沙尔（焉耆）、轮台、库车、喀什噶尔、和阗（和田）等，主要分布在塔里木盆地周围。北疆有准噶尔盆地，盆地在阿尔泰山与天山之间，呈三角形，东西两端较为开阔，盆地内有草原，有沙漠，有沼泽，有盐湖。天山北麓的劳动人民，利用高山融雪，引水灌溉，农业比较发达，其重要城市如乌鲁木齐、玛纳斯、伊犁等，基本上分布在天山北麓。横空出世的"莽昆仑"，屹立在新疆的西南部，是我国最大的山脉，从帕米尔高原起，沿新疆、西藏边界向东伸入内地，又分北、中、南三支。自古以来，新疆是中国通向中亚的交通孔道。

中国文献上的"西域"，指中国的西部疆土，又包括中国西方疆界外有联系的地方，从远古时代即与中国内地发生密切联系。《山海经》和《穆天子传》对葱岭以东的山川形势和风土物产均有记述。

汉、唐、元统一西域，为清朝统一西域奠定了巩固的历史基础。

清康熙年间，为了维护祖国的统一与安定边境秩序，清政府出兵戡定了准噶尔部封建主噶尔丹的叛乱。1755年、1757年，清政府又两次出兵讨伐准噶尔部上层封建主的叛乱，攻取伊犁，彻底解决了叛乱势力。不久，略定南疆，这是中国的内部问题。乾隆年间，1759年12月13日，清政府"宣示中外"，将西域改名新疆，设立了伊犁总统将军（通常简称伊犁将军）为首各级军事、行政机构，统辖包括巴尔喀什湖以及帕米尔在内的广大的新疆地区，清政府在新疆西境设立了许多卡伦（哨所），定期派兵巡查。清朝的官方文献《钦定大清会典图》《大清一统志》等，都标明中国西部边界在巴尔喀什湖，至于斋桑泊、伊塞克湖则是中国的内湖。

罗布淖尔地区的原始社会墓葬中，曾发现过一种用海菊贝壳制成的随葬珠饰。这种海菊贝壳只产于我国东南沿海地区。它在新疆出土，说明很早时期西域已和东南沿海发生了联系。

居住在中国西北部的维吾尔、回、蒙古、哈萨克、塔吉克、柯尔克孜、汉、乌兹别克等各兄弟民族，共同开发了这块美丽富饶的祖国边疆，并在劳动生产和斗争实践中，同全国各兄弟民族共同创造了祖国的悠久历史和灿烂文化。新疆是中国不可分割的一个组成部分。

1864年《中俄勘分西北界约记》，俄方签字代表巴布科夫，在他的著作中写明中国的边界在巴尔喀什湖的北岸。1958年苏联政府审定的《苏联历史地图集》所画中国的边界，直到19世纪还在巴尔喀什湖。但是，自从沙俄的侵略势力不断向东方扩张以后，中国西部和北方的领土受到了它的严重威胁和贪婪鲸吞。

沙俄蚕食、鲸吞中国西北边疆的领土为时已久，从18世纪中叶开始，沙俄向中亚进行领土扩张。嘉庆八年（1803），沙俄侵略军侵入中国新疆西北部的斋桑泊地区。之后，继续向东扩张其侵略势力，对中亚三汗国浩罕、布哈拉和基发进行征服战争，并力图把它的魔掌伸向中国的新疆。

19世纪40年代第一次鸦片战争期间，有一位被贬黜"充军"的朝廷重臣，第一次到了新疆，他对新疆的辽阔博大和富饶，表示惊讶；对新疆的天山南北大片沃野可以开垦和利用表示由衷的喜悦，更对边防的严重危险产生深深的忧虑。因为他亲眼看到了与疯狂扩张的沙俄有一万多公里无险可守的边界！东南海防固然重要，但毕竟还可以守卫，而西北的塞防是多么严重的问题啊！所以他清醒地预见到"终为中国患者，其俄罗斯乎！"。

他便是虎门销烟、坚决抗英的民族英雄、伟大的爱国者林则徐。

他的眼光是那样的尖锐、明澈、宏远，真如他所担忧的那样，危机很快发生了。

1864年，清政府被迫签订了《中俄勘分西北界约记》，沙俄割去了巴尔喀什湖以东、以南44万平方公里的中国领土。这么一大块西部国土，就是这样被沙俄割去的。野心勃勃的沙皇，还远未满足他的胃口。19世纪60年代末和70年代，沙俄并吞了浩罕汗、布哈拉和基发汗国。沙俄领土与中国西北边境接壤后，新疆岁无宁日了。

伊犁地区，在经济上是富庶之区，物产丰富，是新疆西部的粮仓；在军事上，是北疆的门户，易守难攻。曾纪泽在《敬陈管见疏庚辰四月十九日》中道："英、法人谓伊犁全境为中国镇守新疆一大炮台。"俄将库鲁巴特金说："向东延伸的伊犁地区，像一座坚固的堡垒，合并了这块地区，会给我们在防御上带来很多的利益，相反的，给中国却造成了很大的军事威胁。"沙俄企图侵占伊犁之心，昭然若揭。

1870年，阿古柏匪帮的势力扩张到了乌鲁木齐等地。1871年7月，沙俄乘虚而入，派兵侵占伊犁，"宣布伊犁永远归俄国管辖"。沙俄驻华公使照会总理各国事务衙门说：此举是为了"安定边境秩序"，"只以回乱未靖，代为收复，权宜派兵驻守，俟关内外肃清，乌鲁木齐、玛纳斯各城克复之后，即当交还"。沙俄估计中国再也无力收回乌鲁木齐等城，所以讲了这些外交辞令。这时，沙俄一方面侵占伊犁，另一方面竭力拉拢阿古柏匪帮，阴谋使阿古柏变成它侵吞南疆的工具，形成南北夹击，鲸吞新疆的形势。

但是事物的发展，恰恰出于一切反动派的想象与估计之外，中国站出来一位民族英雄，指挥西征军，不仅在1876年8月收复了乌鲁木齐，并且在1878年初彻底歼灭了阿古柏匪帮，收复了南八城，为收回被沙俄长期侵占的伊犁创造了有利条件。所以，在19世纪70年代末，中国与沙俄间发生了紧张的伊犁交涉。

2. 民族分裂主义者引狼入室

19世纪中期初夏的一天，中亚乌兹别克斯坦塔什干附近的一个小镇，脏乱的街道中央一块稍宽敞的地方，围着一大群人，挤得密密麻麻，水泄不通。后面的人唯恐看不到，踮着脚尖、伸长脖子，如同一群鸭被无形的手捏住提着。原来他们在围观一个"丰姿秀美，舞姿玲珑"的街头年轻舞师的表演，观众中不时发出阵阵喝彩声。顷刻间，舞者摘下的草帽中落下了一大把钱币。青年舞师彬彬有礼地向施币者鞠躬。当他擦擦汗水，准备再次起舞时，有个小伙扒开人群，嗓音颇大地喊道："阿古柏，别跳了，你家阿爸进了一头大牛要杀，请你去帮忙。""你是不是诳我？""这号事谁会跟你开玩笑，是阿爸让我来叫你的。"

舞者相信了，不再表演。观众余兴未尽，只好怏怏地散去。

阿古柏是乌兹别克族人，出生在一个卖肉的商人家庭。他从小爱好舞蹈，经常在市集里、茶馆内跳舞，名声逐渐远播，有时，连宫廷贵族也来请他。他又善于攀缘权贵，于是便逐渐飞黄腾达。

历史的发展往往是不能事前想象和预料的。谁能想到，这个中亚小镇上的"胡人"舞师，后来竟"舞"到我国的新疆来了，导致了整整13年新疆全境"魔怪舞翩跹"；谁能料到，这个中亚小镇上的"胡人"舞师，后来竟变成一头凶残的"狼"，撕咬、吞噬了新疆无数生灵，给中华民族带来了严重祸患。特别是他与更为凶恶、贪婪的"北极熊"狼狈为奸，为虎作伥，差一点咬掉了"雄鸡尾巴"——中国六分之一版图！真是令人不可思议，不寒而栗，不胜感叹！阿古柏从当舞师起家，在接近了浩罕汗国的宫廷贵族之后，摇身一变成为军官，逐步地爬上了浩罕汗国军事长官的职位。到了19世纪60年代，当上了我国新疆西陲浩罕汗国的封建主，担任浩罕汗国摄政王的帕夏（总司令）。

话分两头。在19世纪中叶太平天国起义期间，由于清朝统治者政治黑暗腐败，民族压迫严重，许多地方少数民族也奋起响应。苗民等起义于贵州，回民起义于陕西、甘肃。1864年，新疆地区也爆发了维吾尔、回族等人民起义。新疆地区起义一开始，领导权就被各族封建主和宗教上层分子所篡夺，形成了互不统属、各据一方的混乱局面。

1864年9月，回族封建主金相印攻陷喀什噶尔的疏附（回城），清军坚守疏勒（汉城，喀什由汉城、回城组成），金在久攻不下之时，竟向中亚的浩罕汗国请兵援助。

1865年春，浩罕统治者派遣军事头目阿古柏（1825—1877年）率军入侵新疆，侵占喀什噶尔，先后攻陷南疆英吉沙尔、库车、阿克苏等地，其反动势力扩至辟展（鄯善）以东的七格台。二年后，阿古柏悍然宣布成立"哲德沙尔汗国"（哲德沙尔，七城之意，指喀什噶尔、阿克苏、库车、乌什、叶尔羌、英吉莎尔、和阗），自称"毕条勒特汗"（意谓洪福之王）。金相印背叛祖国，引狼入室，罪恶深重。

同治九年（1870），阿古柏匪帮侵入北疆，打败自称"清真王"的妥明，侵占乌鲁木齐，其反动势力向西扩张至玛纳斯（绥来）。这一年9月阿古柏攻占吐鲁番，11月又越天山侵占乌鲁木齐地区。至此，这头凶恶的豺狼吞食了我国新疆吐鲁番以西和乌鲁木齐等天山南北广大地区。阿古柏侵占我国喀什噶尔等地后："所用各头目皆其种类；即未充头目者，亦无不倚势作威，相助为虐。"

新疆地处中亚东部，与中亚和印度接壤，是俄、英争夺和侵略的重要目标。阿古柏是英、俄争夺和利用的对象，是新疆危机的根源所在。

19世纪60年代，中国的整个西北地区动乱不休，新疆几乎与内地隔绝，清政府无暇西顾，沙俄乘机派科尔帕科夫斯基为"伊宁远征军长官"，指挥俄军越过边境，于1871年7月上旬，侵占了伊犁九城地区，"设官置成，开路通商，晓示伊犁永归俄辖"。

阿古柏侵占南疆，建立了"哲德沙尔汗国"，把他的反动势力向东扩张到吐鲁番以东的辟展，并横越天山，向北扩张到乌鲁木齐、玛纳斯，沙俄又侵占了伊犁，因此，清军反而局促于塔尔巴哈台、古城、哈密一带的狭小地区，祖国新疆几乎沦为异域。

新疆局势如此混乱，清朝政府方面的情况如何呢？那时，体制多头，群龙无首，伊任命的官员和伊犁将军腐败无能，加之此时肃州被回民起义军占领，河西一路尽是荆棘，不打开一条路，怎样能出嘉峪关呢？只好无形放弃了。况且给予派遣的官员库克吉泰的使命，分明只是督办新疆北路的军务，那么，对于南路，分明更是有心放弃的了。

3. 太平军余部会合捻军入陕甘

1864年天京陷落后，北方太平军和捻军的联合作战进入一个新时期。早在1863年3月捻军皖北根据地雉河集失守，捻军首领张洛行被捕殉难，余部在鲁王任化邦、梁王张宗禹等率领下，继续在黄淮之间坚持反清斗争。

1864年春,陈得才、赖文光部太平军由汉中回师救援天京,被清军截堵于皖鄂之间无法东下。11月陈得才兵败自杀。太平军余部和捻军任化邦,张宗禹等部会合,共推赖文光为统帅。任化邦,张宗禹等表示服从赖文光的领导,"誓同生死,万苦不辞"。赖文光"视此情状,君辱国亡家破之后,不得已勉强从事"。他把复兴太平天国作为奋斗目标,按照太平军的兵制,结合捻军"精骑走"的特点,"易步为骑",运用流动战术积极打击敌人。

站在地主阶级立场的文人王定安是这样描述官军与捻军之间的战斗情状:"每侦官军至,避走若不及。或穷追数昼夜,乃返旗猛战,以劲骑分两翼抄我军,马呶人欢,剽疾如风雨,官军往往陷围不得出。"捻军运用这种诱敌尾追、迂回包抄的流动战术,屡败清军。

1865年5月,赖文光率部在山东曹州高楼寨设伏歼灭僧格林沁马队六千、步兵五千余,杀死僧格林沁。捻军军威大盛,各地人民纷起响应,清军将领哀叹:"贼旗朝张,万众云集","开门揖盗,从乱如归"。

僧军——满洲贵族集团嫡系精锐武装的覆灭,迫使清廷把希望寄托在湘、淮系军阀身上。

清廷急调曾国藩为钦差大臣,督湘淮军攻捻。九月初,曾国藩到达徐州前线。他针对捻军的流动战术,提出了以静制动的方针,即以固定的点和线,来围困捻军。他在安徽临淮、江苏徐州、山东济宁、河南周家口四个城市驻扎重兵;并在东面运河、西面沙河和贾鲁河,北面黄河、南面淮河布置河防,企图把捻军困在其间,然后利用各地驻军进攻,使之无处可逃。他还在捻军活动地区修筑圩寨,坚壁清野,调查户口和实行三家连坐法,以期切断捻军与人民的联系,使之成为无源之水。不过曾国藩的计谋并未得逞。他所指挥的清军矛盾重重,淮军不服从调遣,各省地方武装自行其是,湘军日趋腐化。而捻军却乘歼灭清军之余威,主动进击,不断打败曾国藩的防堵军。

1866年9月,赖文光等率捻军突破沙河、贾鲁河防线,挺进山东水套区。曾国藩因"剿捻无功",退回两江总督原任,而由李鸿章继任攻捻主将。

捻军虽然屡败清军,但在政治上提不出新的号召,又没有比较巩固的根据地,因而斗争形势日益艰险。

1866年10月,赖文光深感"独立难持,孤立难久",在河南许州将捻军分为东西两支。一支由遵王赖文光,鲁王任化邦率领,留在中原地区活动,是为东捻军;另一支由梁王张宗禹、幼沃王张禹爵率领,挺进西北,往联回众,是为西捻军。捻军分为东西两支,目的在于扩展势力,互为犄角,而结果却兵分力散,以致被各个击破。

是年12月,李鸿章在徐州接任钦差大臣,督师"剿捻"。他仍然袭用曾国藩的战略,按照他的说法就是"先堵后剿",即把捻军"蹙之山深水复之处,弃地以诱其入,然后各省之军合力,三四面围困之",捻军则继续运用"云翔风驰"的流动战术对待李鸿章。

东捻军先入山东,然后转进湖北,夺取安陆府的臼口镇,驻军尹隆河一带,准备从湖北长驱西上,一入四川,据巴蜀之利,一上紫荆关,会合张宗禹攻陕西。李鸿章急忙指挥清军分进合击,妄图把东捻军主力消灭在尹隆河一带。

1867年初,东捻军首战告捷,打伤提督郭松林,击毙总兵张树珊,连克应城、云梦、天门等县。但是,后来清军援军四集,捻军腹背受敌,终于大败,损失两万人以上。于是,东捻军放弃进兵川陕的计划,挥戈东指,攻入山东登莱一带,准备进行修整。

以梁王张宗禹为首的西捻军,从河南长驱入陕,于1868年1月在西安近郊十里坡大败清军,阵斩总兵萧德扬等,击溃陕西巡抚刘蓉所部主力,进逼西安。就在这种形势下,清廷急调左宗棠,任陕甘总督和钦差大臣,全权督办陕甘军务,让他来收拾西北的糜烂之局。

西北形成"糜烂之局"还有一个更重要的原因是清廷实施错误的民族政策,压迫少数民族,把满人作为高踞于各民族之上的作威作福、为所欲为的统治者,不断制造民族矛盾。左宗棠曾说:"甘肃之军,不能卫民,反以扰民;甘肃之官,不能治民,反激民为乱。"

清政府看着陕甘情势,不免着急,明知那班官军和民团,除了多隆阿外,都不中用,就想到利用那时的"天之骄子"的湘军。派了四川布政使刘蓉擢迁陕西巡抚带领湘军入陕。刘蓉起先剿太平军也曾得手,后来西捻蜂拥而至,灞桥一战,刘蓉指挥的部队几乎全军覆没。此时曾国藩派了刘松山带了一批湘军西上,协助他的儿女亲家刘蓉支持危局。这一批军队和左宗棠后来规复西北、进军新疆关系密切,成了赖以成就大业的主力。

十一、西北危急之时移督陕甘

4. 羽书皇命急如星火催西行

同治五年（1866）九月，左宗棠在福州接到清廷调他去陕甘的命令后，向朝廷请求推迟三个月行程，以便刚刚起步的船政大业周到交接。

左宗棠是要到陕甘去整顿地方秩序的，所以要在福州就必须通盘计划，早作调配。沈葆桢既已成为他的左手，船政由沈来抓；左宗棠便要虞绍南充当他的右手，急速办理一大堆西去之事。首先就是他要有一个可靠的带兵的大将。他选择了刘典作为他的帮办军务大臣，并要虞绍南火速告知刘典即带六千人出湘，在汉口等他；知照陕西巡抚刘蓉，让一万四千名湘军就地待命；同时在闽浙启动三千之师跟进陕甘；高连升在广东也接到左宗棠的密令："密领一军北上河北。"就这样，兵力还嫌少，又通过曾国藩要刘松山一支好几千人的老湘军作为准备。东南多水，水师在与太平天国作战时发挥过不少作用。此番西去，则马当为军用之先。左宗棠又预计安排，立即派人去张家口买马。一张张军械采购清单源源不断交到胡雪岩手中，要他从上海将此等作战物资直接往西安、兰州调运。再就是家事了。陕甘不是带兵的人好带家眷去的地方。夫人、小姐、儿子、儿媳和孙子等一家人，都得送他们回故乡。

就在这时，接二连三的圣旨到了。

这第一道圣旨：御赐左宗棠一个正式头衔——进士，并授左宗棠钦差大臣。这第二道圣旨是"六百里加紧"送到的。周围的人都屏声静气，左宗棠立即展开廷谕："陕西捻情益急——西捻由许州西上，已绕过潼关、商州，越过秦岭，扑向华阴。陇州、分州之刘蓉军堵截不利，在华州被捻军击败，伤亡达七百余人。兹着左宗棠即赴陕甘，暂毋庸来京。……"

看了催促赴陕之谕，可见清廷惊恐、惶急之情。

左宗棠毅然做出决断，说："绍南，你到亲兵营把蔡十斤叫来。"待虞要走时，左宗棠又把他叫住，再给上海胡雪岩去封急函，速调五万斤火药至汉口；复告江宁曾国藩，求他即着刘松山部十七个营即日开赴潼关；陈湜在山西，也速去信让他待机而动。

左宗棠多有出奇兵的经验，也有中埋伏的教训。总之，他是个沙场老将了，战场一铺开，要面面俱到。他认识到转战陕甘不比在东南的任何一次军事行动，粮草、给饷的准备调运将是决定一切的，所以一方面运筹兵力的调集，同时向朝廷提出最起码的要求。

左宗棠心里很明白，他不是神，不是说把他往陕甘一调，捻、回的问题就迎刃而解了。所以在同治五年十月二十九日（1866年12月5日）的奏折中强调了两件事：

一是兴屯以解决军粮；二是切实保证军饷。没有粮，没有饷，就没有军队；没有军队，就没有胜利可言。他说："屯政果兴，军无悬釜之忧，民有重苏之望，以逸待劳，以饱制饥，其于兵事尤为便利。"至于军饷的保证，无疑是至关重要的。他指出：若军饷匮乏，"则入关而西，饥溃哗噪实在意中"，这是将兵之人的大忌。朝廷接到他的奏稿，即责成军机处饬陕甘各级衙门预为筹措，国库也将军队费用解拨陕甘。

临到快要走了，台湾有事告急，列强虎视眈眈，多次派人进入台湾以经商为名，行探听之实。而台湾军备，荒废多年，几无守备可言。一旦西国入侵，唯有拱手相送。左宗棠想到这里便心里一麻，在福州的最后几天，还得抓紧作出部署，一是调吴大廷为台湾道，二是派刘明镫为镇总兵，奏请朝廷许募弁勇一万四千人，修复水师旧有的九十六条木船，会同台民，自备自守。

左宗棠本想东渡台湾海峡，饬吴、刘二人实心任事，未雨绸缪，以为东南奠此岩疆。这时也来不及了，只好一方面书告吴、刘，勿得辜负重托，愧对皇天后土；另一方面奏陈朝廷敕下该臣等随时会衔陈奏。他本人就是一心二用，也鞭长莫及了。

同治五年十一月初三（1866年12月9日），左宗棠将设厂造船各事料理完毕，准备离福州西行，进城向官员们和百姓辞行。老百姓听到这个消息，都蜂拥过来攀留，街道和衙署里塞满了人群。宗棠亲自和大家再三解释，可是人群不肯散。（"入城辞行，群至攀留，塞满街署，不容其去，譬晓再三，终不可止。"）回营次日，又有几十位代表跑来，苦苦挽留再多住些日子。（"衣冠数十辈至，苦留小住，以从民望。"）在群众和官绅如此挽留下，他将行期推迟至16日。回想自己从同治二年三月（1863年5月）任闽浙总督的四年半时间里，忙于镇压太平军，于国计民生建树不多，却受到福建人民如此爱戴，说："吾何施而得斯于民哉？愧怍之余，不觉泪落。""吾方歉恨之不暇，乃闽人相与歌诵而挽留之，其益使余悲也。"

临行前，他应福建湖南会馆之请题写了匾额和一副对联：

瓯浙越梅循，海国仍持使者节；

陇秦指疏勒，榕垣还作故乡看。

他这时已预见到,此行去陕甘,还将远到新疆。他和福建人民产生了深厚的感情,把福州看作是他的第二故乡。20年后,他果是回到这个"故乡"来了。但他没有料到,也就是在这里,走完了人生的道路。

1866年12月16日,左宗棠最后一次巡察船局各处工地,准备起程。他原想与周夫人和全家同行到汉口,然后再分手,周夫人径回长沙。但是因为两个儿媳将分别于十月和十一月分娩,旅行不便,因此他决定单独先走,周夫人和全家暂留福州,等儿媳分娩后,调养一些时日,再从海路经上海去汉口。

十二、平捻平回问题上宜客观公允分析

1. "先捻后回，先秦后陇"的策略

同治五年十一月初十（1866年12月16日），左宗棠从福州出发，自带亲兵3000人，浩浩荡荡由陆路启行，取道江西、湖北，第一站是汉口。

左宗棠率部于1867年2月初到达汉口。大营安扎之后，他就忙于召集、整顿部队，从湖南招募的3000名旧部即将到汉口来会师，有许多准备工作要做，又增加了一项剿捻任务，他本来已心力交瘁，这时又忙得不可开交，现在需要全身心投入到剿捻和西征的军事筹划上。

比大队人马先赶到汉口在等左宗棠的，除了刘典，还有王柏心——就是左宗棠特意从监利邀来汉口一见的旧日同僚，左宗棠的二哥左宗植也让王柏心叫来了。左宗棠向他"询以关陇山川形势，用兵次第及时务所宜先者，王柏心罄所知以告"。他认为捻军"飘忽驰突，兼善用骑"，"最为难制"，因而应以先灭捻军为急务。

左宗棠接受王柏心的建议，进一步制定了自己在西北的战略方针，即所谓："以用兵次第论，非先捻后回不可，非先秦后陇不可。"

在西征军的人事上，左宗棠也作了部署：除奏调刘典帮办陕甘军务外，又调广东提督高连升（果臣）率部来西北参战。另外，原属曾国藩统领的将领刘松山（寿卿）也奉调入陕，带领老湘军9000人，以后成为左宗棠手下的一员大将。（曾国藩以国事为重，派出爱将，调遣老湘军主力，支持左宗棠西征，品格高尚。收复新疆大业告成，亦有他的重要贡献。）

因为曾国藩剿捻不力，清廷命李鸿章为剿捻主帅，并督剿东捻，左宗棠负责征剿西捻。另外还有几支地方部队参加。一支是张曜的"嵩武军"，另一支是宋庆的"毅军"，这两支部队都是豫军，英勇善战。此外，山西按察使陈湜的军队也由左宗棠节制。

左宗棠平捻尽管部署周密，但由于西捻军勇猛善战，机动灵活，飘忽驰骋，提前跳出包围圈，使他布兵于渭、泾、洛、黄"兜剿"落空；左军一路尾随，疲于奔命，处处扑空，弄得焦头烂额，人累马乏，苦不堪言。更令左宗棠感到尴尬、头疼和丢脸的是，西捻用"围魏救赵"之计，东渡黄河后，以迅雷不及掩耳之势，顺王屋山进入豫北，并派出轻骑兵进击到京城附近，踏碎卢沟晓月，令慈禧太后和朝廷大臣大为惊恐，在严厉责备、申斥之后，严令"就地歼除"，若再有失，"唯左宗棠是问"。向来十分自负的左宗棠，竟然在这个时候第一次想到了自杀。相反，剿东捻的主帅李鸿章，采取了诱东捻军入绝地及施离间计使其自相残杀的办法得逞，东捻军被歼灭；此后又得到"天助"，"阴雨弥月，海、漳、运汇成泽国，马尺寸不能骋"，使西捻军也遭到了覆灭，于是李鸿章成为平捻的大英雄。

2. "欲靖西陲，必先清腹地"的方针

清廷在任命左宗棠负责西北重任以前，也曾作过一些部署。那时太平军战事还没有全部结束，不能将善战的湘军西调，于是将四川布政使刘蓉（霞仙）调任陕西巡抚。不久，江西境内太平军战事已近尾声，清廷又将杨岳斌调任陕甘总督。这两名湘军将领来西北后，局势不见好转。刘蓉兵败后，巡抚职也丢了。杨岳斌见形势不妙，也请病假告归。左宗棠一面等待由各地调集的军队，同时研究进兵策略。他向清廷提出了用兵程序："欲靖西陲，必先清腹地。"然后才能无后顾之忧，饷道免中梗之患。这是一项正确而重要的军事策略。

新疆是中国西陲，欲收复新疆，必先平定玉门关以内的陕甘腹地。新疆为外国侵占，对内地而言，甘肃成了西陲。欲平定甘肃，首先必须平定潼关以内陕西、河南等腹地的战乱。这就是说，欲收复新疆，必先平回；欲平回，必先平捻。回军占领了通往新疆的门户肃州和河西走廊，又和在乌鲁木齐自称"清真王"的妥得璘勾结；清军如不收复肃州，打通河西走廊，怎能出关呢？即使出了关，也不能保证军需接济和粮道畅通，还将受两面夹击的危险，那么，新疆只有放弃了，这是中国人民包括广大回民都不能答应的。捻军在陕西、河南一带势力很大，东奔西窜，有时甚至逼近京畿；如果不先平定捻军，同样，清军是无法进入甘肃的，否则也是两面

受敌。当然，更不用提收复新疆了。

左宗棠提出的用兵次第，简单明了，本来用不着解释，稍有军事常识的人都能认识其正确性。关内的军事行动是为收复新疆作准备的必要行动。这自然是为大多数爱国者所赞成和拥护的。过去曾有人将关外和关内行动机械地划分为两种性质：关外是对外收复失地，是爱国壮举，应予肯定；关内则是对内镇压人民，是反动行径，应予谴责。这种孤立地看问题的方法和说法自然欠正确，违背了唯物辩证法一切事物讲"联系"的原理。这是因为没有看到，或是有意地不看到，关内外行动是一个有机整体，是一项"系统工程"。没有关内行动，就不可能有关外的胜利；不打通河西走廊，大军便不能进疆，这是再明白不过的。

另外，他们还忽略了一条重要原则，正如姜铎先生和其他有卓见的历史学家所指出的："在中国近代史上，阶级矛盾和民族矛盾并存，民族矛盾经常占主要和支配地位。评价历史事件和人物时，必须把是否有利于整个国家民族，和有利于保卫祖国的领土与主权，作为主要的衡量标准。也就是说，要贯彻和发扬爱国主义精神。"看问题、评功过必须从大处着眼，登高望远。笔者始终不渝地认为：左宗棠"清腹地"、"借洋款"等这些颇多争议的是非功过，只有从维护国家主权和领土完整的大局上来看待和衡量，才能廓清遮挡视线的迷雾，认识其极为深远的意义和无可估量的价值。

清廷给左宗棠加了一个"太子太保"的头衔，命刘松山等率军回陕剿回，着左宗棠来京陛见。同治六年（1867）八月初五日左宗棠到达天津，初十日到北京。八月十五日，觐见了慈安、慈禧两宫皇太后。他当了七年的巡抚、总督，和朝廷奏折来往频繁，但见皇太后和皇上还是第一次。两宫皇太后久闻左宗棠之名，对"左老三"颇能打仗、对朝廷忠心耿耿也印象深刻。慈安太后仪表慈祥可亲，心地善良，她先开口亲切地慰勉左宗棠说："左爱卿，这些年来，你平定长毛和捻匪，都出了大力，费尽心机，为我们大清江山稳固立了大功，我和皇上都感谢你呀！"

"太后过奖了，寇事荡平，全托皇太后洪福。先帝对臣破格重用，恩重如山，微臣效犬马之劳何足道哉！"

"捻军平定了，朝廷放了些心，但仍担心陕甘回军打过来。"慈禧太后叮嘱道："爱卿，你必须把山西边境保护好，先巩固东边，再向西推进。"

"遵旨！臣一定尽心尽力去办。"

两宫太后对左宗棠"赐紫禁城骑马"特恩后，慈禧太后问他："西事何时可了?"

左宗棠从容答道:"剿抚兼施、一了百了,得五年功夫。"

"要五年吗?"

太后觉得时间长了一些,但宗棠预计进兵、运粮、筹饷等许多困难因素,便道:"西事艰险,棘手事甚多,五年功成,实属有幸。臣不敢在太后面前虚言承诺,也不敢拖延时日。"

"那你就抓紧时间去办吧!"尽管慈禧当时认为五年为期过长,但颇欣赏那句"一了百了"的话。后来,果以五年收功。当然给太后留下了深刻的印象。

左宗棠审时度势,打算五年能平定陕甘,就算够快的了。后来有人认为他估计冒进,是轻敌骄傲。他说:"天威咫尺,何骄也?!"

皇上和皇太后面前说错了话,是要杀头的,他哪敢胡说、骄傲?之后,他与友人的信上说:"西事艰险,为古今棘手一端。鄙人冒然认之,非敢如壮侯自诩:'无逾老臣',亦谓义不敢辞难耳。前年入觐面陈,非五年不办,慈圣颇讶其迟。由今观之,五年蒇事,即大幸耳。"

3. 强忍接连丧亲哀痛显大义

左宗棠之所以无愧是立德、立功、立言的不朽历史伟人,除了他为国家建立显赫战功外,还与他具有因公忘私、为国不顾家这种极高的德行密不可分。

左宗棠虽然十分爱妻恋家,但为了"四海晏清,八荒率职",便"苟利社稷,生死以之",长期离家在外,只是让周夫人随军到福州相聚短短的六个月,便又永远分别了。

周夫人回家后,和儿女们过着安静而节俭的生活。她本来有肝病,身体时好时坏,分别后第二年,宗棠得到家信,周夫人生病,需要用人参滋补。他写信告知长子孝威说:"你母亲医病需要的药,虽然非常贵重,我也决不会吝惜重金。"但是他又说:"能买得一两也够了。你祖母患病时,急需好参,那时家中贫穷,没有钱买,至今想起来还是十分懊恨。因此我也不想多买。"那时他的养廉金很丰厚,买多少参是不成问题的。但他经常想到贫困的年轻时代,回忆母亲病危、无钱买药的情景,因此终他的一生,不愿自己和家人过奢侈享乐的生活。不过，夫人患重病需药，既说不吝惜重金，却又对买参数量有所限制，看来也有点过分了。

周夫人这次患的是脚气病，同治六年（1867）曾大发作。医生看了后，说："脉绝，不可救了。"但是服了参茸补剂后，病情好转。次年又发作过。同治八年（1869）一年中身体渐好，没有发病，只是脚肿不消。根据前后症状，可能不单是脚气病，而且还患有风湿性心脏病等较严重的病，她还兼有肝病。当时的中医对此没有什么特效药。

同治九年（1870）正月底，四女孝瑸在久病之后去世。孝瑸嫁给周夫人的内侄周翼标，翼标早一年亡故，孝瑸哀伤过度，加之本来患有肺病，因此郁郁而逝。周夫人素来疼爱儿女，受不了这样大的打击，肝病大发。在孝瑸去世后第七日（二月初二日）去世，那年她59岁。

一个月以后，左宗棠才得到周夫人的噩耗，当时正在甘肃平凉军次。他悲不可抑地写信给儿子们，仔细地安排了周夫人的后事。他叮嘱丧事不要张扬，不要广散讣闻，不要随便用乐队鼓吹，只在祭奠时才奏乐；题主不必请名人，由侄儿丁叟或女婿陶桄即可，他们二人字都写得很好。不必做佛事，长沙城中灾民、乞丐多，出殡之日多散给钱财，比布施给和尚胜过十倍。觅地不讲求风水，只需避白蚁之害；买地决不可用势欺压；作冢用三合土，可避白蚁和树根之患；在周夫人墓穴旁，要留下一个墓穴，以备他去世之后安葬。在周夫人生前，他已谈过，死后同穴而眠。他还一再叮嘱：丧事不可铺张。古语云："孝子不俭其亲丧事。"自然不可过于省俭，理所当用的，多用点亦无妨；但是不当用的，一文钱亦不可用。不要害怕别人议论。有人会说：瞧这样的大官家庭，却故意装出穷相，这不必理会。专讲体面，不讲道理，是他素来认为可耻的事。

宗棠在极度悲痛的时刻，将丧事考虑安排得如此周到细密。他还写了一篇《亡妻周夫人墓志铭》。写完墓志铭和信的时候，已经是午夜四鼓了，他也已止不住泪湿衣襟了。

在《墓志铭》中，他记述了周夫人一生事迹，既是纪念她，也希望儿女们向母亲学习。在后来给儿子们的信中，还常常提到周夫人，告诉他们母亲平日的为人处世，以及过去是如何教养他们的，要他们牢牢记住。

左宗棠突然想起周夫人生前曾托他一件事，至今没有办。家中看门人何三，人老实本分，晚景不好。周夫人在福州时曾向他提起，能否补给他一名兵勇的饷额，他答应了。但是后来想想不妥，兵勇口粮是不能给家人的，因此一直未办，后来干脆忘记了。现在想了起来，从答应夫人之时算起，一共四年的口粮，合计二百十两零六钱。他从自己的薪俸中拿出这笔钱，寄给儿子，嘱咐转给何三。答应了周夫人的事，是决不能食言的。

左宗植第三子名浑，字丁叟，也是一位有才华的人，于同治十一年（1872）二月病故。宗棠在甘肃得讯后，十分伤痛，写信给孝威说："你伯父衰老多病，你们务必要多方宽慰他。"

左宗棠这几年接连遭受家庭变故，精神和身体都受到打击，但是西北形势紧急，国土沦丧，大局糜烂。他认为天下事总要有人干，岂能避难就易。"我以一身承其敝，任其难，万无退避之理。"因此，义无反顾，毅然走上西征之路。在征程中却暗暗吞下了丧妻、丧兄、丧女、丧侄的辛酸眼泪。

左宗棠率军入陕西的那年，已经56岁，已感到年老多病。他年轻时身体本来很好，很少生病。同治二年（1863）在严州得了一场疟疾，一天之中忽冷忽热，苦恼不堪。他又不信药，不肯服药，因为患过一次疟疾，服了药反而加重，加之没有好医生，当时也没有特效药，一连病了五十余天。生活条件差，军事繁忙，又患上了一些老年病，如腰腿酸疼麻木，筋络不舒等。以前记忆力非常好，如今时常健忘。他常对人说，今后要生出玉门关，恐怕是不可能了。

宗棠虽有四女四子，可行军时都不在身边。结婚次年，生了长女孝瑜，隔了一年生下次女孝琪。孝琪半岁时得了急惊风，却遇上了庸医，误服补剂，以致下身瘫痪，一生没有结婚。三年后张夫人生了三女孝琳，嫁与湘潭黎福昌（尔民）；周夫人生了四女孝瑸，嫁与湘潭周翼标（庆生），周翼标是外祖母王太宜人的第二孙。左宗棠对待子女的态度是一视同仁的，虽然对每人的才具和缺点不免有所偏爱或批评，总之，他对子女，特别是对儿子们，是很严格的。孝瑜既是长女，又是前辈和知己陶澍的儿媳妇，自然不免有些偏爱，但对她也有过批评。二女孝琪受到他的特别爱怜，也许因为她是残疾人，但左宗棠说她最像母亲。周夫人去世后，他告知几个儿子说："家中事务一切要禀告二姊决定，更要善待她，决不可让她烦恼。"

四个女儿都有才华，母亲和外祖母都能诗，自幼就教她们读诗、写诗。周夫人去世后，宗棠将她们的诗收集成册刊印，名为《慈云阁诗抄》。慈云阁是王太宜人居室的名称。女儿中以孝琪的诗最多，收了古近体共79首。

左宗棠得子较迟，35岁时，长子孝威才出生，比长女孝瑜小13岁。孝威自幼聪慧，读书用功，宗棠很钟爱他。孝威出生的次年，孝宽出生；七年后，孝勋生；又隔四年，幼子孝同出生。左宗棠对儿子的要求很严格，一再告诫他们，千万不要做官，做官是自寻烦恼。

孝威16岁考中秀才，同年参加乡试，又中了第三十二名举人。周夫人去世后，孝威伤恸不已。他为母亲挑选葬地，在各处奔走。丧事完毕，他带领三个弟弟在家中读书。同治十年（1871），宗棠很想念他，叫他来甘肃陪伴。那时宗棠在安定，军事很忙，孝威到军营后，宗棠有些文稿就交给他草拟，他也忙忙碌碌，不能很好休息。有一次，他拟的稿子不合意，宗棠很生气，狠狠责备了他一顿。孝威是个忠厚人，觉得自己没有办好事，心中有愧，心急加气恼，不料吐出几口鲜血。加之父子同住营帐里，西北是大陆性气候，白天炎日当头，晚上则气温骤降，西北风很大，营帐不严实，风刮进来，孝威就着了凉。他不比老父亲，宗棠是从小在田野中劳动，壮年又南征北战，在营帐中住惯了的。孝威究竟是公子哥儿，自幼娇养，本来身体就弱，这次受了风寒，咳嗽、咯血病加重，还时常患腰疼。宗棠于是命他回长沙休养。

孝威于同治十一年（1872）初回家。那一年先是二伯之子左浑去世，接着二伯去世。同治十二年（1873）二月，瘫痪多年的二姐孝琪也去世，年才40岁。左宗棠对这个女儿倍加怜爱，她懂事明理，有母亲遗风，40年来始终与病相终始，对她的死去，宗棠异常悲痛。他想为孝琪写一篇墓碣，但每次一提起笔来，就悲不自胜，一字也写不出。这篇墓碣始终未能写出，实在是件遗憾的事。

孝威的病也愈加重了。三月上旬每隔两天就吐血一次，服药不见效。过去他因怕父亲着急挂念，写信时将病情隐瞒，不详细禀报，但是宗棠也听到了儿子咯血的消息，又得不到详情，愈发着急，夜里常常做噩梦，醒来时仍心神不安，已有不祥的预感。孝威在养病期间，宗棠除了在医药上出点主意外，还告诉他一些保养身体之法，爱子煞费苦心，真是"可怜天下父母心"啊！

他还对儿子说："我在爱惜你，以爱民不嗜杀为要，不在祈祷。"当时他身拥重兵，掌握大权，又正在西陲作战。战争免不了要造成重大伤亡。他一贯的信念，是要爱护百姓，战争中少杀人，多救人，求得心之所安。他以此信念为儿子祝福，而不是像一般人一样求神拜佛为儿子祈祷。但是他心中却暗暗担忧，在这段时间，经常"魂梦作恶，日夜惘惘"，知道儿子病情难以挽回。

孝威的病拖了几个月，终于在同治十二年（1873）七月十四日去世，年仅27岁。死时神志清楚，将三个弟弟叫到身边，处理了家事。又叮嘱贺夫人好好照顾三个儿子。他们夫妇感情非常好，他病重时，贺夫人曾从臂上割下一块肉，和药烧了给他吃，当然无济于事。贺夫人遵遗命教养、照庇孤儿。几年后，长子念谦已十四岁，次子念恂和幼子念慈都已在家塾中就读。贺夫人心事虽没了，但是忧能伤人，自己的体质也越来越差，重病侵身，于光绪四年（1878）正月初三日随孝威而去。

左宗棠对孝威的死伤心已极。他已经欲哭无泪，想写一篇悼念儿子的文字，始终写不出来。他给友人沈葆桢的信中，提到儿子的死，说："大儿孝威久病不起……临危神志湛然，不胜惨悼之志。此儿天性孝友，短算赍志，实非所料，如何如何！"只能哀叹几声奈何。

贺夫人去世后，他为这位贤孝的媳妇，又是老师的爱女，写了一篇圹志①，既是纪念媳妇，也是纪念儿子。在这篇圹志中，既写了孝威夫妇，又写了周夫人和家中一些有趣的往事。在圹志末的铭文中，他说："天欤寿欤？吾不知也。家庭多故，乃所悲也。死则同穴，是其宜也。佳儿佳妇，瘗于斯也。嘻！""荣宠日增，门庭多故，实非我所希望。"

左宗棠如果在湘阴柳庄"长为农夫以没世"，夫妻团圆，子孙满堂，延年益寿，其乐融融，这样的人生只是千千万万普通的中国人中多了一个平庸之人，但是中华民族少了一位叱咤风云、舆榇誓师、收复新疆大片国土、令国人扬眉吐气的大将和统帅，祖国的广袤领土将继续被列强一块块割去，大西北的各族人民将遭异族蹂躏，中华民族将后患无穷！

有得必有失，有失必有得。左宗棠失的是个人和家庭的幸福，得的是祖国长治久安和领土完整。对于这样一位明晓民族大义、为国无私奉献之民族英雄，怎能不令后人思绪绵长，永远怀念呢！

4. 在"平回"处事上的功过是非

虽然说左宗棠与太平军作战、平捻及平回，都是领受皇命履职身不由

---

① 圹志：即墓志。

己。但前者是阶级斗争，后者是民族问题，清廷采取同样的镇压、杀戮政策，就犯了严重的错误与罪行。

到1869年秋天，陕西已大体平定，于是左宗棠转而全力对付甘肃和宁夏的回民起义。

这一战役，回军被屠杀和饿死以及"堕岩死者，实不止三万"。① 左宗棠在《追剿逆回大胜荡平董志原庆泾各属一律肃清折》中也说："平、庆、泾、固之间，千里荒芜，弥望白骨黄茅，炊烟断绝，被祸之惨，实为天下所无。"

但他把造成这种大破坏的责任都推到回军头上："陕回窃踞以来，远近城邑寨堡惨遭杀掠，民靡孑遗。"② 对清军的罪责，他却讳莫如深，这是违背历史事实的。

击溃以董志原为基地的陕西回军，不过是左宗棠进兵甘肃的一个前奏，以后，他开始全力对付甘肃境内的回军集团。三月，他移大本营于乾州（今陕西乾县），以便指挥各军西进。

击破董福祥一股后，左宗棠的下一个目标是消灭以董志原为基地的陕西回军。董志原位于陇东马莲河西岸，属甘肃庆阳府，"地居秦陇要膂"，"形势之重，自古已然"。

左宗棠计划在五年中平定陕甘，是在慈禧太后面前做过保证的，他一定要实现这一目标。1868年11月他抵达西安后，即兵分三路：北路，由刘松山率领，从陕北跨过黄河奔向绥德，他的实际目标是马化隆的金积堡；南路，由周开锡率领，经泾州进入河州地区；中路，由左宗棠和刘典率领，从陕西沿大路奔向甘肃。显然，北路具有决定性。

在甘肃四大支回军中，以马化隆集团实力最强，也最有影响。马化隆与其父皆为西北地区回教白山派（即新教）教主，他一面以金积堡为根据地，控制灵州（今灵武）及附近各州县，自称"两河大总戎"，雄长诸回，割据一方，一面又接受清廷"招抚"而任副将。

金积堡（现为吴忠市金积镇）背倚黄河，面临吴忠、灵武，秦渠、汉渠环其东，青铜峡扼其南，西南以中卫、中宁为后卫，东、北以横城、阳和两堡为屏障，有回民堡寨数百处，错落鳞次，环堡而居，形势雄伟，宁

---

① 《回民起义资料》第3册，第98页。
② 《回民起义资料》第3册，第98页。

夏各城堡罕有出其上者。

马化隆擅长口才，多机巧，常以智术笼络教徒，使群众惊服，因此远近教徒皆信奉如神明，被推为总大阿訇。马化隆的儿子马耀邦等善于经商，逐步发展，从东北、西南以至东南各大都市，都有他们的踪迹。因而中年以后，他就成为拥有巨额家资的富翁。

马化隆在金积堡筑有城堡，起名为"保生寨"。堡内有碉，建造宏伟，城郭坚固。此举曾引起官府的怀疑，官吏申奏朝廷说：马有"叛君自主，封土开疆之举"。清廷遣使实地视察，果属实事。从此，清廷就更加注意防范马化隆起事。

马化隆的长子马耀邦曾纳捐清官游击。此人计谋超众，是宁夏回民起义军中的卓越指挥者。早在宁夏川区以办团练为名，组织训练了能攻善守、枪马娴熟的三千精兵，后来屡抗来犯的清军，成为宁夏回民起义军的一支劲旅。

同治三年（1864），马化隆在加固和扩建"保生寨"做固守抗清基地的同时，又新建了亭台楼阁、富丽堂皇的西府，纳广武白举人（汉民）的女儿为妾，人称"西府太太"。

作为杰出军事家的左宗棠善于"把自己的注意力摆在照顾战争的全局上面"，解决"对全局有决定意义的一着"。他认为："西事关纽，全在金积，此关一开，则震动全陇，乃收全功也。"遂决计将金积堡攻取之。

这是一支强大而剽悍的回军，以擅长打硬仗而出名，要啃下他要花不少时间，需要一名得力的干将来打。这个人选谁最合适呢？左宗棠思考了很久，最终决定，仍然由击败董福祥的功臣、老湘军、老战友刘松山担任这个任务。

1869年6月，左宗棠兵分三路，开始向金积堡大举进攻，北路以刘松山部老湘军进定边、花马池，从东面逼近灵州。中路以魏光焘、周绍濂、刘端冕各军西出合水、宁州、正宁（均属庆阳府），直指庆阳、环县，这是主攻方向。另派雷正绾，黄鼎各部由董志原，泾州向镇原、崇信，华亭、固原移动，南下秦州（今天水）。南路则派吴士迈诸军由陇州、宝鸡趋秦州。再以马得顺，简敬临两军驻灵台（在泾州东南角）为预备队，策应南、北两面。

马化隆一面上书左宗棠，代逃至宁夏的陕西回军"乞抚"，一面"掘秦渠之水以自固"。同时，他又派兵攻占灵州，再次打出反清旗号。

"平回"战事确实激烈残酷，但左宗棠并非一昧使用武力，他每到一处，便安抚流民，大力屯田垦荒，开沟挖渠，督促耕织，加紧操练，也是事实。这些做法也为攻打金积堡做了物质上的准备。金积堡内，马化隆部经常试图突围出去，但多次均被刘松山瓦解了。

正月，左宗棠认为攻打马化隆的时机已到来，便命刘松山进攻。

刘松山等待已久，早已按捺不住了，命令一到，便发起了猛烈的攻势。

但是，金积堡的重要据点马五寨内，马化隆的部队抵抗异常顽强。他们早已做好了准备，在金积堡尚未攻克的各寨内，仍粮多兵足，各种军事设施都比较完善。

刘松山的老湘军一波波冲上去，但金积堡内一阵阵弓箭、滚石、灰瓶、檑木飞出来，老湘军一批批倒下了。

硝烟弥漫，杀声震天。刘松山久攻不下，而部下伤亡惨重，战斗的激烈是空前的。

同治九年正月（1870年2月），左宗棠认为"金积堡墙坚壕深，又积峙多，非决渠不能破"，而渠首之要在龙王庙峡口，密令刘松山饬雷军据其险，使马化隆大惧，又在傍寨筑坚垒三个。刘松山督军趋石家庄，分军三道，各指一垒，一鼓克之。余众投马五寨。

"刘松山策马寨前，督攻益急，忽寨中飞炮中左乳，谭拔萃等奔视，刘松山挥令猛攻：'毋顾我，乱行列。'诸将愤怒，争执火丸，冒炮石梯登，遂拔其寨，擒回酋马五。"

刘松山受重伤后，部下马上将其抬回大营。

刘松山悠悠转醒，看见左宗棠，眼中充满了泪水，只说了句："左大人，金积堡……"便撒手而亡。左宗棠悲恸欲绝，抚着刘松山的尸体痛哭不已。左宗棠命人厚葬刘松山，并亲自为他守灵三天。刘松山死后，左宗棠口头命令刘锦棠代替接着统率老湘军，攻打金积堡。据统计，在历次进攻金积堡的战斗中，清军将士伤亡逾一万五千人，是空前的。

到同治九年（1870）冬，马化隆已力竭势穷，无法再战，便上书刘锦棠："以我一人之死，赎万众无罪之生"，便决定以自己的投降换得堡中将士与百姓的生命。

11月26日，马化隆修书一封，派人送给左宗棠，说明自己投降之意，希望不要累及堡中居民，然后把自己反绑了，一个人出了堡，向清军大营走去。左宗棠拿到信后，冷笑了两声便撕掉了，他的眼圈已熬红了，刘松山的死、老湘军这么多官兵阵亡,都一概迁怒于金积堡。但他毕竟是有头脑的政治家和军事家,当他冷静下来后,觉得马化隆是自缚前来清军军营投降,如何惩罚要体现策略,想赦免他。但是,湘军将士都纷纷禀告左宗棠,强烈要求立即杀死马化隆雪忿,特别是他所倚重的前线大将刘锦棠从小丧亲,由叔父刘松山养大,待他如同亲生,恩重如山,坚决要为刘松山报仇,不然扬言要"解甲归田"。左宗棠与其发生了争执,但刘仇深如海,毫不让步,左宗棠担心军心不稳、甚至涣散,有"六军不发"之虞,不得不做出违心事,但对刘锦棠多少心存芥蒂。据《庆防纪略》云:

> 马化隆投诚后,左侯欲贷其一死,刘锦棠力争,至是行刑,盖出于不得已耳。《从戎草》记刘锦棠致左侯启有警句云:"义不共天,难效宽宏之量;时惟正月,群闻欢笑之声。"盖学夏辣疏中句也。①

左宗棠知道除了老湘军将士与马化隆不共戴天外,清廷对其忌恨甚深,也不会宽恕他。但是考虑到甘肃的局势仍应以"抚"为重,河州马占鳌早有就抚的意思,西宁马尕山也可能就抚,如果现在杀马化隆,对抚局将不利,便报奏朝廷,认为暂时不宜杀他,待收复最后一个据点王家疃后,再根据罪恶轻重,"重者诛夷,轻者迁徙"。清廷同意了他的请求,但是指出,以后即使马化隆在招抚方面立了功,也不让左宗棠代为乞恩减罪,说:"届时不得以收复各处为乞恩,以伸国法,而快人心。"可见清廷"旨意"之坚决和严厉!

1871年1月6日,金积堡内的马化隆同他的儿子马耀邦交出军器,向刘锦棠投降。马化隆自1870年11月26日自缚向刘锦棠投降,被押47天后,被处以极刑。刘锦棠又以在堡中搜出匿藏洋枪1200余杆为口实,将马化隆及其兄弟子侄以及精悍部众1800余人(包括重要头目80余人)全部杀害。②

笔者认为,左宗棠在陕甘宁新曾制定与实施了"不分汉、回,只辨良、匪"这一正确的民族政策,和招抚、俘虏政策,这对后世、对当代都有借鉴意义。对一位封建时代的封疆大吏、领兵统帅来说,体现了他的远见卓识,是值得肯定的。但在严惩马化隆及肃州杀降问题上负有不可推卸的领导责任。人非圣贤,孰能无过?实际上"人无完人",连圣贤也有过。左宗

---

① 转引自秦翰才《左宗棠逸事汇编》,第207页。
② 《回民起义资料》第3册,第167页。

棠事后进行了深刻反省,在给儿子孝威的信中多次作了忏悔。我们对历史人物要理解其受时代局限,环境和条件制约,不能太苛求。

对左宗棠研究卓有成就的人民大学教授杨东梁先生在《左宗棠评传》中指出:

> 左宗棠镇压陕甘回民的反清斗争,究应如何评价呢?我觉得这是一个较为复杂的问题,应当根据当时的具体情况进行具体分析。一方面,左宗棠进兵陕、甘,指挥清军屠杀回民,必须给予严厉谴责,另一方面,也要看到:陕甘回军被某些回族封建主夺得了领导权,他们尽力改变回民起义的方向,煽动民族仇杀,形成割据势力,阻碍着当地经济、文化的发展,破坏了祖国的统一。在这种情况下,左宗棠与他们进行斗争,就具有一定的进步作用。回军集团(特别是甘肃回军)的领袖人物多是当地的封建主,他们掠夺了大量财富,如马化龙①"富甲一乡",当清军攻破金积堡时,"其所缴金、银、铜钱,综合银十九万两有奇",他们不但有钱,而且有势,除了在回民中以宗教首领主宰一切外,还纳资捐官……他们所追求的只是个人的特殊权益,因而他们之反抗清政府,较之广大回族劳动群众的反对封建压迫和民族歧视,是有本质的区别的。
>
> 还应该看到:在西方资本主义列强频频入侵、民族危机日益严重的形势下,回族中的某些封建主,竟直接、间接地勾结外国侵略势力,为虎作伥,背叛祖国,也损害了作为中华民族一个组成部分的回族的根本利益……再一个明显的例子是陕西回军首领之一的白彦虎,不但逃往北疆,投靠阿古柏殖民政权,而且后来还窜出国境,投入沙俄怀抱,成为民族败类。

总之,由于陕甘回军反清斗争性质发生变化,特别是在英、俄侵略者窥伺我国西北,阿古柏伪政权窃踞天山南北的情况下,回军割据集团的存在,对于维护祖国领土主权的完整,捍卫中华民族的利益,都起着严重的阻碍作用。因此,我们评价左宗棠在陕甘的军事活动,就应当把它摆到当时国际、国内的具体环境中进行分析,而不可简单地片面地予以否定。

---

① 马化龙,原著如此,《清史稿》上是"隆"。

十三、征西兵饷粮运输其艰难万状超出想象

1. 由宗棠自行精选能将，组建劲旅

收复新疆是一场正义的反侵略战争，直接关系到中国的领土完整、国家统一、国防巩固、长治久安、前途命运、社会发展，以及政治、军事、经济、外交等多方面长远的根本的利益。

按照常例，这样的大事，应举全国之力，调集精锐，配以重兵。但当时的清廷根本办不到——无兵可调。当时的最高统帅慈禧是撒手掌柜——无旨可奉。她不是已托付"左老三"了？你自己想办法，给我新疆夺回来就行！

左宗棠已盘算过，从俄国侵占伊犁以来，他对清政府任命的将领，除刘铭传自己不愿出关以外，成禄在高台迁延不进被革职，穆图善以粮运不济被阻止，景廉因无应变之才被调走，宋庆因河南不支持塞防而调回，最后组成了以他自己为主，包括金顺、刘锦棠、张曜、金运昌、徐占彪等在内的西征军。

金顺，在左宗棠眼里，虽不能担当大任，但能"力顾大局，深知缓急，益惬私怀"，有不少长处，故愿与他合作，以之帮办新疆军务。

刘锦棠是左宗棠最称道和重用的人物。当俄国侵占伊犁，左宗棠决定"与此庙周旋"时，就选准了刘锦棠担任统兵大将，意欲让他将来能率军西征。光绪元年三月（1875 年 4 月），左宗棠以自己"年衰病久，深虞精力未足副其志"，向清政府推荐"英锐果敏，才气无双，近察其志虑忠纯"的三品卿衔现署西宁道刘锦棠"率所部老湘全军从征，并委总理行营事务"，作为中军，与金顺汇合，承担收复新疆的主要任务。

刘锦棠，字毅斋，道光二十四年（1844）生于湖南省湘乡县城南七都（今山枣镇）城江村。湘乡城江刘氏，按光绪刊《江城刘氏族谱》所序，系

汉高祖刘邦的子孙。刘锦棠父亲名叫刘荣厚，终身务农，家境贫寒，大字不识，既无显贵亲属，也无致仕族人，是一位知礼守法的老实农民。不久，刘荣厚被征入曾国藩军中，在一次战斗中战死。此时，刘锦棠才9岁。因生活所逼，其母改嫁，留下刘锦棠兄弟与祖母相依为命，生活来源主要靠叔父刘松山的饷银了。只读了两年私塾的他被迫停学。自幼聪慧、天生对军事感兴趣的刘锦棠，一边以讨米、放牛、砍柴谋生，一边竟勤学孙吴兵书。小小年纪好以"兵"言之，誓要投军"以灭贼，报其父仇"。

转眼间，刘锦棠年届15岁，来到江西，参加了叔父刘松山的湘军。称奇的是，他未在兵营中当普通勇丁，而在行营"优游幕帐，参画方略"。一个刚入伍的"新兵蛋子"，"参画方略"似有不实之嫌，但跟随刘松山及其帐幕人员聆听教诲，学习征战之法，倒是可能的，并且因他悟性很高，很快就"得其机要"，大得刘松山赏识，"常优异之，谓可独当一面"。

入伍头两年，刘锦棠随叔父转战于江西、安徽等地，镇压赣、皖太平军，成为重要的参谋人员。后在同捻军的战斗中，几乎每战都打头阵。"老湘营"与捻军在河南延津、封丘，山东盐山、海丰，直隶长垣、庆云、沧州、吴桥等地，大小数十战，最终将西捻围歼，"锦棠功冠诸军"。

刘锦棠从咸丰九年（1859）投军至同治七年（1868）止，他的军事天才与超人胆略在实战的历练中得到了很大提高，职位也从普通勇丁升到了道台。紧接着，清政府调刘松山归左宗棠统领追剿西北反动回民武装起义，也屡得成功。正因为叔父刘松山对他恩重如山，所以在刘松山攻金积堡阵亡后，他对马化隆恨之入骨，坚决不肯听从左宗棠本想对马以宽大处理的劝阻，给马化隆及其家属、族人以残酷的报复，结果造成了严重的后遗症。

另一位将领张曜，是左宗棠手下又一员大将，字朗斋，直隶大兴人，祖籍是浙江上虞。

张曜年轻时好武，据说"生有神力"。曾随僧格林沁攻打捻军。人都以为他只是一个武夫，其实他好读书，文笔雅驯，又写得一手好颜字。

金运昌，左宗棠说他西征志坚，所部皖军"好勇尚气，甚耐劳苦"，故专折请将他从包头调到关外，管理乌鲁木齐后路，以便刘锦棠"得此后劲，可以一意驰驱"。

此外，尚有徐占彪、易开俊、董福祥等部。

在选将调军时，左宗棠奏请派刘典帮办陕甘军务，更是用人得当。左宗棠说，调陕甘总督时，他的身体已经苦于"衰病侵寻"，令其"督办新疆军务，负荷更重"，而出塞远征，兵事饷事必以关陇为根本，一有间隔，则局势立即形成滞碍，贻误戎机。因此，他请派与他长期共事的刘典赴兰州帮办陕甘军务，"外可孚民望，内足协军情，于时局必有裨益"。

这样，西征军前有刘锦棠作主力，张曜助之，后有刘典管后方，左宗棠就可高瞻远瞩，指挥裕如了。

左宗棠认为："自古关塞用兵，在精不在多。"这除了能战以外，还在于节饷减粮。而且，当时各部缺额冗杂十分严重，整编裁减就尤为必须而重要。

左宗棠自己也随时整编所部。在同治十三年（1874）裁撤马步40营后，又裁汰奇、捷等营马步勇夫约1000余人。当时，金顺所部更杂，是裁汰的重点。

西征军总共121营，将兵和夫役共达8万多人。

正由于左宗棠在组建西征军时，注意精选能将，训练丁壮，严明军纪，讲求武器，就使这支军队达到了较好的水平。英人包罗杰评论西征军时说："这支在东土耳其斯坦的中国军队，完全不同于所有以前在中亚的中国军队，它基本上近似一个欧洲强国的军队。"可以说，这是对近代中国军队战斗力的最高评价。

2. 西征军落得"饷源涸竭，局势难支"

自古以来，职业军人是吃皇粮的，比老百姓的生活有保障。若是"雇佣军"，顾名思义，是拿了较丰厚的钱财而甘愿赴战场搏杀、"卖命"的。晋人鲁褒的《钱神论》中道："故曰军无财，士不来；军无赏，士不往。"俗语有"重赏之下必有勇夫"之说。

中国还有一句成语，叫作"士饱马腾"，形容军队粮饷充足，士气旺盛。假如，这支军队的官兵食不果腹，衣不御寒，病无医药，久不发饷，概括为一句话，则是"士饥马毙"，有谁还愿意出征打仗？会不会发生散伙、闹事甚至"兵变"？哪个领兵的将帅能不发怨气怒气、撂下"挑子"？"他妈的，就这样还让老子带领士兵去拼命？"

军和饷是密不可分的。左宗棠把"可恃之兵，资以足用之饷"视为化弱为强的重大问题。

西征军饷是按协陕甘军费，由各省关每年协饷820余万两。同治十二年九月（1873年11月），肃州之战结束、西征开始时，各省关积欠陕甘军费协饷达1796万多两。左宗棠在"饷源日绌，待用甚急，大局难支"时，已经是面临过去一年尚发两月满饷，至今则一月满饷尚无可发，"军心不问可知"的局面。他只好要上海转运局道员胡光墉向华商洋商筹借银100万两，让湖北后路粮台道员王加敏向汉口各商筹借10万两，"以资接济，将来即以收到各省协款陆续抵偿"。左宗棠原以为，如此可暂渡难关。可是，这110万两只收到70余万两，归还各地方借款尚不敷银20余万两。各省关协饷解到不多，而且由于日本侵台，沿海各省以洋防为急而纷议停缓，使收入更为减少。而另一方面，由于军队多开支大，筹办出关粮运费，以及发放裁撤各营费和历年欠饷，使开支急剧增加。

同治十三年十月（1874年11月），左宗棠说："总全局计之，非确得实饷300万两，难以支持。"故奏请清政府允由胡雪岩借洋款300万两，由江苏、广东、浙江三省协饷内，"分作三年划还"。

简括地说，在收复新疆的艰难岁月里，因为军费开支较大，一年需800多万两银子，而国库只能拨下500多万两，而实际到位的只有200多万两，中间有四分之三的缺口。因此，军营粮草极度紧张，忍饥挨饿已属家常便饭。但是，将士们没有一人对他有什么怨言。

从道理上来说，拖欠军饷本来不关左宗棠的事，左宗棠对大家忍饥挨饿的事并不负有任何直接责任。然而，他仍觉得内疚，其原因盖出于对士兵的体恤，所谓爱兵如子也。也正因为有了这样的真情，士兵们才甘愿忍饥挨饿跟随着他。

西征军饷全赖各省协款，如左宗棠说，"如婴孩性命寄于乳媪，乳之则生，断哺则绝也"。这个比喻十分恰当，也充分传达出焦虑和苦痛之心声。可是，各省"又皆以洋防为急，塞防为缓"，积欠协饷达2600余万两之多。左宗棠气愤地责问道："岂沿海防军重于出塞征军，今日防海之事实急于出塞之事乎？"他认为，各省虽然同时都艰难，但所欠之饷不过一两月之数，而西北之军一年不能发一月满饷，难道各省不能从全局出发，"节缩一两月匀济甘肃"吗？这好比"富者减一盂之食，仍免号饥；贫人利壶飧之加，即期宿饱"。这样"通融挹注"一下，大局藉可维持。

西征军军饷问题，也不能笼统责怪清廷不管。当时，清政府的财政确实入不敷出，捉襟见肘，不但中央"部藏无余"，各省也"库储告匮"。①

正是在左宗棠绞尽脑汁，既据理力争，又近乎乞求的情况下，清政府于11月8日为使西征军解决年终一月满饷，谕令浙江、四川、湖北、山西各提银7万两，福建、广东、河南各提银6万两，江苏提银5万两，安徽提银4万两，湖南提银3万两，山东提银2万两，凑足60万两，"均在各省积欠西征协饷内提解"；对以前欠解月饷，清政府要各省关在一年内先解一半，其余一半随同现解饷银按月设法措解，俾资接济。这就是说，由当家的婆婆亲自出面，拿着一只"钵盂"，向各房儿子、儿媳来"化缘"了，因为"老三"家的老小都快饿死了，你们都从牙缝里省下一口吧！

此后，西征军饷困难有增无减，而西征军需饷却日益迫切。当西征军整装待发之际，左宗棠在"饷源涸竭，局势难支"时上奏清政府说："现在西师既不撤，且须增出塞之师，筹塞外之粮运、屯垦、经费日增于前，而各省关应协西饷愈减于前。全陇痌苦情形甲于天下，就地既无可筹，专盼各省厘金协济，而各省厘金大宗又均为洋防占尽。"因此，他奏请清政府允照沈葆桢前筹办台防借款1000万两，年息8厘，分作十年筹还的办法，以济急需。

朝廷接到左宗棠的奏疏后，对他的处境艰难十分理解与同情，当即下诏要两江总督沈葆桢筹办。谁知这事立即引起一场轩然大波，在朝廷上下纷纷议论起来……

这位沈葆桢向朝廷上奏，不仅不愿意向洋商借款，还提出种种理由、激烈言词，反对西征。沈葆桢为什么会持这种态度呢？这原因是复杂的，有对新疆战略地位的认识不足，有强调自己当任的两江总督、加强海防重要的狭隘观念，更有李鸿章从中挑拨和派人"告诫"。李任江苏巡抚，沈任江西巡抚，两人从同学、同事到同僚，公私间往来频繁。

当时，李鸿章向朝廷推荐自己的好朋友吴棠接办船政事务，左宗棠坚决不同意，他三顾沈门，坚请沈葆桢出任，把李鸿章弄得很尴尬（后来证明，吴棠将船政搞得一塌糊涂）。

1874年，日本派兵入侵台湾，清政府任命沈葆桢为钦差大臣，前往台湾办理海防及对日本交涉事宜。由于清政府财力空虚，为增强防务，沈便开始向洋商借款了……

---

① 《光绪朝东华录》第1册，第25页。

这一次，左宗棠奏请朝廷批准，请沈葆桢代向洋商借款之事一公开，李鸿章立即写信给沈说："左帅拟借洋款千万，以图西域，可谓豪举。但冀利息稍轻，至多不得过七厘，各省由额协项下分还，亦未免吃力，何可独诿诸执事耶？"

这封信里，用词是很阴险的。讽刺左宗棠西征是怀有个人名利目的的"豪举"。他明明知道以"不过七厘"的低息是借不到钱的，又怂恿沈葆桢不要接受委托，显然，这是在挑拨离间。沈葆桢将奏稿抄给李鸿章看后，李又吹捧说："（奏稿）剀切详明，词严义正，古大臣立朝风采，复见于今，大足作敢言之气，倾服莫名。"

实际上，沈葆桢的这份奏折，是他人生的一大败笔与污点。林则徐公在九泉之下有知，也会愤而拍案，骂其"混账"的。李鸿章写了此信还不放心，特派专人到沈葆桢处，告诫道："左宗棠老谋深算，向洋商借款数目巨大，为何自己不出面，却让别人代为筹借，能不另有所谋？……望慎重对待，勿鲁莽从事。"在李鸿章的挑拨之下，沈葆桢本来就与李鸿章一道，曾反对过西征，这次更不愿代借洋款，害怕承担责任，就立即向朝廷表明态度，摆出种种理由，说明既不能借洋款，更不能向新疆进兵了。

左宗棠接到朝廷转来的沈葆桢的反对意见之后，当时便认为他此次奏驳洋款，"颇闻由人指使"，"或亦由若辈撺掇而成耶？不然何今是昨非乃至于此！"。至于"指使"与"撺掇"者是谁，他心里也一清二楚。

接着，左宗棠不顾李鸿章、沈葆桢等人的反对，毫不动摇西征复疆的决心和意志，坚持从实际出发，立即向朝廷复奏道：向洋商借款，是因为各省原定协助款项积欠很多，海防议起后，各省又照常年减了一半以上，因此不得已而有此请。西征用兵目的，是收复国土，又不是争夺、侵略；借到巨款，可济目前急需，避免了悬军待饷，得以迅速解决战争。虽要付利息，但并没有附加政治条件，是对国家大有利而无损。而西洋各国兴废存亡，并不是借债与不借债之故，道理是很易明白的。

在这份折子里，左宗棠还算了一笔细账，认为只要各省协饷能解决八成以上，海关就不会代人受过。为了缓和以李鸿章为首的反对派的意见，又主动提出将借洋款的数目由一千万两减到四百万两。朝廷见到这份复奏很满意，觉得应接受左宗棠的请求，便报告了慈禧。

慈禧发话道："左宗棠真心为朝廷着想，也不能太为难他！那四百万两也太少了吧？"

老实说，多少年来，笔者对慈禧这个老太婆是全盘否定的，甚至深深诅咒，恨之入骨，把晚清朝廷的腐败、屈辱等全部迁怒于她的身上。事实说明对任何的人和事，都不能抱"肯定一切"和"否定一切"的态度。在写作本书的过程中，笔者了解到，有两次关系到中华民族前途命运、中国长远和根本利益的时刻，都是慈禧正确表态和拍板的：这就是在海防和塞防激烈争论之时，是慈禧一言九鼎支持左宗棠西征；另一次便是在关系到左宗棠大军能否出征之时，又是慈禧大力支持，解决军饷问题。老佛爷在这两件事上之功劳，理应载入青史，让后人尊敬和感激，切不可"因人废言"，"因过废功"，一笔抹杀呀！

慈禧太后说出的话，具体办事的大臣们谁敢不听？于是，立即将借洋款的数目增加到了五百万两，又从户部库存里拨给二百万两，并向各省下达命令，要他们应将西征协饷提前拨给三百万两，终于满足了原来的一千万两之数。

为了表明朝廷的态度，光绪二年三月初一（1876年3月26日）诏书中说道："左宗棠出师塞外，必须士饱马腾，方足以壮军威而张挞伐……此次远道进兵，粮饷必须充裕。左宗棠前议借洋款一千万，因耗息过多，请减借四百万两，系为节省军费、顾全大局起见。惟现当大举深入，酌发欠饷，预备行粮，需款甚巨，恐不足以资周转。加恩着于户部库存四成洋税项下拨给银二百万两，并准其借用洋款五百万两，各省应解西征协饷提前拨解三百万两，以足一千万两……请督既以肃清西路自任，何惜筹备巨款，俾敷应用，以竟全功。"

这份诏书充分表现出朝廷对收复新疆的战争是积极支持的，态度也是十分坚定的；对左宗棠从多方面加以肯定和鼓励，字里行间流露出充分的理解与信任，这实际上是对他为国家、为民族的爱国精神的大力赞扬。最后一句话尤为精彩：为了肃清西路，以竟全功，"何惜筹备巨款"！

左宗棠于光绪二年三月十六日（1876年4月11日）接到这道"上谕"，大喜过望，老泪纵横，"跪诵再三，感激涕零，不能自已"。诏书中虽然没有一处提到反对派的意见，而言外之意已经非常明显，以李鸿章为首的反对派，他们不顾国家和民族的根本利益，却从局部和一己私利出发，公然跳出来反对西征，对他们的言行，朝廷已不屑一顾，他们又一次遭到了惨败。

重息借外债，从经济观点看，当然不合算，但是，如果没有这笔贷款，则西征军根本不能出关，而收复新疆的大业必将成为泡影。因此，左宗棠权衡利弊得失，不得不忍痛吞下这个苦果。再说，所借外债相当一部分是购外国枪炮，没有先进的武器装备怎能打仗和取胜？尽管如此，左宗棠也实在是不得已而为之。光绪二年（1876）夏，他在写给朋友吴桐云（大廷）的信中，曾坦率地谈到自己的痛苦心情："夫用兵至借饷，借饷而议及洋款，仰鼻息于外人，其不竞也，其无耻也，臣之罪也！"

清政府批准借外债五百万两后，左宗棠又决定推迟一年提款，他说："洋款五百万，拟俟明年再议者，迟借一年，可迟一年耗息。"这反映了他当时对重息借外债的心理状态。

评论什么事情都得公道。收复新疆这样大的国事，绝不是左宗棠的个人的行为。左宗棠在这个问题上，可谓忍辱负重，高姿态揽过。他在这么艰苦的环境里，统兵打仗，朝廷连起码的规定的军饷都解决不了，让他走投无路，耗尽心血，这合理吗？在无可奈何之下，不得已借了一些外债，又是经朝廷批准的，竟招来这么多人的说三道四，批评指责，甚至说这是"饮鸩止渴"，显然都是不负责任的胡说八道。对要付这些利息痛心疾首，那么，一次又一次地向列强缴出几万万两白银的赔款，还有大块割地，怎么就安之若素呢！须知，左宗棠为收复新疆而借的几笔外债，尽管付出了较高的利息，却是为西征军提供了物质保证，这与那种附加政治条件、损害国家主权的借外债不可相提并论。更应该看到，有了这笔钱，成就了收复新疆160万平方公里领土的大业，这是不能用任何物质财富来衡量的，付出再高的代价也是值得的。这样明白的道理，连三岁小孩子都懂；不按情理、乱发议论者，只能说明其若不是见识低下，茫然无知，便是心怀鬼胎，别有用心！

左宗棠为筹措西征军饷，"频年饱尝苦况，事后尤为心寒"。刘锦棠后来统筹新疆军务谈到筹饷时说："不虑兵机之迟钝，而忧饷事之艰难。"更反映其筹饷的极端困难，以及左宗棠为筹饷所做的艰巨工作和重大贡献！

3. 为不夺民食以饷军，远方筹粮何其难

中国关于钱的谚语很多，列举两例："一钱逼死英雄汉"；"有钱能使鬼推磨"。前者是说没有钱，英雄无奈，能将其逼死；后者是说有了钱，鬼会

听从使唤，乖乖干活。但是，即使有了钱，筹粮比筹饷还难，这就有点不可思议了。

"兵马未动，粮草先行"，这是行军打仗的一个重要原则；西征军出关，"筹甲兵即先筹刍粟"。因此，左宗棠一再指出："粮、运两事，为西北用兵要着，事之利钝迟速机括，全系乎此！千钧之弩，必中其机会而后发，否则失之疾与失之徐，亦无异也。"

这就是说，及时解决粮、运两事，是制胜关键，其重要性非同一般。换句话说，关键时刻没有粮，或关键时刻提供不上，就会导致战争全局彻底失败。

按当时规定，西征军步勇每人每日需粮1斤10两①，平均每人每月48斤，全营每日需净粮1137斤，全月为34110斤。马队一营250骑，一骑需料5斤，草12斤，兵勇长夫2名需粮96斤，全月需粮7.2万斤，料3.75万斤，草9万斤。仅张曜的嵩武军马步14营（豫军刘凤清2营在外）就需净粮355.5万斤，料90万斤，草216万斤。整个西征军是121营计8万多人，每月仅食粮就要284万多斤，全年平均是4608万多斤。若加上大批马骡的饲料，其需要粮数之大是可想而知的。采办如此大量的粮食，从何处筹办？这些粮食和武器装备又如何运送到前线？这是十分艰巨而又相当繁重的问题。

左宗棠在给沈葆桢的信中说："西事筹兵非难，惟采买、转运艰难万状。"这就反映了粮运比筹兵、筹饷更难。左宗棠筹划用兵新疆的军粮，有几个来源，分为南路和北路。

一是河西。甘肃与新疆毗邻，是新疆依赖的后方。左宗棠说："出塞远征，兵事、饷事必以关陇为根本，一有间隔，则局势立即滞碍，贻误戎机。"

可是，甘肃困难很多体现在：地理自然条件差。这里"地气高冷，节候暑少寒多，物产甚稀，民生口蹙"；战乱连年，惨遭厄运，与新疆靠近的河西走廊，如"甘、凉，与肃向称腴郡，乱后人少地荒，物产销耗；关外安、玉、敦则尤甚焉"。安西、玉门颇多沙碛，而敦煌为上腴。军兴以来，民困于战乱之扰掠，"复苦于军营之捐摊久矣。民人存者不过十之三四，地亩荒废其大半"。

---

① 旧时1斤16两。

左宗棠筹军饷还遵循一条基本政策："不夺民食"。因为当时的情况是："兵燹之后，人物凋残，丝毫不能借资民力，与承平时迥异，无论孑遗之民尚须官赈、赈粮尚须官运也。"

因此他向老百姓订买粮食严格掌握限度。原则是定少毋多，反对"竭泽而渔"。在价格方面更要定得合理，低了是变相夺民之食；高了呢，人是贪心不足的，这样势必将粮价越抬越高，不仅军队负担不了，老百姓自己也要遭殃。

二是口北。从包头向西到射台、大巴一带，其间是乌里雅苏台、科布多和归化各城所属蒙地。没有站台，却有屯庄。大巴到巴里坤，台站和屯庄都没有，但交通还方便，有驼可雇。

在乌里雅苏台和科布多一带，也尽管采购。不过这里产粮很有限，所以当回民起义，宁夏、肃州和哈密一带运道阻隔时，就只好从九千里外的张家口采粮，运由乌科转到巴里坤，白面每石货价一两数钱或二两，运费竟达十余两。

三是就地采买。新疆是西征前线，就地采办粮食，可以减少转运，这是最理想的事情。可是，当时新疆的绝大部分地区，在俄国和阿古柏侵略者手里，清政府仅控制哈密、巴里坤到古城一线，而且，"皆系兵燹之余，户口凋敝，田地荒芜，古、济招集流民仅数百户，产粮甚少"。尽管那里还是可以采购到一定数量，但景廉据这粮区为私有，不许别人染指。

四是在俄边采买。俄国的宰桑淖尔，紧接我国的布伦托海（今布伦托海县）边界，距离古城子数百里。俄人愿意代采买，包运到古城子，价款和运费统共每一百斤只需银七两五钱。这是当初一个俄官名叫索思诺福齐的到兰州游历时，自动向左宗棠承揽的。

除在以上诸地采购外，还有新办屯田所产。左宗棠自肃州收复，就劝寻河西各属人民归农，并在哈密和巴里坤等地兴屯，希望增加粮产，以供给养。

徐珂的《清稗类钞·农商类》卷四十四，有一则《左文襄辟荒于新疆》，记载了左宗棠教兵屯垦、亲自劳作的情况："左文襄公宗棠督师西征，既出关，驻哈密最久。其时白彦虎已逃，天山南北路一律肃清。文襄恐兵士逸居无事，筋骨懈弛，乃仿赵充国屯田之法，责令开辟荒地，播种杂粮，并于驻节处辟菜园二十亩，躬自督之。天甫明，即往菜园，眺望良久，然后回营，接见属员。七时早膳，膳毕，批阅各处公事。至午后六时，又往

十三、征西兵饷粮运输其艰难万状超出想象

菜园，督看浇灌。勤者奖之，怠者训之。每见青青满陇，辄欣然有喜色。又在关外设立蚕桑局，教民养蚕桑。故驻节数年，汉、回之民皆仰之如父母。于其去也，至有痛哭失声者。"

4. 左帅如何解决万里运粮不可思议的困难

比筹饷、筹粮更难的筹运输，究竟难在哪里呢？

（1）路太远，由甘肃凉州（武威）经甘州（张掖）、肃州（酒泉）到安西有1460里，再由安西越哈密到巴里坤和占城有26站，计程1987里。由凉州到古城全长2447里。（2）路难行。由凉州到肃州，特别是肃州到古城，"道路绵长，又多戈壁，车驮驼只均须就水草柴薪之便，憩息牧饮"，可沿途台站少，无水无草，还要翻越天山，来回需时80天。加上酷暑寒冬，其路之难行，可想而知。（3）运输更困难。这主要在三个方面：一方面是运费昂贵。当时，在凉、甘、肃一带买粮一石重300余斤给银四两，最高每百斤为六七两，"雇用民车，每运粮百斤行百里，许给银四钱，其应出差车许给银二钱"。由凉、甘至安西，"民运车驮驼只脚价及官车官骡官驼员弁人夫薪粮，牲畜草料，口袋什物，局费一切摊算，每粮百斤需银十一两七钱"。关外路途难行，"又须加运脚过倍"。关外由肃州至古城每100斤需运费15两。由安西运至古城每100斤亦要11两。由凉、甘运至古城则每100斤要22两7钱，运费则是粮价的3.2至3.8倍。

另一方面是因"路多沙石，用驼为宜"，可是，驼只非农所畜。农民一般只有骡马牛驴，木轮大车，不能负重行远，战乱之后，牲畜极少，差车难找。左宗棠说："成禄出关，强拉差车数百辆，甫至玉门，车夫弃车逃回，并骡马亦抛置不顾。"因此，他只好自己置买驼只，可"蒙古驼少价昂"，购买亦很不易。再一方面是损耗太大，能运到者极少。当时，一架骡车载重600斤，可骡的饲料每口3斤，一车一夫的每天口粮2斤。因而，一骡车走不到30天，所运粮料已被运夫牲畜用尽，哪里还有粮料运到西征前线呢？

那么，左宗棠如何解决这运输上的重重困难呢？

一是广设粮运台站。当时，左宗棠除将原设的上海采办转运局、汉口后路粮台和西安军需粮台转为西征军饷粮运外，在肃州设立总局，哈密设督催粮运总局和军装制造总局,古城设立屯采总局,在安西、玉门、敦煌、巴里坤、奇台、济木萨尔、吐鲁番等地设采运局和柴草局站,采办粮草,转运军需,建房设站,修路凿井,积草储薪,"备起卸军粮"和"歇驼骡备转般更替",提供食宿水草和工具维修,解决了路难行的某些困难。

二是寻找运输新路。由安西到哈密沿途多戈壁荒滩,缺水少草,人畜难行,转运困难。

据记载:"光绪初年,左文襄进兵新疆,因水草不便,从三道沟、桥湾营出边,走蒙古草地入黄芦岗,进剿省城,未尝经安西、哈密间戈壁,最为得计;否则,大军一出此途,水草俱无,即无前敌阻挠,人马饥渴而死者必多。"①

三是转运"非藉资民力不可"。当时,转运有民运,有官运,而官运又有官车、官骡、官驼。左宗棠说:"大抵西北转运,以驼只为宜",因为驼只"食少运重,又能过险。""驼行口内,食料不过三斤,昼牧夜行,可省草束。且一夫管牵五驼,日需口粮又省。若行口外,则食草不食料,如遇劳乏,但喂料一升加盐少许,仍即复故。"左宗棠虽认为驼只转运好,但又主张:"购驼不如雇驼,办官车不如用民车。"

四是采取"节节转运"办法,"易长运为短运"。左宗棠认为:"长运疲牲畜之力,又为日太久,稽核不能迅速,故改短运为宜。"他根据安西至哈密,"千里而遥,径由戈壁,无台站,无水草,沙砾纵横,人马每多困踬"的情况,曾在肃州与诸军讨论"分起次第行走",节节转运的办法。先将甘、凉采买粮料运存肃州,又由肃州出关运至玉门,然后头起开拔至玉门;又用私驼转搬玉门存粮以赴安西,腾出官驮、官车,转运第二起军粮,而后第二起继进,余均仿照办理,比抵安西州,作一停顿,又裹粮进哈密。

历史学家在评述左宗棠当年在西征过程中筹粮、运粮时,有"难以想象的困难",看来是"不可克服的困难"等说法,然而,雄才大略的左宗棠硬是创造出了奇迹!就凭这一点,他也是值得子孙后代永远敬仰的。

在极其艰难的粮食运输过程中,发生了很多事件和故事。试录一则。

俗话说:物以稀为贵。当时,西征军粮草奇缺,所以就把粮草看得十分宝贵。因为这些粮草全靠运夫几千里甚至上万里"迢迢"运来的。左宗棠当然要高看运夫一眼,把他们视为"一等功臣"。左宗棠在运夫面前说:

---

① 袁大化:《抚新纪程》卷2。

"现在,运夫是老大,百姓是老二,我左宗棠是老三。"

这一"口封"传开后,运夫们受到极大鼓舞,觉得自己的工作和地位至关重要,颇感自豪。"左大帅把我们捧为'老大',我们可不能不识抬举呀!""是啊,过去长官和士兵都可以欺侮我们,现在左大帅给我们撑腰,'丘八'们都客气多了。"

有一天,运送粮草给养的运夫走到一块萝卜地,一个运夫忍不住饥渴,到地里拔了一个萝卜,往身上"皱"了一下,不顾还带着沙土便大口吃起来。刚巧,被种萝卜的老农看到了,便跑过来论理。因为他更担心别的运夫效法,这样一来,这块好不容易种出来的萝卜地不是将被拔光了吗?

"你怎么可以随便拔我的萝卜吃?""老子千里迢迢运送粮草,唇焦舌干,拔个萝卜解解渴,你吆喝什么?""你这个人好不讲理,我在这片干旱的沙漠边缘种块萝卜,费了多大的力气!萝卜正在长,你怎么能拔?再说,我种下的萝卜是给你吃的吗?""不给我们吃,给谁吃?"运夫因受左宗棠"口封"为"老大",便强词夺理,一个劲地与老农争吵,并不认错。"左大帅带的兵和雇的运夫,都是不欺压百姓,乱拿百姓东西的,你怎么敢违反军规,我找左大帅评理去!"老农也毫不示弱。

就这样,急了眼的老农便拉着运夫来到左宗棠的大帐,状告运夫偷吃他的萝卜。

左宗棠听完后,笑着说:"你是老二,他是老大,老二理应尊敬老大。现在老大因饥渴吃了老二一个萝卜,这算不了什么大事,不值得争吵。在我看来,老二种萝卜有功,老大吃萝卜合理。"接着左宗棠又对运夫说道:"但是老二辛辛苦苦种的萝卜,也不能随便可以拔着吃,你说是吧?""对对对。"这时,以"老大"自居的运夫一个劲地点头,认识到做法不对。

左宗棠说:"老二你种萝卜不全是供自己吃吧?"老农答:"自己留下一小部分,主要是拿去出卖。""这不是好解决了吗?老二种萝卜,老大吃萝卜,我这个老三付萝卜钱,合情合理。"左宗棠说完,便吩咐随从,从自己的住房里拿出一串铜钱给农夫,还问了一句:"够不够?""够了够了,没有这么值钱,还多拿了呢!"三人都哈哈大笑起来。

这个故事广为传播。农夫受到保护,运夫们都受到教育,他们此后都自觉地不随便拿老百姓的东西吃。"我们不能违反纪律,每次让大帅亲自掏钱,多不好意思呀!"

左宗棠在处理这桩纠纷中说话办事之高明可谓"神来之笔",收到了意想不到的效果。这就是：替老大赔钱的本身，就是对老大的一种教育与感化，这对人的心灵的震撼和冲击，在力度上和效果上远远超过对老大的训斥和惩罚，老大的心里不能不产生自责，从而受到深刻教育。同时，左宗棠的这一举动，也把老二推向了惭疚的境地，让老二的心灵同样受到震动，他不能不对自己与老大的争吵进行反思，且因拿了大帅个人腰包的钱而感到羞愧。左宗棠以老三的身份，深刻地教育了大哥、二哥。在这一过程中他的机智与谦恭，其实正是他的利民、爱民、为民的"民本"思想的充分体现。

十三、征西兵饷粮运输其艰难万状超出想象

十四、进规北疆底定南疆军威雄壮

1. 战略方针"先北后南,缓进急战"

左宗棠在筹办西征军、饷、粮、运时,就积极筹商向新疆进军事宜。光绪元年(1875)夏,左宗棠在兰州陕甘总督署内,召集有老湘军分统以上将领参加的军事会议,商讨复疆战略与进军办法。将领们赞同左宗棠制定的"先北后南,缓进急战"的战略方针与军事部署。

天山横亘东西,将新疆分为南、北两部。根据军事地理形势,新疆南、北两部,各有八城。因北八城广,而南八城狭,地势北高南低。早年龚自珍因此说:"北可以制南,而南不可以制北。"俄国侵占的伊犁,在天山北路西端。去伊犁还要经过阿古柏侵占的乌鲁木齐。阿古柏除侵占天山北路的乌鲁木齐地区外,还侵占了天山南路吐鲁番以西地区。面对俄、阿两个敌人,又分在天山南北两路,西征军先打谁?从何处入手呢?

还在同治十二年十二月(1873年1月),左宗棠在上总理衙门书中,就明确提出了先北后南,首攻乌鲁木齐的战略方针。先定回部,先克乌城,这两着棋至关重要。即使不立即索取伊犁,也得到了战略上的主动权。这样做,既避免了一个拳头同时指向两个敌人,造成兵力分散的缺点;又是从俄、阿比较中先打弱敌,再图进取。

从阿古柏侵占天山南、北两路来看,左宗棠不从南路,先收吐鲁番,而是先从北路首攻乌鲁木齐,是将它作为讨伐阿古柏的重要的突破口。

阿古柏的注意力,主要放在达坂城、吐鲁番、托克逊一线。吐鲁番有步兵5000人,骑兵3500人,本地回族兵员1万人,各种型号的炮20门。阿古柏派得力亲信艾克木汗驻守。达坂城地居天山南北要冲,阿古柏在这里加修城堡,托克逊是吐鲁番和达坂城的支撑点。

这种形势,正如左宗棠根据探报所做的分析:"南路贼势,守吐鲁番者拒哈密官军，守达坂城者拒乌垣官军，皆以护托克逊坚巢也。而达坂、托克逊尤悍贼麇聚之区，贼骑皆多至数千，守御甚固。"这说明，阿古柏在这些地区的兵力是南比北强。

为什么必须"缓进急战"呢？"缓进"，就是不急急忙忙进军，事先要做好物质上和精神上的充分准备。兵、饷、粮、运都要有周密的筹划；要有一支强大的前线部队，稳固的后方，和源源不绝的运兵、运粮的通道。对敌人的情况要了如指掌，要有正确的进兵路线、打击对象和长远的战略目标。每一战役则要求速战速决，以雷霆万钧之力一举将敌歼灭。如果拖延时间，旷日持久，这在运输线达数千公里的新疆，对作战极为不利。

"急战"，是受人欢迎的，因为谁都想早一点取得胜利；但"缓进"是为"急战"做必要的准备，却不易为人理解，甚至受到非议。不要说一般官兵，连朝廷也对"缓进"颇为心急，常来责备，什么"按兵不动"、"拥兵自重"等帽子会纷纷飞来。左宗棠在上下内外的压力下，谨慎而积极地备战，"每一发兵，须发为白"。

2. 西征大军士气高昂出关祭旗

左宗棠于光绪二年（1876）三月十三日到达肃州，面对着长年不化的雪山，驻城东南大营。军事会议之后，准备指挥大军出发时，却又出现了一件怪事——

驻在肃州的主力部队是刘锦棠的老湘军，正要出发时，在官兵中却出现了畏战、厌战不愿出关的情绪，许多人说："我们生长在南方，到新疆沙漠地带，水土不服，气候也不适应，恐怕是'肉包子打狗——有去无回了'。与其死在戈壁滩上，不如死在关内算了。"

还有人说得更是怕人："沙漠地带，一遇大风，飞沙走石，夏天热气蒸腾，能把鸡蛋烤熟；冬季朔风大雪，能把手指冻掉……"湘军的怯战心理，很快影响到担任先锋的张曜与金顺两军的军心，他们是看着湘军行事，听到这些议论，更不敢打先锋了。

身为统帅的刘锦棠看到队伍士气的低落，不由得心急火燎一般。他向左宗棠回报说："部队情绪不高，有畏难怯战心理，单靠军法处置，未必能产生好的效果呀。"

左宗棠说道:"如果是个别人的问题,可以杀一儆百,以儆效尤;若是人数较多,带有普遍性,那就要认真对待了,不能简单化,应该用正面教育方法,鼓励他们去克服困难。"

刘锦棠听了之后,忽然想起一件事来,他兴奋地走到左宗棠身边,在他耳畔轻声说道:"你曾经讲过宋朝大将狄青用占卜的办法,激励将士战斗情绪,收效甚好,我们不妨也来一个东施效颦,怎么样?"左宗棠听了,笑道:"利用将士们的迷信心理,通过一个有些积极意义的教育活动,来调动军队的战斗情绪和杀敌决心,也可以尝试一下。"

于是,二人经过一番密商,决定如此如此,这般这般,来仿照古人的办法,加以精心地策划,便各自回去依计而行。

次日,大队人马刚刚集合起来,准备请左宗棠宣布出征新疆的命令后,西征就要开始了。

这时候,刘锦棠正陪着左宗棠向台上走去,突然间,有一个士兵从行伍中跳了出来,高声叫喊着,向左宗棠冲过去,他喊道:"左大人!左大人!我有要事报告——"

亲兵们一见急忙跑过去,拦住他,不让他靠近左宗棠。那士兵叫得更响了:"左大人!我是刘老将军派来的,有事要向你报告……刘老将军派我来的——"

那士兵像疯了一样,大叫大嚷,士兵们都听到了,看到了,顿时乱了起来,左宗棠只得停下脚步,对亲兵们挥挥手,说道:"别拦他,让他过来说话!"

亲兵们这才闪开一条路,放了那士兵,让他走到左宗棠身,只见他双膝一跪喊道:"我是刘老将军派来的,刘老将军要出关打先锋,到新疆去活捉叛贼白彦虎,可是好长时间不发军饷了,无衣无食,怎么能打仗?"

左宗棠听后,忙大声问道:"你说的,哪个刘老将军呀?"那个跪在地上的士兵又喊道:"难道左大人忘了你的老部下?刘老将军不就是刘松山么?他的队伍不发粮饷,怎么到新疆去打仗?刘老将军派我来向你报告,请左大人快发给我们三个月的粮饷……"

左宗棠这才恍然大悟地说道:"放心吧,你快去向刘老将军回报,我现在就派人发粮饷给你们部队。"那个士兵听了,立即"啊呀"一声,仰面倒在地上。亲兵们赶忙上前把他扶起来,过了好长时间,他才清醒过来,又像什么事也没有发生一样,走回刘锦棠的湘军队伍里去了。经过这个湘军一闹腾，全军都知道了。这支湘军队伍，原来是刘松山生前所率领的军队，在刘松山战死之后，全军无不为之悲痛，曾经发誓为刘老将军奋勇杀敌，报仇雪恨。

这支湘军现在归刘锦棠管理，因为他是刘老将军的侄儿，士兵统一地称呼他为少将军。这工夫，刘老将军一显灵，还口口声声请求去新疆打仗，活捉叛贼白彦虎。将士们听了，非常激动，热血沸腾起来，顿时议论纷纷。

趁着将士们激情澎湃之时，左宗棠说道："刘老将军是一位可敬可爱的爱国将领，他虽然战死了，但是灵魂不散，精神永在，仍然想着收复新疆的战争，时刻想把叛贼抓回来，这种崇高的思想境界令人肃然起敬！现在，我提议，请全军将士都以十分虔诚的心情，向空遥拜，以表示我们大家对刘老将军的敬意！"

说完，左宗棠带头向空中顶礼膜拜，全军将士一个个屏声敛息，也跟着向空中遥致敬意。接着，左宗棠立即命令全军设祭，对刘松山进行祭奠，还焚化了许多纸钱，以及大量纸人纸马、衣服、兵器等。经过这次祭奠活动，全军将士无不知道刘老将军仍要带领湘军打先锋，刘锦棠说道："老将军的英灵在召唤着我们湘军的将士，大家绝不能辜负老将军的期望。"

这次祭奠活动，等于为西征大军的出发召开了一次誓师动员大会，全军将士的战斗情绪异常激昂，特别是湘军中人人摩拳擦掌，个个斗志昂扬，那种厌战畏难情绪一扫而光。

4月26日，在肃州举行西征军出关祭旗仪式。肃州西征军大本营广场中间搭设祭台，台上高插西征军大旗一面，两旁数十面旌旗迎风飘扬，场内站满了整齐雄壮的西征军官兵，四周是参观的人群。

上午9时，左宗棠偕刘锦棠等步入场内。左宗棠精神昂扬，西征军全体肃立，鸦雀无声。左宗棠走到台前，宣布祭旗开始，顿时，鸣炮声、金鼓声、欢呼声，响彻云霄，声震大地。特别是当施补华宣读"朝烹雄狐，夕醢封狼"的祭文，将旗授予刘锦棠时，场内场外又沸腾起来。刘锦棠在这豪壮的热浪中，亲率汉回马步各营启行。其他如徐占彪、徐万福和张曜在安西一带的军队，也先后分别西行。

西征军由肃州到安西后，因去哈密一段多戈壁荒滩，"水泉缺乏，虽多方疏浚，不能供千人百骑一日之需，故刘锦棠拟抵安西后，分起以次前进"。

八万清军在左宗棠的旌麾下，由刘锦棠率领，车辚辚，马萧萧，浩浩荡荡西进。将士们同仇敌忾，向阿古柏匪帮，向沙俄侵略者，发出了震天地、泣鬼神的呐喊：

收复新疆，还我河山！

驱逐强盗，光耀中华！

这是近代以来难得听见的中国人民的心声！

这也是为入侵者敲响的丧钟！

3. 威猛雄师"一炮破三城"

刘锦棠带领大军出关之后，进入眼帘的，是一望无际的荒凉地带。大军行经之处，空中常有一大群乌鸦，约有数万只，黑压压一片，在部队的上空，尾随着飞来飞去，时时不离左右。在中华民族的传统风俗中，喜鹊被看作是吉祥的象征，而乌鸦是不祥之鸟。

俗话说："喜鹊迎头叫，喜事要来到。"但是"乌鸦当头叫，灾祸快到了"。

刘锦棠是一位足智多谋的将领，他面对着空中漫天飞翔的乌鸦，灵机一动，对部下说道："看！刘老将军的英灵护卫着我们，他老人家派来了那么多的乌鸦兵来助战，给我们引路，是我们西征大军最好的向导啊！"刘锦棠的这一席话，顿时激发了全军的情绪，原先可能被认为是不祥的"乌鸦兵"，现在变成了刘老将军派来的神兵相助，怎能不感到振奋呢？

每到部队停下来时，那些成群结队的乌鸦也呱呱鸣噪着，降落在队伍的周围，士兵们说："看呀，刘老将军的神兵们在护卫着我们！"

这就是变消极为积极，化腐朽为神奇！

其实，在广漠无际的西北荒原，人迹罕至，乌鸦觅食确实困难，大军一路经过，特别是宿营之后，都会留下许许多多的食物残屑，这正是乌鸦求之不得的美食。

因此，空中的鸦群紧紧跟随着西征大军，而且越聚越多。在行军途中，乌鸦飞得快，往往是超前飞行，正是充当了大军的向导。在那荒无人烟的地方行军，虽然见不到周围有什么风光景致，但是空中却有不计其数的乌鸦在飞前舞后，不时地呱呱鸣叫着，这不仅能替长途跋涉的士兵解除寂寞之苦，也确实是难得一见的特别的风景！

有人说:"千军易得,一将难求。"刘锦棠把乌鸦兵的出现,立即说成是刘老将军英灵的降临,是他智慧火花的闪现,也是左宗棠慧眼识人才的体现!

西征军除每人携带军装粮糇外,左宗棠还要他们"多带柳条筐、扁担",以备"挑安西城外积沙"。冯玉祥将军的父亲当年曾参加西征军,亲历了收复新疆之役,他回忆道:"当初一路徒步出关,背着一袋十多斤生红薯,很是沉重,并且饥也吃红薯,渴也吃红薯,吃得很腻烦,以后见着红薯,就要打恶心。"

经过十几天的长途跋涉,光绪二年闰五月初十(1876年7月1日),刘锦棠大军抵达新疆北麓的古城后,即赴三台、滋泥泉、阜康一带察看地形,部署驻军。古牧地是乌鲁木齐外围的重要据点。刘锦棠率队攻取古牧地时,左宗棠就认为:此关一开,乌垣、红庙子贼不能稳抗,白彦虎"必窜吐鲁番以寻去路"。事情发展正如所料。刘锦棠命士兵在城四周结垒、修筑炮台。只用三天时间就完成了对古牧城的合围,还用大炮将正东和东北面两处城垛轰塌。

8月17日黎明,全面攻击打响了。南面开花大炮将城墙轰塌多处,潜伏于城壕内的谭慎典、谭和义、董福祥等部开始攻城,南面炮台之"标针快响枪、七响枪、劈山炮连发,子注如雨",将敌城头火力压住。谭慎典、谭和义强行攻城得手,将城垣守敌悉数歼灭,与城中之敌展开巷战。接着,金顺部也从城东北攻入城内。清军以轻微代价攻占了古牧地,全歼守敌6000多人,守将马十娃、王治、金中万均被击毙,俘敌250余人。白彦虎因未入城而侥幸逃脱。

攻城刚一结束,刘锦棠即率兵入城。在入城的路上,他拾得一封用汉回两种文字写的信。阅看后,知是敌守将金中万、王治给乌鲁木齐阿奇木伯克马人得的求援信。马人得在信中批示:"乌城精壮已悉数遣来,现在三城防守乏人,南疆之兵不能速至,尔等可守则守,否则退回乌城,并力固防亦可。"信中所说"三城"即乌鲁木齐满城、迪化州汉城、"清真王"妥得遴所筑王城。刘锦棠认为,既然三城防守乏人,可一鼓而下,速攻乌垣三城是当务之急。

8月18日,刘锦棠留谭和义和唐国华驻守古牧地,余皆随他直捣乌鲁木齐。乌鲁木齐守敌已成惊弓之鸟,仅西征军一声炮响,千余名守敌便弃城溃逃。

刘锦棠一边命令部队追杀逃敌,一边令几股部队冲入城内。在刘锦棠大军的凌厉攻势面前,乌鲁木齐守将白彦虎和马人得自感无力相抗,在攻城之初,率亲信逃往距乌鲁木齐一百八十里的达坂城。西征大军占领迪化州城后,乌垣其余两城,兵不血刃,全被刘锦棠收复。这段神奇的"一炮成功"、"一炮破三城"的史实,在全疆各地流传,至今仍为后人乐道。

嗣后,玛纳斯全境收复,从而解放了阿古柏统治下的北疆所有地区。这样,从肃州到哈密、塔城一线连成一片,回到了祖国的怀抱。如此形势既遏止了俄军东进的图谋,又防止了阿古柏匪帮的北窜。左宗棠在"答刘锦棠书"中,极力称赞西征军:"两复坚巢,两下坚城,摧朽拉枯,莫喻其易,军威之盛,近无伦比,拊脾称快,遐迩攸同。"

此语既显示西征军勇敢善战,又表明左宗棠在取得首攻乌鲁木齐的胜利时的喜悦心情!

4. 衔枚疾走"达、吐、托"一周连克

1877年4月14日,刘锦棠率"老湘军"马步各营及开花炮队,踏着冰霜雪花由乌鲁木齐开拔,攀登翻越冰凌陡峭的天山之巅,逾岭南进。张曜率嵩武军、徐占彪率蜀军分别由哈密、巴里坤西进。

起初,达坂城敌军不知西征军将至。刘锦棠派四路大军"于时夜初鼓,衔枚疾走,乘贼不觉,径取达坂,期以五鼓会集城下,立合锁围,杜贼窜逸"。当清剿大军兵临城外时,守敌为了阻止大军进攻,将湖水引进草泽,形成没膝的淤泥地,深及马腹,遂成达坂城的天然屏障。但大军仍然艰难地跨过大片泥淖,形成了合围之势。

经过周密准备后,西征大军三尊开花大炮齐发,先摧毁了敌人的炮台,接着轰塌城墙数处,最后一炮击中城中弹药库,刹那间如天崩地裂,城中引发大火,又值大风骤起,火借风势,延烧更广,敌所存弹药库全部引爆,敌死伤大半,城中乱成一团。刘锦棠大军乘势攻入城内,并传令"贼中装束稍异者缚献有奖"。大小头目均被擒,无一人一骑漏网。

刘锦棠对被俘的浩罕汗大总管爱伊德尔呼里及浩罕汗胖色提等进行了审讯。爱伊德尔呼里及其以下大小头目百余人,他们"在丧胆之余,怀不杀之德,皆惊喜过望,踊跃欢呼而去"。当时人写的历史书亦说:"士兵们

被解除武装后，全部释放了。"

刘锦棠还将被俘的、阿古柏从南疆胁迫而来的维、回和蒙古各族群众1098名，"均给以衣粮"，允许他们回到自己的家乡。"纵令各归原部，候官军前进，或为内应，或导引各酋自拔来归"。这次，刘锦棠真是不折不扣地执行了左宗棠制定的抚慰民众和瓦解敌军的政策。

左宗棠明确指示："打真贼不扰平民。"他在给张曜的信里，更主张实行与阿古柏根本不同的政策："安集延虐使其众，官军抚之以仁；安集延贪取于民，官军矫之以宽大。"完全与他们的倒行逆施相反。这样一来，人民群众必然是："此次如能各遵行军五禁，严禁杀掠奸淫，则八城回民如去虎口而投慈母之怀，不但此时易以成功，即此后长治久安亦基于此。"

刘锦棠优待俘虏之举，对瓦解敌军起了重要作用。当被释放的俘虏回到托克逊和喀喇沙尔（今焉耆）后，达坂城歼灭战的消息，在敌营中迅速传播开来，阿古柏内部上下乱如团麻。阿古柏对回去的一部分俘虏又恨又怕，把他们视为瓦解军心的危险分子，于是指示他的儿子海古拉，将大多数人予以处死。鉴于阿古柏的残忍，"其余活着的人又回到讨伐者（刘锦棠大军）那里去了"。

俄国人也称赞刘锦棠此举"很明智"，"非常仁慈地对待了那些为数达1000人的哲德沙尔居民，给他们发了路费和通行证，然后释放了他们"。

阿古柏的残酷杀戮与刘锦棠的宽大释放，形成了极为鲜明的对照。这一"杀"与一"放"，一"逃"与一"回"，不仅反映了西征军和阿古柏对群众的不同态度，而且也表明新疆维、回各族群众对阿古柏和西征军的不同态度。事后，左宗棠称赞刘锦棠"暂留不杀，以观其变，所见甚是"，表明刘锦棠出色地执行其战抚结合政策，符合自己的要求。

5. 彻底摧毁阿古柏侵略政权

西征军连克三城的胜利，粉碎了阿古柏的防线，沟通了天山南北两路，打开了由吐鲁番进军南八城的大门，促使本来就各怀鬼胎、同床异梦的阿古柏侵略集团更加分崩离析，更加使阿古柏无法改变泰山压顶之势形成的败局。

5月29日，身在库尔勒的阿古柏，在朝不保夕、四面楚歌时"思潮起伏，百感交集"，收到了有272个上层人物签名给西征军求和的信，就"立刻愤怒激动起来"。动手打身边的录事，又在与金库萨比尔的殴斗中晕了过去。随后在自己屋里饮了尼牙斯、艾克木汗让人放有毒药的茶后，"一阵功夫，心中绞痛，当夜就死了"。左宗棠根据刘锦棠和张曜的报告，在上总理衙门书中说："帕夏闻达坂、托克逊之报，忧泣不已，于四月中仰药而死。"

阿古柏死后，阿古柏侵略集团公开分裂，为争权保命相互厮杀起来。贝尔斯说："几周之内，形势如同1864年一样：一团糟。"阿古柏次子海古拉"随帕夏带兵，专与英人交结，为帕夏所爱，人呼为小帕夏也"。阿古柏有让其继承王位之意。阿古柏死时，海古拉从喀喇沙尔赶到库尔勒，先是封锁死讯，秘而不发，继是让布素鲁克侄子艾克木汗留守库尔勒，暂时代理他的工作，自己借护送阿古柏尸体西窜喀什噶尔，"目的是自立为王"。可是，海古拉离开库尔勒的次日，艾克木汗不仅在库尔勒宣布自己为汗，派五百名骑兵兼程阿克苏，欲抢先一点争夺阿古柏阿克苏行宫的遗产。海古拉途经库车等地时，遭到当地维吾尔人民的痛击，队伍已不成形。

海古拉以运送阿古柏的尸体为名，一是欲在喀什噶尔宣布继承父亲的伯克王位，二是占据父亲在那里的财产。这番心思立即被其兄伯克胡里看破，促使他速下杀心。

伯克胡里是阿古柏长子，虽不受阿古柏喜爱，却受到富商的同情，且拥有喀什噶尔地区，不仅有实力，"常与俄人通"，"昏骇成性，凶悖殊常"。在距离喀什噶尔九十多里的阿图什大桥旁，海古拉人头落地，其美梦顿成一枕黄粱，也使骚人墨客多了一次感叹的史实："本是同根生，相煎何太急？！"

从吐鲁番西进南八城，收复喀什噶尔，是左宗棠督军西征的第三阶段。

西征军连克达坂等三城的重大胜利和阿古柏惨败身亡，使敌人面临瓦解崩溃。"各个城市发生的骚乱变得越来越不可收拾，平民大众焦急等待中国部队来恢复秩序"，因此，左宗棠说："自此八城门户洞开，以节制之师临之，无不望风而靡。形势极为有利。"

左宗棠在给张曜信里亦说：白彦虎"自帕夏死后，仍思依附安集延，意在广掳缠回投帕夏长子伯克胡里，为晋身之阶"。这反映白彦虎与侵略者"同心合力"已到了可悲的地步。

光绪三年七月（1877年8月），新秋届临，"凉风渐至"。经过四个月的休整备战，西军大军精力旺盛，斗志倍增。刘锦棠派西征马步各军从托克逊西进南八城。8月25日，部队拔营南下，先派提督汤仁和率队去苏巴什、阿哈布拉作为头站，十天后，抵达喀喇沙尔。左宗棠向清廷奏报说西征军战绩："自库尔勒启行，蹑踪奋击，六日夜驰九百里，收复喀喇沙尔、库车两城，其余城堡回庄无数，现指阿克苏。"

西征军在收复库车的第二天，即10月19日继续前进。21日抵拜城，维吾尔族首领买卖提托呼达率众"开城诣营"，迎刘锦棠入城。城内维吾尔人翘首以盼官军，纷纷给刘锦棠大军送来茶水、粮食与蔬菜，以示感谢与欢迎。

左宗棠督率西征军，在10至12月的3个月期间，从喀喇沙尔长驱前进，于奋取东四城后，又分道并规喀什噶尔，收复了西四城，"功成迅速"，就是左宗棠自己也感到是"非意料所及"。以致自豪地说："南疆八城，不满三月一律肃清，自周秦以来实亦罕见之鸿烈，故于诸将士之忠勤不敢稍为屈抑。"

从光绪二年（1876）年三月起，左宗棠督率西征军只用了约两年时间（实际作战时间只有6个月），收复了被阿古柏侵占达13年之久的我国新疆的大片领土。整个新疆，除沙俄盘踞伊犁外，已全部光复，西征大军取得了反对阿古柏侵略的辉煌胜利！刘锦棠功满中华，得到清廷的褒奖与提拔，称其："智勇深沉，出奇制胜，用能功宣绝域。"至光绪四年（1878）七月，朝命刘锦棠任通政使司通政使（朝属官正三品）。

6. 粉碎英俄联合干涉阴谋

新疆是俄、英争夺和扩张侵略的重要目标，阿古柏则是他们争夺和侵略新疆的重要工具。因而，当西征军出关收复新疆时，他们便竭力阻挠，为拯救阿古柏大肆活动。

阿古柏的存亡，直接关系到俄国是否归还伊犁及其对新疆的侵略扩张，因而他们极不愿意看到阿古柏的覆灭。库罗巴特金对此就直言不讳地说："我们实指望中国不能战胜阿古柏和收复喀什噶尔地区。"

可是，客观历史实际又和他们的主观愿望相反，1875年，俄国人索思诺夫斯基到兰州，看了左宗棠的兵力和去新疆了解阿古柏的情况后，就认为：阿古柏必然失败，"这不过是时间问题，因为交战双方力量对比太不相称"。索思诺夫斯基想用兵力"帮助"的方式,从左宗棠那里得到好处。他先是企图派军人助剿,左宗棠以"中国边防,中国自有办法,可无须帮助",而予以拒绝。接着,他妄图用卖粮,"使左宗棠和他的军队被吸引到我们的储备上来"的办法,控制和左右新疆的局势向有利于自己方面发展。然而,左宗棠买了俄国人倒腾的粮食,但并没有因此而受其控制和影响,这便是左宗棠的高明。他在与俄国谈判买粮时,就谈到中国与俄开战,"谁是可能胜利"的问题。俄国人由此深知左宗棠的决心,他是准备与俄国人打一仗以决雌雄的。

只要是能走、会叫的狗,主人都会乐意喂养。与俄国政府对阿古柏施行又拉又打的伎俩一样,英国政府一直利用阿古柏来达到自己的扩张侵略目的。

1874年10月,英印总督请求英国政府试探俄国是否同意"由两国政府在北京采取外交行动",阻止中国收复新疆,否则由英国驻北京公使向清政府交涉,谋求维持"喀什噶尔王国的独立"。11月,英国驻华公使威妥玛派参赞梅辉立到天津,向李鸿章提出把伊犁让与俄国,天山南路给阿古柏的侵略方案。

当西征军首攻乌鲁木齐时,英国不仅阻止英商借款,在经济上增加西征军筹饷的困难;还通过在上海的《申报》扬言"西师不可轻动",甚至捏造西征军"败退关内"的谣言,企图制造混乱。而且,威妥玛于9月20日在烟台与李鸿章订立《中英烟台条约》时,又为阿古柏"居间调停",问李能否准阿古柏"投诚作为属国,只隶版图,不必朝贡"?

李鸿章说:阿古柏"如愿乞降,可自行派人赴左帅处禀商"。威妥玛要李鸿章向清政府转告其为阿古柏乞降之意。威妥玛到北京后,又直接向总理衙门为阿古柏"居间说降"。

总理衙门没有同意,并对威妥玛说,如果阿古柏"实系悔罪投诚,应由左宗棠酌办"。

英国为阿古柏"居间说降",不仅关系西征结局,更关系新疆乃至我国西部历史,也将影响中亚的格局。总理衙门将这个关系重大、影响深远的问题,让左宗棠定夺,是完全正确的,既增加了左宗棠的重任,更显示他捍卫国家领土和民族利益的无畏精神。

左宗棠对英国借"马嘉理案"阻挠英商借款早就不满,指责李鸿章在威妥玛"多方恫吓"下,"但冀目前无事,曲意允从",结果是:"更加恫吓，未审将来如何归结？"他说，李鸿章"擅淮军自雄久矣！既谓天下精兵无过淮军，又谓淮军不敌岛族，是天下古今有泰西无中国也"。这段话是对李鸿章一向吹嘘淮军是天下精兵的尖锐讽嘲。

事实证明，凡不是出于国家和民族大义、统帅拥兵为谋私利的军队，必然是内战内行，外战外行；在凶兽面前如绵羊，在绵羊面前如凶兽。十几年后，淮军在中日甲午战争中一触即溃，望风而逃，就是一个发人深思的历史教训。

1877年9月，英国驻华使馆代办傅磊斯到总理衙门，要清政府"息事罢兵"，并提出三条："一、阿古柏愿以中国为上国之主，命使臣入贡；二、中国与喀什噶尔将地界划清；三、两边议和后永远和好，彼此不相侵犯。"总理衙门强调：喀什噶尔"是中国地方"，"其地终属中国管辖"。傅磊斯竟以此事办理"如出情理之外，断不可行"来威胁。总理衙门"仍以由左宗棠酌核办理"，拒绝了英国侵略者的要求。

左宗棠得悉朝廷态度后写信给刘锦棠说："喀什噶尔是我旧有疆宇，安集延不能强行占据。西征军蹑踪追剿，尽复旧疆，岂容他人饶舌。"左宗棠主张对英国决不能让步，必须坚决拒绝。"我愈示弱，彼愈逞强"，局势会导致不可失拾；应不顾胜败利钝与其斗争。真理在我们手里，"彼向总理衙门陈说，总理衙门不患无词；彼来臣营陈说，臣亦有以折之"。所部刘锦棠等即将乘阿古柏"冥殛之时，席卷扫荡"。若英派人前往，他早已驰告刘锦棠、张曜，属其善为看待。"如论及回疆事，则以我奉令讨侵占疆宇之贼，以复我旧土为事，别事不敢干预，如欲议论别事，请赴肃州大营！"

这段话说得多么痛快和有气魄啊！叫两位前线将领不必与俄人遣使多啰唆，告诉他们：我们是奉令以讨贼复土为责，别的事不敢干预，若要议论别事，请到肃州大营去找左大帅！

不久，阿古柏残余因西征军长驱奋进而迅速瓦解，英国留驻叶尔羌的中亚贸易公司慌忙撤离，其"别为立国"的侵略计划，因左宗棠坚决捍卫国家领土完整和各民族利益的严正立场和果敢行动而随之破产。

十五、舆榇出关收复新疆索回伊犁建奇勋

1. 天下之事作吾事，福泽榜样长留世

根据中国人的传统的处世、做人准则，在功成名就之后，就要"急流勇退"；特别是到了"衰朽之年"，理应"告老还乡"。这是顺应自然规律、有自知之明的表现。关于"国家大事"，那多着呢！你少去或不去操这个心，天也塌不下来；至于"吹皱一池春水"，那更是"干卿底事"？左宗棠这位"倔老头"、"犟骡子"，却不是这样想和这样做的，他不畏千难万险而为之，甚至决心拼上老命，他的内心世界和思想动机，值得我们后人研究和深思。

对此，一百多年前，美国人史密斯在 1890 年出版的《中国人的气质》一书中有如下的描述："1873 年，中国将军左宗棠受命清政府，进军巴克尔和哈密，平息伊斯兰教徒起事，这场风波开始只是星星之火，后来像野火一般燃遍整个中国西部，波及中亚。面临的困难是这样巨大，几乎不能克服。当时在华的外国报刊纷纷嘲笑左的承诺与清政府的昏庸，讽刺他们竟然力图筹集贷款去支付高昂的军费。然而左的军队在到起事地区的一年内，就进军天山两侧，横扫起事者。他们进入一个地区的时候，军需供应不足了，军队转为屯田，耕耘土地，种植粮食，支持以后的军需。这样耕田和进军轮回交替，左的'农垦大军'彻底完成了它的使命，其伟绩可以这样评价：在任何现代国家的史册上都是最卓著的。"

史密斯先生这个客观的评价，比较公正，并不过分。特别是最后一句："在任何现代国家的史册上都是最卓著的"是多么中肯和有分量啊！当时西征军的困难是多方面的，如上已述：军饷不济，军粮奇缺，运费极贵，凡此等等，的确是"几乎不能克服"的巨大困难。在左宗棠的一封家书中也说："西事艰难万分，人人望而却步，我独一力承担，亦是欲受尽苦楚，留

点福泽与儿孙，留点榜样在人世耳。"

这里他直接点出了自己的动机目的，由此可窥见他心灵的伟大与崇高！

收复伊犁是左宗棠督军西征的另一个极重要而又艰巨的历史任务，也经历了一个复杂变化的历程。陈鼎熙（字迪吾，湖南武陵人，常德府学禀生）在《栩园藏稿》中记载了一则"所闻左恪靖事"：光绪某年，俄人索领土于我，朝廷里许多大臣"将许之，独左宗棠力主战议"，于是便以西征大任托公，上谕曰："东南则鞭长莫及，至事在西北，臣请力任。"当左宗棠路过金陵，曾国荃在宴请他时向其提出坦率忠告：我公威重，举国所望也。这次受任，我不能不作吉语，但亦恐怕此等大事不能顺利和如愿，不如找个资望较轻的人代之。虽然白首临边，是古来名将有此作为；但是"壮因老退"，并不是你一贯所提倡和希望的。左宗棠从容对曰："某齿髦，岂不自爱。苟吾身一日不出，时局之外，天下事，吾事也。"

这段话里，左宗棠也把国家和民族的大事，视为己任，不容自己不管，不容自己不亲为。

当左宗棠"衰年报国，心力交瘁"，意识到自己有生之年已不多时，他不由得被一股骤然弥漫开来的悲怆苍凉之感吞没，于是，他发出这样的叹惋："我年逾六十，积劳之后，衰态日增。腹泄自吸饮河水稍减，然常患水泄，日或数遍，盖地气高寒，亦有以致之。腰脚则酸痛麻木，筋络不舒，心血耗散，时患健忘，断不能生出玉门矣，惟西陲之事不能不预筹大概。……此时不求退，则恐误国事，急于求退，不顾后患，于义有所不可，于心有所难安也。""孱躯荏弱，年已七十，老病日臻，只缘身在事中，不敢有所逶谢。论者辄以壮侯无逾老臣相况，非所宁也。"

读了左宗棠这些家信和给友人的信，可以清楚地窥见他的思想矛盾和内心世界，令笔者浮想联翩，不胜感慨！

想一想，看一看，多少高官、大吏，在京城豪宅内，在幽雅别墅里，白天，山珍海味，犀箸厌饫，笙歌曼舞，仙乐悦耳，春光满园，秀色映窗，享尽人生之福；晚上，不辜负红绡帐，不辜负香衾枕，拥着花容玉貌、肤如凝脂、娇声如莺、可以当作孙女的小妾在调情、寻欢和作乐。这是一幅极其秘密、不可拍摄的老树发春心、夕阳无限好的回光返照图。再看看左宗棠，年近七十高龄，疾病缠身，在远离妻子亲人的荒凉无垠、高寒缺水的戈壁大漠里，在与士兵同甘共苦的金戈铁马大营中，空旷寂寥，风沙弥漫，笳鼓悲咽，青灯孤影，案牍劳形，须发熬白，连年征战，屡胜强敌，终于收复了 160 多万平方公里、占祖国领土六分之一的神圣而美丽的国土。那里有终年积雪的崇山，碧绿青葱的草地，奔腾湍急的河流，恍如天镜的湖泊，肥沃丰腴的耕地，蕴量极富的矿藏，可以供子孙万代开垦、劳作、居住、生息、建设、美化、行走、游览……左宗棠以无私无畏的气概和自我牺牲的代价，换取了中华民族的生存发展空间、人民永久的安宁和长远的幸福，为后人树起了一块高入云霄的丰碑，留下了一部横贯天地的巨卷。

　　一百多年前美国人史密斯在评论左宗棠的所作所为时，曾将其提升到"中国人的气质"。当今，正在从事中华民族伟大复兴使命的国家之官，科技知识界的栋梁之材，企业事业中的民族精英，及至在普通工作岗位上的芸芸众生，是否应该继承和发扬左公的这种"中国人的气质"和精神，学学他给我们后人树立的光辉榜样？答案应该是肯定的。这兴许是我们这个国家和民族的希望所在。

2. 崇厚软弱无能，签订丧权辱国条约

　　左宗棠首攻乌鲁木齐，是为收回伊犁创造必要的前提。继则"急规南八城，缓置伊犁"，以全力驱逐阿古柏侵略，为收回伊犁创造了一个更为有利的条件。收复喀什噶尔，取得了反对阿古柏侵略的最终胜利后，他就把收回伊犁作为西征的主题，并预言"伊犁收回之期必不远矣"。光绪二年（1876）11 月，清政府同意凡与俄人交涉新疆事宜，均先知照左宗棠酌度并由其主持办理后，左宗棠主动承担了以收回伊犁为中心的对俄交涉。

　　但是后来，由于各种情况的变化，由左宗棠对俄交涉新疆事宜的大权却旁落他人了！

　　《清史稿·文祥传》写道："当新疆军事渐定，与俄国议交还伊犁，大学士左宗棠引以自任，文祥力主之，奏请专任。文祥既殁①后，乃遣侍郎崇厚赴俄国，为所迫胁，擅允条款，朝论哗然。"

　　1878 年 7 月 20 日，清政府根据军机大臣沈桂芬的荐举，派吏部右侍郎、署理盛京将军崇厚为出使俄国头等钦差大臣，收回伊犁的交涉由左宗棠专任改为崇厚赴俄办理。于是，局势也迅速地复杂与恶化起来。

---

① 文祥死于 1878 年 6 月。

崇厚（1826—1893），字地山，姓完颜氏，满洲镶黄旗人。崇厚于道光二十九年（1849）中举人，后捐甘肃阶州（今武都）知州等职。咸丰三年（1853）任总兵，随胜保攻打太平军。又历任直隶通永道、永定河道。第二次鸦片战争之后，欧洲各国仿效英、法两国先例，要求遣使驻京和签订通商条约。崇厚受命力理纷至沓来的通商交涉。崇厚以熟悉洋务自诩，但正如时人所说："名为知洋务，徒知其可畏而已！"曾纪泽说他"谦和委婉，善结主国之欢"，英国驻华公使威妥玛亦说，他是"一个讨人喜欢的人"，但"绝不是一个能力卓绝的人"。因此，当时对派崇厚使俄担此重任，就有不同意见。

朝野对派遣崇厚使俄，存在着两种不同的对立意见。翰林院侍讲张佩纶尤其不赞成给予崇厚过高的职衔，并对经海路而往也提出了异议。他曾当面对崇厚直言："地山兄，你是个老跟洋人打交道的，你这次出马，可要舌战群儒，奏凯而归呀。"

崇厚不敢大声回答张佩纶的话，只是凑近去向张佩纶耳语说："不行啊，少荃（李鸿章字）大人交代我了。"

"他说什么？""只能谈好，不能谈崩了。""如何谈好？""走着瞧呗，到了那边再说。"

"这些天来大家议来议去就是根据左宗棠的上疏，要及早把伊犁九城收回，要通商，要友好，好谈。地山兄，我的意见你取道陕甘新疆到俄国去。"张佩纶算是还有些头脑。

"那条路不好走了，干吗非走那边不可呀？"

"嗨，跟俄国人谈，谈的又是收回伊犁，你不先听听左宗棠的意见行吗？"

"他的意见在这份长疏中都有了，有什么必要去见他呢？两宫太后也作了具体指示了。"

"不，左疏中尽管长篇大论谈了各个方面的情况，怎么与俄国人谈判并没有写上一句。这也是个战场，你请教一下他，心里就扎实多了。"

"好，我把你的意见去告诉少荃大人吧。"崇厚与其他的"唯李派"一样，主意是李鸿章拿的。崇厚果然去请示李鸿章，李认为没有必要绕陆路走，两个月还到不了。而且把火药味带到谈判桌上去，就是谈崩的前兆。左宗棠有的是火药味，还不如不去。

崇厚一行路经法、德两国，一踏进俄国国门，便受到隆重而优厚的款待。1878年12月31日抵圣彼得堡，三天后即与俄国外务大臣格尔斯会晤，向沙皇亚历山大二世呈递国书，尔后即与格尔斯进行谈判。又同外交部首席顾问势梅尼及驻华公使布策等往返折冲。

俄国人对他的款待是精心安排的迷魂汤。他们"阳为好语"，"阴则恫吓"。崇厚身陷异国，头脑里装的不是西太后的嘱咐，更不是左宗棠的奏疏，而是李鸿章的一句话在支配自己的思想——只要能收回伊犁，其他一切都好商量。

在持续半年多的数十次谈判中，昏庸的崇厚完全失去了警惕，丢弃了原则，迷惘于俄方代表的诱骗，甚至还向清政府美化沙俄这个侵略成性者对中国"无图利之心"。晕头转向的崇厚对俄方提出的一系列苛刻条件无动于衷，坦然承诺：一、商务，三条：开放西边让俄人自由通商，由俄方设领事馆；二、界务，也是三条：伊犁西南均予重新划定，塔尔巴哈台界往东移出一大块，未定界重新划清；三、赔款，代管伊犁要交一大笔钱，等等。

光绪五年（1879），崇厚便在黑海之滨的克里米亚半岛里瓦吉亚擅自同格尔斯签订了《里瓦吉亚条约》（又名《中俄条约十八条》）。崇厚没有"乐不思蜀"，这一点比刘禅强。在外国时间长了，也想舒适而温馨的家，特别是想娇媚多情的宠妾。10月11日匆匆起程返华，留参赞邵友濂替他办理各种未了事宜。

《里瓦吉亚条约》是一个丧权辱国卖国条约。俄方将具体条约草案寄到北京时，又加码升级得更不像话了。条约规定沙俄将伊犁九城一带交还中国，而中国自动放弃霍尔果斯河以西地区、特克斯河流域及沟通天山南北的穆素尔山口。在喀什噶尔地区和塔城地区，中国领土主权再次受到损害。另外，通商、赔款、设领都包含着许多苛刻的条款，无视一个主权国家最起码的尊严。俄国正是利用崇厚的昏庸和急于求成，胁迫崇厚出让他们想得到的大片领土和多项国家权益。

条款送来，两宫太后及朝臣们看了大惊失色，举国大哗，一致感到事态严重，纷纷上奏朝廷指出它的危害。

光绪五年五月（1879年7月）以后，左宗棠从总理衙门那里得知崇厚步步退让，极为不满。他在给刘锦棠信中说：崇厚"胸无定见，未免许之太易，不知若辈得寸思尺，不宜一味用柔，致启论端也！"并说："布策辈所忌者，湘军耳！然亦何能为。我行我法，其如我何？"在给谭钟麟信里亦说：崇厚"以柔道牵之，有求必应，不知已堕其度内！"关于交还伊犁，他认为："须交还全境，不独全境以内不容侵占留住，即境外亦宜多留隙地，此自一定之局。"

3. 极力主张"先之口舌，继之兵威"

光绪五年十月二十一日（1879年12月4日），左宗棠在向清廷奏《复陈交收伊犁事宜折》时，又向总理衙门写了一封信。在这一折一信中，首先揭露俄国侵略的严重影响：俄国将伊犁"已视为己有，若此蚕食不已，新疆全境将有日蹙百里之势，而秦陇燕晋边防且将因之益急。彼时徐议筹边，正恐劳费不可殚言，大局已难复按也"。且俄人专尚诈力，不以信义为重，"不特异日无以制凭陵，即目前亦无结束。若不及时整理，坐视边患日深，殊为非计"。接着，他痛陈崇厚所订条约的危害，认为俄国虽名还伊犁，实际是："我得伊犁只剩一片荒郊"，北境、西南皆为俄有，"孤注万里，何以图存"？"自此伊犁四面俄部环居，官军接收堕具圈内，故不能一朝居耳！虽得必失，庸有幸乎"？

至于商务，俄国"不独夺华商生计，且启蚕食之计"，并在各处广设领事，"欲因商务蔓及地方，化中为俄，断不可许"。他强调说："武事不竞之秋，有割地求和者矣。兹一矢未闻加遗，乃遽议捐弃要地，餍其所欲，譬犹投犬以骨，骨尽而噬乃不止。目前之患既然，异日之忧何极？此可为叹息痛恨者矣！"

左宗棠的譬喻是："投犬以骨，骨尽而噬乃不止。"实际上沙俄是比犬更凶残和贪婪的恶熊，它的胃口是吞噬整个中华疆土。希望朝廷排除疑虑，作出拒约决断。针对"先允后翻其曲在我"的论调，他指出："地山虽以全权出使，而所议约章均须候御笔批准，是先无所谓允也；且俄自踞伊犁，赚我九城，久假不归，纳我叛逆，屡索不与，四纵通寇，扰我边境。是俄已先启衅，曲本在俄也。"

左宗棠批驳是很有力的。所议约章须经御笔批准，所以不能说使者签字即已"允"；俄方早就有言，乌鲁木齐收复之后即归还伊犁，而今我屡索不予，是他们先启衅和理屈。

左宗棠提出的对俄方针是："就事势次第而言：先折之以议论，委婉而用机；次决之以战阵，坚忍而求胜。臣虽衰庸无似，敢不勉旃！"这个方针，是争取通过谈判解决伊犁归还问题，如果俄国拒不交还，只好以武力收复伊犁。在上总理衙门书中明确提出："先之口舌，继以兵威，事无不济。当彼竭我盈之会，机有可乘。"如俄仍坚持崇约，则橄南路之兵，分由阿克苏、乌什"兼程急进，直取伊犁"。"令其就我范围，均有把握"。

左宗棠在给杨昌浚的信里，特别指出："如果坚持定见，内外一心，先之以议论，继之以兵威，何事不办？只恐言战时即夹一和议在内，忽挥拳相向，忽拱手致恭，则愈办愈坏耳！"

他已作了充分的思想准备，表示："俄情叵测，使者失词，西事不能即了，身在局中，只好索性干去。"① 他对国家和民族利益高度的责任感跃然字里行间。

他对俄国挑起兵端毫不畏惧，自有应对之法。"是先之议论尚是空谈，继之以兵威乃有结束。"谈战方针是以战为基础，谈是战的前奏，战是议的归宿，表明其谈战主张已从谈为主转为战为主的新阶段，故必须作好战的充分准备。如俄国一定要挑起战端，左宗棠则坚决进行自卫还击，并乘势进取伊犁，甚至深入俄境。这是左宗棠强调备战的最终目的，而他训练的军队亦可能完成这个任务。

上海"泰来洋行"的德国技师福克就说："余看爵相马、步两军并一切枪炮，并其将官阵法，尽善尽美。若与俄交战于伊犁，必获胜仗。只恐俄人不战于伊犁，而战于别处。"

4. 整军经武三路进兵锋指伊犁

与朝廷慑于列强威吓，准备妥协相反，左宗棠以大无畏的气概正在积极备战，锋指伊犁，以兵威解决问题。

伊犁地势险要，易守难攻。左宗棠所拟三路布防是可取的。就西路来说，刘锦棠认为，从乌什绕赴伊犁，从前虽有捷径，可现被俄控制，而由喀什噶尔取道乌什前往行20余站，"相距弯远，难于兼顾"；若从喀什噶尔西出铁列克，"分队涉历俄境远图进取，就现在兵力，实属有所未逮"。但

---

① 《左宗棠全集》第12册，书信三，第549页。

是，他说："将来天山北路一有举动，或须抽拨队伍分屯喀什噶尔外卡，以张深入俄境之势，自应遵照左宗棠原奏妥慎办理。"此外，刘锦棠根据乌什、冰岭道路险阻，向左宗棠建议"取道喀喇沙尔，仍绕由精河进兵"。就北、中、西三路比较而言，北路由精河西进，比中、西两路翻越天山冰岭要稍好一点。

可是，左宗棠认为，北路的兵力虽非单薄，但是"勇怯杂糅"，很难全都依仗他们，因而仍把重点放在中、西两路，并向刘锦棠分析和强调三路进兵之意图。

首先，俄国近年来因英德助法奥之事，"方务于西，又肇衅于东，似亦难逞其毒"；"伊犁各部苦其征敛横暴，颇有急盼大兵之意"。昨据金顺信说："伊犁俄官又有催征本年钱粮之说，如此则各部之解体更可知矣！"在此有利形势下，"整军经武，慎以图之，取回伊犁"，"机与势固有可乘"。

其次，三路进兵初意是为了出奇制胜，如今知道乌什、冰岭一路实不可行，自应即作罢论。但当年那彦成、德英阿往来换防就走此冰岭捷径。今由此"以指伊犁，似于局势尚无不合"。由此路进兵，则声威甚盛，合力并规，当操胜算；倘此路难避冰岭之险，而转运仍难畅达，则可屯兵北界，以张深入俄境之势，使俄不敢以大队进援伊犁。这样仍然是三路进兵之势，亦可收三路进兵之果。

再次是出师时间和采取的政策。他说："师期必在伊犁收获之后，可免运馈之劳。"俄兵限期回国后，维、回各族群众或入关安插，或仍在本地"为王民"。并要废除俄人苛征重税。如此，"似亦可相安无事"。

左宗棠最为担心的是清廷能否坚定信心，"力持正论"。因而他特地将刘锦棠和张曜的信抄送总理衙门，正希望他们坚定决心！他在给金顺的信里，对谈与战的前景作了估计。他说："曾侯出使，目睹前车覆辙，自不敢复蹈前愆。如俄知降心相从，不敢坚持异说，则局势或犹可以舌辩为功；若仍狡执前说，势必至于用兵。"

为了使清政府不致为浮言所动摇，他在上总理衙门书里再次强调曾纪泽使俄议和时不能忘战的重要性。他说，在"俄情虽极叵测，然理势两诎，无可藉口"的情况下，"劼刚（曾纪泽）出使，目击前辙，自当恪遵成命与之相持"，决不能轻诺俄方贪得无厌之求。但从已往的行迹来看言之，沙俄"反复靡常，较泰西岛族尤为狡诈"。所以即使"此次成议而返，边防终难解严，必将决胜武力，乃有归束"。

十五、舆榇出关收复新疆索回伊犁建奇勋

在这里，左宗棠已清醒地看到，不决胜武力，不拿出决胜武力的坚定决心与实际部署，是难以索回伊犁的。

5. 左公舆榇出关振军心慑敌胆

左宗棠生性属牛，不仅是头犟牛，而且是头好斗的"西班牙公牛"。这样的人掌握了军权，便成了"好战分子"了。在朝廷的有些道貌岸然的士大夫看来，为了争西域这块"不毛之地"，他就是喜欢较真，喜欢大动干戈，对强大的俄国也丝毫不肯让步，唉，真是何苦呢！他此时已年近七旬，不仅年老体弱多病，而且长期待在荒凉苦寒的西北也不厌烦，真是个怪人、倔头！整整十年了，在黄沙弥漫、滚滚风尘的大西北，他坚守了十年！鉴于他已吐了几次血，病情日重，许多事已力不从心；北疆、南疆除伊犁之外都收复了，朝廷中像李鸿章等大员，都主张与俄妥协，满足其要求，就此收兵。假如这样结局，对他来说，也已尽到了责任，于国于民也问心无愧，好交代了。此刻，他更思念家乡，思念他亲手经营多年的柳庄，也思念有田园有水池的司马桥，如果晚年能再过一段田园牧歌式的生活，是他所心驰神往的。

蓦然间，左宗棠抬头看到他走到哪里便挂到哪里的林则徐公手书："苟利国家生死以，岂因祸福避趋之。"这十四个字，像十四朵熊熊燃烧的火焰，灼得他眼睛发痛。那"愚弟则徐与季高仁兄先生共勉之"，这个题款更是如根根芒针，直刺他的心胸！

眼前，立即浮现出湘江夜晤林公时的难忘情景：林公的嘱托，自己的许诺，一切恍如昨夜。他为自己瞬间萌生的退志而羞愧。因为这与上次弹劾成禄时不同。如果朝廷肆意庇护成禄，纵其作恶，不予惩办，是绝对不能容忍的，也没法一意经营西北大业。他不能公开以激烈言辞谴责朝廷和太后，只能拿自己"遽萌退志"与最高权力机关斗争、对抗与"摊牌"。今日，"此非即彼"也。

左宗棠在案头上，放有一部文天祥诗稿，他便翻阅曾读了不知多少遍的《正气歌》，以及《过零丁洋》，其中熟悉的警句，此刻更使他热血沸腾，他立即铺纸磨墨，挥舞如椽大笔，写下了"天地正气"四个斗大的正楷。

他觉得伊犁决不能让俄人占有，而不豁出去与俄国佬拼命解决不了问题。一个坚定的决心和不可改变的主意已在胸中形成：为使"新疆金瓯无缺……复须出屯哈密，以伺其变"。

此刻，他又想起了幼年时那位张半仙之言，因"历言公毕生体咎甚详"，奇迹般的都灵验，觉得此生注定要殉职战阵，无生还之望。于是他就给家人写了一封信，其中有一句是：此番自忖断不能生还……

左宗棠这些天来一直考虑一件大事，到今天，他已做出决定：要亲自出关，万一谈判破裂，便可亲临前线，指挥作战。用早膳前，左宗棠便把虞绍南叫来，对他说："你抓紧去办一件事，给我造个'千年屋'。"

"千年屋？造它干什么？"虞绍南丈二和尚摸不到头脑，弄得他一头雾水。因为虞绍南亦是湘阴人，知道本地的方言，"千年屋"便是"棺材"。

虞绍南立即变了语气，带着不解甚至责备的口吻说："大军正要出征，做这种不吉利的事干吗？"

"是的，我要领兵亲征，移师哈密，路上带着它，随时准备躺进屋里，埋葬在西北。但不必像秦始皇那样备梓棺，随便找点木头就行。"左宗棠笑着说。

"哪有打仗抬着棺材走的呀，这多不吉利！"消息传出后，将士们都议论纷纷。

"抬棺作战有三个意思，一是让全军将士奋勇杀敌，视死如归；二是让李鸿章那些人知道左宗棠下定决心要做的事，事无不成；三是让俄国人明白老头子不收回伊犁誓不罢休。"虞绍南向大家解释说。

听说大帅要亲自出关，并要做一口棺材带上，众人都大吃一惊。几年来，跟随他左右的人，谁都知道大帅的身体已大不如前了。老了，衰了，而且多病缠身。因操劳军务，他本来睡眠就少，夜间老是咳嗽，日中精力不济，常常见他坐着看书，送上茶来，又睡着了。为了不打瞌睡，他不是练字，便是绕案行走。虽然让张夫人和孝同公子来了肃州，总算身边有人照料，但身体已经累坏了，如何经受得几千里长途跋涉？何况还要过沙漠、越天山？

还是施补华相从多年，此时不说话也不行，大家都看着他和另一位高参饶应祺。他们俩耳语几句后，施补华便去进言："季公，您在关内仍能指挥若定，一切都在预料之中。现在，毅斋、朗斋以及和甫将军都是身经百战之名将，料想对付俄军不会屈居下风，大帅又何必拖着病躯亲临前线？"

左宗棠笑着说："我要出关，其实筹思已久，莫说是有战事，就是没有

十五、舆榇出关收复新疆索回伊犁建奇勋

战事，我也要到各地看一看。不然，怎能了却五十年间的心愿？身体染病，并非一日，五年前，家庭屡遭变故，心神悲惨，无以复加。但为收复新疆，不顾一切，还不是挺过来了？'行百里者半九十'，这一步不迈出去，将最后的'十里'路走完，不是前功尽弃？这一步，再难，也要跨出去！"

虞绍南领命后，在酒泉到处想方设法找高级木料和能工巧匠。他想到左帅是封疆大吏，棺木当然要高规格。他起先选了胡杨，虽然它"千年不烂"，但质地不够细密；最后，他出高价，从一户财主家买来了十多根二米长的檀木，监督工匠精心制作，然后打上几遍黑漆。费尽心机，终于将棺材做成。他报告左帅后，左宗棠还躺进去睡下试试，爬出来后连声说："蛮好，蛮好！以后我就睡在里面。"

左宗棠这时才注意到棺材很厚，用手抬一下盖子，却一动不动，很沉重。他立即转喜为怒，厉声问道："这是什么木料？从那里弄来的？"虞绍南如实相告。

"你真是个浑球！"左宗棠竟然大加责备，"我不是同你交代过了吗？随便找点木料，要轻一点，你竟靡费耗工做了一个这么重、这么高贵的棺材！"

虞绍南跟随左宗棠多年，从来没有被如此责备过，感到自己费了这么大的力气，办了此事，竟落得如此下场，顿觉委屈和伤心。他觉得这件事并没办错，便争辩道："这'千年屋'毕竟不同于活人住的屋，住进去后不能出来了，大帅您是'上相'、'封疆大吏'，怎么能用一般的棺木呢？我做的有什么错？"他强忍感情，问道："那么你要求用什么样的材料？"

"用白杨即可，很轻，须知，几千里路程，让'老大'运夫抬着走，我忍心吗？"

虞绍南二话没说，三天之内，用白杨做成了一个新棺材，并再涂好了黑漆。完工后的当天晚上，他便背上一个小包袱，不告而辞了。

左宗棠闻知虞绍南走了，知道自己在做棺木问题上态度粗暴，委屈了他，深感内疚。于是立即派人带上"二百金"去追赶，并写了一封道歉信。

左宗棠决心舁榇出关，在全体将士中引起了极大震动。将士们都议论纷纷，摩拳擦掌，士气大振："左帅亲征出关，肯定马到成功！"

"俄国佬向来欺软怕硬，这次就要给他们点颜色瞧瞧！"

"左帅舁榇而行，预嘱后事，我辈这条小命还不豁出去吗？"

……

二三月的肃州城，依然是冰冻大地，春寒料峭。左宗棠的内心却急如火燎。万里之外的俄京，曾纪泽的行止如何，至今无音讯。但从北京传来的消息，却又令人焦虑、忧愤。俄国人不断进行讹诈，并传有兵舰在沿海游弋、示威。左宗棠托胡雪岩从香港买来一本地图册，他从地图上查到，俄罗斯的兵舰从黑海出来，要经过两个海峡，才能穿过地中海到大洋。然后绕过非洲到印度洋，再经过印度、南洋，才能到达中国海域，行程三万多里，惊涛骇浪，日行百里，需时一年，俄国兵舰不可能这么快便到了中国海，是朝廷向来怯战的"大佬们"草木皆兵吧？

不久，北京来人了，才知确有兵舰到了山东高角一带，原来是从黑龙江海参崴开来的。那里本来是中国的一个渔村，康熙年签订的尼布楚条约，这里属于中国。后来，粤疆战事后，俄国乘机胁迫中国签订条约，割去了黑龙江以北、乌苏里江以东的大片疆土。俄国人把海参崴建成了一个他们的军舰可以出太平洋的不冻军港，以致可以直接威胁我京津和沿海。

左宗棠想到这些，气结了喉，慷慨激昂地说道："当年鲁肃讨荆州，三番五次，诸葛先生说，'不要我翻了面皮，连六郡八十一州都要'。我们也是这样，非将其侵占我们的国土统统收回不可。中俄之间一切纠纷，都是从前退让的后果，今后决不再这般受人欺侮！"

告假回家的西征军将领，一个一个都被召回了大营。有的已经重返前线。现在，齐集大营的有谭上连、谭拔萃、余虎恩、黄万鹏、戴宏胜、毕大才、崔伟、禹中海、易玉林及未曾告假的王德榜、汤仁和、刘见荣等，都在等待大帅命令，准备随时上前线。

余虎恩、黄万鹏两员上将，曾经到达乌什以西追捕逃敌，于边境情形熟悉；谭上连持重老成，左宗棠命他立即赶往喀什，协助刘锦棠由乌什、冰岭以西，径取伊犁。

王德榜、汤仁和两员大将率军绕蒙古至张家口，防备俄军侵犯蒙部及黑龙江边境。

王德榜说："中俄边界万数千里，防不胜防，一旦战事发生，对俄军如何防御，请大帅明示。"左宗棠笑道："中俄接壤，所谓边地，彼此共有，一对一，谁怕谁？三国时期吴质答复曹丕的话说，人的周身应当防护者也只有数处。我来问你，如果你与人交手，必打他哪些地方？"王德榜说："当然是头部、胸口及腹下。"左宗棠说："这就对了，中俄接界万里，他不可能每一处都攻击，而只能选择要害之处。反之，我军防守，也应防要害之地。"接着又说,"你们两人属带三千人马就足够了,不要怕。其实俄国人何尝不怕惹起事端?俄国人自从窃居伊犁时起,蔑视中国。到了我军收复新疆,兵威大盛,他们何尝不知道彼此强弱的实在情形,他们难道不怕我们吗?他们若是敢来打蒙部,我们把他们引到大营中,让他们分不清东西南北,一举歼灭。"

公元1880年5月26日(光绪六年四月十八日),真可谓是黄道吉日。这一天,有四件事情巧合在一起。归家养病的霆军统领鲍超率一万五千人马抵达直隶乐亭,警戒俄人入侵。山西巡抚曾国荃率一万军马抵达山海关,防御俄人入侵东北。也是这一天,一声长笛,曾纪泽乘坐的轮船启航开往俄京彼得堡,与俄人重开谈判。更令世人关注、瞩目和惊叹的是左宗棠带领亲兵步队10大哨、马队5营,从肃州"舁榇以行","誓与俄人决一死战"。

随带一副抬红漆棺材,使这支与众不同的出征队伍更增添了几分悲壮。

舁榇上阵古来有之。《三国演义》中写庞德战关羽,庞德便是带着一口棺材。以不畏洋人闻名于世的左宗棠,这次舁榇进军哈密,不仅震慑了俄国伊犁守将和国内将领,而且引起了世界各国的广泛关注。

自古以来,玉门几乎成为人们西行的极限,唐朝诗人王之焕《凉州词》中的"羌笛何须怨杨柳,春风不度玉门关",就是这种情景的写照。左宗棠在答赵玉班的信中在赞扬了"诸军百战之余,猛志常在,葳役有期,已定于择日启行"之后,写下了这样的话:"壮士长歌,不复以出塞为苦,老怀益壮,差堪告慰。"

左大帅要舁榇出关的消息迅速传开。5月6日这一天,肃州城几千军民齐集南城外,恭送大帅亲征,收回伊犁。黎明前,城门已经开启,一批一批留守官兵陆续出城,分立大道两旁。随后,全城居民男女老幼几乎全数出来,站立大道两侧,许多人手执线香、手捧鸡蛋、酒壶、酒杯、果品、熟鸡、熟羊,耐心地等待大帅出城。人群中有不少老年妇女在焚香跪拜。

肃州人民对左帅的感情是多么深厚啊!光绪二年三月,左帅进驻肃州时,肃州城内外人烟稀少。左宗棠见此情景,十分凄悯,闲时与刘见荣一道逐家访察,设法安排生产,发放种子、耕牛,令他们自谋生路。又贴出告示,招来难回,分给土地耕种。又以工代赈,责令居民参加修路、打井、种树,发给粮食、工钱。他自己也拿出相当数量的钱办赈,为百姓备药治病。四年休养生息,这座遭兵燹浩劫的古城,才渐渐有了生气,至今居民已近万人。万人之中大都认识他，而他也认识了不少人。

饶应祺说："季公，你与肃州百姓相处，可以说是水乳交融。"

左宗棠说："看到他们过的贫困日子，我就想起了自己当年的艰难境况。但比较起来，他们更是苦上加苦。"

现在，左宗棠要走了，肃州城汉、回百姓依依难舍，不约而同，都到城外为大帅送行。一位几乎死于沟壑的瘸腿大爷扶杖蹒跚而来，有人喊道："老爹，你行走不便，怎么也来了？"

"嗨，我怎么能不来？没有大帅我哪能活到今天？大帅这一去，不知何年何月还能再见到他？只怕我活不那么长了，我不来能行吗？"

老大爷的话引起众人说个不停，好像每个人都有一腔话要说。说到动情处，忍不住声泪俱下。感动的人群，伫立在晨风中，等候那辆非同寻常的四轮车。

时辰到了，几声炮响，号角齐鸣，金锣开道。来了，城门里出来两面大旗，橙黄色的帅字旗，大红色的左字旗，随后，各色彩旗迎风飘扬，士兵举着"钦差大臣"、"陕甘总督"两排高脚牌。刘见荣骑一匹大马走在前头，紧接着两匹枣红马昂首长嘶，拉着四轮车出城了。左宗棠安坐在高高的大车上，他见此情景便站起来，双手抱拳，连连向左右拱手。初时，左右的人群向他欢呼。之后，人们拥向车前，送上带来的东西，表达他们的心意。这时，有两位长须飘拂的回族老大爷走近四轮车，手捧酒壶、酒杯，无论如何要给大帅敬酒。驾车人只得勒住了大马，四轮车停下，左宗棠接过酒盅，向左向右各奠一杯，然后再斟一杯，一饮而尽。大声喊道："乡亲们，暂别了，我还要回来的，大家请回吧！"

这时，这位九死一生的瘸腿大爷和曾给左帅送寿礼的老妇人，都好不容易地挤进了人群，竟在大帅车前长跪不起。左宗棠愣了一下，要从车上下来抚慰他们。此时左右的人立即将他们扶起，而他们仍频频磕头。

马车辚辚地开过，左宗棠依旧坐下来，别了肃州军民，在陇西道上朝西前进。四轮车刚过，又一辆马车出城了，人们大吃一惊，"啊！"那车上竟是一副枣红色的棺材。一开始，这副棺材配了八名壮汉抬着，可谓名副其实的"舁榇"。但后来左帅觉得不忍心让他们千里抬着，便将其装上了一辆马车（按：所以《清史稿》"左宗棠传"中用的是"舆榇"）。道旁的百姓，像涨潮落潮一般，匍匐叩头、跪拜，"大帅"之声，此起彼伏，化作一片啜泣之声。他们从心底里感动，无法表达崇敬的心情。左大帅满怀豪情

领军出关去了！

　　从肃州至哈密有十九站，第一站是嘉峪关，第二站至玉门。左宗棠前几年走过，沿途道路平坦，两旁柳树成行。第一天傍晚，到了嘉峪关，知县张汝学在城外迎接。大队停住，刘见荣正准备传令安营，张汝学连忙说："大帅，今晚大军就不必安营搭帐了，卑职已在城内安排了地方，可住一千人，特请入城休息。本想留大帅多住几日，因知军情紧急，就不敢挽留了。"

　　左宗棠高兴地说："那也好，今晚不扎营，明日清早便可出发。"

　　古诗中讲，"西出阳关无故人"，一点不假。从嘉峪关向西，左宗棠在车上一路观望，四野依然一片荒凉景象，远近都是光秃秃的山和漫无边际的沙碛地，极少水草，更无人烟和庄稼。所以，有好多天，不得不在荒漠上扎营过夜，人畜饮水也是定量限制。

　　一路艰苦跋涉，于5月底，哈密已经在望，这口红漆棺材也随运而来。左大帅舆榇亲征的消息，早就不翼而飞，迅速传到了伊犁，传到了俄国。新疆民众都因这口大棺材而大受鼓舞，俄国佬确实被这口大棺材震慑住了，怕这位倔强的湖南老头子蛮干。

6. 亲征前夕与"天下第一棋手"对弈

　　伊犁不复，在左宗棠看来便是"功败垂成"，永留耻辱与祸根。让俄国佬永久占据这块富饶的宝地，他是死不瞑目的。在离开肃州的前一天，舆榇出关的各项准备工作都已布置停当，只待明日一早启程。晚上，他不仅让将领、士兵痛饮一番，而且还让贴身亲兵也如此，特准他们今晚也可尽情欢乐，不必宵警。

　　这天晚上，皓月当空，繁星闪烁，左宗棠脱去一身戎装，穿上便服，打扮成一江湖艺人模样。他身挎长剑，走出肃州大营，漫步街头，顿觉心旷神怡。走着走着，眼前有一个小小的古镇，经打听，知道其名为峪门隘。左宗棠抬头举目察看小镇风貌。一块写有"天下第一棋手"的木牌闯入眼帘，他不由暗自好笑："这山野之人真是井底之蛙，只看见簸箕大的一块天。"不看倒也便罢，一看那木牌却引起了他的兴趣。原来这是一家药店。他更好奇了，正要发问，一位长须飘拂、仙风道骨的老者，边包药边向他招呼道："客官若不嫌弃敝店，请进来喝口茶吧！"

左宗棠说："喝茶不必了，试问这'天下第一棋手'是何人？"

老者似乎不屑一顾，轻描淡写地回答："鄙人就是，不知客官有何指教？"

左宗棠也是一副傲态："你既然是天下第一棋手，我们对弈几局如何？"

他在青少年时期研究兵法的同时也曾钻研过棋谱，觉得用兵打仗如弈棋，两者有相通之处，终以兵法有得、棋艺高超而自慰。当年在幕府中喜欢下棋，督署僚友，虽不乏高手，但鲜有匹敌者。自从亲自统兵打仗后，无暇摸棋，今天突然激发起再显身手的兴趣来。

老者爱理不理地说："我看还是算了吧，改日行不？"

左宗棠哈哈大笑道："我看你是怕我砸你招牌吧？"

老者皱皱眉头，略加思索后说："既然你兴致甚浓，老夫就舍命陪君子吧！我若输了，牌子自砸。"两人摆开架势，当头炮，盘头马，上车道，过河卒……一个步步为营，一个环环紧扣；一个避实就虚，一个明攻暗取，各显其能，冲锋陷阵，激战酣然，互不相让。最后左宗棠虚晃一枪，进逼九宫，老者苦笑，左首战告捷。连下三局，左以二比一获胜。他双眉一挑，问老者怎么办？老者二话不说，将木牌取下来，"拍"的一掌，木牌顿成碎片。

左宗棠一惊。此时又发现墙上挂有一把宝剑，心中暗想，此人非同一般，便问："依我看来，老先生还有超人的武功？"左宗棠实话实说，"我原是一个书生，半途出家练点拳术和剑法，主要为了健身，不妨与老先生再切磋一下如何？"老者说："比试谈不上，玩玩可以。"

说比就比，两人又在月光下，摆开了战场。两人各执一把宝剑，你来我往，寒气逼人。果然不出左宗棠所料，老者出手不凡，左宗棠直逼不舍，两人你来我往，交手了约三十个回合后，老者突然收剑，跳出圈外。

左宗棠收起长剑，自鸣得意地对老者拱拱手："多有得罪，在下告辞了！"

老者说："祝君一帆风顺！"

左宗棠心情舒畅、踌躇满志地告别了老者，离开小镇，回到大营，已是夤夜时分。

天下之事常有巧遇。没过多久，左宗棠竟与"天下第一棋手"有再逢和"交手"的机缘。左宗棠舆榇出征到哈密，平叛告捷，失地收复，以武力攻取伊犁也准备就绪。就在这时，朝廷命他迅速回京，面商国事。

左宗棠第二次回到肃州后，一天又想起了对弈的老者，决定再次登门。

这回，他一身戎装，带上两名警卫亲兵直奔峪门隘药店，老远又见到"天下第一棋手"的木牌高挂在店前。左宗棠轻声骂道："好一个山野狂徒，江湖骗子，今天看我怎么教训你。"

刚近店门，老者便恭谦上前，拱手道："不知大帅驾到，有失远迎。"

左宗棠责问道："我且问你，木牌砸了，为何又重新挂上？"

老者笑道："大帅不知，此乃老汉招客之法，糊口之技，摘了木牌，门前冷落，将断生计呀！"

"话倒说得实在，但以此牌子获取虚名，有伤大雅啊！"

"确实有此嫌疑，让大帅轻视和见笑了。"老者接着道，"请问大帅，当年你在京城，棋艺能列第几位？"

左宗棠自负地说："至少也是二三名吧！"

老者说："那我这块牌子挂定了！"

"此话怎讲？"

老者不言，摆开架子，邀左宗棠再较量一番。两人即在月光下摆开棋局。没想到老者与上次迥然不同，布局新异，棋术高深，使左宗棠大为震惊。他使出浑身解数，也无法取胜，连下三盘，盘盘皆输。老者问他："我这牌子挂得不？"

左宗棠点头称可，但又提出再次比武，想从武功中捡回面子。老者欣然应允。此次交手后，左宗棠感到今非昔比，对手身轻如燕，剑法奇特，不到二十回合，左宗棠便大汗如注，只好认输作罢。左宗棠一时百思不解：上次老者棋艺剑法都不如自己，今日却如此之精，其中必有蹊跷，便放下架子，诚恳问起缘由。

原来，老者叫马青，本属沧州回民，出身于中医世家，自幼出家在少林寺习武，练得一身好剑法，曾有"神剑马"之誉。一次，几名无辜百姓遭强人所害，官匪勾结，欺压良民，为打抱不平，他在深夜只身闯进官府，杀了贪官，闯下大祸。幸好遇上的朝廷钦差是位清官，恕马青无罪。为了生计，只好改名换姓，远走他乡，到西北偏远之地行医营生。他每日除行医治病外，便以下棋、舞剑为乐。打出这块牌子，是故意招惹过路棋手，切磋棋艺。上一次与左宗棠下棋比武时，就认出眼前对阵之人是镇疆大帅，为让大帅有必胜之心，兴奋之态，便故意让着落败。他拂着长须笑着说：

"前次知公有大任在身,故让之以成其功;今既成功,故不敢多让了。"

左宗棠听到这里,羞愧难言,这位自幼好胜要强之人此时心悦诚服,悟到了"强中自有强中手"这句话的含义。于是立即施以大礼:"师父在上,请受徒弟一拜。"

老者慌忙还礼,连声说:"大帅使不得,使不得,折煞山野狂夫也!"

左宗棠虚心地向马青请教棋法和剑术,马青见左帅心怀坦荡,诚恳待人,毫不虚伪与矫饰,便与他无保留地探讨一番,直到时近深夜,才依依不舍相别。

这是肃州地区流传已久的佳话,也散见于各种左宗棠轶闻中。

7. 缺水源、离陷阱,途中多惊险

1880年5月26日,左公亲率的后路大军自肃州拔寨西行,经嘉峪关出关,雄赳赳,气昂昂,开赴西征前线。

接连走了数日,都是一望无际的黄沙。一天午间,烈日炎炎,大军所带饮水全部用完。且兵士又多是湖南人,水土不合,不少人瘫倒沙地上,于是他下令人马停止前进。几万名士卒和马匹的饮水问题,一时无从解决。左公只得下令大军就地扎营。

行军中没有水喝,这可是件必须拿出切实办法尽快解决的大事。口焦舌干如火烧,唾液也不会分泌,决非在《三国演义》里曹操一句带有虚构的话"前有梅林",用"望梅止渴"就可以解决问题。再说,即便是"东施效颦",大家也不会相信,因为遍地寸草不生。

大帐内,左宗棠在来回踱着步,苦思对策。万般无奈下,便捡起行军书架上的一册林则徐笔记,这是在当年湘江夜晤时林公所赠,上面写的是他被贬新疆的笔记,被左公不知看过多少遍了,上面注满了眉批。其中有一句名言便是:"终中国患者,俄罗斯也。"他又拣出了另一本从安化陶澍家读过的书,随意翻阅。这时西北风起,忽一阵狂风吹进营帐,将左宗棠手中的那本书,呼啦一下吹开,很巧,一行注有眉批的字,跃入眼帘:"牲驼能嗅水性,此实务(际)也。"左宗棠恍然大悟!随即命令将后路大军所有的骆驼聚集起来,排成长队,于前开路,人马随后起行,迎着狂风飞沙前进。

十五、舆榇出关收复新疆索回伊犁建奇勋

"左钦帅，真神人也。我等前来正是进献此策的！不想大帅已早知矣。"前队的谭上连急左公之所急，忽找来几名土著人当向导。眼前见有骆驼为前锋，自然把他视为神仙下凡了。

于是在几名土著人做向导下，大军随着排立在前的驼队，于黄昏时分，终于找到一片大沼泽地。但见绿草茵茵，水色清澈见底。一时人马欢腾，驼马饱食，士卒畅饮。

正是：黄沙茫茫路人行，西出阳关无故人；干渴无水难忍耐，书中原有真黄金。

不久，后路大军到达预定地点。左宗棠汇集诸路将帅共商军务。

左宗棠在进军哈密途中，宵衣旰食，忍受饥渴，与士卒同甘共苦。因尚有白彦虎的残部沿途偷袭，所以亦偶有战事，更增添了征途的艰苦性和警惕性。他每天于黄昏，便先于诸将睡觉，至三鼓时则起身处理军务。有一夕，他起床刚披上衣，即闻军中的沉郁的鼓声和清脆的击柝声：

"嘭！嘭嘭！""嘭！嘭嘭！"……

"笃，笃笃！""笃，笃笃！"……

将士们都正在酣睡之中，此时他们两耳不用塞豆却不闻雷霆，更不必说这熟悉的低沉的鼓声与梆子声。当然，在"角声一动胡天晓"时，他们便会从睡梦中惊醒，一跃而起。

左宗棠细听这柝声，觉得与往常不同，仿佛有回声，恍如"空谷足音"；亦与苏东坡公在《石钟山记》中所描写的有相似的感觉。他立即下令："紧急拔营出发，移军三十里！"诸将都睡眼惺忪，根本不理解为何左帅要这样"折腾"部队，觉得将士近日疲惫劳累已极，需多加关心与体恤。士卒中有不少大大咧咧地骂街者，话很难听。有几位将领便来请命："左帅，士卒都说到天明起程未迟，何必夤夜拔营，劳师动众？""这是不是你们的意见？立即拔营，违令者斩！"左宗棠怒斥道。

诸将极不情愿地下令，借着星月微光，迅速带领部队移营。

约过了半小时，后军出了营地，突然原营地处陷了下去，一支埋伏已久的白彦虎残军杀出。众将士经受了一场虚惊，无不大服，惊叹："左帅真神人也，为诸葛孔明所不及！"

诸将中有问其故者，左宗棠说："途中多机关暗算。我听柝声与平时不同，知道地空耳，必有陷阱和埋伏。"柴小梵《梵天庐丛录》载录了此事的全过程：

文襄公在军中，恒黄昏先诸将睡，至三鼓则起治军书矣。一夕，闻击柝声，令军中移营三十里。是日正战胜后，士卒皆酣睡，闻令有怨言。诸将有为之请者，文襄怒斥之，且趣焉。不得已，共发。后军甫毕，而原营地处陷，伏亦起矣，众乃大服。诸将有请其故者，文襄曰："无他，我听柝声，若反应者，知地空耳。"

　　无论是一支军队还是一位统领军队的将军，人民群众对其态度，是一把度量其是否正义之师的标准尺。6月15日，左宗棠到达哈密。他在给杨昌浚的信中说："弟此来，父老扶杖而观，不远数百里，民情亦大可见。"

　　可见此行符合国家民族利益，受到各族群众衷心拥护和爱戴！

　　左宗棠大营迁来哈密，随大营而来的商人和小贩，云集哈密。商人们雇人拉着骆驼，赶着马车，驮运来大批货物。小贩们则徒步挑担而行。他们有来自甘肃兰州的，有来自陕西西安的，有来自山西太原的，还有来自河北天津的。大营来后，原哈密镇番街、得胜街等处，商家鳞次栉比，哈密成了一大商埠，他们供应大军的日用百货。当时，人们称这些商贩为"赶大营"。大营走到哪里，他们就赶到那里。

　　以后大营西调北疆，大批商人又西赶迪化（今乌鲁木齐），迪化成了新疆的一大商埠。很多天津人、山西人和陕西人，在迪化落了户。

8. 沙俄畏左帅动武才吐出口中之肉

　　沙俄在侵占伊犁前就断言：清王朝已不可能恢复在新疆的统治。当沙俄占领军控制伊犁后，就向当地人民宣布，沙俄将永远占有伊犁。沙俄官员口口声声说的"将伊犁交还中国"完全是掩人耳目的谎言。

　　当清政府按照俄方照会之意派员赴俄谈判交接事宜时，俄方要清军必须将关内外肃清，收复玛纳斯、乌鲁木齐城之后，才能谈判交收伊犁。因俄方认为清军决然办不到这些，才开出了"空头支票"。清政府遂令伊犁将军荣全自临驻地科布多"前往谈判接收伊犁"。

　　荣全身后无重兵支持，形单影只，肩负使命异常艰苦。他是1871年10月17日从乌里雅苏台动身的，只带一百多名士兵，路上逶迤了三个多月，于次年的1月20日到达塔尔巴哈台与俄方联系。

　　谈判开始，俄方代表只字不提交还伊犁的事，却提出诸多荒谬的问题，让荣全好气又好笑,便质问他:"我系奉旨来办伊犁之事,伊犁之事究竟如何议论?"

这位俄方代表竟蛮横地胡乱搪塞:"伊犁的事,我一句也不能说,等我请示我们国君,才能论说。"接着总理衙门与沙俄驻华公使在北京多次交涉,因俄方的无理要挟,半年又过去了,毫无进展。于是,就有了如前所述崇厚一行在彼得堡与俄方正式谈判一事。

1880年月2日,清廷正式拒绝批准《里瓦吉亚条约》,即《中俄条约十八条》,将丧权辱国的崇厚定为"斩监候"死罪。

1880年8月28日,中俄关于交还伊犁的谈判又在彼得堡举行。中方派出使沙俄的钦差大臣曾纪泽为首席代表。

曾纪泽虽然深受曾国藩和李鸿章的影响,对曾国藩办理天津教案,认为"正是拼却声名,以顾大局",为父亲辩护。但他终究是位爱国者,他不赞成李鸿章放弃伊犁的卖国观点,认为伊犁是西陲重镇,不能轻易让人。他也不赞成左宗棠"俄事非决战不可"的主张,以为战事一开,"在东而不在西,在海而不在陆",防不胜防;唯一的办法,是进行坚定不移的外交谈判,"持之以力,百折不回",在谈判中他显示了折冲樽俎的才能。

曾纪泽深知他所担负的是一次艰巨的外交使命,但为了祖国领土的完整,他决心"障川流而挽既逝之波,探虎口而索已投之食",① 把沙俄占领的土地索回来。他分析了当时的形势,认为放弃这些土地固然不可,而武力收复又有不及(他低估了左宗棠的决心与军力),因此,切实可行的办法就是通过外交谈判来解决。怎样谈判?他确定的原则是"分界既属常守之局,必当坚持力争,若通决各条,惟当去其太甚,其余从权应允,俟诸异日之修改"。②

曾纪泽面临的谈判对手是沙俄外交大臣吉尔斯、驻华公使布策、外交部重要官员热梅尼、外交部亚洲司副司长梅尼科甫等狡诈狠毒的外交老手。曾纪泽与他们反复辩论,"凡数十万言",③ 唇枪舌剑,进行了激烈的交锋。

1880年8月4日,曾纪泽初到沙俄外交部,商谈递交国书日期。吉尔斯"面冷词横",一开始就预示恫吓,摆出一副拒绝谈判的架势,他竟宣

---

① 《曾惠敏公文集》卷3,第6页。
② 《清史稿》列传卷233。
③ 曾纪泽:《出使英法俄国日记·走向世界丛书》,长沙,岳麓书社,1985年。

称:"现在只候照行,无可商议。"

曾纪泽针对他的谬论,说道:"凡各国订约,必俟两国批准方能施行,如所订之约对难行之处,例可再议。"将其狂言顶了回去。

从8月到10月这段时间内,沙俄在谈判地点和中方代表资格等问题上多方刁难,曾纪泽都以不卑不亢的态度,从容应付,据理申辩,常常使吉尔斯等人理屈词穷。

在谈判中,双方的斗争焦点集中在割地不割地的问题上。沙俄力求保住《里瓦几亚条约》的既得利益,曾纪泽则坚持要将特克斯河流域一带地方归还中国。由于意见分歧,谈判数次陷入僵局。热梅尼主张对清政府"用大炮口去提出要求","不能仅限于举起拳头,而且要坚决准备使用它","他们只有在手枪放在咽喉上的时候才会同意"。① 所以在谈判中忽而拖延,忽而耍赖,忽而反咬一口,忽而提出难以接受的要求,软硬兼施,机关费尽。例如在10月19日的谈判中,布策以"原约难以更动"威胁曾纪泽,提出:如中国要特克斯川,则"须以相抵地方补偿本国",并野心毕露地追问曾纪泽:"中国沿海地方,何处可让?"曾纪泽断然回答道:"我想自今以后,中国地土,断无再让之事!"

在10月20日谈判中,热梅尼横蛮地对曾纪泽说:"若中国政府不按俄方条件订约,那就不如打仗合算。""如果贵国硬要这样,那我政府就将把前约全行废弃,缓索伊犁。"

"不说明伊犁地方归俄国管辖,将来中国复索此地,岂不为难?本国之意务求结实办法,免得含糊。""中国断不肯办一文书,将该处地方送与俄国。"接着曾纪泽胆气十足地道:"我说一句直话,可以释贵国之疑。中国将来再索伊犁,如仍系两国友睦和平,商议之时,中国以礼来索,贵国以礼相答;倘两国不幸有失和之事,中国以兵威来索土地,则何地不可索,岂独伊犁乎?"

这番话与左宗棠主张的若用武力索伊,则要恢复康熙朝旧疆,老账新账一起算,同一调子,大长中国人民的志气。

当曾纪泽就土地划割提出意见时,俄国人冒火了,坐在桌旁的五个俄国人,站起来三个,气势汹汹。曾纪泽横眉冷对,岿然不动,说:"诸位大员不必如此大动肝火,那是没有用的。不要因为特克斯河两岸这二百余里

---

① 杰拉维奇:《俄国在东方》。

宽、四百余里长的大片土地肥沃富庶，就不想交还我们，那是不行的。除非英国人德国人法国人都想叼走一块肥肉，我们也都照给，那他们才不会有意见。试问这可能吗？中国的土地都被你们占了，他们为什么不可以也来占呢？对你们的贪得无厌，列强怎能安之若素呢？更重要的是，我们是一个堂堂的主权国家，怎能允许各国随心所欲地来割占我们固有的领土呢？我代表朝廷按照你们的无理要求将土地划给你们，我又是崇厚第二，举国上下都会声讨我，朝廷也同样会判我死刑，你们不想一想，这样的事我能做吗？"

一席话，柔中见刚，有软有硬，那几个站起来的人，又悄悄地坐下了。

曾纪泽吸取崇厚被愚弄的教训，镇定沉着，与沙俄外交官员的这种无耻伎俩进行了严肃的斗争，表现出他不畏强暴的勇敢精神。

在曾纪泽等中方代表的坚持下，热梅尼在给吉尔斯的报告中，无可奈何地承认："我们的示威没有使他们害怕。"

曾纪泽在谈判桌上的底气与"硬度"与左宗棠积极主战、备战密切是相关的，这才是促使沙俄改约、扭转曾纪泽在谈判桌上不利局面的重要原因。

在会谈桌上，一个俄国大员不经意说漏了一句话："你们老是固执己见，在西边调兵遣将，左大帅还抬着口棺材到哈密，要与我们拼命似的。我们俄国人并不想与你们兵戎相见。"

"打不打由你们皇上决定，但现实是在积极做准备，你们还说要出兵辽东湾哩。"曾纪泽说。"那是因为你们有真想打仗的样子。你们不打仗，重兵包围伊犁作什么？"那位大员又说。……俄国人要摸的底没摸到，中国有了"俄国人怕左宗棠"的底。

左宗棠奉召入京的消息传到俄国，沙皇政府弄不清中方的真实意图，还以为中国"有动兵之意"，感到左宗棠的"军威逼人"，害怕同他作战。于是一面找曾纪泽探听；一面加快签约进程，"务须及早定议，免生枝节"。

吐出到口的即将下咽的肥肉是极不情愿的。在无奈之下，俄政府做出了局部"让步"，同意修改原订的条约，交还特克斯河谷二万多平方公里的土地和通往南疆的穆扎素尔山口；但仍割占霍尔果斯河以西一万余平方公里的土地。设领事的地点也减为嘉峪关和吐鲁番两处，但"赔款"由500万卢布增到900万，而且还保留了一些商业特权。

改订的条约仍然是一项不平等条约，明明是俄国侵占中国领土，交还是理所当然的事，却要索取赔款，还割占一部分土地，真是岂有此理！但是新约和旧约相比，总算收回了一些权益；在中国近代史上，这算是一次差强人意的外交"胜利"。

这次外交上的"胜利"，曾纪泽的功劳不可泯灭，左宗棠的实力后盾更起了重要作用。当曾纪泽和俄国政府谈判时，俄国人经常打听左宗棠和西征军的动态。

左宗棠于光绪六年（1880）十月十二日离开哈密。那次应召进京，对曾纪泽在俄谈判产生了重要影响。俄国以为左宗棠入京，中国"有动兵之意"；俄方首席谈判代表、代理外交大臣吉尔斯在1880年12月11日询问曾纪泽："我风闻左宗棠现在进京，恐欲唆使构兵，不知确否？"

俄方不了解真相，俄方首席代表、代理外交大臣格尔斯于十一月初十日会见曾纪泽，急急忙忙向他打听，问他："听说左宗棠现在已进京，恐怕会挑起战事，不知确否？"

曾纪泽回答说："这是谣言。"他确实还没有听到这项消息。

格尔斯接着假惺惺地说："中俄两国和好二百余年，若为小事就打起来，实在是不合情理的。"他们在谈判中仍然占了便宜，担心清政府会变卦，也暴露了不愿打仗的心态。

曾纪泽因有左宗棠做后盾给予了针锋相对地回答："中国不愿有打仗之事，但为了领土主权之事，中国百姓未必不愿与俄一战。中国人坚忍耐劳，纵使一战未必取胜，然中国地方广大，虽数十年亦能支持，想贵国不能无损。"

又过了一月余，曾纪泽得到清政府对条约内容同意的谕旨，就约见俄方代表公使布策，告知这项消息。布策很高兴，表示放了心，他说："前接从北京的来信说，左中堂将进京，似乎有请中国动兵之意，本国深不放心。今天听贵爵所告的消息，我才放心了。"

俄使回去向沙皇汇报，沙皇深感不安，隔了两天，格尔斯奉命来见曾纪泽说："上次我和你谈过，这次是奉本国皇帝之命，皇帝陛下听说左相奉召入京，很不放心，我们两国务须及早签约，免生枝节。"

曾纪泽回答他说："左相是中国大臣，老成重望，是明白大体的人。此次条约既是两国意见相洽，左相也必会喜欢。"

十六、五上奏折促成新疆台湾建省功盖世

1. 极力主张新疆建省功在千秋

中国近代思想革新的先驱龚自珍,素来对西北史地有极深的研究。拟写了《西域置行省议》,提出了一个系统完整的新疆社会改革方案,清廷却抱残守缺,不予理睬。与龚自珍齐名的魏源也疾呼,新疆应"追天顺时,列亭障,置郡县",保障西陲的安宁。深受龚魏影响的左宗棠,他对龚魏的新疆建省方案虽有不同的见地,但都原则性地继承了他们的改革思想。

1850年左宗棠在"湘江夜晤"中,又听了林则徐"欲求数十百年长治久安,不能光靠一时战功"的告诫。在西北的作战中很注意战后的恢复生产和老百姓的善后工作。对于新疆更是在用兵的同时,极力主张建省。

新疆内忧外患无穷、有全境沦于异域的危险,而在朝廷庸官污吏一片放弃新疆的喧嚣声中,左宗棠不避艰险,从东南沿海移节糜烂的西北,收拾残局,在宦途中迈向新的历程。他坚忍不拔地主张在新疆设置行省,以利新疆长治久安,便是他对巩固西陲的一片赤诚的集中表现。如果说左宗棠早年关于新疆建省的思想属于书生议论,当他总督陕甘,荣任钦差大臣督办新疆军务后,便将早年的政治抱负付诸实际了。

光绪三年三月初十(1877年4月23日),西征之师发动了春季天山战役,克复达坂城、吐鲁番和托克逊三城。清廷接到捷报后,于6月20日谕令左宗棠对新疆问题"通盘筹画,一气呵成"。7月26日,左宗棠便呈奏了《遵旨统筹全局折》,首次正式向清廷论证了新疆建省的必要性。他从历史上旁征博引,说明了新疆战略地位的重要性。认为:

> 立国有疆,古今通义。规模存乎建置,而建制因乎形势,必合时与地通筹之,乃能权其轻重,而建置始得其宜。伊古以来,中国边患,西北恒剧于东南。

是故重新疆者所以保蒙古，保蒙古者所以卫京师。西北臂指相连，形势完整，自无隙可乘。若新疆不固，则蒙部不安，匪特陕、甘、山西各边时虞侵轶，防不胜防，即直北关山，亦无晏眠之日。而况今之与昔，事势攸殊。俄人拓境日广，由西而东万余里，与我北境相连，仅中段有蒙部为之遮阂。徙薪宜远，曲突宜先，尤不可不豫为绸缪者也。①

　　这个奏折里，左宗棠回顾中国久远的历史，论述中国边患，西北向来剧于东南。凡是不重视西北边防，必定是国势日衰不振。接着提出了"重新疆者，所以保蒙古，保蒙古者，所以卫京师"这个极其精辟的振聋发聩的识见。针对李鸿章喋喋不休地说"时势在变"，现在可以放弃新疆的滥调，左宗棠指出了"今之与昔，时势攸殊"在于"俄人拓境日广"，又与其"由西而东万余里"接壤的严重现实，岂能不预先绸缪，加强防御!？

　　左宗棠在奏折中又进一步强调：新疆是个宝藏富饶之区，为杜绝俄英觊觎，义师西征，使"旧有之疆宇还隶我方"，规复全疆指日可待。欲求数十百年长治久安，不能光靠一时战功。他又以乾隆坚定不移地在新疆推行军府制，佐证根据时代的变迁，新疆建省的必要性。

　　为了筹划建省的一些细节，他请清廷饬命户、兵两部，将新疆的旧章案卷驰发给他供稽考，又接着上了四个奏折。清廷对左宗棠的这番剖腹之言，认为很有见地，命令他督饬将士克期收复南疆。"与拟改行省郡县，一并通盘筹画。"

　　左宗棠为新疆建省五上奏折，可谓煞费苦心。在1882年10月18日第五次上的奏折，总算被批准了。经过几年准备之后，终于在光绪十年九月三十日（1884年11月17日），清政府正式发布新疆建省上谕。

　　清政府在发布新疆正式建省上谕时，又任命湘军主将刘锦棠为甘肃新疆第一任巡抚，仍以钦差大臣督办新疆事宜，调魏光焘为甘肃新疆布政使。1820年，龚自珍写《西域置行省议》时曾预言："五十年中言定验，苍茫六合此微言。"历史正是如此。历经艰难曲折之后，终于实现了龚自珍、林则徐、左宗棠等目光如炬的巨子们的夙愿。

---

① 《左宗棠全集》第6册，奏稿六，第701—702页。

2. 以战略眼光关注台湾并促成建省

在1884—1885年中法战争中，台湾是中法海战的主要战场之一。法国侵略者早就蓄谋霸占我国台湾，把台湾变为它最理想的"担保品"。在它发动侵越战争后不久，于1884年8月初便把战火扩大到我国台湾福建沿海。8月26日，清政府得知马尾海战失利的消息后，被迫对法宣战。9月8日，任命左宗棠为钦差大臣，督办福建援台抗法军务。

左宗棠指出，法国侵略越南，意在进一步侵略中国；法军侵占基隆，志在吞并全台。如果它的侵略阴谋一旦得逞，其他帝国主义将接踵而来，中国就有被瓜分的危险。

左宗棠奉命后，"其志甚坚，其行甚急"。他除了自己水陆兼程，力疾就道，首要的大事是同时抓紧调拨兵勇。除抽调江南旧部亲军八营外，还委派妥员添募了数营新军，于12月14日率军抵达福州。这不仅使福州人心大定，而且鼓舞了台湾军民的斗志。左宗棠抵榕后，把派兵援台列为最紧急军务。在此之前，中法已在台湾进行了两次激战：一次是基隆之战，一次是沪尾（今淡水）之战。其规模虽不很大，但基隆却失陷了。

当时在援台斗争中，左宗棠煞费苦心，运筹对策。他急调王诗正来闽，派王诗正与陈鸣志统率"恪靖援台军"，扮作渔人，选择鹿港以南笨港、北之栖梧港为登陆口岸，在星夜冒险东渡。不久，杨岳斌军也由泉州渡过台湾海峡，抵达东南岸的卑南。这一传奇性的举动，广为人们所称颂。

在派兵潜渡，增援台湾前线的同时，左宗棠加紧进行沿海的布防工作，以防法军声东击西，突犯大陆。他命令各营勇分别驻扎长门、金牌、连江、东岱、梅花江各要口，严密巡守。同时，委派妥员星夜督工，在长门、金牌等重要入口之地，竖铁桩，横铁缆，没入水中。并安设机器，随时捩转起落，以便我船出入；一旦敌舰来犯，则起缆阻之。另外，在距离福州三十里的林浦、魁歧及闽安右路出海的梅花江等隘口，垒石填塞，仅容小船来往。以上各处均建筑炮台，安放炮位，派兵驻守，以资捍卫，遏敌来犯。为布置长门、金牌要塞，左宗棠还命令将马尾江底打捞的18墩大炮，迅速安装；又将原设各炮次第修备，督饬各将弁昼夜巡防。布防后，命令将海口水道标识立即撤除，并在沿海布设水雷，通知各国领事即日封港。他亲临沿江要隘察看布防情形，所到之处，各营将士均列队试枪，可放之炮，皆演放数次，军容甚肃。

左宗棠到达福州后,"忧愤时事,有如心疾"。

日在营中呼:"娃子们快造饭,料理裹脚草鞋,今日要打洋人。"谆谆不绝口。

左右谋看戏,演忠义战事,如岳飞大胜金兀术等出,乃欣然不言。会元日,问是何日,曰:"过年。"

曰:"娃子们都在福建省城过年邪?"曰:"然。"曰:"今日不准过年,要出队,洋人乘过年好打厦门,娃子们出队,我当前敌。"

总督杨昌浚贺年,谓洋人怕中堂,自然不来,中堂可不去。

左曰:"此言哪可靠,我初以四品京堂打浙江长毛,非他们怕我,打陕甘回子,打新疆回子,都非他们怕我,还是要打,怕是打出来的。"

先是,洋人调厦门距福建省城极西无重兵,乘元日以大队兵船扰厦门,未至厦门五十里,用远镜见厦门沿海诸山皆红旗恪靖军,知有备而遁。

曰:"中国左宗棠利害,不可犯也。"

在我国军民的英勇抗击下,法国侵略台湾的战争遭到了可耻的失败。但是,由于清政府的卖国投降路线,终于导致中国不败而败,法国不胜而胜的结局。

在丧权辱国的《中法天津条约》订立后,左宗棠满怀激愤,向清廷密陈"要盟宜慎,防兵难撤"一折。此后他还一再上疏,要求清廷与法国交涉,立即交还基隆、澎湖,以维护祖国领土的完整。

中法战争结束后,73岁高龄的左宗棠在病危临终之前,还在筹划海防全局,特别是关心着台湾的防务和建设,继上奏《请专设海防全政大臣折》之后,紧接着又上了一个《台防紧要请移福建巡抚以资镇慑折》,进一步向清政府建议,将福建巡抚改为台湾巡抚,专理台湾事务,并最终促成了台湾建省的实现。

十七、清正廉洁以身作则堪称世上楷模

1. 一贯"化私为公""以公济公"

在旧社会,有一句从官场到百姓都耳熟能详的话:"三年穷知府,十万雪花银。"左宗棠从举人一下子便当上了巡抚和总督这样的大官,本来可以大发横财,但他为官之后有个显著特点,就是对"无道"之财,一介不取;而对"有道"之财呢?有的不取,有的取之为公,"化私为公"从不记账。

他的妻子周夫人在福州时曾提醒他:你这样公私不分,将来有人要查你账时怎么办?他尴尬地笑笑,说:钱怎么花的我都没有记,那只好凭天地良心了。

古今中外,都有数不清的贪官、赃官惯用"化公为私",有几人听说过"化私为公"这个词?有几多这样的傻瓜蛋?而左宗棠"化私为公"的事例多得不可胜数。除了前文中提到过的之外,现略举几例。

1876年春,年已65岁的左宗棠,在行辕移至肃州前,将后方的各种事务托付给刘典。

一天,他忽然又命人去找刘典。刘典匆匆赶来,问道:"阁帅,一定有什么急事吧?"

左宗棠笑道:"克庵兄,你当后勤总管,没有钱不好办事吧?我今天要移交一笔巨款给你哩!""阁帅一向廉洁奉公,不贮私财,哪里来的巨款?胡雪岩借的那笔洋款近已交割明白了,莫不是……"刘典见左宗棠诡秘地一笑,便把话打住了。

左宗棠说道:"人们常说:'天上不会掉馅饼',这个大馅饼,就是从天上掉下来的。你随我去看一看就明白了。"于是,左宗棠与刘典两人各带着随从来到衙门的库房,找到"平"字房,左宗棠命人打开,下属查核了半天,先捧出个大册子,对左宗棠说道:"阁帅,这是'平'字房建库以来的账目。"左宗棠接过来，顺手递给刘典，吩咐道："开里库！"

下属又将厚厚的里库铁门打开，左宗棠拉着刘典往里走，刘典一看，原来是银库，就更是有些糊涂了。左宗棠也不解释，命人清点银两，二人在一旁坐着看，下属点查了好几个时辰，方才报道："禀大人，白银三十八万四千五百一十八两。"

左宗棠一听转向刘典说："克庵，我今天把这笔款如数交付给你了，你可要重新点清呀！"

刘典看了老半天，根本摸不着头脑，便问道："阁帅，你到底是唱的哪一出戏呀？"

左宗棠笑道："克庵，你可知道陕甘总督有一个兼职么？"

刘典问道："这兼职是什么？"

左宗棠道："这个兼职呀，就叫'茶马使'。"

刘典一听，似乎有点明白，进一步问道："是不是专管回民、维民、蒙古各部以马换茶此个事务之职？"

左宗棠答道："是呀，你还不知道吧，兼顾'茶马使'还多一份俸禄呢！"

原来，茶是西北地区老百姓必不可少的生活用品。但是，当地并不出产茶叶。于是，从唐代起，边区的少数民族就用马到内地来换取茶叶。物以稀为贵，久而久之，茶叶成了政府控制边区少数民族的重要手段。民间的易货贸易改由官方来统一办理，而直接督办此事的一般都是陕甘总督，这已经成为惯例。"茶马使"是一个肥缺，许多总督以此大发横财。为了让兼职者能够秉公办事，朝廷每年都要给予一定的俸禄，左宗棠也每年按例去领取兼俸，但是从未花过一分。

"克庵，朝廷待我们不薄，正俸之外，还有此俸。但是我愧对此俸，不能作为'外快'。这三十多万两银子，是十年之久的积蓄，如今老夫要出关督师，此去恐怕难以生入玉门关，此银就留给陕甘百姓，切切记住，万不可用作西征军费，待下任总督到任时，交点清楚，以备西北急需之用！"

刘典知道了这一实情，感动得热泪盈眶，唏嘘不已，他频频颔首，一时说不出话。

刘典遵嘱一直妥善保管此笔款项，留给后任。后来，在建造兰州黄河大铁桥时，用的就是这笔钱。再后来，台湾报纸把左宗棠的这38万多两银子称之为"左氏基金"，而把兰州黄河大铁桥称为"左公桥"。

湖南出了个左宗棠

在左宗棠离开陕甘赴任军机大臣时，管理西征粮台的沈应奎，准备把一笔"陕西甘捐尾款积存"赠送给他，"移济都寓之乏"，被左宗棠婉言谢绝。他说："甘捐尾款，储为关陇不时之需，以公济公，于事为合。"他不仅坚决不收这笔本来可以接收的钱，将这笔钱备"关陇不时之需"，而且也一概谢绝好友馈赠。在公与私问题上，人们听到种种化公为私的说法，而"以公济公，于事为合"之说，是左宗棠首创。

左宗棠还常常"以私济公"。船局开办之初经费紧张，他一次出薪银六万两资助。

如果说左宗棠把朝廷给的兼职俸禄留给边疆人民，不拿兼饷；对别人送来的取之有理有道的"尾数"分文不收；遇到"失误"之事，掏自己的钱作赔损失，都属于一个清官的"本分"，体现了自己为官清廉的品质的话，那么，自己掏腰包来给国家办事，自己的钱都花在公事、公益上，这种"化私为公"的做法恐怕在历史上、在现实生活中都是罕见的。

还有一件更为罕见的事：福克是上海"泰来洋行"的德国技师，他特地来到哈密禀见左宗棠，在谈论中，左宗棠问他有没有可以克制轮船、兵舰的"奇器"？福克告诉他：有呀，水雷、鱼雷最好，现在有此器可买，用之封锁海口，"轮船遇之立破"。左宗棠听后很兴奋，便进一步问他，如天津海口，需用水雷、鱼雷多少？答道：水雷十具已足，鱼雷用不上。接着，左宗棠询问了水雷和鱼雷的价格，认为比较便宜。后来，他在《西国近事汇编》一书中，看到的资料与福克说的相符，便托胡光墉购办水雷二百具、鱼雷二十具，"分送闽、浙两省，备海防之需"。

左宗棠时时刻刻关注着海防和国家安危，看到真的有这样能抵御西方舰船横行的新武器，便立即拿出自己的廉金来购买。

左宗棠在浙江巡抚任内，"所得养廉银除寄家用二百金外，悉以赈民"。宁波海关有巡抚平余银8000两，循例解往，他说："今日之我，无需于此。款本可裁，然裁之则后任将不给于用。不可以我独擅清名，而致他人于困境。"这话是说，这笔钱，对他来说，不需要，可以裁，但裁之后，后任也将无此款了，于是接受下来，将它转给了赈抚局。

他还以"廉项"支持甘肃会试学生上京赴考，填支福州船政局亏空，不给从远道找上门来求官做事的亲友谋利。由此看来，左宗棠确实是个言行一致、修养很高、清正廉洁、不谋私利之人。

在金钱面前最能看出一个人的本质，而一个人的本质又直接影响此人的人生轨迹。左宗棠受过贫困的折磨，应该说对钱的重要性有深切的体验，然而他对钱的本质有更深刻的认识，进而悟到钱要用在最需要的地方，绝不能局限于个人与家庭的需要。他具有与众不同的思想与见解：无钱不可，钱多也不妙；人生需钱，但不在钱多；钱多了怎么花？用在资助穷人和公益事业中。

2. 助人为乐公益慷慨却"不顾家"

1838年，当左宗棠第三次会试又名落孙山，在北京转悠了半年，一个朋友见他没有钱回家，就送他三百两银子，使他踏上归程。当时，他的家中已经穷得叮当响，他的夫人天天盼他能早带点钱回来，接济家用。他从旱路回家，一路都省吃俭用，想多留一点钱交给夫人。

一天日已黄昏，他便投宿在路旁一家小客店里。吃过晚饭，他正在休息的时候，突然听到有四五个壮汉冲进客店来，跑到隔壁一间房内，气势汹汹地围着一个老妇人。闹腾了一阵子，这伙人走了，披头散发的老妇人悲怆地大哭，边哭边跌跌撞撞地往野外走。左宗棠觉得奇怪，就跑过去询问详情。

老妇人说："欠了人家三四百两银子，无力还债。现在被人逼迫，我只有一死了之！"

左宗棠劝导她说："你不要为了这么一笔钱，就去寻死。"

"那怎么办呀，他们明天还会再来逼的。"

"想想办法吧！……"左宗棠边说边想，突然他灵机一动，说道："有办法了，明天他们再来时，我会出面替你还债。"

老妇人怎么也没有想到会遇上这么一位救人急难的大好人，顿时转悲为喜。

第二天，那群壮汉果然又来了。左宗棠便跑过去说："你们逼这位老太婆，逼死她也没有用的。我是一个过路旅客，身边钱也不多，我可以拿二百两银子代她还债。可是剩下的数目，你们也不应再追还了。"那些壮汉一合计，觉得逼死了老妇人，分文未得，如今好歹还能得到一半多，这样也不错，就答应了。

左宗棠便拿出二百两银子来，将当地保正请到，叫大家具结，不再追究余款。

　　事情办好后，左宗棠身上只有少许盘缠继续上路。到家时，他的口袋里已不留分文了。

　　他看家中穷困的情形，只有一言不发。周夫人想他在北京教书写文，总该带些钱回来，可是他始终没有拿出一点钱来。周夫人也不吭声、不盘问，只好默默地又典当些东西，以度生计。后来知道此事经过，还说做好事、救人急难是应该的。

　　修兰州外城与贡院，他拿出了4000两银子填支，是何等大方！可在寄给家里时，每年只有200两白银以供用。无疑，4000两等于20年的家用。这笔账简单到小学生也能算出来。在这里，我们不妨再来看一封他写给长子孝威的家信。这封信是操劳一生的妻子重病在床，但家中已经拮据到连治病的药钱都没有的地步时写的。信中说："每岁我于薪水中存二百金为宁家课子之费，上年曾见之于公牍，不可多取欺人。家中除尔母药饵、先生饮馔外，一切均从简省，断不可浪用，致失寒素之风，启汰侈之渐。惜福之道，保家之道也。"左宗棠不让家里的人"浪用"钱财，自己却出手阔绰，一下子出手4000两。这种反差实在太大了。

　　左宗棠对家里寄钱算得十分精细，唯恐家人摆脱困境、聊得宽裕似的。同治七年（1868）在给孝威的信中道："尔母病宜服人参，尔既欲买取，吾亦不惜此重赀。惟须央真能辨别者同其觅购，能得一两亦足矣……不可浪费分文，致违我教。"连给爱妻治病之人参，也说"得一两亦足矣"，"抠门"到令人在感情上难以接受的地步。而对朋友、下属，却出手大方，关怀备至。光绪三年（1877）左宗棠在给刘典的一信中道："得省信，知清恙尚未康复，夜不成眠。人参专补之品，能益元气，服之必可见效。上次所寄不多，本拟见效后再为续寄，今乘范子湘之便，复寄两匣，希即试服。又，高丽老山参三支，形质迥异寻常，或亦可用。"

　　左宗棠为什么要这样做，笔者分析他的内心世界和思想动机，认为至少有三点：

　　一是他定的家庭生活标准，总是与最艰难的时期相比。

　　二是不能使乐善好施、慷慨助人的家风改变。

　　三是不给子孙留遗产，使他们"不失寒素子弟风"。

　　有一次，周夫人问他："你一年有几万两俸银，给家里就这么一点钱，不是做妻子的要查你的账，你的薪俸是怎么花掉的？用到哪里去了？实在是难以理解。"

"这笔账不要算了，算不清。"左宗棠说。

诒端笑着说，"我不当你的家，你自己也不能是一笔糊涂账呀！"

左宗棠问心无愧，大言不惭地说道："反正我没有吃喝嫖赌，你可以到处打听、查访。"

"这我相信，那你说说，你拿出薪俸的多少养家？"

左宗棠思索片刻，粗略地计算一下，回答道："大约二十分之一吧！"

诒端听了一脸不高兴，说道："原来你拿薪俸的二十分之一养老婆孩子，你这个当丈夫、当父亲的人真是对这个家庭够负责任了！"

左宗棠略显内疚和尴尬，因为他确实不是一个称职的丈夫和父亲，欠妻子和儿女的情太多太多，但仍强词夺理地说："反正我也不是胡林翼说我那样'不顾家'之人，家里老小一日三餐粗茶淡饭也不缺。"

"那你这二十分之十九，或是百分之九十五的薪俸，究竟用在什么地方了？"

"我这个人公私不分，我的年俸、养廉银全部花在国事上了。"

"怎么花法？"夫人不理解，追问道。

"带兵，军饷从来就不够，当兵的缺这缺那，冷着、饿着、家里老人病着的都有，我这个带兵的人能视而不见、无动于衷吗？地方的事，哪一桩都是要的钱多，拨的款少，又想办成几件事，怎么办？就只能从自己的俸薪和养廉银上打主意了。我老实向你坦白，挪用一下私款，三千五千，一万两万的都用过，这回船局经费吃紧，我不能看着不管，所以一次便拿出去六万多两。胡雪岩那里有账可查，周开锡那里有据可考。夫人你长期不在身边，也不便与你商量，关于钱的事情，就自作主张、公私不分惯了。"

"好个'公私不分'！你不想想'公私不分'是官员最忌讳的。你应记记账，将来也好……""这就凭天地良心，随它去了！"说到这里，左宗棠也忍不住笑了。

接着他又发起议论来了，说："唉，诒端，这些都没用。你想想，子孙强于我，置田做什么？子孙弱于我？给他们多留一文钱，多留一分田，多增添一分依赖心。有用的子孙，没留下钱财，只要有本事，他针挑土也能大兴家；没用的子孙，你留给他千担田、万亩土，他败起家来好似水推沙。"

左宗棠六十岁那年，家人要给他做六十大寿，一则遥祝他身体健康，马到成功；二来是儿孙们尽尽孝心，本是人之常情，无可非议。但是左宗棠听说后，立即给长子孝威去信，对儿孙们创意大加斥责："养口体不如养心志，况数千里外张筵受祝，亦忆及黄沙远塞、长征未归之苦状否。贫寒家儿忽染脑满肠肥习气，令人笑骂，惹我恼恨。"

祝寿终因他强烈干预而没做成，但用特有的方式给儿女上了一堂生动的勤俭课。

左宗棠把国民的流离颠沛、饥饿疾苦，以及军饷艰难，士兵缺衣少食等情状，时时刻刻记在心上，从而抑制自己的欲望，约束自己的子女，把家庭的生活水准定得低低的，把多余的钱财救济穷苦的族人和士兵，一贯热心而慷慨地资助公益事业，这样的官员和将领，无论在任何时代、任何国家，都会令万众"高山仰止，景行行止"！

3. 与士卒同甘共苦"卖字"充军饷

谈到带兵打仗的将领，比较典型的有两种类别，一种是只知驱使士兵上战场，为其卖命，自己享乐腐化，如唐朝诗人高适在《燕歌行》中所写："战士军前半死生，美人帐下犹歌舞。"结果是"一将功成万骨枯"；另一种是能"率先垂范""爱兵如子"，历史上古今中外的名将，曾留下了许多佳话，如曹操的"割发代首"，吴起的为士兵"裹伤口"，甚至"舔脓血"等等。

笔者对这种做法向来存有看法，认为有些是权谋家企图"收买军心""笼络士兵"的手腕，其动机是驱使他们去卖命，不值得津津乐道和赞许。他们的假惺惺"关爱"，与"黄鼠狼给鸡拜年"无异。电影《海魂》中，刘琼演的阴险毒辣的舰长，在严刑拷打了士兵之后，亲自下兵舱去"慰问"，婉叹受罚太重了，眼眶竟湿润起来，掏出手绢为伤员轻轻地擦掉额上的汗珠。但是一出舱，他便将"肮脏"的手绢扔进海里了，这一细节，刻画人物很精彩。

笔者在潜心研究了左宗棠之后，觉得他之所以治理地方是关爱百姓疾苦的好官，统兵打仗是真诚爱兵的名将，根本的缘由在于他的亲民、爱兵出自真情实感，在于他没有利己的动机，不是为了收买民心和军心，这使他受到人民真心的拥戴、士兵高度的信服。关于这方面，可以从他多封家书和书札中清楚地看出来，现不妨摘录两则："饷欠四月有余，无法弥补。兼之军中疾疫繁兴，需用甚急，日以为忧。幸将士知我无它，不忍迫促，大家忍耐，不肯支领，然我因此更觉过意不去。涤帅见我艰难，咨拨婺源、乐平、浮梁三县地丁厘税归我军提用。经理甫一月，渐有生机。""兵已缺饷七月，我岂可多寄银归耶？尔母病体痊瘳否？衰老之年，药饵不可缺。近因省钱，故不服补剂，尔辈当亦有所窥。"

左宗棠年轻时赴京会试南归时经过扬州，在邗江小面馆里吃了一碗鸡汤面，当时是穷书生，正饥肠辘辘，觉得味道美妙无比，以后常常想起扬州鸡汤面，和家人朋友谈起来，还津津有味。40年后他为视察苏淮水利和防务，数度经过扬州，他倒不曾为瘦西湖和二十四桥的美景所打动，却回忆起年轻时吃过的那碗扬州鸡汤面。

一次他到瓜州阅兵，特命犒赏所有将士每人鸡汤面二碗，由自己掏腰包，不要公家花钱。他对将士们说："古来名将都与士卒同甘共苦，你们都多年跟随我南征北战，备尝艰苦。现在有好吃的，怎敢不和你们共同分享呢？"将士们吃了美味的鸡汤面，虽然是件小事，心里却很悦服。这件事在大清军中一直传为美谈。从此邗江鸡汤面出了名，经过该地的人都要尝一尝，因此利市三倍。杨公道《左宗棠轶事》"俭德"中这样写道："军兴以来，各路统将在兵间数年，往往咸致富有，满载而归。公独一钱不苟取予，所得犒赏，悉与将士共之。"

柴小梵《梵天庐丛录》卷五中还有这样的记述：曾公（国藩）蔬食自甘，幕府诸人咸以为苦。左公（宗棠）则尤甚，遇士卒方食，即取己箸同餐，尽饱而至。仁和范郎中尝言："赴衢州请兵时，大风雪，左公布衣羊裘，坐夹帐中。留一饭，白肉数片，鸡子汤一盆而已。后经略西边，犹如此。"

笔者在写《左宗棠全传》这部书的时候，见到一则登载于2008年1月24日《周末》的文史资料：《乔家大院的隐秘往事》，作者是周益、李诚。据史料记载，左宗棠准备平定新疆之乱时，民间票号共捐借款11653730两白银，其中8823730两来自晋商，几近八成。乔家大院的二进门上有一副篆书楹联的砖雕："损人欲以复天理，蓄道德而能文章"，是左宗棠的亲笔，这14个字花掉了乔家30万两银子。不过，晋商的倾力捐助不仅没能挽救腐败的清政府，反而随着后者的覆亡，一同被拖进历史的泥沼。

这里需要指出的是：向民间票号捐借款，是清政府出面的，不是左宗棠直接经办，且不是只有乔家和晋商（固然他们承担的数额巨大）。作者已经写明了：晋商的衰亡，是同清朝的覆亡一起被拖入泥沼的，还有"脆弱的资金流动渠道"的内因，不能简单地归咎于借捐左宗棠西征军饷。至于左宗棠为乔家大院写了这14字的楹联花了30万两银，这是名人书法的价值，与现在为赈灾艺术家义卖书画性质类似，且是乔家为创牌子、提高身价之愿而有求，更不待说这30万两银子，绝对不是落入左宗棠个人的腰包。我们从中也可窥见左宗棠为筹军饷，确是使出了浑身解数，直到高价卖字了，令人敬仰。

这样清正廉洁、以身作则、胸有韬略、照应全面、用兵谨慎、关爱下属，以自己的言行和战绩服众的军事长官，怎能不令将士们忠勇奋发、视死如归呢！

4. 对索贿者分文不予跺脚痛骂

左宗棠因皇帝下诏书奉命进京，从光绪六年十月十二日（1880年11月14日）从哈密启行入关，至光绪七年正月二十六日（1881年2月24日）行抵京都，时间长达百余天。恰于这一天，中俄和议成，伊犁还。朝廷本应礼待西征归来之帅，但却吃了宦官的一个"闭门羹"。

当左宗棠坐着雇用的骡车，轻车简从，一路风尘仆仆，到达北京的崇文门（俗称哈德门）时，未有官员迎接，却遇到敲诈勒索之事。何则？

那时崇文门是清朝官吏、人民、货物进入京城唯一纳缴银税的门关，宦官控制下的门卫要收进门钱，已形成一种惯例，凡是地方任职期满后回京的高级官员，都要在城门口缴纳一笔捐献。捐献多少，因人而异，优差肥缺的外官有时须纳银十多万两，实在是一种陋规。

"请你报告左大人，入崇文门需先交进门钱，捐献多少随官职大小而定。"一个小太监态度傲慢、神气活现地对左宗棠的随行官员刘见荣说。

"大帅，太监说进门要先缴纳一笔捐献款。"

"你问问他，要给多少钱？"左宗棠漫不经心地说。他觉得如果只给少许银子，便掷给他们几个子儿，省却麻烦，抓紧进城。

刘见荣问了小太监，小太监说："左大帅是封疆大吏，起码要缴纳四万两银子！"

刘见荣无奈地如实向左宗棠报告。左宗棠冷笑一下，下骡车后亲自对小太监说："本大臣是皇帝下旨，命我进京的。如果进入国家的京城，向皇帝报到需要付钱，那这笔钱应该由朝廷来付。"

"左大人，当年曾国藩大人统领湘军，攻克长毛老巢金陵，受封一等侯爵，进京来领赏时，也是送上五万两银子才进这个门，你怎么能破这个规矩呢？"

"我的钱是给你们这帮肮脏的家伙的吗？我们是从西北来的，不让进京城，我们便回西北去。但我要正告你们，谁不让我觐见皇帝和皇太后，后果自负。"。

太后要接见左宗棠，但他在崇文门口受阻、滞留的消息很快在京城传开。丰台大营飞报军机处后，朝廷中一些正直人士受到震惊。恭亲王请示了太后，由醇亲王奕谭率领军机大臣、六部九卿齐至永定门外迎接左帅凯旋。打前站的刘见荣急派侍卫赶紧报告左宗棠时，他们已经到了。只见醇王爷及众大臣齐在城门口，宗棠急忙下车，刘见荣搀扶着快步上前，屈膝下跪，口称："臣左宗棠叩见王爷，恭请两宫太后、皇上圣安！"

那醇亲王奕谭今年也是四十不惑之年了，虽然不及恭亲王那样气宇轩昂，却也是年华正茂、神采奕奕，加之他又是当今皇上生父，其气质就更不一般了。他头戴三眼花翎，红宝石顶，四团龙补服，金黄朝衣，挂玉朝珠，足登云靴。醇亲王连忙请起，上前一步扶起了左宗棠，举目细看，他不禁骇然，几年时间左宗棠老而衰矣！他说："左帅一路辛苦了，太后及皇上命本王及众大臣前来迎接大帅凯旋。"

左宗棠拱手施礼道："感激太后、圣上恩遇，又蒙王爷列位大人驾临，宗棠愧不敢当。自问何德何能，敢受隆遇，虽肝脑涂地，不足以报答于万一！"

醇亲王笑道："左公不必谦谢，七十高龄为我朝建立奇勋，海内钦仰，朝廷理应奖勉有功之臣。明日安圣及皇上在太和殿设朝，接见大帅，以慰宸怀。"

宗棠与众大臣一一见礼后，坐上大轿随醇亲王等入永定门，经前门、天安门进入紫禁城待漏院休息，准备明天上朝。

次日上午，左宗棠奉旨觐见。由于他长期患腹泻痢疾，面黄肌瘦，身体虚弱，加之旅途劳顿，眼皮红肿，一脸倦容。至于脸颊上那沟壑纵横且深深的皱纹，是长期在西北被凛冽如刀的风雪和弥漫飞旋的沙尘刻下的。他拖着疲惫的身躯，来到了紫禁城太和殿前。

左宗棠整了整衣冠，一本正经地对李莲英总管的奴仆——一个面目清秀的小太监说："前陕甘总督、协办大学士左宗棠奉诏求见皇上和皇太后！"可能是太监们都觉得此次左宗棠进京和晋见皇上与两宫太后，是个难得的发大财机会。进崇文门时，左宗棠竟一毛不拔，使他们耿耿于怀，今天进殿总得主动"打点"吧？小太监见左宗棠仍然两手空空，露出一副轻蔑的神态，冷冷地说道："左大人，你要让我进去通报，又想进殿觐见皇上和皇太后，就不想想缺少点什么吗？"

"我身穿黄马褂，头戴一品官红翎，奉皇上之诏、太后之命进京，还缺少什么？"

小太监鼻子哼了一声，讥笑道："这些是不缺少，但还有一项顶顶重要的东西，左大人缺少了！"这番话，惹得左宗棠火气陡升，他开口骂道："吾尝出入百万军中，无人敢阻挡者，安识汝曹鼠辈！且吾廉俸所入，自瞻尚虞不给，更何来余赀给汝。吾是受皇命来京觐见，今既阻我入见，吾唯有仍返任所耳！"说完，便拂袖命轿夫原路回去。

小太监见左宗棠真的要走了，便急忙进去悄声报告李莲英。李莲英一听脸色大变，惶恐不安。刚巧这天慈禧太后生病，由慈安太后接见。慈安太后正在等待左宗棠进殿，见这般神色，她便问道："小李子，怎么啦，左宗棠怎么还不来觐见呀？"

"禀报太后，奴才的手下为索要一点礼银，想不到这个倔老头说一个子儿也没有，还说不让进殿，他就回西北去！"

慈安笑着说："汝何不自量乃尔，此人功高性戆，先帝且优容之，吾何能为力？唯有向彼自行乞哀，或能赦汝狗命耳。"

李莲英赶紧对小太监说："赶快去追，多说好话，将他请进殿来！"

小太监吓得屁滚尿流，两条小腿加快频率颠儿颠儿地去追，好话连篇，作揖磕头，才将左宗棠请了回来。

慈安太后见左宗棠这个充满活力之人变得老态龙钟，吃了一惊，便道："左大臣，你再靠近一点，抬起头来，让我看看。"

左宗棠遵命，移近太后三步，正面抬头仰见慈安的圣颜。

一向以仁爱待人的慈安太后看清了左宗棠，见他在西北多年为国驰骋，才变得如此苍老憔悴，顿生感激之情，怜悯之心，悲凉之感。她和颜悦色地问道："左大臣，你衰老多了！唉，长期在西北荒漠之地领兵打仗，太辛苦劳累啦！"

"臣资质愚笨，身负皇恩和皇太后交给的使命，不敢有一时一刻懈怠！"

"左大臣，你平定陕甘，收复新疆，使我祖宗开拓的版图金瓯无缺，为大清立下了大功，我和皇上都感谢你。"慈安太后说。

"微臣效犬马之劳，何言立功？平定陕甘，光复新疆，全凭皇上和两宫太后洪福齐天。"

慈安又问道："你去年由肃州昇櫵出屯哈密，不到两月，朝廷又召你回京。一去一来，行程万里，想必十分辛苦，能吃得消么？"

左宗棠答道："臣昇櫵出关，为的是抗击俄人，壮士长歌，不复以出塞为苦；奉诏回京，随带精兵三千，也是为防御俄人侵犯，风雨兼程，也不以为苦。"

慈安道："咱们知道，你是一片忠诚。太后今日因感受风寒，又多日忧心国事，身体不适，不能临朝见你。以后再召见你。"

左宗棠道："臣感恩不尽，愿太后圣躬早日康复。"

不知是由于从哈密到京一路奔波过于劳顿，还是由于慈安太后和蔼的接见这一难得的礼遇，左宗棠有些不能自持，眼泪流出，用手绢不住地擦泪。

"左大臣，你怎么老是擦泪呀？"

"禀报太后，西北地区，长年有大风沙，臣得了眼疾，见风见光常要流泪，平时只好戴着墨镜。"

"那你就戴上墨镜吧。"

在觐见皇太后时戴墨镜，这是不恭敬的。左宗棠犹豫了一下，慈安太后一定要他戴上。他伸手到袋里摸索他的眼镜。由于一时激动，把眼镜掏落在地，打碎了，左宗棠惶恐不已。

慈安太后将这一切都看在眼里，她立即吩咐身后的太监道："快去，将我的镜台左侧用黄绸缎包的一副先帝用过的墨镜拿来！"太监将墨镜拿来后，慈安说："这是洋人赠给先帝的一副墨镜，先帝生前常用，它还能治疗眼病，左大臣，你戴上它试试。"

左宗棠激动地用双手接这副咸丰皇帝用过的墨镜，连叩三个头谢恩，口中说道："先帝的遗物赐给老臣，是至高无上的荣耀，老臣肝脑涂地也不能报答如此恩惠。"

慈安又问道："咱们知道，你去西北多年，家中多位亲人弃世，想必十分伤感。你是如何度过的？"

宗棠听到太后的问话，心中战栗，饱含辛酸之泪，他回答道："臣在西北，家中先后有发妻周诒端、长子孝威、长媳陶氏、四女孝瑸、家兄宗植、外母周夫人，妻妹周诒繁七人去世，数千里外，噩耗传来，已是一月、两月之后，不能凭棺，不能临穴，欲哭无泪，伤心已极。然而王命在身，军情紧急，筹兵、筹饷、筹粮、筹运，不敢一日懈怠，不敢以私废公，只能强忍悲痛，勉力从公。"

慈安听罢，感触很深，她本是个善良女子，想到自己在深宫，锦衣玉食，哪里知道那些臣子的辛劳，她不觉为之动容，说道："左大臣，那年你来京陛见，在殿上，你说自己是头骆驼，能负重致远。又说你身体好，每餐能吃一个肥肘。现在还能吗？"

宗棠说："回禀太后，现在饮食已大不如前了。"

慈安叹声气道："唉，我想起了先帝，是他识拔了你，为我大清保住了江山。二十一年来，你南征北战，出生入死，身先士卒，餐风宿露，费尽心机，吃尽苦头。身负重托，远离家眷，多位亲人去世，不能见上一面。我知道你和夫人感情诚笃，兄弟、父子之情，也是至深。人非草木，孰能无情？只是无可奈何啊！我和太后第一次见到你，那时虽近六旬，身子却很硬朗，可是，如今你回到京师，竟是须发斑白，衰病缠身，教我们母子如何能够心安……"

说到这里，临朝太后，这个心地善良的女人已经控制不住自己将心比心的感情，以致声泪俱下，不能再说下去了。

此时，大殿里恭、醇二亲王以下文武官员都不禁骇然，当朝国母，痛惜臣下勤劳王事，竟至泣不成声，大家也感动得眼泪盈眶。

左宗棠戴着皇帝用过的眼镜，退出太和殿。

左宗棠得到咸丰帝用过的墨镜恩赏，自然，要轰动朝廷，有羡慕的，有嫉妒的，有趁机勒索的。几天后，曾国藩的儿子曾纪鸿私下对左公说，咸丰皇帝眼镜的事已成了宫中的话题，太监们的要求还是予以满足为妙。

左宗棠不大理会这个建议，只是顺便问道："太监们要多少钱？"

"单是赏赐皇帝的眼镜这样一件了不起的事，太监们认为可以考虑给他们十万两银子。但是，如果能出一万两，也许可以了事。"

左宗棠说："真是异想天开，荒谬滑稽！"

他一笑置之，未予理睬。过了一些日子，左公也没听到这件事的下文。

一天，左宗棠同曾纪鸿闲谈时，又对曾提及上次他那个建议："对太监们的要求不必过于认真，此风不可长！"

曾纪鸿对左公说："对了！我还忘记告诉您，恭亲王正在为太监们起哄而担心。为了免得给各方面带来烦恼，他已经同他们谈妥，给他们八千两银子了事。"

此后，又发生了一次太监向他索贿之事，更是惹恼了他。

有一次，左宗棠走出宫时，陪引他出来的一个小太监顺手递给他一个纸条，左宗棠展开一看，原来是内宫中目前最走红的太监李莲英，以为其父亲做寿为名，要他送礼银五万两。左宗棠不禁勃然大怒，一下子把纸条撕得粉碎，在殿前跺了跺脚，破口大骂道："尔等乃绝后之卑劣阉者，竟屡次敲诈本帅，国事败坏于尔辈身上，毋说吾无银，若有，亦不予分文！"

左宗棠到京约半个月之后，慈禧病体已愈，她与慈安一起又接见了左宗棠。慈禧同慈安一样，见到左宗棠如此衰老，且面带病容，顿生怜悯之心，做了一桩令左宗棠意想不到的事。

她吩咐身边的太监总管李莲英道："小李子，带章才人见左爱卿！"

少时，章才人奉命来到。慈禧太后说："章儿，你自进宫以来，挺令我喜欢。左大人劳苦功高，威名显赫，他身边无人，今天我做主将你赐予他，我想你能服侍他，陪伴他度晚年，也委屈不了你。我临时做的决定，事前没有与姐姐商量，也没有告诉你，不知你是否愿意？""太后做主，奴婢哪有不依之理？只怕奴婢侍候不好左大人。""那好，请你拜见左大人。"章才人轻摇莲步，竟直走到左宗棠面前，欠身道了个万福道："奴婢给左制台行礼了。"

至此左公才发现，章才人身材窈窕，如此美貌。正在踌躇间，就听慈安太后说："我妹妹心细，体谅你年老体弱，两位夫人已亡，身边无人照应，挑了个宫中年轻又才貌双全之人，赏给你做妾。"左宗棠连忙叩头道："两宫太后对老臣如此体恤怜悯，难以报效。只是臣年事已高，体衰多病，而章才人正青春年少，实在不敢受纳！"

慈禧道："请左爱卿不要小看了此事，这是朝廷的赐予！即使行军打仗带在身边，也没人敢异议。连皇上都赞同了的，这可比不得曾爱卿于大行皇帝驾崩国丧期内，私自纳妾啦。你为大清立下如此大功，晚年让你凄孤度日，我和姐姐于心何安？"

十七、清正廉洁以身作则堪称世上楷模

湖南出了个左宗棠

左宗棠年老体弱，身边需有人照料，两宫太后想得体贴周到，若执意拒之会使她们不悦。于是左宗棠接纳了章才人。左公病逝时，她才 21 岁，扶柩回湘。章夫人于 1947 年 11 月 4 日去世，享年 83 岁，葬左家塅太傅祠后的土山上。

十八、关注经济文化教育事业利国惠民

1. 具有超出同时代人的先进经济思想

"经济"是个多义词,首要的解释是指社会物质生产和再生产的活动。这是人类赖以生存的基础,从事一切政治、军事活动的根本。正因为如此,左宗棠不论身份是布衣举人,还是封疆大吏,都一以贯之高度重视这一直接关系国计民生的大事——发展经济。左宗棠在经济思想方面,不乏超于同时代人的高明之处、闪光之点。

其一是具有正确的义利观,主张"开利之源","教民兴利",兴"公家之利"。

名是表象,利是本质,名依附于利这一观点,具有唯物主义的因素,左宗棠当时便认识到了。封建社会两千多年以来,"罕言利"的思想占统治地位,甚至越到后来越更加伪善地反对所谓"言利"之人,实际上却在进行穷凶极恶地掠夺和榨取。左宗棠用一"利"字概括阶级社会人们一切活动的目的,是对封建统治者"不言利"的虚伪性的深刻揭露,也与同时代的德国大学问家马克思的观点不谋而合:"人们奋斗所争取的一切,都同他们的利益有关。"

左宗棠曾写过一篇《名利说》,对正常的、"有道"的、合法求利手段正名,认为是天经地义、堂堂正正的。他说:凡是求利的人各有方式和办法,一般说来都是以其财与力进行交易,这是合情合理的求利手段。卑鄙之人,他们求利,不以其财与力,是以不要自己的廉耻和低下的人格换来的。至于农(包括地主)、工、商以外的人,凡是对别人有益而不损于人,尽自己的力量,食自己以劳动换来的果实,都是可以,应该提倡和支持。他在西北铸造钱币,以利于商品流通和经济发展。

左宗棠对兴"公利"也是在力所能及范围内竭诚为之。当然他所提倡的"公利"是具有阶级性的。靠封建制度来兴公利，虽有很大的局限性，但客观上也做了许多有利于人民的、功德无量的好事，如创办船政、兴修水利、开发大西北和广泛植树等，可谓是卓越的先驱。

其二是一贯的重农思想，把农业视作国计民生之本。

左宗棠发展农牧业以兴利的思想，也即是他"教种桑棉为养民务本之要"的具体化，是主张立足于农业的多种经营能够为对外贸易提供更多的商品。他说，"我以互市为利者，不能多销外国之货，一其银多入于中国也"。他认为大力栽桑养蚕，种树制茶，种棉织布，均可兴中国固有之利，东南种蔗，并采西法以机器制糖，即能"不夺民间固有之利，收回洋人夺取之利，更尽民间未尽之力利"。

根据西北干旱缺水的特点，左宗棠提出"治西北者，宜先水利"的主张；并且派人从国外购买开河、凿井机器，准备治河、打井，从根本上改变西北农业的落后状态，无论走到哪里都十分重视水利建设。在农田耕作上，左宗棠提倡精耕细作，提高单位面积产量。他认为"区种"是比较好的方法，能够"治田少而得谷多"。他一向把农田水利视为与"民间赋命攸关"。他说，"保民之道，必以养民为先，六府之修，以水利为亟"。

其三是重民思想，提出了"保民""养民""爱民"和"民可近不可狎"的正确主张。

中国主体是农民。左宗棠的重农思想，主要出自重民思想。在他看来，既要维护国家的利益，就要重视赖以维持这个国家存在的民众。"诚心爱民，其为民谋也"。

其四是主张通艺兴业，大力培养本国通洋务和懂艺事的人才，视人才是强国之本。

左宗棠在《艺学说帖》中说：古人把道与艺都视为"出于一原"，既不能只言道不言艺，也不能"离道而言艺"。这实际上是在谈政治与生产技术的关系，艺不离道，是说生产技术是为封建政治服务的，因此二者是密不可分的。"道艺统一"，有着解放思想的积极作用。

其五是态度坚决地保护国家资源和主权，以振兴民族工业抵制外国的经济侵略。

1866年8月左宗棠移督陕甘后，见西北"羊毛驼绒均易购取"，是发展毛纺织工业的理想之地。然而，该地却成为俄国的毛织品市场。由此他产生了中国自办机器织呢厂的想法，提出了"以中华所产羊毛，就中华织成呢片，普销内地"的主张，认为这样，不仅"甘人自享其利"，而且还能"衣褐远被各省"。左宗棠创兰州织呢局，虽有为充实军中被服之用的目的，但更多的是从经济利益着眼，看到了产品对国内市场既有利券可操，又可抵制洋货进口。

左宗棠抵制外国侵略，发展民族经济的思想，还表现在开矿和办电报及铁路事业上。

首先他反对外资在华开采矿藏的态度是鲜明的。在19世纪60年代，英、美等国都曾提出要求在华开矿。当时清政府内部对此看法不同。以采煤为例，曾国藩、李鸿章认为"可以试办"，"似尚近理"，而未加否定，独左宗棠坚决反对。

晚年的左宗棠，见到修筑铁路对发展社会经济和"治兵转运"的重要作用时，也不顾顽固派的反对和"天下俗论纷纷"，坚决主张中国自办。他认为铁路将会"民因而富，国因而强，人物因而倍盛，有利无害"。他在奏折中还向清政府具体提出：宜先建造由清江浦至通州的铁路，"以通南北之枢"，这样，既"便于转漕"，又对商务"必有起色"。他还建议铁路修筑可"由官招商股试办"，在他临终前夕的口述遗疏中仍然告诫："凡铁路、矿务、船炮各政及早举行，以策富强之效。"可见在左宗棠的经济思想中，一直表现着对新鲜事物的追求。

其六是主张广泛引进西方的先进技术，提高生产力。

在创办福州船政时，从西方国家引进了大量的先进设备和技术，并聘请很多外国专家。此后到了西北，兴办甘肃制造局、兰州织呢厂，以及试行开矿、冶金等，都是为了发展经济，大幅度地提高生产力。

其七是把制造轮船作为制造其他机器的"母机"看待，"由此推广而制作"。

左宗棠说："夫使学造轮船而尽得一轮船之益，则自造不如雇买聊济之需"，这话说明了学造轮船的目的，就是要使它"相衍于无穷"，成为能制造机器的机器，即是"母机"——"至轮车机器、造铁机器，皆从造船机器生出。"左宗棠对造船工业是综合性的科学技术的观点，与同时代的写《反杜林论》名著的恩格斯相符合。

其八是重视实地调查、因地制宜的农业经济思想。

左宗棠不仅提倡开办新式工业企业，而且主张因地制宜地发展农副业生产。他的这一思想在多方面的农业实践得到了体现。比如，西北地处边陲，人口稀少，百姓贫困，又经过多年战乱，许多地方"有地无人耕种"，特别是粮食缺乏，运输困难，左宗棠为了恢复当地生产，解决军民粮食需要，采取了一路进军一路屯田的政策，取得了显著的成效便是一例。

左宗棠根据西北地区的民族习惯、地理条件和其他具体特点，在以农业为主的同时，提倡发展多种经营。从保护生态环境上看，开垦牧区，破坏草原植被，会造成沙漠蔓延等许多不良后果，认识到"可渔可牧"之地，不必概行耕垦，以"尽地利"为原则，十分有远见。

其九是积极进取，有所作为，立足于自强、自主、自力。

其十是目光深邃，有先见之明，对近代企业支持民办反对官办。这是更值得赞许的光辉的经济思想，笔者不言，读者自明。

2. 创办机器制造，尝试淘金开矿

左宗棠认为中国的机器制造业，应当从仿制轮船开始。他从军事和经济两方面进行论证。军事上，他说，"自海上用兵以来，外国轮船使中国关防尽成虚设"。从对资本主义侵略本性的分析出发，他认为中英之间的和局只是暂时的，"事急变生，不夺不厌"。一旦决裂，在陆地上作战，外国还不一定占优势，除轮船之外，左宗棠也极大地注意了"有益实用者"。他指出如"信线二种，则运思巧而不适于用"（不利民用），"可暂不造"。其他如"泰西水器，最利民用，数百年来有人说过，无人仿造，岂不可惜"；开河、掘井、织业机器，可以先购其小数运来，请洋人教华匠仿制。从对内对外的军事考虑，左宗棠对轮船之外的生产安排是，"若论先其所急，则造炮第一，开河、凿井、织呢次之，水龙机器（防火用）本少，仿造甚易，以余力为主可也"。这种做法不能一言以蔽之谓他兴业有"局限性"，这是从当时中国工农业落后的实际出发的。

除军事工业外，对其他工矿企业以及银行等事业的经营方式，左宗棠主张由官倡议或创办，以后均应交商办。如他说："淘沙取金"，"试行由官办，行之数月，当任民开采，抽分归官，以规久远"；"大抵矿务须由官办，无听民私采之理，惟官开之弊，防不胜防，又不若包商开办，耗费少而获利多，似须以官办开其先，而商办承其后"。他之所以提出先由官办，是为了试验；待行之有效，然后推广。他指出，"惟以官经商，可暂而不可久。

如官倡其利,民必羡之;有的实之户不搭洋股者,呈资入股,应准承课充商;官本既还,只收岁课,不必派员管厂"。至于银行,则"仿照洋人办法",由商人"招集股分,悉力摒凑"而开办。这样以中国之银供中国之借,"息耗虽重,究是楚弓楚得"。

左宗棠创办机器制造业的光辉业绩,除了创办福州船政外,要推他在西北创办的甘肃制造局和甘肃织呢局了,这两个厂,也为中国近代工业的发展开了先河。

关于制造武器的作用,左宗棠认为这是中国不受制于洋人的一个重要步骤。他在答胡雪岩的信中说:

> 若果经费敷余,增造精习,中国枪炮日新月异,泰西诸邦断难挟其长以傲我耳。①

甘肃制造局的机器设备,今已无从可考。但从它可以生产重炮和七响枪的情况推断,它的设备:第一,必须有炼钢和浇铸坯料的设备。考虑到当时江南制造局已有15吨的炼钢炉,兰州制造局的设备规模虽不可能如此,但如无比较完善的冶炼设备,是不可能炼出使俄国人误认为从西方进口的钢材的;第二,必须有锻造枪管炮筒的设备;第三,必须有车、刨、钻、镗等等近代才输入的金属加工机床。如果考虑到后来还制造了若干种以蒸汽为动力的机器,没有上述设备是不可能的,只有具备冶炼、铸造、锻压,车、刨、钻、镗等一系列机械设备,兰州制造局才能维持正常生产。这对落后的甘肃来说,应当说是一个重大的历史进步。

甘肃制造局厂址在兰州南关,后数次在兰州市内迁址。1883年,陕甘总督谭钟麟把设在同院里的甘肃织呢局与制造局合并,扩大了甘肃制造局的占地面积。

甘肃织呢总局的兴办创议最早应在光绪三年(1877)。最初向左宗棠提出用机器织呢的是赖长。赖长事先用自己制造的"水轮机"织成一段呢片,以实物来说服左宗棠,很快就得到后者的首肯。赖长的建议不仅在于证实机器织呢可行,关键在于从速购制西洋的"火机",即以蒸汽为动力的织机,在兰州兴办织呢局。根据赖长的建议,左宗棠很快就函告在上海的胡光墉说明原委,请其"留意访购"。

事实上,赖长不仅用水轮机试制了呢子,而且还试制了一种"绒缎",

---

① 《左宗棠全集》第11册,书信二,第547—548页。

加上对甘肃当地毛纺织原料的看法，可能更加强了左宗棠试办织呢厂的信心。对此，他在致总理衙门的信中写道："羊毛每斤值银一钱几分，每羊可剪两次。……近制造局员总兵赖长以意拣好羊毛，用所制水轮机织成呢片，与洋中大呢无殊，但质地微松，又织成缎面呢里之绒缎，亦甚雅观。自以水轮机不及洋制火轮为速，欲意购制一具仿造。"显然，他也估计到"须数年后始睹其利"，所以，"拟先内地而后关外，与棉利同规久远"。这就是说，购洋机的目的在于仿造，设一局是为关内外之推广，不只就一时一地考虑，左宗棠的眼光不能说不为远大。

左宗棠在兰州创办织呢局的消息传出后，很快就引起了上海报界的注意。除《申报》外，一家英文周刊报《大清国》评论道：

> 选定远在西北的兰州府建厂的原因，显然由于那里畜养的羊很多，所产羊毛以前从没有好好利用，同时考虑，把工厂建在这畜牧地区的中心，比陆路运输原料到各通商口岸好得多。①

该报一名通讯员到兰州进行实地观察也不能不承认：

> （甘肃）地方官吏视若利用本国资源，代替向外人购买毛织品，这可以说是一种爱国观念。②

从光绪三年（1877）左宗棠致书胡光墉，请其访购织呢机起，实际到光绪五年（1879）春所需机器才购运到沪。被聘请购置机器并帮助建厂的是几个德国人。

时过不久，《申报》即连续报道关于织呢机到沪的消息。光绪五年（1879）二月初八日《申报》："甘肃省兰州府前闻创建机器总局，特在沪上派员定购机器。"约四十天后，该报又发出一则更确切的消息："兹闻向外洋购取之各种机器业已来沪，拟托招商局轮船带至汉口，再由水陆提运至陇中。然机器共有大小箱笼一千二百余件，恐运费先已不赀也。"

这1200余箱机器，实际包括开河等机器。就织呢厂所需的机器来说，其中有两座蒸汽机，一为24匹马力，一为32匹马力。三种梳毛机，纺线机也有3架，每架360纺锭，织呢机20台。除此之外，尚有毛呢刷洗、清毛、填笼、烘毛、剪毛、漂洗、砑光、刷清、催干、染色等各种机器。就当时的交通条件来说，运输是一个极其困难的问题。自上海到汉口一段，用招

---

① 《大清国》1879年1月4日。
② 《大清国》1879年1月3日。

商局轮船起运，比较容易。机器到汉口后，分解装为4000余箱，再用木船，"从襄河运到龙驹寨，再换用牲口、牛马车和民夫，从陆路搬运到兰州"。

在运输过程中，如锅炉得拆散了，山路有时得开凿了，然后才把大件的机器搬运过去，直到1879年11月，一部分机器才开始运到兰州，而最后一批机器，实际上迟至1880年5月才运抵兰州。

甘肃织呢总局的厂址建在兰州通远门外今畅家巷附近，共有厂房230余间。关于厂址的选择和厂房的兴建，都注意了节约的原则。据赖长禀："择于通远门外前路后营基址改造织呢屋厂，即免另购民基，又可就营地作堡。"左宗棠的批示是："所拟甚好"，并提出"盖造房屋总以暂时能容机器，并够匠夫住址为准。如果试办有成，将来自可推广"，"既有围垣，余屋可陆续添盖，只取坚实，不在美观，是为至要"。

随着机器陆续运抵和厂房兴建成功，安装工作进行了五个多月，1880年9月16日甘肃织呢总局正式开工生产。"局中一共雇用了十三个德国人，其中两个是翻译员"，入局学习的艺徒大多是陕甘丁勇，"有赋性灵敏堪资学习者"。最初开机不全，左宗棠估计："各机（二十具）同开，约计每年可织呢六七千匹。"

甘肃织呢总局的开工，作为中国第一家近代机器毛纺织厂，其生产情况及其前途自然不能不引起中外舆论的关注。英国领事的"商务报告"说："兰州织呢局……一切困难都已克服，每日能生产二十匹粗的兰呢。不久产量定会增多，成本非常便宜。"①《申报》更是称赞况：

    按兰州设织呢局，事属刨举，原难步武泰西。然苟能认真办理，精益求精，当必有蒸蒸日上之势耳。②

这些记载说明，甘肃织呢总局初办确实是见了成效的。它是中国第一家机器制呢厂，在近代工业史上具有重要意义。

关于织呢局的开办经费，至今无法准确计算，因为同时购运有开河、掘井机器。统而计之，共用去湘平银三十万零二千一百一十二两有余。除开办费用外，后数年间维持生产的经常费用甚大，左宗棠去世后，张之洞在他的一奏议中说："故大学士左宗棠前在甘肃建织呢局，费银百余万两。"很可能估计过大而又失于笼统，但总的来说，甘肃织呢总局耗资巨大则是

---

① 转引自孙毓棻编《中国近代工业史资料》第1辑，第900页。
② 《申报》，1879年5月27日。

无疑的。

甘肃织呢总局所雇洋匠，于光绪八年（1882年）十一月解雇，其后时办时停，演变成为西北毛织厂，即后来的兰州第二毛纺厂。此局在 1883 年，发生了锅炉爆炸事故，由陕甘总督谭钟麟奏请，于光绪十年四月（1884 年 5 月）裁撤。

由甘肃制造局和甘肃织呢局合并而成的甘肃制造局，从晚清到民国曾有几次盛衰，直到 1949 年 8 月 26 日，人民解放军解放兰州，终于迎来了胜利的曙光。这个企业也宣告它走完了崎岖不平和荆棘丛生的道路，它将为建设新中国的宏伟事业，发挥其已孕育起来的潜力。

左宗棠拟办机器淘金，时约于光绪五年（1879）春夏之交。甘肃素为产金之区，其沙金的产量明清两代在全国都占有重要地位，但历来都只是一种手工业生产，即用人力"先淘洗后冶炼而成的颗块"。如能采用机器淘金，当然也是一项能使甘肃受益匪浅的创举。

从左宗棠的另一批札可知，胡光墉所派来的德国人为米海厘，"其随带机器只两件，一件测地势，一件辨方向，皆认矿所需，非开矿机器"。他所勘测的文殊山，是"距肃城不远文殊口内横进八百余里无人烟"的地方，其结果是，左宗棠认为于此地官办设局会"徒耗采本"，所以又"拟改向玉门赤金峡勘视"，问题在于胡光墉所捐购之掘金机器，是否确运甘肃，是否确实投入生产使用，迄为悬案。

以上是简述左宗棠为发展经济、兴办近代工业所作出的努力。

英雄人物的社会活动，不能不受到当时社会条件的制约。随着帝国主义对中国军事、政治和经济侵略的步步加深，左宗棠所处的时代，中国社会的半殖民地半封建性质已经形成。在这样的条件下，仍然依靠封建王朝来建立自己的近代企事业是不可能的，所谓"形成日新盛业"也只是一种幻想而已。

在作了上述分析研究之后，我们便可以看出左宗棠经济思想在中国近代经济思想发展变化过程中的脉络联系，也不难对他做出评价。

19 世纪 40 年代，林则徐、魏源"师夷制夷"的主张主要是建立军事工业，也有民用工业；在经营方式上既主张官办，又提倡民办。19 世纪 60 年代的洋务派大都从林魏的立场上倒退。他们"师夷"而丢掉"制夷"，对外妥协投降；在办企业上始则只强调军事工业，继则只强调工业官办，官督商办，千方百计控制和压迫私人工商业的发展。左宗棠则处处"锋颖凛凛向敌","制夷"的思想很突出,在他的最后年月,还自请"率新募各营"抗法,"以尽南洋大臣之职",为祖国南部边疆受到的威胁担忧,突出表现了19世纪40年代地主阶级改革家们所具有的爱国思想;在办企业上也完全按魏源的设想从事,可以说是林则徐、魏源思想的继承、发展和实践者。因此,左宗棠经济思想长期得不到重视和总结的现象,必须加以纠正。

当我们把左宗棠经济思想与洋务派其他人的思想进行区别以后,便可以看出它与早期资产阶级改良派思想的联系。他的名利观总的说来,仍然不脱封建窠臼,但用一"利"字概括阶级社会人们活动的目的,如果与时代相联系,在客观上却有利于资产阶级的自由竞争;他的"道艺"统一的见解,仍然坚持封建制度不变,但却为它容纳新的生产技术和方法扫除障碍,客观上为即将产生的新制度造舆论;他对于西方制度的赞赏,并进而提出了"开言路",洋务公文"不如重门洞开,绝去关防为愈"的主张,是后来资产阶级改良派要求设立议院的前奏曲;他重视商人利益,要求体恤商情,主张"因民所利而利"的思想,在立场上反映了资产阶级的倾向,等等。由此可见,从左宗棠思想出发,则更容易走向资产阶级改良道路。学术界只肯定后者而忽视前者的传统之见应予打破。

左宗棠同中国近代史上所有力图改造中国的人们一样,其改造中国的设想和努力,为后世留下一份宝贵的思想资料,我们不能因为他是洋务派而置之不顾。左宗棠经济思想的研究,在当前尤其有着借鉴的意义。

3. 兴教劝学,经正民兴

左宗棠虽然一生都尊崇儒学,服膺程朱,主张振兴传统的封建教育,但又能够正视西学东渐的影响并顺应近代化的潮流,大力强调兴办近代教育。

左宗棠非常重视以儒学为正统地位的传统封建教育。他在主讲醴陵渌江书院时,以宋儒朱熹所编纂的汇集儒家道德标准为内容的儿童教育课本《小学》为基本教材,从中"撮取八则,订为学规,以诏学者"。在教学管理中,他主张奖勤罚惰,从严督学,"月朔望会订功课日记,为之引掖而督勉之",发现不用功者,"则朴责而斥逐之",使学生"俱知勉强学习,不谓苦也"。他认为兴办教育的关键在于"劝学",即提倡和勉励读书学习以实现"经正民兴"的目的。左宗棠在福州设立正谊书院，重新校刊儒家典籍"百数十卷"，以这些儒学著述为书院的教材，并"亲课诸生"。

他为至公堂和柳湖题写匾额，在兰州修建碧血碑，亲书文天祥的《正气歌》。

正谊堂书局开设之日，左宗棠特意撰写、发布了一个告示，阐述了重刻《正谊堂全书》的宗旨、内容和人力组织。左宗棠"敬教劝学"，目的在于保护古籍，传之不绝；他所刊刻的书籍，也主要是一些儒家经典特别是理学典籍。但是，他在战后典籍焚毁散佚的情况下，提倡并亲身参与古籍的整理刊刻，使一些"绝学孤本"不致失传，并为此而招致了一批文人学士，培养了一批刻书工匠。这对于保存祖国历史文化遗产，是有积极意义的。

在左宗棠的积极倡导下，其辖区内"兴教劝学"的风气一度高涨。特别是陕、甘地区，在左宗棠任总督期间，仅从同治八年（1869）至光绪六年（1880）的11年时间内，就新办或修复重办书院三十余所，创设各级各类义学320余所，至于刊刻发给学生的教材就不计其数了。左宗棠在收复新疆后，"与南北两路在事诸臣筹商，饬各局员、防营多设义塾，并刊发《千字文》《三字经》《百家姓》《四字韵语》及杂字各本以训蒙童，续发《孝经》《小学》课之诵读，兼印楷书仿本令其摹写，拟诸本读毕，再颁行《六经》，俾与讲求经义"。

左宗棠出生于一个以七代秀才传世的书香门第，其父贫居教书二十余年，这样的家庭环境自然对左宗棠的成长有一定的影响。左宗棠21岁中举，先后主讲于醴陵渌江书院和长沙朱文公祠，并在陶澍家教私塾8年，旋以一名教书先生的身份跻身仕途。从左宗棠的生平事业来看，他的前半生可谓以教书为主，其后半生则主要从事于军政活动。而他对于教育问题的一些看法和主张，又大部分是入官后提出的。当然，这与其青少年时期的从学与教书活动也是密切关联着的。

他在陕、甘等地注意恢复和新建一些"义学"，主张以《小学》来灌输"入塾童子"。他指出："塾师非仅因安置寒士起见，兴教非仅因文章科第起见。古人八岁入小学，十五入大学，次第节目一定不可易。故小成大成各有规模，经正民兴，人才从此出，风俗亦从此厚矣。览诸生所陈义学条规，鲜有见及者。须知自洒扫应对至希圣希天，下学上达，皆是一贯。今日入塾童子，先宜讲求《幼仪》《弟子职》，而归重于《小学》一书，方为得之。"左宗棠还"设局鄂省，影刊《四书》《五经》《小学》善本，分布各府厅州县。师行所至，饬设立汉、回义塾，分司训课，冀耳濡目染，渐移陋习，仍复华风。"

左宗棠常以"寒儒"自诩，他在批阅甘肃兰山书院院生的文稿时说：

> 本爵大臣四十年前是一贫士，然而颇好读书。日有粗粝两盂，夜有灯油一盏，即觉得无负此光景了。今已到"耳顺"之年，一知半解都从此时得来，筋骨体肤都从此时练就。当时无奇书可借，惟有《四书》《五经》及传注，昼夕潜心咀嚼，便一生受用不尽。诸位学生应当勉励。战事平定之后再来兰州，要检查诸生背诵。此语可录在书院公布，让诸生都晓得。①

他还注重刊刻儒学典籍以供"劝学"之需，指出"经正民兴，永远不变的道理。关陇地区兵燹之余，人们都不重视学习，若不及时兴教劝学，祸患何可胜言！"他还回顾了自己少年时无钱买书，见到"传书"时废寝忘食的情景。这是他之所以要刻印儒学典籍、供劝学之需的动机。

左宗棠为筹刊刻书籍的款额费尽周折。

正谊堂书局开设之日，左宗棠特意撰写、发布了一个告示，阐述了重刻《正谊堂全书》的宗旨、内容和人力组织。左宗棠"敬教劝学"，目的在于保护古籍，传之不绝，从思想文化上求得清王朝的"中兴"；他所刊刻的书籍，也主要是一些儒家经典特别是理学典籍。但是，他在战后典籍焚毁散佚的情况下，提倡并亲身参与古籍的整理刊刻，使一些"绝学孤本"不致失传，并为此而招致了一批文人学士，培养了一批刻书工匠。这对于保存祖国历史文化遗产，促进文化教育事业的发展，是有积极意义的，这种做法，应予充分肯定。

据当时防营、局员禀，兴建义塾已37处，入学回童聪颖者多则一年，而所颁发的诸本已读毕矣。其父兄兢以子弟读书为荣。尽管左宗棠向学生灌输的是儒家学说，但他如此热心于教育，且做出了显著的成绩，这是值得赞许的。

左宗棠说：他在戎马倥偬之余，教稼劝学，其起因和动机，无非是为了等待出更多的后起之秀而已（"以俟后之君子已耳"）。这个表白，反映出像他这样征战南北的军政大员能如此重视"劝学"，关心人心的培养，实为

---

① 参见《左宗棠全集》第14册，札件，第224—225页。

难能可贵。

现在全国统一时间高考，各省市都设立许多考点。上中学考试更是方便，一般都是由各校自行组织。年轻的学子们，压根儿不知道古代"上京赶考"有多么艰难。连获得个举人资格的"乡试"，有的省还没有，要与其他省合并进行，甘肃便是如此。

左宗棠在他与发展教育有关的活动中，令他最为得意、也是其改革颇有成效的事情是甘肃乡试"分闱"。"闱"，是科举考试的考场。甘肃自康熙二年（1663）从陕西划出建省后，在210多年内一直与陕西合并举行乡试，贡院设在西安。这样，"甘省距陕道阻且长，而乡试必须赴陕"，难度很大。左宗棠上奏陈述了请分甘肃乡闱并分设学政的理由，他指出：

> 甘肃自改建省治以来，甘肃士人品德端正、有一定学问尚不乏人，但是能科登第，以文章经济取重当世者，概不多见。这并非是甘肃士人"独安固陋，不求闻达"。主要原因是甘肃地处偏僻，士人应试太不方便。甘肃的府厅州县，距陕西近的如平庆泾、巩秦阶两道，约八九百里、千里；兰州一道，近者一千三四百里，远者一千六七百里；兰州以西凉州、甘州、西宁，以北宁夏，远或二千余里，或三千里；至肃州安西一道，则三千里或四千里，镇迪一道，更五六千里不等。"士人赴陕西应试，非月余两月之久不达。所需车驮雇价、饮食刍秣诸费，旅费、卷费，少者数十金，多者百数十金。其赴乡试，盖与东南各省举人赴会试劳费相等。"①

左宗棠由于出身寒苦的原因，深知学生读书不易，便常常向书院"添助膏火"，捐赠"廉银"，并主张将"修城之捐改为移建书院"，以支持教育事业的发展。他还常在战暇亲临书院，与诸生交谈与探讨学问。其在肃州指挥规复新疆，抽空去酒泉书院即是一例。他曾给榆阳书院题写"北学其先"四字，以旌其门。他在入京辅政路过"柳湖书院"时亲自前往巡视，认为该书院"规模宏敞，间架整齐，新植嘉树成林，尤称胜境"。他在两江总督任内，为南菁书院题写了"绎志多忘磋老大；读书有味且从容"的联语。这些都表明左公对教育高度重视。

中国的传统教育历来是"重义轻艺"，而左宗棠既强调结合办工厂来兴办技术与技能训练，又热心举办专事基础教育的书院和小学义务教育。在

---

① 参见《左宗棠全集》第5册，奏稿五，第560页。

举办近代工业的同时，注意把办工厂与办教育（技术教育）结合起来，这在中国几千年的教育史上是个创举。

1870年春，左帅指挥军事战斗紧张之时，仍抽出时间去关心兰山书院（今在甘肃兰州的西北师范大学）的建设。他嘱咐甘肃布政使崇保给书院拨发伙食费。同时规定院中正课生40名，每人每月银三两；副课生50名，每人每月一两五钱，每月共需银2000余两。这些钱除公款酌拨外，左公也常以己薪周济。家书中有一记载："今岁廉项，兰州书院费膏火千数百两，乡试每名八两，会试每名四十两，将及万两。"对于院生的试卷，曾亲自批阅，"览呈诸生之禀，文理尚可，殊为欣然"。

左宗棠在驻军肃州时，也常抽暇到酒泉书院同师生讨论学问，并捐助伙食费。由于他的倡导，西北各地秩序一经恢复，文官武吏和士民也纷纷兴学。1874年，甘肃的甘州士绅，要给左宗棠建生祠，他不允许而改建为"南华书院"；西宁士民原议为左宗棠建生祠，亦被他劝阻而改建为义学，使书院和义学迅速恢复授课。

当年，左宗棠还命令各地一律兴办义学。1877年拨兰州北山荒地775亩，收租供各官学费用，因而有四所义学开办，其中两所专收回民子弟。

四年后，他又倡设"崇文""讲义""育英""选秀"等义学和学舍。直到他离任陕甘时，仅兰州省城内外就新办了16所义学，其他各地也办起了义学，在我国西北这个文化比较落后的地区掀起了一次兴办普通教育的高潮。

为了办好学堂，左宗棠还刊刻书籍。除了前述他在西安设局刊刻经书，并捐赠费用外，还增加了《小学》《吾学录》和《圣谕广训》三种书。左公刻书的机构有两三个，一在汉口，附设崇文书局，归西征后路粮台经理；一在西安，附设关中书院，归西征总粮台经理。两处刻书费用都由他"廉俸"项下拨付。还有一个流动的机构，随着他走。他所编《治学要言》和重刊《吾学录》以及《法华寺碑》字帖的刊刻，都在肃州行营开雕。新疆收复后，又在乌鲁木齐开设书局，刻印书籍供维吾尔族子弟诵读。这个书局寿命很长，直到光绪末年才撤销。在左宗棠的影响下，西宁知府龙锡庆在西宁刻印《四书》《五经》；陕西刘贲、柏景伟等倡刻《十三经》《二十四史》《资治通鉴》；贺瑞麟等也倡刻书籍。左宗棠到西北后在崇文书局刻了《小学》和《孝经》，这些都是蒙童和士子诵读所需；《三字经》《四字韵言》《百家姓》《千字文》和《日用杂志》等在新疆刊印；供一般人阅读的《吾学录》《训俗遗规》和《圣谕广训》，供农人阅读的《棉书》和《种棉十要》，供官吏阅读的《学治要言》和《在官法戒录》《佐治药言》等都在刊刻之内。

此外，还有左宗棠在甘肃创办贡院"至公堂"之事。据考证，甘肃虽在清康熙二年（1663）从陕西划出，自成一省，然而经过两百多年，甘肃乡试依旧和陕西合并举行。

光绪元年（1875），适值新帝登基，清廷令各省举行纪元恩科乡试，决定甘肃乡试分闱独自筹办。恰在这一年，左宗棠受命督办新疆军务，又得到清廷同意甘肃乡试分闱的喜讯，他身兼陕甘总督，自然有照例入闱监临之责。他在家书中写道：现奉谕旨督办新疆军务，应预筹出关驻节……甘肃分闱已定，这是数千百年之旷举，足慰士心。兰山书院肄业者多至四五百人，各郡县亦多闻风兴起，或者自此人文日盛亦未可知。欣慰之感，溢于言表。

于是，左宗棠亲自督率官员择定在兰州袖川门外建修贡院，经数月加倍赴工，试院应备堂室、号舍等于初秋举试前建成。左宗棠又奏请简派正、副考官，于八月初六日举行了甘肃分闱后的第一次乡试。参加考试者达3000余人，较以往赴陕人数多出数倍。原来陕甘合闱时，共取举人62名，而甘肃文化程度较低，中额也就少。分别乡试后，经左公两次奏请，甘肃可取举人40名，这对于一般士子，是个巨大鼓励。甘肃人文的渐盛，在一定程度上不能不归功于左公的一番倡导。

那一年九月初榜发，第一名解元，恰是左宗棠所赏识的兰山书院的高材生安维峻（字晓峰，甘肃秦安人）。左宗棠颇感高兴，据他在致友人信中记述说：安生维峻得榜首，文行均美，闻知他的先世贫苦嗜学，为乡邦所重。我在甄别书院及月课时，发现了此人才。今日该生果然脱颖而出，使我"掀髯一笑，乃如四十年前获隽①之乐。频日宴集，必叙此为佳话，觉度陇以来，无此兴致也"。

安维峻也未负左宗棠所望，他中举后又考中进士，为官期间以敢于上奏言事而闻名，后来担任过京师大学堂总教习，成为一名有用的人才。

综上所述，左宗棠在任陕甘总督的十几年内，不遗余力地采取了兴办书院、兴办义学、刊发书籍等措施以兴办地方教育事业。会宁县重教兴学之风，早在清同治、光绪年间就已开端，据秦翰才先生所撰写的《左文襄

---

① 隽，同俊，指其考上举人。

公在西北》记载：

> 会宁知县萧汝霖于光绪五年（1879）曾在本县创设书院。会宁知县许茂光于同治十二年（1873）请拨荒绝地亩筹办义学等公益，所需耕牛价值约二百两，除自捐五十两，拟向地方捐资采办。文襄公不赞成募捐，当即拨耕牛二十头，以供开垦收租。可见，当时兴学之风已盛，许茂光、萧汝霖等都是"为官一任，造福后人"的好官。俗语说饮水思源，秦先生叹曰："甘肃人文渐盛，不能不归功于文襄公的倡导。"①

因有此遗风，2013年，中央电视台曾播放了一则甘肃省会宁县民风重教的消息。在这个西北地区的贫困县，如今居然出了许多大学、中专毕业生，还有一些硕士生、博士生，令人欣慰。真可谓"百年树人结硕果"。

4. 中不如西，西可学也

教育是"按一定要求培养人的工作"，受教育对象首要的任务是学习。那么有限的时间和精力究竟应该学习什么呢？弄清这点，是至关重要的。

左宗棠从青年时期起，便是个思维敏锐、善于鉴别、不泥古守旧、乐于接受新知识之人。近代中国，面对着西学东渐、西力东侵的挑战，在思想文化领域逐步形成了摈弃闭关自守的旧习、冲破华夷之辨的羁绊而倡导向西方学习，以图御侮自强的新的文化氛围。鸦片战争时期的开眼看世界思想实为近代向西方学习的嚆矢。

林则徐是近代中国放眼看世界的第一人。道光十九年（1839），他初到广州，便"日日使人刺探西事，翻译西书"加以研究，目的是知己知彼，把握外国的情况。不久，林则徐将翻译的外文书报编成《四洲志》草稿，介绍了世界各大洲的情况。林则徐的这一举动，在当时举世昏昏，对世界大势蒙昧无知的闭塞状况下，无疑给中国打开了一扇眺望世界的窗口。

接着，魏源于道光二十二年（1842）依据《四洲志》及其他材料，编成《海国图志》50卷本，继而又在道光二十六七年（1846—1847）间增订为60卷，咸丰二年（1852）扩充为100卷，刊于扬州，该书成为比较完整

---

① 秦翰才：《左文襄公在西北》，第254页。

地介绍世界史地的力著。徐继畬于道光二十四年（1844）写成《瀛环考略》，在此基础上又在道光二十八年（1848）在福州刊刻了《瀛环志略》，是书简洁明了地叙述了世界各国的地理方位和历史沿革等。梁廷枏在道光二十四年（1844）于广东刊行了《耶稣教难入中国说》《合省国说》《粤道贡国说》，又在道光二十六年（1846）完成了《兰仑偶说》，四种书合刊为《海国四说》，介绍了中外通商和美、英等国的情况。姚莹于道光二十七年（1847）刊刻了《康輶纪行》，书内涉及英、法、俄、印度等国史事，并绘有中外四海舆地图。

开眼看世界思想的出现，反映了中国人对待外部世界的冷漠态度开始扭转，表明中国人对待世界知识由被动接受转向主动探寻，是中国历史发展中一个具有重要意义的转折。[①] 尤其是这种开眼看世界的思想同抵御外侮的现实紧密联系起来，更使得由此发展而来的向西方学习的社会思潮具有了新的时代特色。

林则徐开"师敌长技以制敌"思想之先河。对此，魏源作了精辟的概括：林则徐奏言"中国造船铸炮，至多不过三百万，即可师敌长技以制敌"。魏源在《海国图志》中提出的"师夷长技以制夷"的主张正是对林则徐这一思想的继承和发展，只不过将"敌"字改成"夷"字，表达更准确而已。

就在鸦片战争爆发前后，左宗棠在远离广东沿海的偏僻之地湖南安化，竟不谋而合地也在依据唐、宋以来史传、别录、说部，以及清朝的志乘、载记和官私各种图书来考察"有关海国故事者"。他认为：

> 敌之所恃，专在火炮，能制其长，即可克日藏事。[②]

但左宗棠对如何才能"制其长"所提出的办法还不是"师夷长技"，而是要在城根安放"水廉、丝纲、生牛皮各物为之障蔽"。同时他的外国史地知识是很肤浅的，究其原因在于清朝的闭关锁国政策确实限制了人们的视野，而且左宗棠身处内地乡间，也不能像林则徐、梁廷枏在广东、徐继畬在福建、魏源在江苏、姚莹在台湾这些地处东南沿海省区得风气之先。但是，此时的左宗棠能够去主动探索有关海国故事，并试图能"制其长"，表明他与那些率先开眼看世界的人们具有异曲同工的内在联系。

---

① 参见潘振平：《鸦片战争后的"开眼看世界"思想》，《历史研究》，1986年第1期。

② 《左宗棠全集》第10册，书信一，第20页。

左宗棠能够对世界大势有进一步的了解并坚定向西方学习的决心和勇气，概得力于魏源的《海国图志》。从史料来看，左宗棠未谈及他何时读到《海国图志》。但从他对《海国图志》的评价和他同贺熙龄的交往来分析，他在道光末年读到了这部书。左宗棠于道光二十四年（1844）曾向贺熙龄函索《圣武记》。魏源将《海国图志》于道光二十五年（1845）呈送给贺熙龄。这样，左宗棠从贺熙龄处借阅《海国图志》是有较大可能性的。

左宗棠对《海国图志》赞叹不已，他说："默深《海国图志》于岛族大概情形言之了了，物形无遁，非山经海志徒恢奇可比。"他还认为魏源的《海国图志》"切实而有条理，近料理新疆诸务，益叹魏子所见之伟为不可及。《海国图志》一书，尤足称也。"光绪元年（1875），魏源族孙甘肃平庆泾固道魏光焘重新刊刻《海国图志》，请左宗棠为是书作序。文中谈了他在同治年间即实践了魏源在《海国图志》中提出的"师夷长技以制夷"的主张：

> 同、光间福建设局造轮船，陇中用华匠制枪炮，其长亦差与西人等。……器之精光淬厉愈出，人之心思专一则灵，久者进于渐也。此魏子所谓师其长技以制之也。①

魏源的《海国图志》100 卷本共 80 余万言，有地图 75 幅，西洋船炮器艺图式 57 页，是 19 世纪中叶中国以至东亚内容最丰富的世界知识百科全书。魏源的这部书具有"创榛辟莽，前驱先路"的作用，对中国人从全新的角度认识世界和进行"师夷长技"的观念转换有着积极的意义。正如魏源所说：

> （《海国图志》）何以异于昔人海图之书？曰：彼皆以中土人谭（谈）西洋，此则以西洋人谭西洋也。是书何以作？曰，为以夷攻夷而作，为师夷长技以制夷而作。

然而，这部不同于过去海图之书的新著，在鸦片战争后的二十余年中并未受到朝野的重视。与魏源同样注重了解外国情势的姚莹不无感慨地指出，《海国图志》因其广泛地介绍世界而有"犯诸公之忌"。② 这是多么可悲啊！

左宗棠从书信和奏折中，对唐、宋以来史传、别录、说部等"以中土

---

① 《左宗棠全集》第 13 册，家书·诗文，第 257 页。
② ［清］姚莹：《与余小波言西事书》，《东溟文后集》，卷八。

人谭西洋"转向对《海国图志》"以西人谈西事"的追求,标志着他学习西方的文化思想的不断深化。

左宗棠不仅是魏源"师夷长技以制夷"的向西方学习的思想继承者,而且他对《海国图志》的重视程度也是其他洋务派要员所不及的。

曾国藩、左宗棠、李鸿章等人在举办洋务运动时都主张"借法自强"。但在曾国藩的所有著述中,从未有过他曾翻阅《海国图志》的记载。李鸿章固然说过"取外人之长技,以成中国之长技"的话,他却不能像左宗棠那样把兴办洋务工业称作"此魏子所谓师其长技以制之也"。因此,曾国藩似乎对《海国图志》抱着不屑一顾的心态,李鸿章则在"制夷"方面打有折扣。许多论者认为曾、李不是魏源思想的继承者,有其一定的道理。而左宗棠作为洋务派的要员,直接继承了魏源于《海国图志》中提出的"师夷制夷"的思想,是毋庸置疑的。

左宗棠曾多次强调说:外国之所以有"日新月异"的发展,是因为他们的教育制度和方法,引导学生将其聪明才智集中钻研于"艺事","其艺事独擅,乃显于其教矣"。这就是差别所在。中国不能安于这种现状,而应向外国学习,培养"聪明才力兼收其长"的有用人才,数年之后,"彼之所长皆我之所长",也就"国耻足以振",不致再受外国欺侮了。

左宗棠在创办福州船政局的上奏中系统地阐述了向西方学习的必要性。他通过西洋各国"互相师法"和中国已落后于世界大势的事实,批驳了顽固派讥讽向西人学习造船为"失体"的论调,并巧妙地对所谓本末观进行了恰如其分的阐释,论证了学习西方先进的科学技术和引进现代化的机器生产并不是"失体"。相反,应急起直追,老老实实向西方学习。他说:

> 治天下自有匠,明匠事者自有其人。中不如西,学西可也。①

他指出创办船政局,雇佣外国员匠教造轮船,是非常之举,谤议易兴,"始则忧其无成,继则议其多费,或更讥其失体",这是他已料到的事情。对此,他提出了自己的看法。他认为防海必须使用海船,而过去乃至目前中国海防所依恃的帆篷舟楫无法与外国的轮船相比。西洋各国与俄国、美国等国,数十年来讲求轮船的制造,"互相师法,制作日精"。就连东洋的日本也开始购买西方的轮船,拆视仿造未成,便派遣留学生赴英国"学其文字,究其象数,为仿制轮船张本,不数年后,东洋轮船亦必有成"。唯独

---

① 《左宗棠全集》第12册,书信三,第117页。

中国对仿造轮船不予重视。鉴于由外国代造轮船和英中联合舰队事件的教训，无论是代造还是购雇轮船都是不适宜的。

左宗棠关于中不如西、学西是当务之急，将智慧要用对地方等一系列论述，切中了中国士大夫空言义理，将智慧运用于"虚"的要害。

中国传统思想中一个妨碍社会发展的因素即是把义理视为本，将艺事看成末，且反复强调重本抑末。冥顽不化的守旧者常常也以此为护符，对学习西方的艺事横加攻击，以为这是"失体"，乃大逆不道。左宗棠尽管说中西方为"本"为"末"各是其是，两不相喻，而实际上他是对外国将其"聪明寄于实"和"以艺事为重"表示赞同的。他反对顽固派把艺事同义理完全割裂开来的观点，认为讲义理者也应当成为执艺事者。他承认中国落后于西方资本主义国家，而迎头赶上的唯一办法即是"藉外国导其先"，防止"外国擅其能"。

左宗棠学西的内容主要体现在器物文化方面，即从器物上承认中国不如西方资本主义国家进步，把西方的艺事置于所学的范围之内。在左宗棠看来，外国的"长技"主要有轮船、火器、机器、开矿、电报、铁路以及语言、文字等，他多有述及。

事实正是如此，这些都是西方大工业和近代文明的主要标志，是生产力大幅度提高、社会飞速进步的助推器。

十九、在陕甘宁新制定并执行民族政策

1. 主张实行"不论汉回,只辨良匪"的民族政策

在"西北成糜烂之局"之时,左宗棠是清朝皇帝和政权唯一可以依托的股肱之臣,羽书皇命急如星火移督陕甘。同治六年五月十一日(1867年6月12日),左宗棠在去陕西途中上奏《预陈剿抚回匪事宜片》,在奏折里有一段涉及清廷基本政策的话:

  此次陕西汉回仇杀,事起细微,因平时积衅过深,成此浩劫。此时如专言"剿",无论诛不胜诛,后患仍无了日。且回民自唐以来,杂处中国,蕃衍孳息千数百年,久已别成气类,岂有一旦诛夷,不留遗种之理?如专言"抚",而概予曲赦,则良、匪全无区分,徒惠奸宄,而从前横被戕残之数百万汉民,冤痛未伸,何以服舆情而弭异日之患?

这里,左宗棠指明了几个极为重要的问题:其一是陕西汉回仇杀,事起细微,由于未及时化解,积衅愈深,终成浩劫。其二是如专言"剿",则诛不胜诛,后患无穷。其三是唐以来,回民杂处中国,蕃衍孳息千数百年,岂有不留遗种诛尽之理?尽管这里仍有将回民看作"夷"的偏见,但见识已非前人能比。其四,若专言"抚",一概曲赦,良匪不分,则徒惠奸宄,"而从前横被戕残之数百万汉民,冤痛未伸",不利长治久安和膺服人心,祸患难以消弭。接着他再次强调了一个重要的民族政策:

  "窃惟办理之法,仍宜恪遵前奉上谕:不论汉回,只辨良匪,以期解纷释怨,共乐升平。"①

应该指出,"不分汉回,只辨良匪"的民族政策,并非是实行民族歧视和民族压迫的清廷固有政策,而是左宗棠及其朝廷中有识之士的正确主张,

---

① 《左宗棠全集》第三册,第423页。

这在左宗棠的奏折和书信中多有反映，是他们不断进言终被皇帝采纳遂成"上谕"。同年 7 月 14 日，他在家书中说："回患断非剿抚兼施"不可。并在所拟告示中说：

> 汉回仇杀，事起细微，汉祸既惨，回亦无归。帝曰"汉回，皆吾民也，匪人必诛，宥其良者。使者用兵，仁义节制，用剿用抚，何威何惠。告谕吾民，俾晓吾意，勿比匪人，以死为戏。大军所至，如雷如霆。迅扫郊甸，远征不庭。"①

在这则告示中，强调了"帝曰汉回，皆吾民也"，"告谕吾民，俾晓吾意"，"帝曰"是给"帝"头上载"花环"，连用了多个"吾民"，何其亲切！左宗棠还于同治七年（1868）给河南巡抚李子和（鹤年）的信中说："就秦陇大局而言，其终必归于抚。而回、土之中良莠杂糅，非苦心分明，慎终于始，则一时虽免无事，而后患方长，究非一了百了之计。"②

对于汉回仇杀，左宗棠并没有囿于民族偏见，而是作了较为冷静的分析，他多次指出：

> 从前汉回仇杀，其曲不尽在回"③；甚至直言"关陇肇衅，曲在汉民"，"陕回之祸，由于汉回构怨已久，起衅之故，实由汉民"④。并说"思规百年之安，不敢急一时之效"，"殚诚竭虑，慎以图之"⑤。

笔者在研读《左宗棠全集》时多次看到这样的公道话，且谨慎处理民族纠纷，感慨良久。翻遍晚清的历史文献，除了左宗棠，还有谁说过类似这等明确指明回汉仇杀的根源，并断言"起衅之故，实由汉民"，"关陇肇衅，曲在汉民"？须知，这是在汉民"被戕残""数百万"情况下说的。正直的读者，尤其是陕西、关陇之人应该深思之，对左宗棠少一点成见，多一点公允。特别是对陕西一带的汉族士绅煽动民族仇杀的做法，左宗棠很不以为然，他曾指责说：

> 秦中士大夫恨回至深，每言及回事，必云尽杀乃止；并为一谈，牢不可破，诚不知其何谓？近时西关外民团竟有纠众杀死回人一家八

---

① 《左宗棠全集》第 13 册，第 124 页。
② 《左宗棠全集》第 11 册，第 113 页。
③ 《左宗棠全集》第 14 册，第 343 页。
④ 《左宗棠全集》第 5 册，第 545 页。
⑤ 《左宗棠全集》第 11 册，第 230 页。

口之案，并不报官。中丞取首从五人尸诸市，而论者谓其袒回，亦可怪耳。①

基于以上认识，左宗棠对陕西士绅的所谓"剿洗"说是坚决反对的，他警告地方官员不能听信这些士绅的一面之词，以避免造成政治上的失策。他认为这是汉族官吏对回民仇恨和偏见很深的一个表现，也是实施错误的斩尽杀绝的极端错误政策的一个社会基础。

左宗棠从封建统治阶级的"长治久安"这一根本目的出发，主张："兼听并观，折衷至是"，"贰则讨之，服则舍之"。他还宣传说服同僚持正确的观点和做法，这是十分难得的。

2. 处理汉回民族纠纷"左宗棠的章程，一劈两半"

在民族杂居地区，产生种种矛盾和纠纷，这在古今中外都是很难避免的。作为地方官吏，首先要一碗水端平，不可厚此薄彼，偏袒一方；更不可执法不公，仗势欺人。

清朝同治间西北地区的回民大规模起义，是从陕西开始的，起义的主旨是反对民族歧视和民族压迫。由于历史上形成的民族纠纷以及清朝统治者采取"以汉制回""护汉抑回"的政策，常发生回、汉仇杀事件。曾任甘肃布政使的张集馨在评论咸丰八年（1858）临潼回汉械斗事件时指出："向来地方官偏袒汉民，凡争讼斗殴，无论曲直，皆抑压回民。汉民复恃众欺凌，不知回性桀骜，亿万同心，日积月长，仇恨滋深。"②

这一评论除了包含着曲解和歧视少数民族的意味须批判外，基本上符合事实，如甘肃省东北宁夏一路，其始皆是回民懦而汉民强，遇事常受欺凌，告以官府，多置不问。"回积忿深，往往与汉民相仇杀，互有死伤"。当临潼汉回械斗事件发生后，陕西巡抚曾望颜谓"回民不遵约束，即带兵剿洗"。这种不公正的言论，可作为官方代表。正因为如此，汉回之间的械斗相当频繁，"几于无岁无处无之"。③

---

① 《左宗棠全集》第 11 册，书信二，第 113 页。
② 《道咸宦海见闻录》，第 241 页。
③ 《回民起义资料》第 4 册，第 216 页。

陕甘回民起义，是在当时太平天国革命、云南回民起义的影响、推动下爆发的。这是清朝统治者对回民残酷压迫和剥削的必然结果。对此，我们固然应对回民起义予以深切的同情，不能责怪他们肇事添乱，但起义一开始就为民族仇杀的阴影所笼罩，斗争的锋芒未能对准整个封建统治阶级。当时，汉族地主和汉族在籍官僚，不仅煽动汉人欺压回民，而且他们组织的"团练"，在民族仇杀中起了极其恶劣的作用，例如陕西团练大臣张芾统率的汉族地主武装"杀的回民最多，也最惨"。甘肃地主团练也扬言"见回不留"。①

冤冤相报，仇杀加剧。回族的封建主也煽惑回民，大肆屠杀汉族劳动人民。如陕西长安县六村堡，本来"著名富足，居民万人，避难之民附之，又添数千口"，但同治元年（1862）六月，该地被回军攻破，却遭受严重破坏，"堡中屠戮殆尽"。②

以上事实说明，陕甘地区回、汉人民遭受荼毒，是汉、回两族封建主共同造成的。血账愈记愈多，仇恨愈积愈深，这是必然的。据《回民起义》资料，载以汉民杀害回民的居多，但一旦回民起来造反后，其凶狠报复也是血淋淋的骇人听闻。如果各举各的血案，就难以断定究竟谁欺侮谁更多一点，谁是弱者更吃亏一点。在这个问题上，左宗棠能持公道态度，多为回民说话和撑腰，是难能可贵的。

回民多信伊斯兰教，"阿訇"是我国伊斯兰教称主持清真寺教务和讲授经典的人。想不到，左宗棠也得了这个"头衔"。慕寿祺《甘宁青史略正编》卷二十三载："左宗棠安插陕回于平化，为之建城垣，发牛、种，陇人闻之大哗，至有'左阿訇'之称。"

平凉城里有一个武举出身的士绅，名叫李振基，对回民的安置很有意见，他借口化平川一带原是他家的土地，不准回民到那里居住。左宗棠得知消息之后，派人去找他，李振基不但不来，还出言不逊地叫道："有人说左宗棠是'左阿訇'，难怪他如此袒护回民！"

左宗棠带着贴身警卫亲自登门，问罪道："李振基！本帅先要问你一句话，你为什么挑拨汉、回关系，说我是'左阿訇'？"

"请大人不要生气，那不过是一句气话，或者说是一句玩笑话……"

左宗棠听了，又问："气话，你气从何来？"

---

① 《回民起义资料》第4册，第315页。
② 《回民起义资料》第3册，第253页。

李振基答不上来了，只得嘿嘿笑着说："不，不，没……没有气，我说……说错了！"

左宗棠把眼一瞪，说道："对回民的安置，这是奉朝廷的圣旨办的，你有何权利反对？"

左宗棠为了敲山震虎，杀鸡儆猴，教育广大汉民、回民，要和睦相处，过安定日子，严惩了李振基。次日，趁公审李振基的这个机会，左宗棠公开宣传了对回汉一视同仁的政策，打击了像李振基那样的豪绅地主阻挠安置回民的势力。大会是在平凉城的十字街口举行，面南背北的一座台子上方，书写了一条引人注目的横幅：回汉一家，共同繁荣。

在高台两边柱子上挂着一副对联：

　　同饮黄河水，华夏之内皆兄弟；
　　共食麦黍稷，九州方圆应团圞。

但此举不能一劳永逸，处死李振基不久，灵州又发生了一起汉回争端。同治十年春，宁夏府灵州汉族豪绅吕廷桂、苗维新因讹诈回民未遂，竟狂妄地要求刘锦棠"派兵抄洗"，同时阻挠回民承领耕牛、种子，又散播流言，或说清军要杀尽回民，或说"官爱回民，不爱汉民"等等。对于这种挑拨汉、回关系的恶劣行径，左宗棠采取断然措施予以打击，他立即将吕廷桂就地正法，并令"老湘军"将领萧章开将苗维新押赴行营惩办。

左宗棠在处理复杂的民族问题时，还有比其他官吏显得高明之处的地方，这就是他注意尊重回族的风俗习惯，反对强制的"同化"政策。例如在安插回民时，留坝厅县丞赵履祥曾向他建议：对于安插的回民，应"令与汉民联亲，开荤食肉"，以期"用夏变夷"。左宗棠在批文中驳斥说：

　　独不闻"修其教，不易其俗，明其政，不异其宜"乎？有天地以来，即有西戎；有西戎以来，即有教门，所应禁者新教，而老教断无禁革之理。①

当回民要求修建清真寺时，他便欣然同意，批示中说："回教之建立清真寺，例所不禁。"

但是，为防止清真寺过于高大坚固，有可能被肇乱者用作据点，便对高、宽和结构作了具体规定，寺内外不得修建高楼，以示限制，这也是合情合理的。

----

① 《左宗棠全集》第14册，批札，第343—344页。

左宗棠处理汉、回矛盾问题,能够不囿于传统的民族偏见,而采取比较客观的态度,这对于使汉、回杂居的地方的社会秩序由动荡而渐趋于安定,显然是很有作用的。

20 世纪 30 年代,一位甘肃平凉的老阿訇马六十曾口述了这样的情况:

> 甘肃河州一带,一部分回民颇与左宫保有好感,至今每逢一事不决,尚说:"左宫保的章程,一劈两半。"盖左在所谓平乱时,遇回、汉之争,尚能折衷办理也。①

可见,对左宗棠在陕甘采取的民族政策和善后举措,很多是有利于当时的社会稳定、经济发展和民族团结的,一切从"思规百年之安"出发,为后人留下了许多有益的启示。如果不作客观分析,简单、片面地用"欺骗"两字加以概括,那是难以使人认可,更难折服的。

3. 八城回民如去虎口而投慈母之怀,箪食壶浆迎王师

古往今来,凡是有智慧和谋略的用兵者,无不通晓"得民心"的重要。只有逆潮流而动的独夫民贼或自视救世主的狂徒,才会轻视民众如草芥。战国时大军事家孙膑曰:"兵不能胜大患,不合民心者也。"荀况曰:"爱民者强,不爱民者弱。"凡窥见、预测军事之胜败,先视民心之从违。刘项争天下时,刘邦听从谋臣的良计,发布著名的《入关告谕》:

> 父老苦秦法久矣:诽谤者族,耦语者弃市。吾与诸侯约,先入关者王之。吾当王关中。与父老约,法三章耳:杀人者死,伤人及盗抵罪。余悉除去秦法,吏民皆安堵如故。凡吾所以来,为父兄除害,非有所侵暴,毋恐。

"约法三章"之成语,始于此。评论者谓"入关一诏,不独四百年帝业所基,实一代文章之祖","高视阔步,笼罩万千,随使拔山者丧魄"。

作为杰出的政治家、军事家,左宗棠理所当然极为重视西征军严肃军纪和安民爱民,以及宽宥俘虏、瓦解敌军的政策。

当西征的威猛雄师进规北疆,继"一炮破三城","两复坚巢,两下坚城"之后,衔枚疾走,兵锋直指南疆门户达坂城,并以阵亡 52 人,伤 116

---

① 《回民起义资料》,第 3 册,第 310 页。

人的轻微代价，取得了毙敌2000多人，俘获包括36名高级将领在内的1200多人，缴获马800多匹、枪1400多枝、大炮1门的辉煌战绩。这是刘锦棠执行"缓进急战"战术后的又一个漂亮的歼灭战。

达坂城的失陷，阿古柏失去了赖以阻止我西征大军南下的重要屏障。

刘锦棠对被俘的浩罕汗大通爱伊德尔呼里及浩罕汗胖色提等进行了审讯。爱伊德尔呼里称："愿遣人报知帕夏（即阿古柏），缚送逆回白彦虎，表归顺之诚，缴回南北城地方，再求恩宥。各胖色提同声代帕夏乞款。"刘锦棠批准了他们的请求，让他们回去向阿古柏面陈。

大总管爱伊德尔呼里及其以下大小头目100余人，他们"在丧胆之余，怀不杀之德，皆惊喜过望，踊跃欢呼而去。"当时人写的历史书亦说："士兵们被解除武装后，全部释放了。"

刘锦棠还将被俘的、阿古柏从南疆胁迫而来的维、回和蒙古各族群众1098名，"均给以衣粮"，允许他们回到自己的家乡。"纵令各归原部，候官军前进，或为内应，或导引各酋自拔来归"。这次，刘锦棠真是不折不扣地执行了左宗棠制定的抚慰民众和宽待俘虏的政策。新疆大学历史教授周轩对此感触很深，赞赏有加，认为子孙万代不能忘记左宗棠的恩德。

左宗棠明确指示："打真贼不扰平民。"他在给张曜的信里，更主张实行与阿古柏根本不同的政策："安集延虐使其众，官军抚之以仁；安集延贪取于民，官军矫之以宽大。"完全与他们的倒行逆施相反。这样一来，人民群众必然是：

> 此次如能各遵行军五禁，严禁杀掠奸淫，则八城回民如去虎口而投慈母之怀，不但此时易以成功，即此后长治久安亦基于此。①

刘锦棠优待俘虏之举，对瓦解敌军起了重要作用。当被释放的俘虏回到托克逊和喀喇沙尔（今焉耆）后，达坂城歼灭战的消息，在敌营中迅速传播开来，阿古柏内部上下乱如团麻。阿古柏对回去的一部分俘虏又恨又怕，把他们视为瓦解军心的危险分子，于是指示他的儿子海古拉，将大多数人予以处死。鉴于阿古柏的残忍，"其余活着的人又回到讨伐者（刘锦棠大军）那里去了"。俄国人也称赞刘锦棠此举"很明智"，"非常仁慈地对待了那些为数达1000人的哲德沙尔居民，给他们发了路费和通行证，然后释放了他们"。

阿古柏的残酷杀戮与刘锦棠的宽大释放，形成了极为鲜明的对照。这一

---

① 《左宗棠全集》第12册，书信三，第148页。

"杀"与一"放",一"逃"与一"回",不仅反映了西征军和阿古柏对群众的不同态度,而且也表明新疆维、回各族群众对阿古柏和西征军的不同态度。

事后,左宗棠称赞刘锦棠"暂留不杀,以观其变,所见甚是",表明刘锦棠出色地执行其战抚结合政策,符合自己的要求。从此,托克逊的维吾尔人和回人"俱延颈以待官军"。

4. 实施招抚回军和安抚回民各项政策成效显著

"不战而屈人之兵,善之善也。"(孙子)对汉、回起义军实施招抚政策,既是左宗棠的一贯主张,也得到了清廷的认可。不然,为何董福祥和马占鳌等人,他们得到了重用和升迁,富贵荣华,本地人民也得到了善待,这是成功的实例;而马化隆、马文禄等却有截然相反的结果,代价是沉重的,教训是深刻的。左宗棠把自己的这一方针概括为:"办贼之法,不外剿抚兼施。"他在同治七年(1868)向清廷上疏时又进一步阐述说:

> 臣之立意仿汉赵充国,议开屯以省转馈,抚辑以业灾民,且防且剿,且战且耕,不专恃军威为戡定之计者,区区之愚,盖以办回逆与剿群寇不同,陕甘事势与各省情形各别,将欲奠此一方,永弭后患,则固不敢急旦夕之效,而忘远大之规也。①

这里所说的"远大之规",就是要在陕甘一带调整民族关系,稳固统治秩序,恢复农业生产。左宗棠认为,只有这样,才能"奠此一方,永弭后患"。

要实现所谓"远大之规",自然不是"专恃军威"肆意屠杀,而是以安抚和实施民族平等政策,解决遗留下来的各种复杂问题。为此,左宗棠指示刘锦棠"宜严杀老弱妇女之禁",要求徐占彪"严饬各营勿得稍有侵暴,致失人和",命令刘端冕"申明纪律,除临阵外不准滥杀,不准奸淫妇女,搜抢财物,烧毁粮食"。

尽管他一再申明严肃军纪,但将领未能不折不扣地执行。他在写给金顺的信中指出:"弟自办军务以来,于发、捻投诚时,皆力主'不妄杀,不搜赃'之禁令,弁丁犯者不赦,而于安插降众一事,尤为尽心。"但在"克复肃州时",则"不能尽行其志"。左宗棠在同治七年(1868)还说过:

---

① 《左宗棠全集》第3册,奏稿三,第779页。

"就秦陇大局而言，其终必归于抚。"这可以说是他处理陕甘回民起义问题的一个着眼点。他在上清廷的奏折中说：

> 陕甘频年兵燹，孑遗仅存，往往数百、数十里人烟断绝。新复之地，非表给牛种、赈粮，则垂毙之民势将尽填沟壑。各省克复一郡县，收一处丁粮厘税；甘肃克复一郡县，即发一处牛种、赈粮，非是则有土无民，朝廷亦安用此疆土。①

关于善后措施，左宗棠最注意的是编制户口，恢复生产。同治八年（1869），他在泾、庆地区"设赈局，招流亡，垦荒地，给牛、种，兵屯、民屯交错其中，且战且耕"。

针对甘州和凉州的回民，早已死的死，逃的逃，不见踪影，而今又要将在肃州的回民迁走，可以说河西"不留"一个回民了。左宗棠在给朝廷奏表中写道："自古徙戎之举，均系自内及外，无由边及腹之例。局外议论，非所敢知。然熟察情实，非此不能杜衅隙而靖边疆。"他是反对统统迁走的做法的。河州之役结束后，他对河州知州潘效苏发出这样的指示：

> 河州民人既倾诚求抚，即当开诚抚治。无论汉、回、番民，均是朝廷赤子，一本天地父母之心待之，俾各得其所，各遂其生。②

左宗棠又派王德榜率军驻扎狄道、安定一带，垦田自给。王德榜在得到左宗棠的同意后，于抹邦河上游"筑坝一道，阻住来水，另开新渠，引水灌溉田亩。坝高三丈有奇，宽二十丈"，"并于狄城南川一带，开挖支渠十一道，川北一带，开挖支渠七道。所有南北两川民田，均可以资灌溉"。

左宗棠对远离家乡的陕西回民，设法加以安顿。陕西原来回民约有七八十万，绝大部分死于战乱，幸存者除陕西尚保留两三万人外，其余的都迁徙到金积、河狄、西宁、凉州等处，丁口有数万。对于这部分回民，左宗棠决计将其安插于甘肃各地：平凉大岔沟一带安插数千人（从固原迁去），平凉化平川安插一万余人（从金积堡迁去），平凉、会宁、静宁、安定等地安插一万余人（从河州迁去），平凉、秦安、清水等处安插两万余人（从西宁迁去）。每安插一批陕西回民，先造户口清册，编给门牌，经左宗棠批准后，再由地方官指拨无主荒地，允其耕种。对于安插这部分回民，左宗棠考虑得较周到，工作做得较细致，不但选择合适的安插地点，而且

---

① 《左宗棠全集》第5册，奏稿五，第119页。
② 《左宗棠全集》第十四册，第303页。

筹划发放种子、耕牛、农具和行粮（即路上的口粮）。在进攻宁夏时，左宗棠把固原的陕西回民数千人迁到平凉大岔沟一带，"均给以赈粮、牲畜、籽种，课其耕作"。在办理河州移民时，对迁移者"皆给以赈粮，大口每日八两，小口每日五两。其迁出稍晚，尚能播种粟糜、荞麦者，照所垦地亩给以籽种，其节候已过不及下种者，令其尽力耕垦，以待明春。所需农器及各器具必不可少者，一律酌给"。

左宗棠之所以下大力安置回民，不仅是为了民族团结和国家长治久安，也是为收复新疆做必要的准备，因为下一步他将率领大军出关去收复新疆，不用说，河西走廊这一带乃是一条交通要道，是战略后方，从给养和运输上着眼，肃清障碍和维持安全也显得十分必要，这是他的深谋远虑。他还坚决处理和惩罚了"有的将领不遵照迁徙中的规定，克扣回民的粮食，甚至滥杀回民"的事件。

根据左宗棠的规定，在迁徙当中，有的回民在原住地已种下庄稼的，可以等待收完之后再迁移。这些规定经过四处张贴，以及专人前去宣讲，让被迁的回民全都知道，并得到他们的一致欢迎。左宗棠为了办好回民的善后工作，真是费尽了心思，也花去了大量军费。

在西征中，军费本来就十分拮据，左宗棠坚持按规定迁徙，受迁的回民，大部分安排在平凉、会宁、静宁、安定、秦安等地；汉民则安置于安定等地，都是在今天的陇东平原，水草比较繁茂的地方，土地又是肥田沃壤之区。

由于这些优厚措施，使迁徙比较顺利，但是，引起了陕西、甘肃地区一些上层人士的反对，地方上的一些官吏也找出种种借口多方阻挠。有人公开地埋怨说：我们陕、甘一带本来贫瘠干旱，你左大帅将那些有水有草的地方都分给了回民居住，我们怎么办？

左宗棠听说之后，一笑置之，说道：那些地方本来都是无人耕种的荒地，现在分给了回民，你们又有了意见，早干什么去了？何况回民也是华夏大家庭中的成员嘛！让他们到没有水草之地怎么生活？

5. 对未宽赦投降的马化隆与肃州杀降失误负有责任

在甘肃四大支回军中，以马化隆集团实力最强，也最有影响。马化隆与其父皆为西北地区回教白山派（即新教）教主，马化隆一面以金积堡为根据地，控制灵州（今灵武）及附近各州县，自称"两河大总戎"，雄长诸回，割据一方，一面又接受清廷"招抚"而任副将。

金积堡（现为吴忠市金积镇）背倚黄河，面临吴忠、灵武，秦渠、汉渠环其东，青铜峡扼其南，西南以中卫、中宁为后卫，东、北以横城、阳和两堡为屏障，有回民堡寨数百处，错落鳞次，环堡而居，形势雄伟，宁夏各城堡罕有出其上者。

如前所述，马化隆佯受抚而复公开反清，为一部分高级满族官员攻讦左宗棠对其宽宥提供了口实。左宗棠决心调精兵强将予以讨伐。但是战事很惨烈，仅一次激战，清军便伤亡15000多人，主将刘松山阵亡。左宗棠悲痛不已，亲自为刘松山守丧三天。

马化隆投诚后，左宗棠欲贷其一死，刘锦棠力争，在致左侯启有警句云："义不共天，难效宽宏之量；时惟正月，群闻欢笑之声。"

左宗棠知道除了老湘军将士与马化隆之仇不共戴天外，清廷对其忌恨甚深，也不会宽恕他。但是考虑到甘肃的局势仍应以"抚"为重，河州马占鳌早有就抚的意思，西宁马尕山也可能就抚，如果现在杀马化隆，对抚局将不利，便报奏朝廷，认为暂时不宜杀他，待收复最后一个据点王家疃后，再根据罪恶轻重"重者诛夷，轻者迁徙"。清廷虽同意了他的请求，但是指出，以后即使马化隆在招抚方面立了功，也不让左宗棠代为乞恩减罪。可见，同意左宗棠的请求是碍于他的功勋和面子，是权宜之计，对马化隆是绝不宽恕的。

马化隆1870年11月26日自缚向刘锦棠投降，被押47天后，被处以极刑。刘锦棠又以在堡中搜出匿藏洋枪1200余杆为口实，将马化隆及其兄弟子侄以及精悍部众1800余人（包括重要头目80余人）全部杀害。

清军进攻肃州城时，也有类似的情况，战事极为激烈，清军伤亡惨重，当最后被攻陷后，杀红了眼的将领纵容部队肆意报复和滥杀。这两件事情，作为主帅的左宗棠无疑是难以推卸领导责任的。人死了便不能复生，过失便成了永久的憾事，难以弥合的伤口。

事过一百多年，为什么陕甘地区的回民，仍对左宗棠有颇深的成见，甚至带有一定的仇恨心，也与当时处理上述问题时的失策有关。我们对伟大人物的功过是非，都要坦率地承认，客观地分析，才能形成共识。

综上论述，笔者认为：对一位封建时代的封疆大吏、领兵统帅，能以远见卓识，制定与实施正确的民族政策和招抚、俘虏政策，对后世、对当代都有借鉴意义，已是很了不起。我们对历史人物要理解其时代局限，环境和条件制约，不能太苛求。在这个问题上说多了似有为尊者讳或文过饰非之厌，还是引述几段历史资料吧！

惟公行节驻平最久，惠平人尤厚。时经大乱之余，平人能脱不死者，率流亡他乡。公谋所以招徕之法，人与樵采之具一，令樵以供军，倍其值以励之，军不乏薪，而民得食。当是时，城郭田园皆樵场，一人采樵，得值可赡养数口，长老至今犹艳称焉。迨流亡稍集则遣还陇亩，给牛畜籽种，使耕殖之。既又置义学，给官书，置师以教之。浩劫余生得有今日者，丝粟皆公力，因志其事，以示来者。①

再七月二十四日奉到上谕，着爵相来京陛见。但爵相入甘以来，民困才苏，今忽移节，陕甘军民闻信均有难色，不特汉民如是，即回、番亦依依不舍。只因奉有上谕，民亦无可如何。今于十月十二日，以军务交于刘爵帅（锦棠）。爵相即于是日由哈起程，将绕山西进京。②

左文襄公宗棠督师西征，既出关，驻哈密最久。其时白彦虎已逃，天山南北路一律肃清。文襄恐兵士逸居无事，筋骨懈弛，乃仿赵充国屯田之法，责令开辟荒地，播种杂粮，并于驻节处辟菜园二十亩，躬自督之。……又在关外设立蚕桑局，教民养蚕桑。故驻节数年，汉、回之民皆仰之如父母。于其去也，至有痛哭失声者。③

能够在史册上记载，"浩劫余生得有今日者，丝粟皆公力"，一旦要"移节"，"不特汉民如是，即回、番亦依依不舍"，"汉、回之民皆仰之如父母……至有痛哭失声者"，能被民拥戴如此，在青史上还不太多吧？《史记·夏本纪第二》有大禹的一段话："知人则智，能官人；能安民则惠，黎民怀之。"（知人要有知人的明智，才能识拔真正的贤才任职；安民要使人民得到实惠，才能使人民怀恩感德。）用在左宗棠身上，不亦宜乎？

---

① 《平凉县志》卷三《杂组门》。
② 《申报》载《西行琐录》，光绪六年十二月初十日。
③ 徐珂《清稗类钞·农商类》卷四十四，秦翰才辑录《左宗棠逸事汇编》，第165—166页。

二十、锋颖凛凛向敌竟使外夷皆恭顺

1. 涉外之事原则坚定态度强硬

左宗棠逝世后,在悼念他的大量挽联、挽诗中,有这么一句话:"绝口不谈和议事,千秋独有左文襄。"这是十分深刻隽永、耐人寻味的。初看起来,觉得这位"左老""左公"确实有点倔,有点犟,有点"左",有点"好战分子"的味道,对"和议"怎么能"绝口不谈"呢,要有谈与战"两手"嘛!笔者进行分析研究和思考后,觉得这个挽联写得好极了,集中概括了左宗棠的性格、人格,也折射出他在外交上的原则、立场。像他这样"绝口不谈和议事"之人,真是"千古独有",因此他确实称得上中华民族千古不朽的英雄!

在涉外之事上,必须持维护国格的强硬态度。左宗棠为什么"绝口不言和议事"呢?对英国、对俄国、对法国,对一切侵犯我国领土主权的外族,他就是主张与他们打仗,坚决抵抗:"胜则当战,败亦当战!"这是当时形势和大清弱国地位决定的,是"亮剑"精神!即便我打不过你,也要拔出剑来,与你做一番殊死拼杀,刺你一剑,"咬你一口",绝不让你用威胁、恫吓的手段即可得到便宜,决不缩着脖子就戮,任你宰割!这种精神不能不使对手有所顾忌,有所害怕,有所收敛,从而做出一定让步,不敢欺人太甚,肆无忌惮。不然一国得逞,他国仿而效之,真如鸷鸟鸮隼,"鹰眼四集,圜向吾华"(左宗棠语);熊狼虎豹,张牙舞爪,竞相争肉,中华民族悲惨的命运和可怕的后果可想而知。

左宗棠对西方列强"绝口不言"议和事,就是表现强烈的民族气节,就是"宁可站着死,决不跪着生"的硬骨头精神,这是半封建半殖民地人民最可宝贵的性格!是我们的民族振兴崛起、自立于世界民族之林、受世界各国尊重的基础,也是伟大的中华民族之魂!中华儿女必须继承这份弥足珍贵的精神遗产!

入军机处之后,左宗棠参与过同法国人谈判,成了法国人最畏惧的对手。所以慈禧太后当面赞扬他:"尔向来办事认真,外国怕尔声威。"

2. 四次出巡海防威风八面

光绪八年(1882)四月初十日,左宗棠离开南京,前往镇江、常州、苏州、上海等地。此行目的是:一方面检阅江南营伍,另一方面视察上海制造局的兵器生产,积极备战,以对付列强特别是法国迫在眉睫的侵略。

关于左宗棠四次出巡江南,三次到沪,当时上海最大的报刊《申报》逐日进行了报道。因为原文夹杂文言,不便一般读者畅读,故笔者严格按照原意,略加翻译和解说。

光绪八年(1882)四月十八日,《申报》载一篇《左相抵苏》中说:

四月十六日晚七点三十分,左相乘坐"满江红"船抵达苏州胥门码头。这时候,在官厅迎接之文武官员,"皆冠带济楚,鹄立以俟"。码头搭盖五色天幔,都是绸缎扎成,灯火通明,有如白昼,鞭炮声不绝于耳。前导有"利川"、"济川"两轮拖带,侯相坐大号"满江红"船靠拢。所有递上手本之迎接官员,一概挡驾,号房递还的手本高约一尺许,可见想拜见的官员之多。

左侯相命舆登岸。他在当时是什么模样呢?

但见宪躬丰硕,奕奕有神,年虽已逾古稀,而精神矍铄,尚如五十许人。身穿黄马褂行装,与某大员立谈十五分钟之久,其他站班官员,惟领之而已。

左宗棠那天上岸之后,到抚台衙门拜会卫静澜巡抚,商讨江苏的治理情况,在署晚餐。他在畅谈治吴条理时,"口若悬河,饮啖并健。旁观者无不色骇舌咋,咸以获睹伟人为荣"。

到亥正一刻,起行仍回舟次。"沿途观者犹密如栉比,有不远数十里,候至一二时而必欲一觇颜色者。维时见宪躬端坐舆中,目光如电,手执鹅毛扇,赫若神明"。

十七日下了大雨,十八日天晴,到大校场阅兵。

二十日离开苏州,"满江红"船由"白云"轮船拖带,经由淀山湖、松江，于廿二日下午三时驶入上海黄浦江中，制造局总办刘兴锐派"江安"轮船迎接。

"满江红"靠拢上海码头后，地方官员都来迎接拜会，左宗棠只接见了几位重要官员，如上海道、江苏藩司、制造局总办等，其余人均辞谢。码头上备有绿呢大轿，准备迎接他去行馆休憩，也被他辞却，为了避免糜费，他决定留住船上。

第二天早上八点，他离船登岸，先到制造局参观机器、制炮等厂。上海地方要员都会集在制造局。

上午十时，英、奥、比等国领事和天主堂主教带同翻译官都来局拜会。因为拜会的人多，每次时间不能过长，到时候他就扶起座旁的龙头拐杖，欠身起来，在旁的亲兵便高呼送客，一路传送到大门口，由地方官代送上轿。

他又到陕甘粮台，与胡雪岩叙谈了一会。胡雪岩为西征筹款尽心尽力，宗棠因此赏识他，他们之间与官场泛泛关系又有所不同。

据《申报》报道，他在苏州和上海出访时，仪从颇为威严，绿呢大轿前有两个清道牌，上书"清道飞虎"和"肃静回避"，后面紧接着各种官衔牌，计有：钦差大臣、二等恪靖侯、太子太保、东阁大学士、两江总督部堂等，前导仪仗另有旗锣伞扇。轿子最前由一名将领（提右营守府）骑马领队，其后有八名头品顶戴和二名二品顶戴的武将骑马前导，扶轿的也是几位戴蓝顶、晶顶和花翎的官员。簇拥在轿前后的有：恪靖亲兵手持钢叉、大刀、洋枪者各八名、马队八名、戈什哈八名；制造局炮队营兵持全副銮驾在后随从。

中国官员出行有此威严和尊严，是从来未有的。外国人在中国作威作福、横行霸道惯了，左宗棠在上海出巡时，首次也曾遇到阻挠。

外国巡捕、路警、门卫，多雇用印度人，上海人俗称"红头黑炭"，他们经常用脚踢中国人，上海话称被踢者"吃外国火腿"。左公欲过租界时，遭阻，曰："照租界章程，凡结刀持械而往者，例须先向工部局请得照会，方能通过。"

左宗棠大怒曰："上海本中国地，外人只租借尔。以我中国军人行中国地，何照会之有？"

说完，即令随带亲兵枪实弹、刀出鞘而行，若再遇阻，即动武开道。

路警畏惧，立即报告上司。外人仰左宗棠威望，不敢多言和干涉，令巡捕沿途照料，且戒之曰："左公中华名将，今以驰驱王事过此，慎毋犯其怒也。"

以上史料，出自杨公道《左宗棠轶事》中的"外人之畏服"①。有过这次"插曲"，此后外人更加畏惧慑服，毕恭毕敬，左宗棠无论去到哪里，都是畅通无阻，倍受礼遇。

左宗棠在上海巡视，所经各处，各铺户都除下招牌，摆香案恭迎；经过租界时，租界当局换升中国龙旗，外国兵警执鞭清道，声炮十三响，恭谨有加。

四月廿三日那天正下雨，外国人乘坐马车者遇到左宗棠的"宪驾"，赶紧避道而行；中国人乘坐黄包车和小车者都下车，站立道旁，一路上观者如堵，都诧为从来所未有。

在苏州和上海都有几个老百姓拦舆告状。在苏州有一位安徽当涂县人拦舆递禀，在轿前再三叩头呼冤；又一位江都人，面容枯槁，衣衫褴褛，将禀词装入竹筒内，在坐船旁投河告状；在上海有一位老妇人拦舆喊冤。随从都将禀词收下，都是控告当地官府欺压，百姓无从申诉，久闻左宗棠办事公正，如今以钦差大臣、总督身份来临，就抱着一线希望来告状，这也是缺乏法制的封建社会中老百姓的苦处。左宗棠收下禀词后，见到当地官员时，都叮嘱他们务必妥善处理。

次晨，他的坐船向吴淞口进发，检阅海岸防务和水陆各军。当地驻军苏松、福山、狼山、崇明各镇和海澄、沪南各营，事先在张华浜布置了陆军校场。张华浜是各兵船湾泊处，离吴淞陆程四里，原来有一营盘，为了迎接检阅，又扎了东、西辕门、吹鼓亭和五色篷帐，悬灯结彩，极形华丽。在营门南有500名海澄营兵，沿黄浦江列队，中有大刀、钢叉队数十名，洋枪队300名，队伍前飘扬着四方形五色旗数十面，青、黄、红、白旗各十余面。在营门北面有苏松镇标中营兵500名列队，队伍中武器也是五花八门，计有鸟枪、抬枪、长枪、虎衣、藤牌、弓箭手各队，大纛14面，绿缎红边，中间金线绣龙，另有小旗百余面，与大旗一式。每队领队一人，背插红方旗，上有"督阵"两字，颈悬战鼓。南北两岸，旗帜密布，江中炮船十余艘都悬挂彩旗，"钧和""飞霆""策电""驭远""威靖"五艘兵船均升黄色龙旗。于时"旗旆飞扬，波涛明灭，江山如画，壮士如云"。

---

① 参见秦翰才：《左宗棠逸事汇编》，第177—178页。

十时许，江南提督和浙江提督的坐船从黄浦江上由南向北驶来，各兵船都声炮相迎。

十一时一刻，左宗棠船到，各兵船连珠炮响，水兵们都爬上桅杆，站立成三层，两岸排列的军队也都放枪迎接。检阅过后左宗棠随即换乘"澄庆"号兵船出吴淞口，先到各炮台巡视一周，然后检阅口外三十余艘兵船操演和打靶。

检阅完毕，仍乘"澄庆"号兵船回张华浜，就在船上夜宿。

第二天原拟检阅陆军，因下雨停止。第三天仍下雨，到下午二时许稍停，左宗棠委托李提督和刘臬司代为检阅，不久又淅淅沥沥下起雨来，因此只看了打靶演习，每人打五发，都打中靶。

廿六日清晨，左宗棠仍乘坐"满江红"船，由"白云"轮船拖带，离张华浜回沪，文武员弁和水陆各军在张华浜口恭送，枪炮之声不绝。

廿七日起程回南京，完成了第一次海防巡视。

光绪九年（1883）正月、九月和次年正月，他又几度到上海、崇明等地视察沿海沿江防务和新建的渔团（九月这次只到崇明）。这几次到上海，同样受到中外人士的热烈欢迎。左宗棠在给儿子的信中叙述光绪九年正月到上海的情况：

> 到上海时，中外官绅商民陈设香案，亲兵及在防各营列队徐行，老稚男女观者如堵，而夷情恭顺，升用中国龙旗，声炮致敬，较上次尤为有礼。①

在上海多年的胡雪岩及其他随行人员都说，外国人素来瞧不起中国人，更瞧不起中国官吏，这次以这样隆重的礼仪来接待左宗棠，是从来没有过的事。

申报记载了光绪九年九月和光绪十年（1884）正月左宗棠最后两次巡阅沿江和吴淞炮台，并检阅水利情况：

> 当他的坐船通过黄浦江时，各国军舰上的员兵都持枪站立桅杆旁，并升炮恭迎，中国炮船及岸上的洋枪，连环不绝，坐船停泊时，放鞭炮万响。中外士女瞻望风采者，聚集两岸和路旁，几乎无立足之地。英、美、德、俄、奥等国领事都往他的坐船晋谒。坐船离沪时，各国兵船又升炮送行，水手们也都持枪上桅表示敬意。

---

① 《左宗棠全集》第13册，家书·诗文，第240页。

申报用富有文采的词汇写道：

> 一时烟雾弥漫，枪炮络绎，晓行风景，大将旌旗，足称壮观。

在第二次到沪时，场面更为壮观。前导仪仗则旗锣伞扇及衔牌十对，对马队十名，驻沪黄营兵250名，江南提督亲军40名，恪靖锐字营勇300名，恪靖大旗24杆，恪靖卫队兵勇150名。戈矛雪亮，羽戟云屯，统带各员红顶花翎。更令人扬眉吐气的是，这次经过英、法租界时，洋人更加恭顺，都派巡捕迎送。请看《申报》的报道：

> 自天津码头往北沿浦滩，法捕房派中西捕迎送。过洋泾桥到英租界，英捕房亦派捕迎送。过三马路至招商局，飞片挡驾。旋向北至后马路粮台局，拜胡雪岩方伯，聚谈片刻。即起节往西，进盆汤弄，经英大马路，由石路还郑家木桥，往南至法大马路，迤西向志经四明公所，过西门，到江南制造总局。该局炮勇列队伺候。

左宗棠四次出巡，不仅在于检阅沿江沿海的防务，积极备战，以防万一，同时也意图显示中国的决心，对内增强全国人民的信心，对西方列强则示以不可轻侮。

西方人素来崇拜强者和胜利者，自从西征军收复新疆，俄国退还伊犁后，西方各国对中国军队和中国人的看法有了改变，对征服新疆的统帅左宗棠本人也高度崇敬，如《西国近事汇编》中说：

> 左钦帅急先军食，谋定而往，老成持重之略，决非西人所能料……中国至喀什噶尔一律肃清，可谓神矣……使欧人当此，其军律亦不过如此。平时欧洲轻料中国，谓中国人不能用兵，今观中国之恢复回部，足令吾欧人一清醒也。

左宗棠在出巡中受到中外人士的热烈欢迎。他们对收复新疆的英雄是出自内心的崇敬，他这几次显示武力和决心，提高中国威望的意图，看来已初步实现。

3. 衰病之躯率军抗法威慑敌胆

光绪八年（1882）十月，时任两江总督、为尽职到处奔波的左宗棠，旧疾增剧，他上疏自陈曰：

> 窃臣上年续请病假期内仰蒙恩命，出镇两江，莅任至今，力疾经

营,未遑朝夕。而病久不愈,近时心绪昏瞀,动辄遗忘。日间校理官书,阅毕茫然,不复省忆。稍一压搁,积成堆垛。思泉日涸,疏误已多。若不吁请开缺,寤寐实有难安。合无仰恳圣慈,准其开缺,回籍调理,或冀闭门静摄,得以稍延残喘,则有生之日,皆报国之年也。①

皇上温旨慰留,予假三月养疾。

抄录这则上疏和皇上批复,真是令人不胜感慨!

左宗棠长年征战,立下丰功伟绩之后,身染重病。逾七十高龄,已是"古来稀"之年,本该告老还乡,治病养病了此残生。但皇上不准,让其出任两江总督。他只得遵命,"力疾经营,未遑朝夕"。而现在"病久不愈,肢体痿弛,耳鸣目眯,举动维艰",再次请求开缺回籍。而皇上和朝廷仍不允准,只"予假三月养疾"。

这不由使人想起了京剧《杨门女将》中的一幕:辽军犯境,边防危急,北宋朝中虽然"冠盖满京华",却找不出一个统兵打仗之人,奸臣权贵们对以国事为重、慷慨挂帅出征的佘老太君还竭尽冷嘲热讽之能事。寇准愤怒斥责道:平日里讨封邀赏"争先恐后上龙庭",今日里国有急难"装聋作哑不出声"!经过宋、元、明朝七八百年,到了晚清,竟然仍是如此!

左宗棠已经病入膏肓了,就可怜可怜他吧!何况他是封疆大吏、拜相重臣,让他好好去治治病,或者如他自己所言"闭门静摄,得以稍延残喘"也行,这既是人之常情,又是起码的关爱。

再问一句:除了左宗棠,还有那么多高官厚禄的文臣武将,此时此刻都干什么去了?怎么没有一个人自告奋勇、挑起重担,而一个个都紧缩脖子、噤若寒蝉呢?特别是这帮成天跟在左宗棠的腚后面找岔子上疏、而自己对皇上最敬重、礼节最周到之人,怎么不为皇上分忧呢?左宗棠还在疏中的末尾说了,"有生之日,皆报国之年",让他把重病治好,不是来日方长吗?到时可以再为朝廷多出一份力,理应"从长计议"矣!

当时,皇上和朝廷确实也有"苦衷",这就是强敌法军入侵,国难当头,无人能挺身而出,只有在他这个老迈之人、老病之身上打主意,恰如杜甫在《古柏行》诗中所咏叹之句:"大厦如倾要梁栋"啊!那些随风摇头晃脑的"离离山上苗",怎堪当此重任!

词汇和习惯语都是随着时代变迁而变化的。现在,各级干部到了一定

---

① 罗正钧:《左宗棠年谱》,第396页。

年龄,都要离休或退休,旧时的官员因故去职或者死亡,职位一时空缺,准备另外选人充任,叫作"开缺"。皇上不同意左宗棠"开缺",而左宗棠病假期满,病不仅没好,反而加重了,又不得不"续假"。到了第二年年初,面对着法国侵略者对中国的步步进逼,左宗棠不顾自己沉疴宿疾日甚一日,提前到任投入抗法斗争。

光绪九年(1883)正月,他亲自到吴淞口和沿江查阅防务,恰逢彭玉麟由湖北查案回船到江阴,两人约好在吴淞口相会。彭玉麟和左宗棠是湘军中老同事,二人都是主战派,意气相投。彭玉麟看到他增购船炮、加强海防的各项布置,十分高兴,说:"布置如此周密,不怕外国人来,只怕他不敢来。"

左宗棠又将他对付外国兵船的策略告诉彭玉麟和将校们,说:

外轮若敢前来,我但以船列炮守定正泓,确有把握。除开炮击其汤锅、气管、烟囱外,更挑选勇锐水勇习熟纵跳,遇有机会即跃上彼船,轰其机器,折其锋牙,则彼船可夺也。趁现在将领弁丁士气可用,勇者给以重赏,怯者示以严罚,将士们齐心合力,大功必成。我与彭宫保乘坐船舨督阵誓死,正古人所谓"并力一向,千里杀将"之时也!

将校们在一旁听了他充满豪情壮气又设想周密的话,都很兴奋,齐声说道:"我们忝居一二品武职(请读者品味此言,前线将士并非饱食终日,只谋虚位),都各有应尽之责。两老不临前敌,我们也会拼命报国。"

左宗棠和彭玉麟听了都很高兴。左宗棠说:

此在各人自尽其心,义在则然,何分彼此?但能破彼船坚炮利诡谋,老命固无足惜。或者四十余年之恶气可以藉此一吐,自此凶威顿挫,不敢动辄挟制要求,乃所愿也。①

彭玉麟也说:"这样就断送老命也值得!"

光绪八年九年(1882—1883)间,法国借口红河船运受到越南人的阻挠,派一支舰队开到红河保护航运,实际上是扩张侵略。法国先攻入北圻,不久占领了河内,光绪九年三月又占领了南定。越南已岌岌可危,全境濒于沦陷。

左宗棠看到形势危急,预料侵略者的下一个目标将是东南沿海,立即上疏给朝廷,要求加强筹办海防。第一条意见是加强江海防务。吴淞口是

---

① 《左宗棠全集》第13册,家书·诗文,第241页。

要隘，也是长江的门户，由崇明、宝山绕白茅沙，即可掠狼山、福山、径犯长江。白茅沙首当其冲，应在该处设置重险，加筑炮台，增派兵船驻守。

另一条意见是设立渔团。沿海渔民约有一万数千人，熟习水性和地形，过去也曾有少数渔民为外国船只做向导的，现在应把他们组织起来，对青壮年进行训练，合格者拔为水勇。这个发动群众、抗御外侮的办法很快就实行了，九个月后成立了数千人的渔团。

清朝廷看到法军加紧进攻越南，云桂边境危急，表示了一些强硬的态度，命云贵总督岑毓英、两广总督张树声督办边防，统大军进入越南；命广西布政使徐延旭和云南布政使唐炯进兵谅山、山西和北宁；任命刘永福为越南经略大臣。又命令李鸿章赴广东督办越南军务，调令左宗棠调集江南淮楚各军，准备开赴前线支援。似乎真的准备和法国打一仗了。

法国其实是色厉内荏，当时根本没有在远东打一场全面战争的力量，看到中国态度强硬起来，就使出软手段。法公使宝海耍弄花招，向李鸿章假惺惺地声明：法国并没有与中国失和的意思，但不能承认越南是中国属国。

李鸿章是一贯主张妥协退让的，他于是上了一道秘密奏折给朝廷：《法越交涉事端重大遵旨妥筹全局折》，认为绝不能与法国作战，法国海军强大，"其船械之精，操演之熟，海上实未可与争锋"。陆军虽可一战，"但一时战胜，未必历久不败；一处战胜，未必各口皆守"。而中国的国力呢？"各省海防，兵单饷匮，水师又未练成，未可与欧洲强国轻言战事。"总之，中国只有投降。

他心中有数，知道这派亡国投降论会遭多数国人所反对，所以奏折秘密进呈，还写信告知老部下湖南巡抚潘鼎新说："密稿抄呈秘览，幸勿示人，又讥鄙人为和事老人矣。"

李鸿章对朝廷命他赴广东督办越南军务，也十分不满，在与友人的信中咒骂道："若以鄙人素尚知兵，则白头戍边，未免以珠弹雀。枢府调度如此轻率，殊为寒心。"

抗法是"弹雀"小事，不知道"素尚知兵"的这粒"明珠""宝珠"，用在什么地方，才不算是"大材小用"？恐怕只有派他去与外国签订丧权辱国条约之事，才是"大材大用"。

在对待法国的侵略上，左宗棠的态度与李鸿章迥然相反。他于光绪九年（1883）六月上书总理各国事务衙门，着重指出：

> 越南地势，南滨大洋，北阻崇山，与中国接壤，隘口林立，实中土藩篱……是越终必亡，而我之外藩尽撤，广东边宇危，滇、黔之边腹均形棘手，其祸患何可胜言。①

左宗棠此时决非孤陋寡闻，"如蛰瓮中"了，他对世界各国情况已知之甚多，他了解到法国很孤立，西方各国并不支持它的侵越行动，法亦势成骑虎，现在只是虚张声势，中国应速派援军赴越。现海道已为法国封锁，非走广西、云南边界不可。于是派遣王德榜赴湖南永州，就地广筹军火，并且募集兵勇数千人，准备开赴云桂增援。自己也请求亲自到滇、粤督师。他写信告知杨昌浚说：

> 自维衰朽余生，莅任大可有为之地，揩揩终年，鲜见实效。近因法越交兵一案，枢部束手，不得已为赴滇、粤边界之请，先令王朗青方伯于回籍之便，挑募广勇乡兵数营，一面径赴刘永福处察看军情地势，弟再率新募各营接踵前进，一往图之，为西南数十百年之计，以尽南洋大臣之职。未知朝廷许我否耳！②

他以"衰朽余生，得以孤注了结，亦所愿也"的打算和精神，表达了他为国家长治久安，尽职尽责，虽战死疆场，亦在所不惜的英雄志愿。

然而清朝廷本质上是一贯害怕外国人的，收到李鸿章的密折后，完全同意他的投降观点，立即将李鸿章召回天津，前次派赴越南的各军停止前进，又借口云南、广西已经备有重兵，不同意左宗棠去滇、粤的请求。清朝廷一时又为妥协投降的阴影所笼罩。

清朝廷派左宗棠以钦差大臣督办福建军务后，又对福建军政官员作了部署和调整，将原会办福建海疆事宜大臣张佩纶及船政大臣何如璋等撤职查处，任命杨昌浚为闽浙总督，穆图善为福州将军，充当左宗棠的副手。杨昌浚是他的旧部属和老朋友；穆图善以前在西北也共过事，但关系不融洽。台湾道刘璈是他的老部下，福建巡抚刘铭传则是李鸿章的淮系将领。

左宗棠一行在通州上船，沿运河南下，准备先到南京作短暂停留。在赴宁途中，台湾再次爆发了法军的侵略战争。如前所述，法军孤拔的舰队在两个月前进攻基隆失败后，于八月十三日又向基隆发动新的进攻，抢滩登陆。此时因沪尾知府李彤恩求援，刘铭传做出了错误的判断，轻信了李

---

① 《左宗棠全集》第12册，书信三，第796—797页。
② 《左宗棠全集》第12册，书信三，第801页。

彤恩，匆忙调派大部队往沪尾，以致基隆空虚，遂为法军轻易占领。

左宗棠于八月廿六日抵达南京，停留了十余天，为入闽抗法做了一些布置，调来旧部5000人，随同去福建前线。由于台湾战事紧急，清廷又诏令前陕甘总督杨岳斌帮办左宗棠军务。杨岳斌是以前湘军水师统领，也是左宗棠的老友，当时福建水师覆灭，亟须外地海军增援；南、北洋舰队分别掌握在南、北洋大臣曾国荃和李鸿章手中，但都按兵不动。左宗棠到南京后，立即奏请朝廷，命由南、北洋各派兵船五艘，由杨岳斌率领从海道驶往福建支援。

九月十三日，左宗棠动身离宁，取道江西去福建履任。福州官绅士民听到他即将到来，都欢欣鼓舞。他于十月中旬进入福建，二十四日由延平起程，福州司、道、州、县以及文武官员陆续前往离福州约一二百里的闽江岸的水口和竹崎迎接。左宗棠的行辕设在福州北门皇华馆（现福州三中二部），馆内布置一新，大厅中挂了一副欢迎的对联：

数千里䎃节复临，水复山重，半壁东南资保障；
亿万姓辀车争拥，风清霜肃，十闽上下仰声威。

联语冠冕堂皇，显然是出自大手笔。左宗棠于同治四年（1865）曾来福建，第二年离闽时，福建人争相挽留。朝廷曾许下愿："不难令左宗棠复来闽也。"十八年之后，他果真再来了，而且又正当福建危急存亡之秋，毋怪乎福建人民抱着极为兴奋和期待的心情来迎接他。

十月二十七日左宗棠抵达福州，全城官员聚集在洪山桥接官亭迎接，士绅和老百姓则在浙绍会馆迎候。据《申报》记载，当时盛况空前，一路所过之处，街坊店铺，都摆设香案，放炮燃香；全城人士扶老携幼，争先快睹者，以数万计。甚至幽闺琼姬，小家碧玉，如云如水，都以一望丰采为荣。左宗棠于下午二时入城，见到他的人都说他精神矍铄，不减从前。有一位署名"采樵山人"的目击者，在《中法马江战役之回忆》一书中记载说：

钦差大臣左宗棠进入福州时，威风凛凛，旗帜飘扬，上面大书"恪靖侯左"字样。队伍两行，个个肩荷洋枪，步伐整齐，后面一人乘肥马，执长鞭，头戴双眼花翎，身穿黄绫马褂，主将左宫保是也。

自马江战败后，福州官民一夕数惊，风声鹤唳，在此时：

一见宫保，无异天神降临，所以敬礼如此。

《申报》还说：

想帷幄运筹，吁谟独裕，蠢尔法人，当不难灭此朝食也。

　　福建人十分信任左宗棠，自他到达后，福州人心大定。

　　到福州的第二天，廿八日黎明，左宗棠即去拜会总督、将军、巡抚，布置地方防务，听取他们的汇报。廿九日，拜谒林文忠公则徐祠。这位昔日抗英的英雄，逝去倏忽已三十年了；回忆当年湘江舟中夜话，宛如昨日。林则徐谆谆叮嘱："中国之大敌，其俄罗斯乎！"如今新疆已收复，俄罗斯的凶焰暂时收敛，法兰西又来了。中国人如不自强，敌人将会一个接着一个来，有时还会联合起来侵略中国，左宗棠在林文忠公祠前悼念徘徊，不胜感叹。

　　到福州后首要任务，是加强海岸防守。兵船虽已丧失殆尽，还有炮台要塞。闽江入口北岸的长门和郎琦岛上的金牌是两处要隘，左宗棠命迅速将该两处炮台修复，又在闽江口竖立铁桩，用铁索拦江联结，没入水中，用机器操纵，只准许本国船只通过，如敌船来，就将铁索升起，使其无法进入。又在距省城30里的林浦、魁歧及闽安右路出海的梅花江，都用垒石填塞大部分江面，仅容小船通过。以上各处都建设炮台，派兵驻守。又命将海口水道标志立即取掉，船港遍布水雷，将沉没于马江的兵舰上的舰炮，千方百计卸下来，移装到陆上炮台。经过这一番布置，沿江沿海防务较前大为巩固。

　　十二月廿六日，正当除夕临近之际，法国军舰突然聚集在马祖澳，准备趁中国官员欢度新年之际，发动一场突袭。左宗棠和杨昌浚得到消息后，立即前往海防前沿巡视。那天正下着大雨，海边风又急，他们冒着风雨巡行，经过南台、林浦、马江、闽安、长门、金牌各要塞；视察了各处炮台和防军，所到之处，各营将士排队试枪，炮台试炮，军容整肃。由于海口已被封塞，马祖澳的法舰不敢轻举妄动。廿八日，有几艘法舰由白犬洋开来试探，左宗棠正在长门要塞，即下令开炮袭击，法舰见防备森严，只得灰溜溜地掉头开走了。

　　为了增强防务和兵力，左宗棠又仿照在江南的办法，创设渔团。他派出干练的官员，分赴福州、福宁、兴化、泉州四府各海口，会同当地官员士绅办理渔团。选择勇敢善水的渔民为团长，施以作战训练，严明赏罚。不仅战时可以配合正规军作战，平时还可负担侦察敌舰动向的任务。

　　福州和福建全省的防务大大加强了，人心也更为安定了。左宗棠认为，如基隆在法人手中，台湾不解围，福建仍然得不到安宁，所以决心要派兵去收复基隆。

增援台湾有很大的困难,闽台之间隔一道台湾海峡,法舰在游弋、封锁。要增援台湾,首先须有强大的海军护航,而福建水师又已覆没。于是左宗棠定下了一条声东击西的偷渡之计。他通知杨岳斌率南洋兵舰"放洋",声称要开赴台北;暗中却命王诗正率领"恪靖援台军"3营共千余人,从泉州府蚶江一带乘坐渔船,扮作渔人,黑夜偷渡,冒险越过封锁。光绪十年(1884)底、十一年初之交,王诗正率部队历经艰险,经澎湖到达台南,投入了保卫台湾的战斗。左宗棠又派了营务处道员陈鸣志潜赴台湾,与刘铭传等商量收复基隆的策略。

左宗棠由西北去京师时,带去了三名部将:王德榜、刘璈、王诗正。到京不久刘璈即调任台湾道,王德榜现已赴中越边境。这样,三名部将都随左宗棠在抗法前线,基隆失守时,左宗棠正在来闽途中,已从刘璈的禀报中得知详细经过。照理台湾战况应由巡抚向左宗棠汇报,但刘铭传隐匿不报,刘璈很不满意刘铭传基隆之失,就据实禀报老上司。

左宗棠到福州后第三天,向清廷奏报了基隆和沪尾两战经过,指出了刘铭传指挥失误和李彤恩的罪责。刘铭传是地方大员,又是朝廷"有功之臣",左宗棠虽没有要求惩处他,但也提出了批评督责:"臣思刘铭传之懦怯株守,或一时任用非人,运筹未协所致。拟请密敕刘铭传速督师所部克日进兵;规复基隆,毋任法夷久于盘踞。"

刘铭传的后台势力很大,李鸿章是慈禧的大红人,刘铭传根本没有理睬左宗棠"规复基隆"的意见,反而对左宗棠在朝廷前批评他十分恼怒,对刘璈尤其怀恨在心。这道奏折也触怒了李鸿章,然而他们对左宗棠无可奈何。

当时法军已基本上占领了越南全部,但在广西、云南边境的越南境内、外,还驻有一些清军部队,其中有几支属于主战派的爱国力量。

一支是刘永福的"黑旗军",本来驻守在河内附近,曾多次击败法国侵略军,后来因为缺乏支援,被迫撤退到云南边境的保胜。刘永福那时已接受了清政府给予的"记名提督"的官衔。另一支是冯子材的部队。冯子材原是天地会农民起义军叛将张国梁的部将,曾随张国梁对太平军作战,后来任广西提督;不久因年老退职。新上任的两广总督张之洞看到中越边境紧张,又把他请出来。他此时已有70岁,但是精神矍铄,老当益壮。他欣然应命来到抗法前线,部队驻守在凭祥、镇南关一带。

还有一支是王德榜的"恪靖定边军"。王德榜于光绪七年（1881）随左宗棠到北京，光绪九年（1883）又随到南京，不久请假回原籍湖南江华扫墓。左宗棠命他随带一批军火回湘，转运广西省城存放；又命他招募广东勇丁数营，准备开赴桂越边境作战。因当时李鸿章正在乞降求和，清廷拒绝了左宗棠派王德榜去中越边境的请求，及至法军扩大侵略，战火逼近广西边境，这才同意王德榜募兵去前线。光绪十年（1884）一月王德榜率领新招募的10营兵，组成"恪靖定边军"开赴广西。左宗棠又从江南抽调数十员战将，如记名提督杨文彪、记名总兵陈厚顺、副将谭家振、游击龙定太等加入恪靖定边军，充实该军的力量。

除了这三支力量外，在云南边境还有由云贵总督岑毓英率领的云南部队。自刘永福受任记名提督后，黑旗军实际上已由岑毓英指挥。岑毓英表面上抗法态度坚定，光绪十年（1884）十月，曾与黑旗军配合，在三圻城围攻法军，打了一次胜仗。据李鸿章的观察，岑毓英是一个"机变"的人。他后来看到议和派占优势也就采取观望态度。

在广西边境有广西地方部队，原由巡抚徐延旭指挥。徐延旭革职拿问后，李鸿章急急派遣淮系干将潘鼎新继任巡抚。李鸿章的意图非常明显，是派他来控制战局的，潘鼎新自然会贯彻他的意图。"恪靖定边军"驻在广西辖境内，先受徐延旭指挥，后受潘鼎新指挥。王德榜是主战派领袖左宗棠派来的大将，现在既在潘鼎新管辖之下，潘鼎新自然会千方百计给他刁难，以至排斥、打击和陷害。

王德榜奉命带领4营兵驻守谅山，另外四营守镇南关。潘鼎新也率部队入驻镇南关，并命王德榜留下一营助守，其余3营都开往谅山。光绪十年（1884）五月，法军加紧向清军进犯，王德榜向潘鼎新请示战守机宜。潘鼎新回答说："如法军打来，战亦违旨，退亦违旨，已电总理衙门请示。"

这听来很像是笑话，一位守土有责的地方大员，竟发出如此荒谬的指示，在敌人的攻击面前，打也不行，退也不行。但确实反映了他的旨意与心态：因为他的顶头上司，希望不要与法国人打仗，尤其不想扩大战火；而只是溃退也要受责的。请读者注意，这与马江海战时张佩伦采取的方针是一脉相承，甚至一模一样的，即不战不和、不死不活，宁可最后遭到全军覆没！投降路线和消极防御所带来的累累苦果、惨败教训真是太多了！

从中可见，掌握战局方针大略的李鸿章和慈禧，确是中法战争中导致中方失败的罪魁祸首。这叫前方将士如何办呢？王德榜无可奈何，只好命令部队坚守阵地,"以守为战",处于被动挨打的势态。

不久李鸿章和福禄诺签订了天津《简明条款》,和局势将形成,潘鼎新就命王德榜军自谅山后撤,退回到广西境内的龙州。

清朝廷在观音桥事件和马江惨败后,一方面由于舆论压力,一方面由于形势所逼,态度逐渐坚决起来,主战派暂时占了上风。

七月,清廷下令各省督抚督率战守,以后如再提出议和、赔偿等,即交刑部治罪。不久黑旗军配合滇军在三圻附近打了一次胜仗,歼灭法军二三千人。潘鼎新却秉承李鸿章意旨,命黑旗军退回国境。

清廷得知后,严厉斥责了潘鼎新,并通令前线各军不许擅自后退示弱,违令者按军法从事。似乎令出必行,真正是要摒弃和议,决心一战了。

法军乘黑旗军撤退,大举进犯谅山的桂军,潘鼎新被迫反击,将敌军击退数十里,打了一次小小的胜仗。可是他又感到违背了李鸿章的意旨,惶恐不安地向李鸿章解释说:"并不是我去攻击法军,是法军先攻击我,我若不抵御,全军都将覆灭。"

李鸿章回答他说:"败固不佳,胜亦从此多事。"

打败了固然不好,打胜了也不好。这种奇谈怪论,实质上是彻底的投降腔调,民族气节丧失殆尽。潘鼎新心领神会,从此也再没有战意,尽管那时留在越南的法军兵力单薄,正可乘虚出击,但潘鼎新却按兵不动。

光绪十年(1884)十一月下旬,法军争取到了时间,增强了在越南的兵力。中法双方开始了长达一个多月的包围与反包围的斗争。

1885年1月,清军向宣光发起进攻的部署,随后进行了激烈的交战。2月下旬,清军又连续发动攻城。攻城部队曾采用挖地道、用地雷炸开城墙的办法,数次从缺口处突入城内,但终因法军阻击火力较猛,未能进一步扩大战果。

清军的攻城行动使法军感到极度恐慌,不断发出求援信息。法国远征军司令波里也不得不从东线抽调部分兵力,继续增援宣光。

承担阻击任务的黑旗军得知消息,立即做好准备,等待法军增援部队的到来。

3月2日,约5000名法军到达左育。刘永福指挥黑旗军,在法军的必经之路上事先埋下2万多斤炸药,上面用茅草和泥土伪装成许多假坟,还把竹子破开削尖,做成竹火箭安放一边。当法军向黑旗军发起攻击后,黑旗军略作抵抗即作佯退,把法军引入地雷阵。当炸药被引爆后,竹火箭也向法军射去，黑旗军又乘势射击，法军损失惨重，当场死亡400多人，残余法军惊慌失措地退往河内。没过多久，法军又抽调新的增援部队，连续数天向左育黑旗军阵地发起猛烈攻击。由于伤亡较大，黑旗军在经过几天的激战后，被迫撤出阵地，法军增援部队得以与宣光城内守军会合。

由于宣光法军的力量得到明显增强，清军的攻城计划暂时已无法实现。岑毓英不得不命令清军撤退，长达70余天的围攻宣光的战役也宣告结束。

清军围攻宣光，是整个中法战争期间历时最长的一次战役。在此役中，清军付出了伤亡约4000人的代价，法军的损失超过清军一倍。这样的情况在中法战争中也是不多见的。因此完全可以说，在宣光战役中，清军取得了重大的胜利，沉重地打击了法国侵略者。

在另一条战线谅山、镇南关一带，法国以主力部队攻击王德榜驻守的丰谷。王德榜军奋勇抵抗，经过一昼夜的激战，伤亡惨重，军火已不继，援军苏元春部违命不到，王德榜已招架不住，只得率军突围，转进到板峒，后来又退到车里。法军就转而进攻潘鼎新驻守的谅山。潘鼎新急命王德榜军来援。王德榜的部队还没有赶到，潘鼎新的守军在法军猛烈攻击下，毫无斗志，不战而溃，大部队一直逃到镇南关。法军紧追不舍，潘鼎新军继续溃退，一路上还大事劫掠，广西边境地区一时兵荒马乱，老百姓叫苦连天。主帅潘鼎新逃得无影无踪，史书记载，说他"不知所往"。

这次谅山、镇南关失守，完全是潘鼎新秉承李鸿章投降路线的恶果。但他后来又钻出来，反把责任推在主战派、英勇抵抗的王德榜的身上，将自己的责任赖得一干二净。

镇南关，明初设置，一称大南关，又名界首关；在广西凭祥市西南。峻崖夹峙，中建关城；清雍正时两旁增筑城堞百余丈，为我国边防要隘。

当潘鼎新军队狂奔乱窜时，王德榜和老将冯子材约定，二人率部坚守阵地，伺机打击法军，由冯子材守凭祥，王德榜守由隘。

法军在攻占镇南关后，法军统帅尼格里派人在废墟上插块牌子，狂妄地写道：

广西的门户已不再存在了！

这伙杀人强盗以为，没有了门户，中国人就只好举手投降了。

但他们又发觉自己是孤军深入，不敢久停，就放火烧关，军队退到文渊。

冯子材于是趁机率军进入镇南关内，与驻守由隘的王德榜部互相呼应。

鉴于镇南关已被焚毁,冯子材选定距关十里的关前隘构筑防务,在隘口垒起一道长墙,挖掘长壕,以备攻守。同时,他又积极团结边境其他部队,激励他们协同作战;还同关外的中越群众取得联系,帮助他们武装起来,乘虚捣敌军后路,截杀逃敌。

我们将用法国人的头颅重建我们的门户!

这是广西汉、壮族人民写在镇南关颓垣上的誓言,给予法国侵略者以响亮的回答。

二月初七日,法军不甘心失败,再度来犯,几次猛袭关前隘,冯子材军一连失去数垒,形势危急。王德榜及时从由隘派兵来援。

法军没有料到这一支奇兵,毫无防备,后路部队被全部歼灭,军火辎重也都被王德榜军缴获。前线法军发现后路被截断,军火已匮乏,士气涣散,法军将领还想鼓动士兵进攻,以振奋涣散的军心,但士兵们已无心恋战。

1885年3月23日,法侵略军倾巢来犯,在关前隘激战终日。次晨,侵略者乘雾鼓噪扑来,炮声震谷,枪弹雨集,长墙有几处已被轰塌,一些法国兵由指挥官持枪吆喝着,企图爬墙冲入。坚守长墙的兵勇们眼里冒火,恨不得立刻杀出去与敌人展开肉搏。下午,冯子材看到士气旺盛,个个憋了一肚子对侵略者的深仇大恨,立刻发动反攻。随着一阵连珠炮响,栅门大开,冯子材挥动长矛,一跃而出。兵勇们就潮水似地涌出栅门,奋勇争先,以排山倒海的气势压向敌人阵地,刀劈枪挑。侵略军惊呆了,霎时旗靡阵乱,炮声顿哑。

突然,阵后又杀声大起,关外中越群众一千多人风驰电掣地冲杀进来。侵略军全线崩溃,一个个丢盔弃甲,拔腿就跑,翻岭越涧,仓皇逃命。各军乘胜追杀十多里,毙敌官兵一千多人。法军统帅尼格里受重伤,躺在担架上星夜南窜,这时,他恍惚理解一些,中国人在镇南关上写的那句重建门户的话,意味着什么。

冯子材、王德榜两军将镇南关营垒全部收复,苏元春军也加入作战,三军联合攻占了敌军老巢驱驴,当夜收复谅山,这就是举世闻名的"镇南关——谅山大捷"。清军一直追赶法军到坚老。同时,刘永福的黑旗军在西线也获得临洮大捷。

当法军战败的消息传到巴黎时,引起了法国全国上下的震动。

发动侵略战争的茹费里内阁在法国人民的抗议和反对派的攻击下随之

倒台。法国当时并没有足够的力量,去支持一支万里外的部队作战,在海陆两线都不能得手的情况下,他们就急于求和,企图捞取一些便宜,暂时结束这一场在远东的纠葛。

西方各国在侵略瓜分中国的问题上,向来是既有矛盾,却又相互协调、帮助的。他们既不愿意看到法国单独取得过多的胜利,也不愿意中国强大起来,真能打败西方国家。拿破仑早就说过:"当中国这头睡狮醒来的时候,全世界都会发抖。"他们不愿意、很害怕这头睡狮醒过来,希望它永远睡着。一个在中国任海关总税务司的名叫赫德的英国人,早些时候已看到形势于法国并不很有利,就出面进行所谓"调停"。

4. 遽尔溘逝龙心震悼举国同悲

光绪十一年四月二十七日(1885年6月4日),李鸿章和巴德诺在天津签订了屈辱的《中法会订越南条约》十款,承认越南为法国的保护国,给予法国在广西、云南通商的特权,包括减税等利益,规定以后中国在这两省修筑铁路时,要与法国协商会办。由于法军在战场上战败,没有索取"赔款",并答应从基隆和澎湖撤兵,投降派认为面子上已过得去,条约立即得到清廷和慈禧的批准。

这项条约不仅不敢抗议而且公然承认法国占领越南、开中国西南大门,使法国人得以长驱直入。这项屈辱的条约是在战场上取得了胜利之后签订的,真是世界外交史上的奇闻!

中法和约的签订,是对左宗棠的一个重大打击。他闻讯后悲愤无比,但回天乏术,徒呼奈何!

他以古稀之年,多病之身,来到抗法前线,全凭着一股爱国热忱,而今战事已经结束了,屈辱的条约已签订了。投降派不但不以为耻,反而气焰嚣张。他的两员抗法部将都遭到不白之冤,种种事实无不使他痛心疾首。当时他的病势已很严重,他曾描述自己的健康情况:"自到福建以来、食少事烦,羸瘦不堪;手腕颤摇,难以握笔,批阅文件,万分吃力;时间稍长,即感心神彷徨无主,头晕眼花。有时浑身痛痒,并经常咯血;偶尔行动,即气喘腰痛。"六月初十夜间,忽然痰涌上来,气喘不已,手足抽搐,昏迷过去。医生赶紧进药急救,经过十个多小时,才苏醒过来。

他自知在世的日子不多了，思前想后，国家仍如此积弱，许多曾想要办的事都没有来得及办，于是竭尽最后一点衰微的精力，将所考虑到的有关国计民生的重要问题，向朝廷作最后一次建议。

六月十八日这一天，他一连上了两道奏折，第一道是：《复陈海防应办事宜请专设海防全政大臣折》，第二道是《台防紧要请移福建巡抚驻台镇摄折》。

由于在中法战争中，南、北洋水师不予支援，各省督抚也各自为政，以致海战未能取胜。因此他建议统一海防事权，由海防大臣全权管理，"驻扎长江，南控闽越，北卫畿辅"。

在此风烛残年之际，左宗棠最为关注的是两件大事：其一为筹划海防全局；其二为促成台湾建省。尽管他所剩的时间已经无几，但他在这两方面都做出了光照史册、影响及于后世的重大贡献。

关于筹划海防全局，是左宗棠海防思想的重大发展。左宗棠是中国近代海军和海防事业的开拓者之一。如前所述，他于同治五年（1866）创办的福州船政局，是清政府经营的规模最大的机器造船厂；该厂附设的求是堂艺局，则是中国最早的海军学校。他一贯重视海防建设，即使在总督陕甘、督师西征期间，他也认为："东则海防，西则塞防，二者并重。"当他闻知法国新造"双机钢甲兵船"时，立即会同署船政大臣裴荫森等奏请仿造，"以壮军心而坚和局"，并强调说：

欧洲大局已成连横之势，中国若再拘于成见，情形岌岌可危。除制炮造船、教将练兵，别无自强之道。①

接着，他又遵旨覆奏，提出了他关于筹划海防全局的全面建议。

光绪十一年五月初九（1885年6月21日），清政府发布上谕：

现在和局虽定，海防不可稍弛，亟宜切实筹办善后，为久远可恃之计。②

左宗棠在《复陈海防应办事宜请专没海防全政大臣折》中，他首先指出："近十余年来，中国船政局、制造局、水师学堂次第兴设，虽造诣未精，而规模亦已粗具"；"就目前言之，中国水师诚不及外夷之整练，然华人耳目心思，西人亦服其颖悟，但使在上者实力讲求，师彼之长，行且制

---

① 参见《清末海军史料》，第113—114页《左宗棠等奏试造新式兵船折》。
② 《清实录》五四，《德宗实录》三，第935页。

彼之命，岂仅足自固哉"？对于前署湖广总督卞宝第提出的在江西鄱阳湖口设立机器局制造船炮的建议，他表示支持："请敕下江、楚督抚臣，派员测量，斟酌议行"；局厂未成前，其后膛大炮，"或饬江南、广东各机器局先行试造，以免旷误"。

他特别强调："海防无他，得人而已。"总结历史的经验教训，他说："中国水师不力……所以处处牵掣，必有其由。臣曾督海疆，重参枢密，窃见内外政事，每因事权不一，办理辄形棘手。盖内臣之权，重在承旨会议，事无大小，多借疆臣所请以为实施；外臣之权，各有疆界，虽南、北洋大臣，于隔省之事，究难越俎。"有鉴于此，他提出了以下统筹海防全局的建议：

> 今欲免奉行不力之弊，莫外乎慎选贤能，总持大纲，名曰海防全政大臣，或名曰海部大臣。凡一切有关海防之政，悉由该大臣统筹全局，奏明办理。畀以选将、练兵、筹饷、制造船炮之全权。特建衙署，驻扎长江，南控闽、粤，北卫畿辅。该大臣或驻署办事，或周历巡阅，因时制宜，不为遥制。另择副臣，居则赞襄庶务，出则留守督工，权有专属，责无旁贷。庶成效可立睹矣。惟此大臣任大责重，必品望素著，深通西学，为中外所倾服者，始足当之。

这是关于主持海防的军政机构和统帅人选。

在加强海防建设的具体措施方面，他依据当时情况，提出了七条，略述如下：

1. "师船宜备造"。铁甲舰、快船、炮船、鱼雷艇、粮船、小轮、舢板各船，"不惟求备，更应求精"。"总计中国海滨万有余里，至少须练海军十大军，每军铁甲数艘之外，尤必各船皆备，临战之时，庶足应敌"。

2. "营制宜参酌"。沿海水师，"应归海防大臣统辖。每军设统领一员，秩比提督；帮统一员，秩比总兵；管带以下，秩比副、参、游有差。凡一切升迁调补，皆由海防衙门奏办。各疆臣只节制守口陆师，非军务万紧，不得调遣海军兵船"。

3. "巡守操练宜定例"。海军既备镇守，又须时常巡历操练。"拟将十军内，以八军分布天津之大沽，宁古塔之珲春，山东之烟台，江南之崇明，浙江之镇海，福建之闽口及台、澎，广东之虎门、琼州，各驻一军"，兼顾附近之汕头、厦门、镇江、北坛等处，"朝夕操演"，彼此互相替换，每四个月轮换一次，合操一次。"其余二军，一巡历东洋，一巡历西洋，亦如各国驻华兵轮,为保护商人之计,兼借以练习风涛沙线,并访水土民情与夫各国形势、博物、制造等事",以一年为期,期满归守口,"将守口者挑换两军出洋"。

4."各局宜合并"。矿政、船炮相为表里。海防全政大臣设立后,"即将福建船政差使撤销",徐州、穆源各矿及各省制造局"亦概归该大臣统筹办理,以归划一"。

5."经费宜通筹"。主张裁兵、加洋税,定海军衙门常年经费;并令各省按年匀摊协济,交海防大臣支用。

6."铁路宜仿造"。铁路关系商务、军事,"一经告成,民因而富,国因而强,人物因而倍盛,有利无害"。宜先设清江浦至通州铁路,"以通南北之枢,一便于转漕,而商务必有起色;一便于征调,而额兵即可多裁"。待办有成效,"再行添设分支",而"推广于西北一路,尤为日后必然之势"。

7."士气宜培养"。道、艺出于一源,艺术亦可得人才。水师官兵,应"大开学堂"培养;"一切格致、制造、舆地、法律,均为以术运经之事,尤应先倡官学,酌议进取之方,广译洋书,劝导士民自相师法"。①

这是一幅规划全国海防全局的完整蓝图,既提出统一和加强领导,又包括具体措施的设计。显然,这与他晚年入值军机,总督两江兼任南洋通商事务大臣和督办福建军务的实践有关,并体现着他对反侵略战争历史经验教训的总结。就在左宗棠的这份奏折上达两个月之后,光绪十一年九月初五(1885年10月12日),清政府设立总理海军事务衙门,派醇亲王奕譞总理海军事务,所有沿海水师悉归节制调遣。从而,在统一海军指挥权、加速海军近代化建设中,迈出了重要的一步。

六月十八日这一天,他上的第二道奏折是:《台防紧要请移福建巡抚驻台镇摄折》,折中分析了台湾极为重要的战略地位,并再次建议建立行省。

正当左宗棠为筹划海防全局和促成台湾建省而殚精竭虑的时候,他的病况急剧地恶化了,他再一次请求开缺回籍。七月初四,朝廷批准了他的请求,下达谕旨:"鉴奏病情,殊深廑念。左宗棠着准其交卸差使,不必拘定假期,回籍安心调理。该大学士吏治戎机,久深阅历,如有所见,仍着随时奏闻,用备采择。一俟病体稍痊,即行来京供职。"

---

① 参见《左宗棠全集》第8册,奏稿八,第591—596页。

光绪十一年七月二十五日（1885年9月3日），他忽然"得患腰痛，起坐维艰，手足瘛疭，热痰上涌，气弱病深"。两日后，即9月5日凌晨，便遽尔逝世。其时，距他上奏《请专设海防全政大臣折》和《台防紧要请移福建巡抚驻台镇摄折》仅38天！

光绪十一年七月廿七日（1885年9月5日），台风袭击福州，接着下起了倾盆大雨，左宗棠处于弥留时刻，满怀悲愤和遗憾之情，口授遗折，由其子孝宽在榻前笔录，缮交福州将军穆图善、陕甘总督杨昌浚，转奏于清廷。遗折中写道：

> 伏念臣以一介书生，蒙文宗显皇帝特达之知，屡奉三朝，累承重寄，内参枢密，外总师干，虽马革裹尸，亦复何恨！而越事和战，中国强弱一大关键也。臣督师南下，迄未大伸挞伐，张我国威，怀恨生平，不能瞑目！渥蒙皇太后、皇上恩礼之隆，叩辞阙廷，甫及一载，竟无由再觐天颜，犬马之报，犹待来生。禽鸟之鸣，哀则将死！方今西域初安，东洋思逞，欧洲各国，环视眈眈。若不并力补牢，先期求艾，再有畔（衅）隙，愈弱愈甚，振奋愈难，求之今日而不可得！伏愿皇太后、皇上于诸臣中海军之议，速赐乾断。凡铁路、矿务、船炮各政，及早举行，以策富强之效。
>
> 然居心为万事之本，尤愿皇上益勤典学，无怠万机，日近正人，广纳谠论。移不急之费，以充军食；节有用之财，以济时艰。上下一心，实事求是。臣虽死之日，犹生之年。

《遗折》全文载于《申报》光绪十一年（1885）八月二十九日。陈忠倚辑《皇朝世文三编》①亦收录此折，题作《遗疏》，文字略有不同。

应该说，左宗棠的遗嘱都是切中时弊的，是符合振兴中华的需要的。可惜腐朽的清王朝统治者，未能切实加以办理，以致国家照旧衰败下去。所以，后来《皇朝经世文三编》的编者陈忠倚，在将左宗棠这篇遗折辑入该书时，特作跋说：

> 此疏……虽恳恳数语，恰中我中国之病源。阙后文酣武嬉，边防不整，中日之役，果不出公所料。公真神人矣哉！

左宗棠向来以诸葛亮为榜样，他爱国家、爱人民，坚忠执着，至死不渝，自然令人想起诸葛亮"鞠躬尽瘁，死而后已"的精神。真是："春蚕到

---

① 陈忠倚：《皇朝世文三编》卷五十，上海书局，光绪二十八年（1902）石印本。

死丝方尽，蜡炬成灰泪始干！"

清朝廷采纳了他的部分意见，光绪十一年（1885）九月初五日，他去世后一个多月，朝廷下令台湾开置行省。

又过了若干年，南北铁路干线建成，电讯网络、船炮厂矿陆续发展起来，海防以至全部防务都由专司负责，但那已是遥远的事，他已经来不及见了。

他以老病之身，满腔爱国热忱出征，作为督师一方的军事统帅，要与法军决一胜负，在我军捷报频传之际，却换来一纸屈辱的和约，他的悲愤的心情是难以言喻的，他能瞑目吗？

他已经处于昏迷状态了，突然他醒过来，这是回光返照，眼前似乎出现一道光明，恍惚回到柳庄门前，正和周夫人、全家为灾民施粥施药，眼望着灾民一群群走过去，心头充满着同情和叹息；忽然又回到了那间梧桐塘书屋，白发苍苍的祖父在教他咿咿唔唔念书；忽然他又到了空旷寂寥、风沙弥漫的西征路上，远望着白雪皑皑的天山山脉，回忆湘江夜晤时林公的谆谆嘱托……然而，一刹那一切都过去了，眼前又是一片昏暗，病榻前儿子和亲人们见他低声喃喃自语：

娃子们出队，打孤拔去！

哦哦！出队！出队！我还要打。这个天下，他们久不要，我从南边打到北边，从西边打到东边，我要打……①

他的声音越来越低，终于那双目光炯炯的眼睛阖上了，他停止了呼吸，告别了曾经生活、战斗73个年头的人世。

福州城经历了一整天的狂风暴雨，那天晚上，城东北角崩裂两丈多宽，城下居民却未受到损害。大雨下了一夜，第二天清晨，左宗棠逝世的噩耗传出，一位署名"采樵山人"的福建士人记录了当时的情形说：

福州"城中巷哭失声"，"全城百姓，闻宫保噩耗，无不扼腕深嗟，皆谓朝廷失一良将，吾闽失一长城"；军队中，"一时营斋营奠，倍深哀痛"，"归丧之日，江、浙、关、陇士民闻之，皆奔走悼痛，如失所亲。"②

朝廷得知他逝世的消息，并得到遗疏后，皇上震悼，当即发布谕旨，

---

① 参见《汪康年笔记》卷8，《清代名人轶事辑览》，第1242页。
② 罗正钧《左宗棠年谱》，第404页。

高度评价左宗棠的生平业绩，追赠太傅，照大学士例赐恤，加恩予谥"文襄"。清朝廷在左宗棠生前重用他，死后也倍加恩恤。照例，未中进士、入翰林者，逝后谥号不能用"文"字，谥以"文襄"是特恩。左宗棠的儿孙也一一受赐恤，其子孝宽赏给郎中，孝勋赏给主事，孝同赏给举人。

光绪十一年九月初七（1885年10月14日），朝廷派来的特使、新任福州将军古尼音布（字子清）代行御祭，备极荣哀。次日，灵柩送回湖南原籍。

据记载：启行时，"前导锡銮，全副执事，红素百余面，顶马数十骑。随后诰封、御赐各亭十余座，万民伞数十顶。大轿中装塑偶像，丰神极肖，奕奕如生。"出殡之日，据《申报》报道：

> 送葬者自督抚、将军、学政、司道各宪法之下，均徒步徐行，闽人士感公恩德，一律闭门罢市，且罔不泣下沾襟。自皇华馆至南台，沿路张结素帏，排列香案。绅士及正谊书院肄生皆在南台中亭路祭。远近观者，如山如海，路为之塞。是非公德泽及人，曷克令人爱慕如此！①

11月1日，左宗棠灵柩运抵湖南省城长沙，各界人士纷纷前往致吊。其时，长沙有一位青年士子余肇康，特为写了一副长篇挽联，寄托哀思。联云：

> 公学备经济文章，而莫邃于舆地；公勋在闽杭关陇，而莫壮于戎疆；公品齐李郭范韩，而莫肖于诸葛。上下二百余载，几见伟人。论中兴功，除却曾湘乡、胡益阳，更谁抗乎？
>
> 其出山非有荐牍，以投劾结主知；其入阁不由甲科，以奇献协枚卜；其乞身仍许封奏，以退食预机宜。寿考七十四年，迭膺殊遇。数未了事，惟此鄂（俄）罗斯、法兰西，莫副初衷。②

这副联语，全面地概括了左宗棠的学识、人品、经历、勋业和所受荣宠，也写出了他壮志未酬的遗恨。

---

① 《申报》光绪十一年九月十二日，《奠醊盛仪》。
② 余肇康：《务时敏斋日记》，光绪十一年九月二十九日条，未刊手稿。

二十一、历史文献与中外名人评价左宗棠

1. 历史文献评价左宗棠

光绪帝亲政谕赐祭文①

朕惟入赞机宜，辅弼实资乎左右；聿昭荩绩，匡襄无间于昕宵。当年既丕建殊勋，此日宜特膺懋赏。尔军机大臣原任大学士左宗棠，秉忠体国，矢慎从公。翊垂帘听政之谟，赖摺笏宣勤之力。靖共匪懈，追念时殷。兹当归政礼成，祗奉萱闱之命；酬庸典重，眷怀枢密之臣，书勋则钟鼎千秋，论治而堂廉一德。特颁纶綍，用锡几筵。遣专官而致虔，用嘉醴以告洁。於戏！恪恭将事，每思顾画以难忘；密勿承休，犹念遗型之宛在。

灵其不昧，尚克来歆！

国史本传②摘录

咸丰二年（1852）十二月，御史宗稷辰春天平寇需才，请保举备用，称"宗棠通权达变，疆吏重倚之，不求荣利，真心辅翼，迹甚微而功甚伟，若使独当一面，必不下于胡林翼诸人"。命湖南巡抚出具切实考语，送部引见。

闽浙总督杨昌濬、甘肃新疆巡抚刘锦棠奏陈宗棠历年勋绩。

昌濬略云："宗棠三试礼部不第，遂绝意仕进，究心经世之学，伏处田

---

① 此文辑自《左文襄公全集》卷首，原标题为《亲政谕赐祭文》。按：光绪帝亲政在光绪十三年。

② 此件辑自《左文襄公全集》卷首，题为《国史本传》，当为清国史馆所撰大臣列传稿本，光绪十六年（1890）刊印。

里十余年,隐然具公辅之望。前两江总督陶澍,前云贵总督林则徐、贺长龄,交相推重。湖南巡抚骆秉章延佐军幕。适朝命在籍侍郎故大学士曾国藩练团御寇,乃就商,意见甚合。遂各举平素知名之士,召练乡勇,激以忠义,一时民气奋兴,所向有功。湖南之得为上游根本,湘、楚军之能杀贼者,曾国藩主之,宗棠实力成之。用兵善于审机,坚忍耐苦,洞烛几先。戊辰召见,面奏西事以五年为期,人或以骄讥之。及事定,果如所言。克一城,复一郡,即简守令,以善其后。用人因材器使,不循资格。为政因时制宜,不拘成例。外严厉而内慈祥,所至威惠并行。甘省安插回众十余万,不闻复有叛者,固措置之得宜,一亦恩信之久孚也。廉不言贫,勤不言劳。绾钦符十余稔,从未开支公费。官中所入,以给出力将士大及亲故之贫者。督两江时,年七十余矣,检校簿书,审视军械,事事亲裁。其言办洋务,要诀不外《论语》'言忠行,行笃敬'六字,以为物必相反,而后能相克。西人贪利而尚廉,多诈而尚信,彼亦人耳,未必不可以诚动、以理喻也。居尝以汉臣诸葛亮自命,观其宅心淡泊,临事谨慎,鞠躬尽瘁以终王事,可谓如出一辙。"

锦棠略曰:"宗棠事无巨细精粗,必从根本做起,而要以力行。师行万里沙碛之地,虽酷暑严寒,必居营帐,与士卒同甘苦。垒旁隙地,悉令军士开垦,荒芜既辟,招户承种,民至如归。城堡桥梁,沟渠馆舍,乘战争余暇,修治完善。蚕织牧畜,罔不因势利导,有开必先。军兴日久,文教浸衰,宗棠身在行间,讲学不辍。每克一城,招徕抚绥,兴教劝学。俄官索斯诺福斯齐游历过甘,阐说西教。宗棠接见,讲孟子'三必自反'之义,俄官为之敛容。其能以诚感人如此!"

《清史稿》载左宗棠骨气与勇气独步当时:"国藩以学问自敛抑,议外交常持和节;宗棠锋颖凛凛向敌矣,士论以此益附之。"

《清史稿》又说:左宗棠"善于治民,每克一地,招徕抚绥,众至如归。论者谓宗棠有霸才,而治民则以王道行之,信哉","内无余帛,外无赢财,淡泊如武乡","志行忠介,亦有过人"。

左宗棠晚年出任两江总督、南洋通商事务大臣时,几次出巡吴淞,过上海，"西人为建龙旗，声炮，迎导之维谨"①。"以其君主出巡之礼相待，盖威服殊域，自国初以来，未之有也"。②时论谓"西洋所震者惟左宗棠"；"拓地开基，竟使外夷就羁勒"。

《西国近事汇编》中说左宗棠"谋定而往，老成持重之略，决非西人所能料"，其赫赫功业"足令吾欧人一清醒也"。

侵华法军趾高气扬，不可一世，当他们用望远镜见厦门沿海诸山皆红旗恪靖军，知有备而遁。曰："中国左宗棠厉害，不可犯也。"

左宗棠逝世后，朝野名人写的挽联、挽诗多得不可胜数，现录几则：

负亘古经天纬地之才，管乐复生，事业不居三代后；
画国家长治久安之策，匈奴未灭，弥留犹上万言书。

平生作事，独为其难，大业佐中兴，遗疏犹烦天下计；
一息尚存，此志不懈，斯言尚自道，千秋共见老臣心。

绝口不言和议事，千秋独有左文襄。

公学备经济文章，而莫遂于舆地；公勋在闽杭关陇，而莫壮于戎疆；公品齐李郭范韩，而莫肖于诸葛。上下二百余载，几见伟人。论中兴功，除却曾湘乡、胡益阳，更谁抗乎？

其出山非有荐牍，以投劾结主知；其入阁不由甲科，以奇勋协枚卜；其乞身仍许封奏，以退食预机宜。寿考七十四年，迭膺殊遇。数未了事，惟此鄂（俄）罗斯、法兰西，莫副初衷。

负天下才，立功、立德、镇抚华夷，不朽名臣垂万古；
佐中兴主，允武、允文、奠安社稷，无惭元老历三朝。

相业亘古今，只凭忠耿一心，外攘内安，尽瘁手擎天柱赤；

---

① 《清史稿》列传199，第12034页。
② 转见《左宗棠全集》第15册，第665页。

恩知逾肉骨，适值冤埋三字，山颓云暗，望洋泪涌海潮红。

身系中国安危数十年，郭令公有此将才，无此相业；
手拓西域疆土万余里，班定远同其爵赏，逊其恩荣。

赤手整乾坤，久钦盖世勋猷，学并武侯，名高文正；
丹心辉日月，还乞在天灵爽，冤超黑海，路引青云。

两表著精忠，前后出师，千载能有几诸葛？
卅年戡巨乱，中边底绩，三朝仅见一文襄。

声名溢中外，功业迈古今，安国定邦，允宜绩著旗常，杞隆俎豆；
德泽被黔黎，精诚塞天地，出将入相，自是灵钟河岳，光曜日星。

一身系天下安危，驰驱卅载，柱石三朝，念盛德难忘，长城万里谁能继？
四极仰相公威望，衡岳云愁，洞庭水咽，问哲人何去，名世百年我独伤。

超卫霍李郭韩范而上，大勋尤在平戎，才略如公，怅望乾坤一洒泪；
觇道德文章经济之全，下怀窃欣亲炙，迂庸是我，追随河陇感知音。

腹有数百万兵，名臣第一，名士无双，运筹帷幄之中，决胜沙漠而遥，露冕星轺空想象；
胸罗二十八宿，出为儒将，入为侯相，本文章作经济，大富贵亦寿考，云车风马太匆忙。

以一身系天下安危者三十年，看连云烽火，次第澄清，武侯挥扇而军，盖代大名垂宇宙；
为盛朝恢徽外版图凡数万里，只横海鲛鼍，频烦擘画，宗泽渡河未果，出师遗恨满沧溟。

公家之利，知无不为，每从时事论才，遗大投艰，整顿乾坤须此老；
鞠躬尽瘁，死而后已，长使英雄堕泪，运筹决胜，宣威沙漠复何人？

公是一代伟人，拓地开基，竟使外夷就羁勒；
我是边疆末吏，青芝赤箭，也蒙知己共珍藏。

横览九州、四海，更无此才，诵文忠之言，天下太息；
粤稽两汉、三唐，谁与比数？以武侯相况，我公庶几。

为三公辅，封一等侯，当时砥柱中流，独有大名垂宇宙；
托六尺孤，奔百里命，此日星台忽陨，长留正气壮山河。

知己德难忘，谈心记在晋、在吴、在甘，不遗一得；
我公器何伟，屈指数名儒、名将、名相，能有几人？

大纛高悬，万里从征悲落日；
台星乍陨，三军同哭失元戎。

整顿乾坤，东西万里；
经纬文武，将相一人。

勋遍寰区，志吞夷虏；
名垂宇宙，气作山河。

整顿乾坤，文经武纬；
扬历中外，震古冠今。

中共十一届三中全会以后，史学界对左宗棠做出了公正的评价：
"他抗击外国侵略者，收复六分之一的大好河山——天山南北诸地，以及沙俄强占的伊犁。他力排众议，正式在新疆建省，改西域为新疆，捍卫祖国领土完整，对中华民族建功甚伟。"

2. 中外名人评价左宗棠

慈禧太后曾多次夸奖左宗棠："尔向来办事认真,外国怕尔声威。"左宗棠逝世后,她亲笔题写"经文""纬武"四个字予以表彰,现仍镌刻在湘阴"左文襄公祠"的内门上壁。

尽管曾国藩与左宗棠有过"论事不洽"而"合离"的经历,仍然高度评价他："论兵战,吾不如左宗棠;为国尽忠,亦以季高(按:左宗棠字)为冠。国幸有左宗棠也。"

据美国《世界日报》茂怡《曾左君子之争》一文载,曾国藩与常州吕庭芷侍读谈论时曾问："你对左宗棠怎么看?平心论之。"

吕答："他处事之精详,律身之艰苦,体国之公忠,窃谓左公之所为,今日朝廷无两矣。"

曾击案对曰："诚然!此时西陲之任,倘左君一旦舍去,无论我不能为之继。即起胡文忠于九泉恐亦不能为之继之。君谓朝端无两,我以为天下第一耳。"

晚清著名军事家胡林翼早年就对左宗棠这样评价："左氏横览九州,才智超群,必成大器。""一钱不私于己,不独某信之,天下人皆信之。"

《左宗棠年谱》载:晚清名臣潘祖荫在咸丰十年(1860)初的奏疏中有云："楚南一军立功本省,援应江西、湖北、广西、贵州,所向克捷,由骆秉章调度有方,实由左宗棠运筹决胜,此天下所共见。而久在我圣明洞鉴中也。上年逆酋石达开回窜湖南,号称数十万,以本省之饷用本省之兵,不数月肃清四境。其时贼纵横数千里,皆在宗棠规画之中。设使易地而观,有溃裂不可收拾者。是国家不可一日无湖南,而湖南不可一日无宗棠也。"①

近代名人梁启超评论："左公乃五百年来第一伟人。"

---

① 罗正钧:《左宗棠年谱》,第70页。

湖南出了个左宗棠

毛泽东说：没有左宗棠，新疆的事难说。他又对王震将军说：新疆比你过去经营的南泥湾要大一万倍……当年左宗棠留下诗句："新栽杨柳三千里，引得春风度玉关。"希望你到新疆后能学左文襄公，把新疆建设成美丽富饶的乐园。

中共七届二中全会上，学仿左公军垦自给、军屯固防，并任新疆分局第一书记、新疆军区第一副司令员、代司令员的王震将军主动请缨进军新疆，获准后率大军循左公当年西征路线，深感大部队带辎重、骡马、粮秣，在荒凉无垠、渺无人烟、高寒缺水的戈壁大漠跋涉数千公里极端艰辛。他说："史学界最近做了一件有意义的工作，对左宗棠作出了正确、客观的评价。这对海内外影响很大。"

"解放初，我进军新疆路线，就是当年左公西征走过的路线。在那条路上，我还看到了当年种的'左公柳'。走那条路非常艰苦，可以想象，左公走那条路就更艰苦了。左宗棠西征是有功的，否则，祖国的大好河山很难设想。"

"左宗棠在帝国主义瓜分中国的历史情况下，力排投降派的非议，毅然率部西征，收复新疆，符合中华民族的长远利益，是爱国主义的表现。左公的爱国精神，是值得我们后人发扬的。"

王震将军生前，经常指点着中国地图对部将们说："倘若没有左宗棠，这块160万平方公里的'雄鸡尾巴'，早就给'北极熊'叼走了！可惜左宗棠只有一个，不然我们的领土面积比现在要大得多。"

"阿古柏是从新疆外部打进来的，其实他是沙俄、英帝的走狗，左公带兵出关，消灭阿古柏、白彦虎，收复失地，得到了新疆各族人民的支持，这是抗御外侮，是值得赞扬的。"

王震将军还说："要尊重历史，实事求是，对历史人物要恢复其本来面目，凡是对国家民族有功的人，都应该给他以应有的历史地位。"他还指出："要研究左宗棠，宣传左宗棠，学习左宗棠！"①

王震同志在纪念左公逝世一百周年的学术讨论会后于长沙接见国内外

---

① 参见"左宗棠的爱国主义精神在历史上闪光——记王震同志谈左宗棠"，《光明日报》，1983．11．15。

左公后裔代表时说："左宗棠为中华民族立了大功，有功就是有功嘛！评价历史人物账不能算得太细，搞得太繁琐，有些事情可以求大同存小异。""打仗哪有不死人的，如果没有左宗棠公鸡的尾巴就没有了。"他还示意要写一本简单明了、通俗易懂的介绍书，以鼓励后人发扬左公的爱国精神。

中国史学会执行主席、中国人民大学历史系主任兼清史研究所所长戴逸教授在1984年11月13日至16日于苏州大学召开的"全国首届左宗棠历史评价学术讨论会"上作总结发言中说："（20世纪）50年代和60年代，历史学界对左宗棠的评价是完全否定或基本否定的。只说他是镇压革命的刽子手，卖国的洋务派，对收复新疆一笔带过，评价甚低。现在看来对左宗棠全盘否定或基本否定是不正确的。""奇怪的是收复新疆这样大的功劳，为什么在50年代、60年代不被充分承认，甚至不予承认？是什么东西遮住了我们的眼睛，使我们视而不见？政治气候的影响是一个原因。那时，我们跟苏联关系很好，'一面倒'的政治因素影响到历史研究，不说和少说沙俄的对华侵略。""左宗棠是地主阶级中的经世派、改革派，一方面他有爱国心、事业心，希望祖国强盛，他又有办事的魄力和才干；另一方面他又维护清朝封建统治。在我们今天看来，两者似乎是矛盾的、不协调的，但在左宗棠身上却是可以统一的。"

《人民日报》于1984年12月10日报道这次会议时说："在中国人民反对侵略，保卫祖国的丰碑上理应镌刻上左宗棠的名字。"

前南京中央大学文史教授缪凤林先生曾谓："唐太宗以后，对于国家领土贡献最大的人物，当首推左宗棠，实非过誉。"

前美国副总统华莱士先生，1944年路过兰州时说："左宗棠是近百年世界伟大人物之一，他将中国人的视线扩展到俄罗斯，到整个世界……我对左宗棠抱着崇高的敬意。"

美国人史密斯在1890年出版的《中国人的气质》一书中，认为左宗棠

的伟绩"在任何现代国家的史册上都是最卓著的"。①

《左宗棠传》的作者美国的贝尔斯说:"在任何一个国家,同一个人兼有非凡的军事才干和政治才干,的确非常罕见。正因为二者兼具,左宗棠才成为一个真正卓越的人物。

……左宗棠是一个具有真正伟大灵魂的男人。他是一位伟大的将军,一位伟大的政治家,也是一个伟大的人。他在国外名声不广,在他自己的国土上也未得到应有的声望。他的同胞只要认真研究他的生平和功绩,就会获得极大的价值。他热爱自己的祖国,为他的国人在悠久的历史中取得的成就而自豪,他尊敬圣贤,不懈地听从他们的教诲。他把自己的力量和才智毫无保留地用于服务祖国,深信国人能够通过自己的努力,按照自己的方式解决国家的所有问题。左宗棠不愧为其祖国和人民的光荣。"

多位历史学家评价说:"中国历史上有四个永远不打败仗的将军。汉朝的韩信、唐朝的李靖、宋朝的岳飞、清朝的左宗棠。"

"一部晚清史,几乎都是吃败仗、割地赔款、丧权辱国,读来令人气沮。惟有左宗棠的西北经略是例外,确实值得我们兴奋。"

"中国近代史上抵御外侵六次大的战争中,收复新疆和谅山——镇南关大捷是仅有两次胜利,都与左宗棠分不开。"②

中国近代史著名专家、山东省社科院资深研究员戚其章先生于2006年6月10日给本书作者陈明福的信中说:"左宗棠是历史伟人,不仅贡献大,也很有超出时人(如曾、李)之处。眼下一些传记,写得有些程式化,没有真正写出这位有血有肉的英雄的本来面目,十分可惜。祝顺利和成功!"

对左公有较深研究的南京航空航天大学教授谢求成先生在为《左宗棠略传》作序中说:"左文襄公能够在朝廷昏庸、权奸掣肘的险恶背景中,建立丰功伟绩,其雄才大略,确非等闲!对这样高风亮节的民族英雄,立德、

---

① 转引自华中师范大学图书馆海外资料《左宗棠专辑》。
② 转引自华中师范大学图书馆海外资料《左宗棠专辑》。

立功、立言的三不朽的旷世奇才，理应深入研究，大力宣传，以传后世借鉴其历史经验，学习其高尚情操。"

"纵览史书论英雄，形象高低各不同，有真有伪，有夸张过甚的神坛偶像，亦有人工粉饰的政治赝品。而左文襄公则是肝胆照人、血肉丰满的人间豪杰。观其舆榇誓师的壮烈勇武，跺脚骂殿的戆直天真，捧腹自嘲的诙谐平易，街头对弈的争强好胜，灌园种菜的恋土之情，伉俪燕尔的儿女之态……其七情六欲，喜怒哀乐，与芸芸众生息息相通，洞明实在，天性自然，可亲可近，可敬可学，尤其可贵！"

美国的《新闻周刊》在 2000 年的时候推出了一个栏目：《千禧年一句话》。这个栏目一共刊载最近一千年全世界的 40 位智慧名人。这其中，中国有三位：一位是毛泽东，一位是成吉思汗，还有一位就是左宗棠。

国家清史编委会传记组专家、中国人民大学清史所教授、博士生导师杨东梁 2008 年在凤凰卫视台做了《左宗棠何以成为世界千年智慧名人？》的演讲，归纳评价了左宗棠的四句话：中兴清朝的名臣，求强求富的名贤，抗敌御侮的名将，一身清廉的名宦。

后 记

按照常理和惯例,一部书已出版,便是大功告成,若是畅销,则可能多次再版,鲜有同一题材、内容大同小异、改换书名出多个版本的,笔者有此常识和自知之明。但《晚清名将左宗棠全传》(三卷两大册,125.8万字)自2009年5月由军事科学出版社出版后,加印了4次,又于2012年11月仍由军事科学出版社出了一部浓缩精华的44.5万字的《左宗棠传略》。关于为何要出这部书,该书的后记中有说明:

"据我收集到的反映、听到的建议,有相当数量的读者喜欢《晚清名将左宗棠全传》这部书,但因工作忙等原因,无暇在较短时间内读完,希望我能再写一本浓缩的'普及本',以便有更多忙碌的人可以一阅,了解左公的丰功伟绩与崇高品质。军事科学出版社也同意赶在左公200周年诞辰出这本《左宗棠传略》,于是我用专挑'白菜心'的方法在短时间内出初稿,将48章浓缩成15章,其中,《历史文献和中外名人评价左宗棠》和《人民日报》记者访谈录是新添的。"

这部书出版后,反映也是好的。就在此书交稿之后,湘阴县政协原副主席王品端先生让我再次"浓缩"一下,成15万字,题目是《历史伟人左宗棠》。我惊讶地回答:"王主席,饶了我吧,打死我也不会干了!"潜台词没有说出来:"我不能让读者骂呀!"但品端先生说得很恳切:"全传太大,传略也不小,我们要宣传左公伟业及精神需要普及本,内部印刷发到基层,还是难为你吧!"无奈,我又在2012年10月左公200周年诞辰前交了这本书的稿子。因为纪念左公的传记、画册、论文集等有多部,此书未能赶上时机付印,品端先生再三表示歉意。我回复他八个字:"正中下怀,喜不自禁!"但是事情还没有完,2012年11月26日在参加左公200周年纪念活动和与会者参观柳庄时,遇到湘阴县文联主席、政协副主席熊国庭先生,他当面请求我为湘阴写一本左公传记的普及本,突出左公在湖南和湘阴的活动与业绩。我以歉词推托,并说书稿已交给王主席,以"敷衍了事"。此后,熊国庭先生对此事仍很热情和执着,多次与我在电话和邮箱中联系,反复讲明，再出精简本书名为《湖南出了个左宗棠》，这是湘阴领导干部的共识，也是在各旅游景点推广的需要，湖南人民出版社的领导也同意推出此书，请我提供书稿并出具委托出版的信函。于是我在给出版社的信中写道："湘阴人民因在湘阴的土地上出了左宗棠这样一位伟人而感到无比自豪，湘阴一贯极为重视对左公的宣传和其伟大精神的弘扬，在经费十分困难的情况下，修复了左公故居柳庄和其他遗迹，建起了规模宏大、气势雄伟的左宗棠广场和左宗棠纪念馆等。但他们觉得还缺少一部突出湘阴特点、在各景点投放的好书，于是由政协和文联领导出面，多次与我接洽。我觉得他们的想法和做法值得赞许，便应允并配合。"

为使读者更好地理解书中内容，出版社和湘阴县的领导认为最好请名家作个序，我便恳请由研究左公的著名学者、中国人民大学博士生导师、国家清史委员会传记组专家杨东梁先生来作序。

此书保留了《全传》中左公创建福州船政、收复新疆等功勋卓著的精华，突出了左公少年时期以及在柳庄生活的内容（《传略》一书将这些略去不少）。全书从《传略》的十五章变为二十一章，篇幅约40万字。

我本来不是历史研究的专业人士，又是"晚学"，虚心求教是真诚的，拜访名家是必要和必然的。编纂《左宗棠全集》15卷和出专著《左宗棠传论》的专家刘泱泱先生和早在1985年便著识出众、震动史界的《左宗棠评传》的作者杨东梁教授，当然是我仰慕已久之人。他们两位都是饱学之士和正直学者，因其对我热情帮助与不吝赐教，才使我也取得一定的成就。说句实在话，他们才是名副其实的研究左宗棠的专家，我乃是浅尝辄止、一知半解之人，厕名于研究者之列。这句心底之语和这份心思一直无机会表达。此外，《左宗棠传略》和《湖南出了个左宗棠》两书出版之时，我找到了两位替我作序的最好的先生。我的欣喜和感激之情不可名状。

最后，我还要衷心感谢本书的责编周熠女士，她不仅下了很大功夫逐字逐句推敲了书稿，改正了不少由于我写作粗疏和电脑打字所出现的差错，而且发现了一些重复文字和段落，我对她一丝不苟的敬业精神表示由衷的钦佩！同时对责任校对的辛勤劳动和文字把关也表示诚挚的谢意！

陈明福
2014年10月1日于大连寓所